Programming Bitcoin

밑바닥부터 시작하는 비트코인

| 표지 설명 |

표지 그림은 벌꿀오소리Honey badger, Ratel다. 이름에도 불구하고 오소리보다 족제비나 폴캣을 더 닮았다. 꿀과 벌 애벌레를 먹기 위해 벌집을 습격하는 데서 이름을 따왔다. 긴 몸통, 넓은 등, 작고 납작한 머리의 건장한 골격으로 다리는 짧고 강한 발톱이 달려 있어 땅을 파고 먹이를 잡는 데 뛰어나다. 벌에 쏘여도 통증을 느끼지 않을 만큼 두꺼운 가죽으로 몸을 보호한다. 벌꿀 외에도 맹독류 독사를 포함하여 쥐나 개구리, 곤충, 새, 과일, 식물 뿌리 등 가리지 않고 먹는다. 자신을 방어할 때 엄청나게 사나운 성질 때문에 포식자가 거의 없다. 아프리카, 인도, 서남아시아 전역에서 서식한다.

밑바닥부터 시작하는 비트코인

파이썬으로 직접 구현하며 배우는 비트코인

초판 1쇄 발행 2019년 11월 1일

지은이 송재준 / **옮긴이** 류정필 / **펴낸이** 김태헌
펴낸곳 한빛미디어(주) / **주소** 서울시 서대문구 연희로2길 62 한빛미디어(주) IT출판부
전화 02-325-5544 / **팩스** 02-336-7124
등록 1999년 6월 24일 제25100-2017-000058호 / **ISBN** 979-11-6224-223-0 93000

총괄 전정아 / **책임편집** 이상복 / **기획·편집** 홍성신
디자인 표지·내지 김연정 조판 다인
영업 김형진, 김진불, 조유미 / **마케팅** 박상용, 송경석, 조수현, 이행은, 홍혜은 / **제작** 박성우, 김정우

이 책에 대한 의견이나 오탈자 및 잘못된 내용에 대한 수정 정보는 한빛미디어(주)의 홈페이지나 아래 이메일로
알려주십시오. 잘못된 책은 구입하신 서점에서 교환해드립니다. 책값은 뒤표지에 표시되어 있습니다.

한빛미디어 홈페이지 www.hanbit.co.kr / 이메일 ask@hanbit.co.kr

지금 하지 않으면 할 수 없는 일이 있습니다.
책으로 펴내고 싶은 아이디어나 원고를 메일(writer@hanbit.co.kr)로 보내주세요.
한빛미디어(주)는 여러분의 소중한 경험과 지식을 기다리고 있습니다.

Programming Bitcoin
밑바닥부터 시작하는 비트코인

O'REILLY® ┃┃B 한빛미디어
Hanbit Media, Inc.

지은이 · 옮긴이 소개

지은이 **송재준** jimmy@programmingbitcoin.com

20년 경력의 프로그래머로 지난 5년간 비트코인 프로그래머로 지냈다. 비트코인테크토크bitcoin techtalk.com 편집자이며『비트코인 매거진Bitcoin Magazine』에 기고하고 있다. 블록체인 캐피털Blockchain Capital의 벤처 파트너이면서 텍사스 대학교에서 이 책을 주제로 강의하고 있다. 비트코인 코어Bitcoin Core를 포함한 여러 비트코인 프로젝트에 기여했으며 비트코인 지갑으로 유명한 아머리Armory 사의 기술담당 부사장을 역임했다.

옮긴이 **류정필** jungpil.yu@gmail.com

한양대학교 학사, KAIST 석사(신경망 및 기계지능 연구실)를 마치고 프랑스의 텔레콤 파리Télécom Paris에서 공학박사를 받았다. 이후 프랑스 CNES 우주센터에서 인공위성 통신 알고리즘을 연구했다. 귀국 후 삼성전자에서 방송/통신 알고리즘을 제품에 구현하는 업무를 수행했다. 2016년 말 연구 아이템을 검토하다가 비트코인을 알게 되었고 이 기술에 매료됐다. 최근 1년간 사내 자유 연구 제도 C랩C-Lab을 통해 사물인터넷용 경량 블록체인 코어를 개발했다.

웰스 파고 은행은 스테이블코인을 발행 예정이라 발표하고, 가트너는 5–10년 안에 블록체인이 산업을 재편한다고 전망했습니다. 이 책은 격랑의 시대를 준비하기 위한 필수 내용을 담았습니다. 블록체인 맏형 격인 비트코인에서 트랜잭션 생성과 검증 과정을 하나하나 코드로 살펴보면서 전체 흐름을 한 번에 파악할 수 있는 소중한 시간이었습니다. 비트코인은 블록체인 시대의 필수 과정이 될 것입니다.

곽노산, 『꿈을 사고 파는 DreamChain Dapp 개발기』 저자

현재 가장 강력한 보안과 접근성을 제공하는 비트코인 블록체인의 원리와 구현을 제목처럼 '밑바닥'부터 배울 수 있습니다. 수학, 암호학, 네트워킹, 분산 컴퓨팅, 게임 이론 등 다양한 분야에서 얻은 성과를 종합한 비트코인의 창조 과정을 이 책으로 되짚어 볼 수 있습니다. 파이썬으로 예제를 구성한 것은 요즘 독자를 배려한 부분입니다. 초심자에겐 다소 어려울 수 있으나 비트코인 관련 응용프로그램을 개발하거나 비트코인을 참조하여 블록체인을 개발하려는 분에게 큰 도움이 될 것입니다.

박승훈, 분산 컴퓨팅 엔지니어

블록체인 기술은 스마트 계약의 등장과 함께 급속도로 성장했고 지금은 4차 산업혁명을 상징하는 대명사로 일컬어지고 있습니다. 블록체인은 최근 등장한 하이퍼레저와 리브라에 이르기까지 다양한 개념과 기술, 비전으로 모든 분야에서 반향을 일으키고 있지만 아직 많은 이들이 블록체인 기술 분석에는 생소합니다. 이 책은 비트코인에 대한 궁금증에 명확하고 심도 있는 인사이트를 줍니다. 개발자부터 애널리스트에 이르기까지 블록체인과 비트코인에 관심 있는 모든 사람에게 훌륭한 정석이 될 것입니다.

백상빈, 보안 S/W 엔지니어

이 책을 처음 본 순간 블록체인 기술을 체계적이고 정교하게 분석한 교과서라는 느낌이 들었습니다. 의사가 청진기로 진찰하듯 그 내부를 하나하나 파헤쳐 볼 수 있는 좋은 기회였습니다. 저자의 톡톡 쏘는 아이디어를 엿보면서 앞으로 이 분야의 흐름이 어떻게 전개될 것인지 예측해볼 수 있었습니다.

윤재무, 삼성전자 블록체인 연구회

이 책은 제가 본 책 중에 도식화가 가장 잘 되어 있고 구성이 탄탄합니다. 비트코인이 무엇이고 어떤 원리로 돌아가는지 전반적인 흐름을 쉽게 알 수 있습니다. 예제 소스도 많아서 하나씩 따라 하다 보면 비트코인 원리를 빠르게 이해할 수 있습니다. 비트코인은 블록체인 기술의 기초 지식입니다. 책 제목처럼 비트코인의 밑바닥, 기초 지식을 습득하는 데 큰 도움이 될 것입니다.

김지환, 블록체인 S/W 엔지니어

기존 블록체인 개발서들은 수학적 원리에 대한 설명을 지나치게 생략하고 단순히 코드만 나열하는 수준에 그치거나 반대로 불필요할 정도로 많은 지면을 수학에 할애하고 있었습니다. 이 책의 저자는 개발자가 블록체인에 대해 알아야 할 최소한의 수학 지식만을 쉽게 설명하면서도 비트코인 기술을 체계적으로 이해할 수 있도록 균형을 갖추려 노력했습니다. 여기에 원문의 의미를 정확히 전달하면서도 이해하기 쉬운 문장을 만들기 위해 많은 시간을 들였을 역자의 노력도 짐작할 수 있었습니다. 이 책으로 비트코인 기본기를 충실히 다져 고급 블록체인 개발자로 성장하는 계기로 삼기를 바랍니다.

조진수, 블록체인 S/W 엔지니어

이 책 원서가 출간됐을 때 구매하여 수일에 걸쳐 탐독했던 기억이 납니다. 간단한 파이썬 코드 예제로 암호학을 쉽게 설명하려던 점이 인상 깊었습니다. 원서로는 이해하는 데 어려움이 있었는데 이렇게 번역본이 출간되어 정말 기쁩니다. 베타리딩을 하면서 전체적인 번역 품질이 훌륭하다고 느꼈습니다. 이 책으로 블록체인의 피상적인 개념을 넘어 수학적 원리까지 이해할 수 있는 좋은 계기가 될 것이라고 확신합니다.

김다운, 현대모비스

"저자에게 경의를 표합니다."

블록체인 역사는 비트코인의 등장부터 따지더라도 10년 남짓의 짧은 기간입니다. 10년이라는 시간은 의도적 수련을 꾸준히 할 때 한 영역에서 전문가가 될 수 있는 시간이라고 합니다. 블록체인은 수학, 암호학, 경제학과도 연관되어 있어 다양한 배경을 가진 사람들이 많습니다. 이런 분야에서 종종 접하는 현상 중 하나는 대충 아는 지식으로, 아마 그럴 것이라는 상상을 사실처럼 말하는 사람이 많다는 것입니다. 블록체인 개발자가 이런 사람을 만나면 그때부터 미로 속을 헤매며 혼돈의 늪에 빠지게 됩니다.

블록체인 개발자들이 미로에 빠지지 않는 방법은 직접 소스 코드를 확인하고 코딩하면서 기초를 다지는 것입니다. 이 책은 여러분이 그렇게 할 수 있도록 훌륭하면서도 친절한 길잡이를 자처합니다. 저자가 수십 차례 교육하면서 수백 명의 개발자에게 가르친 내용을 바탕으로 이론과 실습을 충실히 경험할 수 있도록 꼼꼼하게 구성되어 있습니다.

"역자에게 경의를 표합니다."

감수를 하면서 번역 수준에 놀랐습니다. 한글로 쓰였지만 무슨 말인지 알 수 없는 번역본들이 난무하는 IT 산업에서, 그것도 블록체인에서, 그것도 최상위 수준의 난이도에서 이렇게 번역할 수 있다니 마치 역자가 자신의 책을 쓴 것 같은 착각이 들 정도입니다. 원서 확인 없이 번역서만으로 충분합니다.

절실하게 필요로 하는 책을 써준 송재준 저자와 그 내용을 읽기 쉽게 번역해준 류정필 역자에게 다시 한 번 경의를 표합니다.

김현남
㈜뉴테크프라임 대표, 블록체인레벨업 페이스북 그룹 운영자

2018년 3월, 프로그래밍 블록체인 워크숍에서 저자와 역자를 처음 만났습니다. 비트코인과 블록체인이 무엇인지 비트코인 개발에 참여한 저자를 통해 확인하고 싶었습니다. 유한체로 시작하여 타원곡선을 거쳐 비트코인 네트워크에 내가 만든 트랜잭션을 전송하는 것까지 직접 코딩하며 배울 수 있었습니다. 처음에는 모든 개념이 어렵고 낯설었지만 점차 비트코인의 DNA까지 이해하는 기분이었습니다. 게다가 저자가 경험한 비트코인 개발 뒷이야기까지 들을 수 있었던 흥미진진한 워크숍이었습니다.

이렇게 워크숍에서 진행한 내용을 책으로 볼 수 있어 기쁩니다. 이틀간 배우기엔 많은 내용이라 워크숍이 끝나고 참가자들과 몇 주간 리뷰하는 시간을 가졌는데 이제는 이 책으로 개념을 하나씩 이해해가며 비트코인을 배울 수 있습니다. 특히 시간이 더 걸리더라도 주피터 노트북으로 제공되는 파이썬 예제는 꼭 실습해보기 바랍니다. 파이썬에 익숙지 않더라도 제공된 예제와 해답을 보며 직접 해보는 것이 중요합니다. 비트코인 코드를 손수 작성하면서 얻는 경험이 이 책의 핵심입니다. 비트코인은 코드입니다. 코드를 이해할 수 있다면 글과 그림으로 보는 것보다 빠르고 정확하게 이해할 수 있습니다.

작년 우리나라는 세계에서 비트코인을 가장 많이 거래하는 국가 중 하나였습니다. 저자가 세계 주요 도시 중 서울을 찾은 이유이기도 합니다. 그럼에도 한국인 참가자는 역자와 저를 포함하여 4명인 것은 다른 나라에서 10~20명이 참여한 것에 비해 조금 아쉬웠습니다. 일 년이 지난 지금은 블록체인과 암호화폐 분야에 많은 개발자가 참여하고 있습니다. 이 책을 시작으로 한국에서도 비트코인 코어 개발자들이 많이 나와 비트코인 커뮤니티에서 활약할 수 있기를 기대합니다. 좋은 책을 리뷰할 수 있는 기회를 준 저자와 역자께 감사드립니다.

정종화
삼성SDS

비트코인을 처음 접하고 이 기술의 실체를 파악하고자 다방면으로 문서와 웹, 관련 도서를 미친듯이 살펴보면서 많은 시간을 보냈습니다. 하지만 개발자 관점에서 갈증을 풀어줄 정보는 찾기 어려웠습니다. 그만큼 당시 많은 개발 정보는 단편적인 경우가 많았고 공식 문서는 친절하지 않아 초심자가 이해하기 어려웠습니다.

그에 반해 이 책은 비트코인 코어 개발자를 확실한 독자층으로 하여 제가 느꼈던 개발자로서의 갈증을 단숨에 해소시켜 주었습니다. 이더리움 같은 비트코인 이후의 다양한 대형 프로젝트 제안자들 모두 비트코인 기술에 깊은 영감을 받았습니다. 이러한 사실은 블록체인 테크 트리에서 가장 먼저 습득해야 하는 기술로 비트코인이 자리해야 하는 것을 말해줍니다.

이 책을 번역하면서 가장 까다로웠던 부분은 아직 우리나라 개발자 커뮤니티에서 정립되지 않은 비트코인 기술 용어를 우리말로 옮기는 부분이었습니다. 전부 우리말로 옮기자니 듣기에 생소하고 그렇다고 영어 발음을 그대로 쓰자니 번역한 느낌이 들지 않기 때문입니다. 실무 개발자는 영어로 쓰는 것이 더 익숙하다는 의견이 많아 이를 참고하여 번역했습니다.

본문을 읽기에 앞서 알아두면 좋은 용어가 있다면 잠금 스크립트와 해제 스크립트를 들 수 있습니다. 이 용어는 영어로도 여러 표현이 있습니다. Locking script, ScriptPubKey, Output Script는 잠금 스크립트로, Unlocking script, ScriptSig, Input Script는 해제 스크립트로 옮겼습니다. 이 용어는 다른 문서를 읽는 경우에도 유용하므로 반드시 영어로 알아둬야 합니다.

이 책을 읽고 나면 여러분은 아래 내용이 무엇인지 술술 설명할 수 있을 겁니다.

트랜잭션^{Transaction} :
　버전^{Version}
　입력1^{Input1} :
　　이전 트랜잭션 해시값^{Previous Tx hash}
　　이전 출력 번호^{Previous Output Index}
　　해제 스크립트^{Unlocking Script, ScriptSig}
　　시퀀스^{Sequence}
　　증인^{Witness}
　입력2^{Input2} ...
　출력1^{Output1} :
　　비트코인 금액^{Amount}
　　잠금 스크립트^{Locking Script, ScriptPubKey}
　출력2^{Output2} ...
　록타임^{Locktime}

마지막으로 세밀한 지적으로 책의 완성도를 높여준 감수자 김현남 대표님과 정종화 님에게 감사드립니다. 베타리더 일곱 분의 검토 또한 많은 도움이 되었습니다. 그리고 투박한 문장을 매끄럽게 다듬어준 홍성신 편집자에게도 감사드립니다.

류정필

공상과학 소설을 쓰는 것은 무척 재밌습니다. 중앙권력에 영향을 받지 않고 집단지성을 통해 모든 것을 결정하는, 수수료 받는 중개인 없이 일면식 없는 사람들 사이에서 자유롭게 서비스나 재화를 교환할 수 있는, 이 모든 것이 프로그램 코드에 의해 작동되는, 국부國富가 정부의 공허한 약속과 중앙은행의 시장 조작으로 만들어진 신기루가 아닌… 이러한 사회를 만들기 위해 해야 할 일은 텍스트 편집기를 열어 글을 쓰면 됩니다.

그러나 설득력 있게 이야기를 전개하려면 상상력 이상의 또 다른 것이 필요합니다. 바로 세상에 대한 지식입니다. 앞서 언급한 공상과학 소설은 문학 이야기나 이해 불가능한 기술 용어의 나열이 아닙니다. 피상적인 것을 꿰뚫어 세상이 어떻게 작동하는지에 대한 진수眞髓를 이해하기 위한 질문입니다. 작가가 세상의 구성 메커니즘과 코드를 이해하면 할수록 질문은 더 흥미로워집니다.

실제로 세상을 변화시키는 것은 공상과학 소설을 쓰는 것보다 훨씬, 훨씬 더 어렵지만 소설에 등장하는 지식은 필요합니다. 지혜, 이상주의, 투지, 규율, 단호한 결의, 이 모든 것을 의심 앞에 뛰어넘어 세상을 바꾸려는 사람은 도구의 능력과 한계에 대한 이해가 필요합니다.

오늘날 비트코인과 블록체인 세상은 아직까지는 대부분 허구의 세상입니다. 실제로 변화를 일으키는 일을 하는 사람보다 현실에 대한 본질적 이해 없이 희망을 팔고 과장광고를 하는 전문가의 목소리가 더 크고 영향력 있습니다. 공포를 조장하고 정략적인 의도가 다분한 장황한 글귀와 탐욕에 기반한 일확천금의 사기 행각이 유행을 반영한 해시태그를 타고 널리 퍼지고 있습니다.

그러나 백서나 뉴스 해설 기사를 읽어서 블록체인을 이해하려는 것은 비즈니스 스쿨에 가고 파워포인트를 보면서 회사를 세우는 법을 배우는 수준밖에 안 됩니다.

코딩을 해야 합니다.

여러분에게 유용한 무언가를 만드는 것보다 기술을 이해하는 더 좋은 방법은 없습니다. 자신의 손으로 블록체인 애플리케이션의 기본 블록을 코딩하면서 공허한 망상과 실현 가능성 사이의 차이를 직감할 수 있습니다.

이 책은 코딩으로 비트코인과 블록체인을 배울 수 있는 가장 효율적이고 포괄적인 방법을 제공합니다. 저자는 탁월한 기술과 통찰력으로 비트코인에 필요한 기본 수학부터 시작하여 세그윗, 포크까지 알려줄 학습 과정을 설계했습니다. 이 과정에서 마주치는 연습문제는 실제 많은 학생의 광범위한 피드백을 통해 다듬어졌고, 블록체인 작동 방식뿐만 아니라 블록체인 기술의 우아함과 아름다움에 대한 통찰도 가르쳐줍니다.

저자와 같이 유능한 선생님이 여러분을 이끌더라도 여정은 쉽지 않을 것입니다. 이 책은 넷플릭스^{Netflix}를 보다가 싫증 나고 지루할 때 보는 책이 아닙니다. 이 책을 최대한 활용하려면 상당한 노력을 기울여야 합니다. 지름길도 없으며 족보도, 요약본도 없습니다. 그러나 이는 비트코인 구성원칙과 궤를 같이합니다. 이 여행에서 성공하는 데 적극적으로 관심 갖기를 바랍니다. 여러분이 직접 작업증명을 해봐야 합니다. 그래야만 자신의 지식을 믿을 수 있습니다.

즐거운 코딩!

켄 리우 ^{Ken Liu}

공상과학 판타지 문학 작품에 수여하는 권위 있는 네뷸러상, 휴고상, 세계 판타지 어워드 수상자. 실크펑크 판타지 소설 시리즈 『Dandelion Dynasty』 『The Paper Managerie and Other Stories』 등을 썼다 (http://kenliu.name 참고). 블록체인에 관한 소설 『Byzantine Empathy』는 MIT Press에서 처음 출간했다(https://breakermag.com/kchain-science-fiction-premiere-byzantine-empathy/ 참고).

이 책은 비트코인 기술의 기본 단계부터 시작합니다. 비트코인의 화폐적 가치, 사회경제적 역학관계에 대해서는 다루지 않지만, 비트코인 뒤에서 돌아가고 있는 기술을 이해한다면 이로 인해 할 수 있는 것들에 대한 깊은 통찰력을 얻을 수 있습니다. 비트코인과 블록체인에 대한 정확한 이해 없이 이들을 과대포장하는 경향에 대해 이 책은 해독제 역할도 할 것입니다.

시중에서 비트코인에 대한 많은 책을 볼 수 있으며 대체로 역사와 경제 측면을 다루면서 기술적 설명을 더합니다. 이 책의 목적은 비트코인 라이브러리에 필요한 모든 요소를 직접 코딩하면서 비트코인을 이해하는 것입니다. 다만 이 라이브러리는 필요한 모든 기능을 아주 효율적으로 구현하는 용도가 아닙니다. 이 라이브러리의 목적은 여러분의 학습을 돕는 데 있습니다.

대상 독자

비트코인이 어떻게 동작하는지 코딩으로 배우려는 프로그래머가 주요 독자입니다. 빈 파일로 시작해서 비트코인 라이브러리를 만들어가며 비트코인을 배웁니다. 이 책은 특정 기능에 대한 스펙을 찾아보는 참고서가 아닙니다.

이 책의 내용은 제가 진행한 2일 일정의 개발자 대상 비트코인 세미나에서 주로 가져왔습니다.[1] 이 글을 쓰고 있는 시점에 20차례 세미나에서 400명 이상의 개발자에게 이 내용을 가르쳤고 그 과정에서 책의 내용이 광범위하게 추가되고 수정됐습니다.

이 책을 제대로 익힌다면 트랜잭션을 생성할 수 있을 뿐만 아니라 다른 노드로부터 필요한 데이터를 받을 수도 있고 네트워크를 통해 트랜잭션을 전파시킬 수도 있습니다. 이 책에서는 수학, 파싱, 네트워크 프로토콜, 블록 검증을 포함하여 앞서 언급한 트랜잭션 생성과 배포에 필요한 모든 것을 다룹니다.

---

1 *https://programmingblockchain.com*

학습에 앞서 알아야 할 내용

이 책을 보기 전에 알아야 할 것은 파이썬 프로그래밍 언어입니다. 라이브러리를 파이썬 3으로 작성하며 이와 관련한 많은 연습문제가 있습니다. 이를 주피터 노트북$^{Jupyter\ notebook}$ 환경에서 풀어야 합니다. 중급 수준의 파이썬 실력이면 충분하며 초급 수준이라도 개념을 이해하는 데 문제없으리라 생각합니다.

수학 지식도 필요합니다. 특히 1장과 2장에서는 수학을 전공하지 않은 분들에게는 다소 생소한 수학 개념을 소개하고 있습니다. 대수 수준의 수학 지식이면 새로운 개념을 이해하고 각 장의 연습문제를 소화할 수 있을 것입니다.

해시함수와 같은 일반 컴퓨터 과학 지식도 도움됩니다. 다만 이 책의 실습 문제를 해결하는 데 꼭 필요한 사항은 아닙니다.

이 책의 구성

이 책은 14장으로 구성되어 있습니다. 각 장의 라이브러리는 이전 장의 라이브러리 위에 구축하는 방식으로 라이브러리는 밑바닥부터 시작해서 완성됩니다.

대략적으로 살펴보면, 1–4장까지는 수학적 도구를 설명합니다. 5–8장은 비트코인의 기본 단위인 트랜잭션을 다루고 있습니다. 9–12장은 블록과 네트워킹에 대해 다룹니다. 마지막 두 개의 장은 고급 주제를 다루고 있으나 코딩은 하지 않습니다.

1장과 2장은 비트코인 개발에 필요한 수학을 다룹니다. 유한체와 타원곡선은 3장의 타원곡선 암호를 파악하기 위해 필요합니다. 3장의 마지막 부분에서 공개키 암호 방법을 살펴본 후 4장에서 파싱과 직렬화 방법을 알아봅니다. 이를 통해 어떻게 암호이론의 기본 알고리즘 결과물이 저장되고 전송되는지 알 수 있습니다.

5장에서는 트랜잭션 구조를, 6장에서는 스크립트(Script)라고 하는 비트코인의 스마트 계약 언어를 알아봅니다. 7장에서는 이전의 모든 장에서 개발한 라이브러리를 활용하여 1–4장에서 설명한 타원곡선 암호 방법을 기반으로 트랜잭션을 생성하고 검증하는 방법을 보여줍니다. 8장에서는 더 강력한 스마트 계약을 가능하게 하는 p2sh(pay-to-script-hash) 스크립트를 자세히 알아봅니다.

9장에서 트랜잭션들로 구성된 블록에 대해 알아봅니다. 10장에서는 비트코인에서의 네트워크 통신을 다룹니다. 11장과 12장에서는 전체 블록체인이 없는 라이트 노드가 전체 블록체인을 가진 풀 노드에게 원하는 데이터를 받고 보내는 과정을 살펴봅니다.

13장에서 2017년에 도입된 하위 호환 업그레이드인 세그윗을 다룹니다. 그리고 14장에서는 심화 학습을 위한 다양한 제안을 합니다. 마지막 두 장은 비트코인 기본기를 위해 꼭 필요한 부분은 아니지만 이후 심화 단계에서 무엇을 배울 수 있는지 미리 보는 차원에서 준비했습니다.

1장부터 12장까지 빈 파일로 시작해서 라이브러리를 구축하는 연습문제를 제공합니다. 연습문제 답은 부록과 깃허브 저장소 각 장 폴더에도 있습니다. 많은 파이썬 클래스를 작성하고 실행하면서 트랜잭션과 블록을 검증할 뿐만 아니라 여러분 자신만의 트랜잭션을 생성하고 네트워크에 전파시킬 수 있습니다.

특히 12장의 마지막 연습문제를 풀기 위해서는 테스트 네트워크의 다른 노드에 접속해야 합니다. 전송할 비트코인을 계산하고 트랜잭션을 생성하고 서명하고 네트워크에 전파시켜야 합니다. 앞의 11개 장을 잘 준비했다면 마지막 연습문제를 해결할 수 있을 겁니다.

여러분이 만든 코드를 테스트할 단위 테스트를 많이 준비했습니다. 이 책은 이렇게 연습문제를 해결하는 방식으로 재미있게 코딩하면서 배울 수 있습니다. 이해를 돕기 위해 코드와 다이어그램을 사용하여 개념을 설명합니다.

환경 설정

이 책을 최대한 활용하려면 예제 코드를 실행하고 연습할 수 있는 환경을 설정해야 합니다. 설정 과정은 다음과 같습니다.

1. 파이썬 버전 3.5 이상을 설치합니다.
   - 윈도우

     https://www.python.org/ftp/python/3.6.2/python-3.6.2-amd64.exe
   - 맥OS

     https://www.python.org/ftp/python/3.6.2/python-3.6.2-macosx10.6.pkg
   - 리눅스

     배포판 문서 참고(우분투 같은 리눅스 배포판에는 파이썬 3.5 이상의 버전이 설치되어 있음)
2. pip를 설치하기 위해 *https://bootstrap.pypa.io/get-pip.py*에서 스크립트를 다운로드합니다.[2]
3. 파이썬으로 이 스크립트를 실행합니다.

```
$ python3 get-pip.py
```

4. 사이트 *https://git-scm.com/downloads*를 참고해서 Git을 설치합니다.
5. Git에서 이 책의 소스 코드를 받습니다.[3]

```
$ git clone https://github.com/jimmysong/programmingbitcoin
$ cd programmingbitcoin
```

6. virtualenv를 설치합니다.

```
$ pip install virtualenv --user
```

---

2 셸 커맨드라인에서 curl 명령어를 사용하여 curl *https://bootstrap.pypa.io/get-pip.py -o get-pip.py*를 통해 내려받을 수도 있다.

3 본문에 있는 소스 코드 저장소 외에 또 다른 저장소(*https://github.com/jimmysong/pb-exercises*)가 있다. 이 저장소에는 저자가 세미나에서 활용한 연습문제를 담고 있다. 이 연습문제를 정리한 것이 본문에 있는 소스 코드 저장소의 연습문제다. pb-exercises 저장소에는 session별로 연습문제가 있고 session마다 있는 complete 폴더에서 해답을 찾을 수 있다.

7. 필요한 파이썬 라이브러리를 설치합니다.

- 윈도우

```
C:\programmingbitcoin> virtualenv -p
C:\PathToYourPythonInstallation\Python.exe .venv
C:\programmingbitcoin> .venv\Scripts\activate.bat
C:\programmingbitcoin> pip install -r requirements.txt
```

- 맥OS/리눅스

```
$ virtualenv -p python3 .venv
$ . .venv/bin/activate
(.venv) $ pip install -r requirements.txt
```

8. 주피터 노트북을 실행합니다.

```
(.venv) $ jupyter notebook
[I 11:13:23.061 NotebookApp] Serving notebooks from local directory:
  /home/jimmy/programmingbitcoin
[I 11:13:23.061 NotebookApp] The Jupyter Notebook is running at:
[I 11:13:23.061 NotebookApp] http://localhost:8888/?token=
  f849627e4d9d07d2158e3fcde93590eff4a9a7a01f65a8e7
[I 11:13:23.061 NotebookApp] Use Control-C to stop this server and
  shut down all kernels (twice to skip confirmation).
[C 11:13:23.065 NotebookApp]

    Copy/paste this URL into your browser when you connect for
    the first time, to login with a token:
        http://localhost:8888/?token=
        f849627e4d9d07d2158e3fcde93590eff4a9a7a01f65a8e7
```

[그림 1]과 같이 브라우저가 자동으로 열립니다.

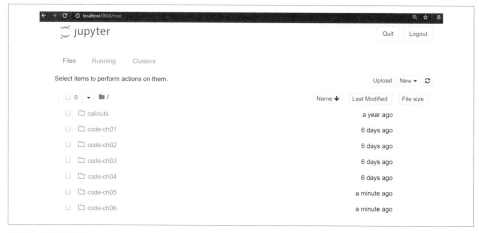

그림 1 주피터 노트북

여기에서 원하는 장의 폴더로 이동할 수 있습니다. 1장의 연습문제를 풀어 보려면 code-ch01 폴더로 이동할 수 있습니다(그림 2).

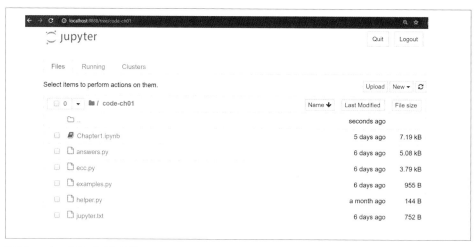

그림 2 code-ch01 폴더로 이동

여기에서 Chapter1.ipynb 파일을 열 수 있습니다(그림 3).

그림 3 주피터 노트북

이전에 주피터 노트북을 사용해본 적이 없더라도 이 인터페이스에 쉽게 익숙해질 수 있습니다. 주피터 노트북은 파이썬 코드를 브라우저에서 입력하고 실행하는 방식으로 쉽게 코드를 작성하고 확인할 수 있게 해줍니다. 각각의 '셀cell'을 실행하면 대화형 파이썬 셸처럼 결과를 바로 볼 수 있습니다.

많은 연습문제가 이 책에서 소개한 개념을 코딩하는 문제입니다. 단위 테스트는 여러분을 위해 마련되었으므로 테스트를 통과할 수 있게 파이썬 코드를 작성해야 합니다. 주피터 노트북에서 작성한 코드가 올바른지 확인할 수 있습니다. 주피터 노트북에서 [그림 3]의 'this test' 링크와 같은 링크를 클릭하여 해당 파일을 편집할 수 있습니다. 그러면 [그림 4]와 같이 다른 브라우저 탭으로 이동합니다.

그림 4 ecc.py 파일 편집

테스트를 통과할 수 있게 새 탭에서 파일을 편집하고 저장하면 됩니다.

연습문제 해답

연습문제 해답은 부록에 있으며 각 장 예제 폴더의 answers.py에서도 확인할 수 있습니다.

예제 코드의 활용

이 책의 예제 파일과 연습문제는 *https://github.com/jimmysong/programmingbitcoin*
에서 받을 수 있습니다.

이 책은 여러분의 업무를 돕기 위해 만들었습니다. 함께 제공되는 예제 코드는 여러분의 프로
그램이나 문서에서 활용할 수 있습니다. 상당한 분량의 코드를 복제하는 행위만 아니라면 굳
이 예제 코드 사용을 위해 허락받을 필요는 없습니다. 예를 들어 여러분의 프로그램이 이 책에
나온 여러 코드를 군데군데 사용하더라도 허락을 받을 필요가 없습니다. 이 책을 인용하거나

예제 코드로 온오프라인상에서 질문에 답을 하는 경우도 허락받을 필요가 없습니다. 다만 책에 있는 상당한 양의 예제 코드를 여러분 제품 문서에 포함시키는 경우에는 허락을 받아야 합니다.

예제 코드를 활용할 때 의무 사항은 아니지만 저작자를 표기해주시면 감사하겠습니다. 저작자 표기는 책 제목, 저자, 출판사, ISBN입니다. 'Programming Bitcoin by Jimmy Song(O'Reilly). Copyright 2019 Jimmy Song, 978-1-492-03149-9'처럼 표기하면 됩니다.

이 책의 정오표, 예제 소스, 기타 정보는 *http://bit.ly/programmingBitcoin*에서 확인할 수 있습니다.

> **NOTE_ 일러두기**
> - 이 책의 주석은 모두 옮긴이 주입니다.
> - 본문에 나오는 링크는 삭제되었거나 주소가 변경되었을 수 있습니다.
> - 이 책 번역은 개인 차원에서 진행된 것으로 번역자의 소속과는 전적으로 무관합니다.

감사의 말

제가 여기까지 올 수 있도록 도와주신 분들이 너무나 많습니다. 모든 책의 저자는 많은 사람들로부터 경험과 지식을 얻기 마련이지만 그러한 사람들을 감사의 글에서 모두 언급하는 것은 어려울 것입니다. 저 또한 그럴 것이라는 점에서 언급하지 못한 분들에게는 진심으로 사과드립니다.

먼저, 이 여정에 저를 초대한 예수 그리스도께 감사드립니다. 십자가에 대한 믿음이 없었다면 제가 충분한 윤리적 신념을 가지고 블로그를 통해 일반적인 건전화폐sound money와 비트코인의 중요성을 전할 수 없었을 것입니다. 이 책은 궁극적으로 이러한 신념에서 탄생했습니다.

부모님(Kathy & Kyung-Sup)은 제가 8살 때 미국으로 용기 있게 이민오셨습니다. 부모님의 용기는 궁극적으로 제가 누린 기회가 되었습니다. 아버지는 제게 첫 컴퓨터(Commodore 16, Hyundai 8086 PC, 그리고 업체 불명의 486 33-Mhz PC)를 사주셨고 어머니는 제가 6~7학년 때 개인 프로그래밍 선생님을 붙여주셨는데, 안타깝게도 그 선생님 이름은 기억나지 않습니다. 그분이 프로그래밍에 관심이 많았던 저를 어떻게 보셨는지는 모르겠지만 그 선생님 덕분에 프로그래밍에 더욱 흥미를 붙인 건 사실입니다. 감사의 말을 통해 그 선생님을 찾을 수 있기를 기대합니다.

되돌아보면, 그동안 많은 선생님을 만났고 그중에는 당시 제가 싫어했던 분도 있고 좋아했던 분도 있습니다. 머레인, 에딜먼, 넬슨 선생님은 고등학교 때 수학과 컴퓨터과학을 가르쳤습니다. 현 교육 시스템에 만족하는 것은 아니지만 그 당시 배운 것이 저의 수학과 프로그래밍 사랑에 중요한 역할을 했습니다.

고등학교 친구 에릭 실버스타인 덕분에 대학교 졸업 후 Idiom Technologies에서 프로그래머로 첫 직장 생활을 시작했습니다. 컨설턴트로 진로를 바꾸려던 1998년 운명의 전화를 받게 되고 프로그래머/스타트업 쪽으로 선회하게 됩니다. 어떤 의미에서는 저는 처음부터 지금까지 이쪽 직종에 있는 셈입니다.

그다음 직장에서 켄 리우를 만났습니다. 리우는 제게 책 출판에 대한 훌륭한 조언을 해주었을 뿐 아니라 멋진 머리말까지 써주었습니다. 그와 책에 대해 의견을 나누면서 많은 도움을 받았습니다. 그를 알게 된 것은 큰 영광입니다.

사토시 나카모토는 이전에는 불가능하다고 생각했던 것을 가능하게 했습니다. 그것은 바로 '디지털 금'이라 할 수 있는 비트코인의 발명입니다. 비트코인은 세상이 완전히 공감하지 못한 심오한 발명품입니다. 저는 2011년 *http://slashdot.org*에서 비트코인을 알게 되었고 2013년에 알렉스 미즈라히의 도움으로 비트코인 개발자로서의 첫 업무를 시작했습니다. 당시에는 내가 무엇을 하고 있는지 몰랐지만 그의 도움으로 비트코인에 대해 많이 배울 수 있었습니다.

2013년 오스틴 비트코인 밋업에서 많은 비트코인 관련자를 만났고, 2014년 텍사스 비트코인 컨퍼런스에서는 현재까지도 알고 지내는 많은 사람을 만났습니다. 더 이상 이 밋업과 컨퍼런스에는 참석하지 않지만 거기서 만난 사람들에게 감사함을 느끼고 있습니다. 그중에서도 마이클 골드스타인, 대니얼 크라바츠, 나폴레온 콜은 빠뜨릴 수 없습니다.

앨런 레인더는 2014년에 저를 다시 Armory에서 일할 수 있게 해주었고 중요한 프로젝트에 기여할 기회를 주어서 고맙게 생각하고 있습니다.

그다음 일한 곳은 Paxos/itBit입니다. 채드 카스카릴라와 라즈 나이르는 거기서 저를 이끌어 준 CEO와 VP of Engineering이었습니다. 특히 라즈는 Paxos에 대한 블로그를 쓸 수 있게 해주었고 즐기면서 글을 쓴 기억이 납니다. 이로 인해 세미나까지 열 수 있게 되고 결국 이 책을 쓰는 데까지 이어졌습니다.

Paxos에서 만난 아주 중요한 세 명의 동료가 있습니다. pycoin 창시자인 리처드 키스는 함께 책 쓸 것을 제안하면서 제가 이 책을 쓰는 데 큰 자극이 되었습니다. 언제부턴가 저 혼자 책을 쓰고 있었지만 아이디어를 준 것에 대해 고맙게 생각합니다. 애런 캐스웰은 훌륭한 개발자로 저의 세미나에 많은 도움을 주었고 이 책의 검토까지 해주었습니다. 그는 좋은 프로그래머이자 수학자이며 상당한 가라테 수련자입니다. 마이클 플랙스먼은 블로그와 깃허브 라이브러리, 이 책까지 제가 쓴 비트코인과 관련된 거의 모든 글을 검토했습니다. 그 또한 저의 세미나를 도왔으며 대화가 즐거운 사람입니다. 그는 다른 사람들에게 자극제가 되는 사람입니다. 그와의 돈 독한 우정에 감사하고 있습니다.

보텍스, 토머스 헌트 그리고 톤 베이즈 덕분에 2017년 WCN^{World Crypto Network}[1]을 통해서 유튜브 를 시작하게 되었습니다. 특히 톤 베이즈는 좋은 영상물에 만드는 데 영감을 주었습니다.

제가 처음 비트코인 코어 소프트웨어에 기여했을 때 존 뉴베리는 많은 도움을 주었습니다. 그 는 정말로 말이 필요 없는 좋은 사람입니다. 그는 비교적 짧은 기간에 중요한 오픈소스 기여자 가 되었고 그 자체가 그의 재능과 헌신을 증명합니다. 마르코 폴크, 블라드미르 반 데르 란, 알 렉스 모르코스, 피터 르 바일러, 매트 코랄로, 수하스 다프투아르, 그레그 맥스웰 같은 코어 개 발자에게도 감사드립니다. 그들은 제 코드와 블로그의 글을 검토해주었습니다.

데이비드 하딩은 이 책의 기술 리뷰에서 독보적이었습니다. 그는 원고를 3번이나 읽었고 훌륭 한 코멘트를 많이 주었습니다. 그는 비트코인 역사에서 일어났던 거의 모든 것을 백과사전처럼 알고 있기에 언젠가 비트코인에 관한 책을 써도 될 것 같습니다.

짐 캘빈은 오라일리 출판사 사람들과 접촉할 수 있게 도와주었습니다. 마이크 루키데스는 이 책을 진행하도록 결정한 편집자이며, 안드레아스 안토노폴루스는 멋진 조언을 해주고 오라일 리 출판사에 저를 추천했습니다. 마이클 크로닌은 1년여의 집필 기간 동안 집중하지 못하는 저 를 이끌어주었습니다. 크리스틴 브라운은 이 책이 제때 세상에 나올 수 있도록 관리한 편집자 이며, 제임스 프랄라이는 원고를 교열했습니다. 저는 오라일리 출판사를 열렬히 좋아합니다. 팀 오라일리는 훌륭한 책을 출판함으로써 기술 커뮤니티에 큰 도움을 주고 있습니다.

오스틴에 있는 비트코인 친구들도 제가 한눈팔지 않고 이 책을 쓰는 데 도와줬습니다. 브라이 언 비숍, 윌 콜, 나폴레온 콜, 팁톤 콜, 투르 데미스터, 조니 딜리, 마이클 플랙스먼, 파커 루 이스, 저스틴 문, 앨런 피시텔로, 앤드루 포엘스트라가 바로 그들입니다. 또한 슬랙^{Slack} 채널

---

1 WCN은 2014년에 시작한 유튜브 채널로 비트코인과 기타 암호화폐를 다루고 있다. *https://www.worldcryptonetwork.com/* 참고.

TAAS도 있습니다. 여기서 사이프딘 앰머스는 책을 쓰고 있다고 발표하였고 그의 성공은 제게 좋은 자극이 되었습니다.

깃허브의 비트코인 친구들 외에도 Programming Blockchain 과정 졸업생들도 이 책의 기술 검토에 참여했습니다. 제프 플라워즈, 브라이언 리오티, 캐이시 바우먼, 존슨 라우, 앨버트 첸, 제이슨 레스, 토머스 브라운버거, 에두아르도 코바인, 스펜서 핸슨은 문제점을 발견했습니다. 카트리나 자비어는 이 책에서 그림을 많이 만들 수 있도록 도와준 믿을 수 있는 어시스턴트입니다.

제 유튜브 채널의 구독자들, 트위터의 팔로워들, 미디엄의 독자들 모두 제가 저의 목소리를 찾아 독립 기업가로서의 길을 가는 데 도움을 주었습니다.

마지막으로, 아내 줄리와 우리 아이들은 지난 몇 년 동안 저를 지지해줬습니다. 가족이 없었다면 지금까지 제가 했던 일을 결코 이룰 수 없었을 것이라 단언합니다.

CONTENTS

CHAPTER **1** **유한체**

CONTENTS

CHAPTER **4** 직렬화

CONTENTS

CHAPTER 7 **트랜잭션 검증과 생성**

CHAPTER 8 **p2sh 스크립트**

CHAPTER 9 **블록**

CONTENTS

CONTENTS

유한체

비트코인 프로그래밍이 배우기 어렵게 느껴지는 이유는 어디서부터 공부해야 할지 모르기 때문입니다. 비트코인이 상호의존 요소가 많아 하나를 공부하면 연관된 다른 내용을 알아야 하고, 결국 처음 공부했던 것을 제대로 이해하려면 그전에 다른 어떤 내용을 배워야 한다는 것을 깨닫게 됩니다.

이번 장은 비트코인 학습을 체계적으로 시작할 수 있도록 안내합니다. 전체 주제와 관련 없어 보이는 타원곡선 암호를 이해하기 위한 기본 수학 개념을 먼저 학습합니다. 타원곡선 암호는 전자 서명과 이의 검증에 사용되는데 이는 트랜잭션transaction 작동 방법의 핵심 알고리즘입니다. 트랜잭션은 비트코인에서 더 이상 쪼갤 수 없는 가치 이동의 단위입니다. 비트코인 프로그래밍에 있어 유한체와 타원곡선을 먼저 알게 되면 필요한 선수 개념을 확실히 이해하게 되어 체계적인 학습이 가능합니다.

엄밀한 증명을 요하는 수학을 오랫동안 접하지 않았다면 이번 장과 이후 2장, 3장까지는 재미없을 수도 있습니다. 그렇더라도 지금 소개하는 개념과 코드는 책 전체에서 계속 등장하기 때문에 반드시 이해하고 넘어가야 합니다.

1.1 현대대수 학습

새로운 수의 체계를 배운다고 하면 덜컥 겁부터 날 수 있습니다. 이번 장을 통해 현대대수학[1]이 어렵다는 생각은 떨쳐내기 바랍니다. 특히 유한체는 일반대수[2]에서 요구하는 정도의 수학 지식이면 충분합니다.

정규 교과과정에서 단지 도형방정식[3]이 유한체보다 더 중요하다고 여겨서 도형방정식을 배운 것이지 그렇지 않았더라면 유한체를 학교에서 이미 배웠을 수도 있습니다. 유한체가 그리 어렵지 않고 일반대수 개념 외의 배경지식은 필요 없다고 언급하고 싶습니다.

이번 장은 타원곡선 암호를 파악하기 위해 필요합니다. 타원곡선 암호는 비트코인의 핵심인 전자서명과 서명 검증 알고리즘을 이해하는 데 필수입니다. 앞서 말했듯이 이번 장과 이후 두 장은 얼핏 전체와 연관되어 있지 않은 듯 보이지만 끝까지 잘 이해해야 합니다. 여기서 닦은 기초로 비트코인을 쉽게 이해할 수 있을 뿐만 아니라 **슈노어 서명**Schnorr signature, 기밀 트랜잭션, 더불어 다른 첨단 비트코인 기술도 더 쉽게 이해할 수 있습니다.

1.2 유한체 정의

수학에서 유한체finite field는 아래의 성질을 만족하는 2개의 연산자(+ 덧셈, · 곱셈)를 가진 집합이며 그 집합의 원소 수가 유한하다는 특징이 있습니다.

1. a와 b가 집합에 속해 있으면, $a+b$와 $a \cdot b$도 집합 안에 있다(집합 위에 두 연산 +, · 이 닫혀 있음).
2. 집합에 0으로 표기하는 원소가 존재하고 집합 내 다른 원소 a와 + 연산 결과는 a다. 즉 $a+0=a$(+ 연산에 대한 항등원 존재)
3. 집합에 1로 표기하는 원소가 존재하고 집합 내 다른 원소 a와 · 연산 결과는 a다. 즉 $a \cdot 1=a$(· 연산에 대한 항등원 존재)

---

1   현대대수학은 수와 사칙연산의 개념을 추상적으로 전개하는 대수학으로 유한체는 현대대수학의 중요한 내용이다.
2   일반대수는 유리수체와 실수체 그리고 그 사이에서 사칙연산으로 전개되는 대수학을 의미한다. 우리나라 중학교 수학 과정에서 '수와 연산' 영역, '문자와 식' 영역이며 핵심 개념으로 수의 체계, 수의 연산, 다항식, 방정식, 부등식을 다루고 있다.
3   삼각형의 변과 각의 관계를 기초로 하는 기하학. 잘 알려진 도형방정식 정리로 '삼각형의 내각의 합은 180도'가 있다.

4. 집합의 원소 a와 + 연산 결과가 0이 되게 하는 원소 b가 역시 집합에 속해 있고 이러한 b를 $-a$로 표기한다(+ 연산에 대한 a의 역원 $-a$ 존재).

5. 0이 아닌 집합의 원소 a에 대해 $a \cdot b = 1$이 되게 하는 원소 b가 역시 집합에 속해 있고 이러한 b를 a^{-1}로 표기한다($\cdot$ 연산에 대한 a의 역원 a^{-1} 존재).

위 조건 하나하나의 뜻을 풀어보겠습니다.

유한 개수의 숫자를 원소로 하는 집합이 있습니다. 집합의 원소 개수가 유한하기 때문에 집합 크기를 표현하는 어떤 값 p를 정할 수 있습니다. 이 값을 집합의 **위수**order라고 합니다.

1번 성질로 집합은 덧셈과 곱셈에 대해 닫혀 있습니다. 그 의미는 덧셈과 곱셈 연산의 결과가 그 집합 안에 있도록 두 연산을 정의해야 한다는 뜻입니다. 예를 들면, 집합 {0, 1, 2}는 덧셈에 대해 닫혀 있지 않습니다. 왜냐하면 1+2=3이고 3은 집합 안에 없기 때문입니다. 2+2=4도 그렇습니다. 물론 닫혀 있도록 덧셈을 다르게 정의할 수 있지만 일반 덧셈 방식으로는 닫혀 있지 않습니다. 반면에 집합 {−1, 0, 1}은 일반 곱셈에 대해 닫혀 있습니다. 집합 내 임의의 2개 원소의 곱셈 결과가 항상 집합 안에 있기 때문입니다(총 9가지 경우의 수가 있습니다).

수학에서는 위 2개의 집합 {0, 1, 2}, {−1, 0, 1}이 모두 곱셈에 대해 닫혀 있도록 곱셈을 특별한 방식으로 정의할 수 있습니다. 덧셈과 곱셈을 정의하는 방법에 대해서는 조금 뒤에 살펴보겠습니다. 여기서 알아야 할 중요한 개념은 우리에게 친숙한 덧셈과 곱셈 방식과는 다른 덧셈과 곱셈을 정의할 수 있다는 점입니다.

2번과 3번 성질은 덧셈과 곱셈에 대한 항등원이 집합 내에 있다는 뜻입니다. 집합에서 각각 0과 1입니다.

4번 성질은 덧셈에 대한 역원이 집합 내에 있다는 뜻입니다. 즉, a가 집합 내에 있으면 $-a$가 집합 내에 있다는 뜻입니다. 덧셈에 대한 역원을 사용해서 뺄셈을 정의할 수 있습니다.

5번 성질은 곱셈에 대해서도 4번과 똑같은 성질이 있다는 뜻입니다. 만약 a가 집합 내에 있으면 a^{-1} 또한 집합 내에 있다는 의미입니다. 즉 $a \cdot a^{-1} = 1$입니다. 곱셈에 대한 역원을 사용하면 나눗셈을 정의할 수 있습니다. 하지만 유한체에서는 나눗셈을 정의하는 것이 가장 까다롭습니다.

1.3 유한집합 정의하기

집합의 위수가 p이면 집합의 원소는 0, 1, 2, … $p-1$로 쓸 수 있습니다. 이 원소들을 굳이 일반 0과 자연수 값을 갖는 집합의 원소로 생각할 필요는 없습니다. 물론, 일반 숫자의 성질이 있지만 덧셈, 뺄셈, 곱셈 방법에 있어 차이가 있습니다.

유한체 집합은 보통 다음과 같이 표기합니다.

$$F_p = \{0, 1, 2, … p-1\}$$

중괄호 안에 있는 것은 집합의 원소입니다. F_p는 위수 p의 유한체라고 읽는 특정 유한체입니다 (여기서 p는 집합의 위수로 집합 안의 원소 개수입니다). 중괄호 사이의 0, 1, 2 등으로 표기한 숫자들은 유한체 안의 서로 다른 원소를 의미합니다. 이렇게 표기하면 원소를 일반화할 수 있어서 편리합니다.

위수 11의 유한체는 다음과 같습니다.

$$F_{11} = \{0, 1, 2, 3, 4, 5, 6, 7, 8, 9, 10\}$$

위수 17의 유한체는 다음처럼 쓸 수 있습니다.

$$F_{17} = \{0, 1, 2, 3, 4, 5, 6, 7, 8, 9, 10, 11, 12, 13, 14, 15, 16\}$$

위수 983의 유한체는 다음처럼 쓸 수 있습니다.

$$F_{983} = \{0, 1, 2, … 982\}$$

유한체의 위수는 항상 가장 큰 숫자 원소보다 하나가 더 많은 것을 볼 수 있습니다. 또한 유한체는 매번 위수가 소수[prime number]인 것을 볼 수 있습니다. 나중에 알게 되겠지만 여러 가지 이유로 인해 유한체는 반드시 소수이거나 소수의 거듭제곱[a power of a prime]을 위수로 가져야 합니다. 여기서 우리가 관심 있는 유한체는 소수를 위수로 갖는 유한체입니다.

1.3.1 파이썬으로 유한체 코딩하기

파이썬으로 유한체 원소를 표현하기 위해서 먼저 유한체 원소 1개를 표현하는 클래스를 정의하겠습니다. 의미에 맞게 해당 클래스 이름은 FieldElement로 하겠습니다.

클래스는 유한체 F_{prime}에 있는 원소를 나타냅니다. 클래스의 기본 뼈대는 아래와 같습니다.

```python
class FieldElement:

    def __init__(self, num, prime):
        if num >= prime or num < 0:    ❶
            error = 'Num {} not in field range 0 to {}'.format(
                num, prime - 1)
            raise ValueError(error)
        self.num = num    ❷
        self.prime = prime

    def __repr__(self):
        return 'FieldElement_{}({})'.format(self.prime, self.num)

    def __eq__(self, other):
        if other is None:
            return False
        return self.num == other.num and self.prime == other.prime    ❸
```

❶ 먼저 num과 prime을 인수로 받은 후 num 값이 경곗값을 포함하여 0과 prime-1 사이 값인지 조사합니다. 그렇지 않은 경우 유효하지 않은 FieldElement를 얻게 되므로 ValueError를 발생시킵니다. ValueError는 부적절한 값을 얻었을 때 발생시키는 오류입니다.[4]

❷ __init__ 메서드의 나머지 부분에서 조사된 인수 값으로 객체를 초기화합니다.

❸ __eq__ 메서드는 FieldElement 클래스의 두 개체가 같은지 검사합니다. 객체의 num과 prime 속성이 서로 같은 경우에만 True 값을 반환합니다.

---

[4] ValueError는 Exception 클래스를 상속해서 정의된 클래스다. 파이썬 문서에 따르면 함수의 인자형은 맞지만 그 값이 적절치 않은 상황에서 예외를 발생시키는 데 사용한다.

위에서 정의한 클래스를 아래와 같이 사용할 수 있습니다.

```
>>> from ecc import FieldElement
>>> a = FieldElement(7, 13)
>>> b = FieldElement(6, 13)
>>> print(a == b)
False
>>> print(a == a)
True
```

파이썬에서는 `FieldElement` 객체 간 등호 연산자(==)를 `__eq__` 메서드를 통해 정의할 수 있습니다. 이를 연산자 재정의라고 합니다. 이후에도 이와 같은 파이썬 특징을 활용하여 클래스를 작성할 것입니다.

이 책에서 제공하는 코드에서 이러한 클래스가 어떻게 사용되는지 볼 수 있습니다. 일단, 주피터 노트북Jupyter Notebook을 설치하면 code-ch01/Chapter1.ipynb로 이동하여 코드를 실행하여 결과를 볼 수 있습니다. 아래 [연습문제 1.1]을 풀기 위해 주피터 노트북의 [연습문제 1.1]에 있는 링크를 클릭하여 ecc.py 파일을 열고 코드를 작성하세요. 답은 '부록 연습문제 해설'에 있습니다. 문제 풀이 과정에서 막히거나, 자신의 풀이와 비교하는 용도로 활용하세요.

연습문제 1.1

`FieldElement`의 두 객체가 서로 다른지 검사하는 != 연산자를 재정의하도록 `FieldElement` 클래스의 `__ne__` 메서드를 작성하시오.

1.4 나머지연산

나머지연산Modulo Arithmetic[5]으로 덧셈, 뺄셈, 곱셈, 나눗셈에 대해 닫혀 있는 유한체를 만들 수 있습니다.

---

5 어떤 수를 나눈 나머지를 구하는 연산으로 법연산, 모듈로 연산이라고도 한다.

유한체에서 나머지연산으로 덧셈을 정의해보겠습니다. 나머지연산은 초등학교에서 처음 나눗셈을 배웠을 때 나옵니다. [그림 1–1]과 같은 나눗셈 계산을 해본 적이 있을 겁니다.

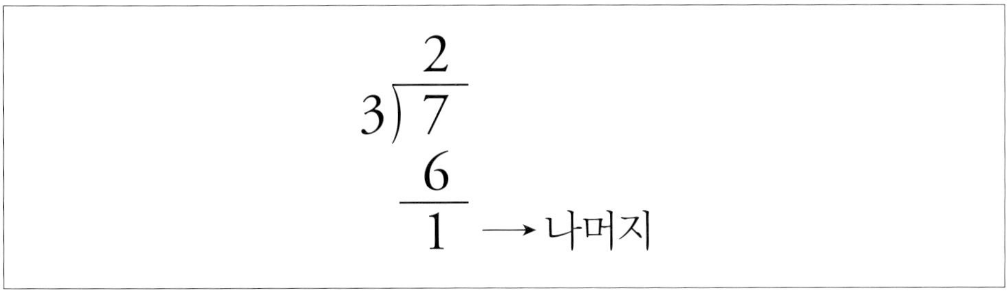

$$
3 \overline{)\,7}^{\,2}
$$

$$
\frac{6}{1} \longrightarrow 나머지
$$

그림 1-1 긴 나눗셈 예제1

나누어떨어지지 않을 때 '나머지'가 발생합니다. 나머지는 더 이상 나누어지지 않고 남는 값입니다. 나머지연산은 이 값을 구하는 연산이고 연산자는 %를 사용합니다.

$7 \% 3 = 1$

[그림 1–2]는 또 다른 예입니다.

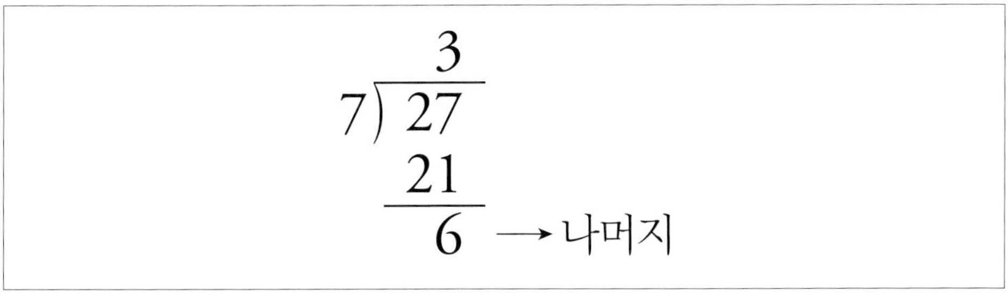

$$
7 \overline{)\,27}^{\,3}
$$

$$
\frac{21}{6} \longrightarrow 나머지
$$

그림 1-2 긴 나눗셈 예제 2

즉, 나머지연산은 하나의 수를 다른 수로 나눈 나머지입니다. 큰 숫자를 나누는 다른 예를 살펴보겠습니다.

$1747 \% 241 = 60$

나머지연산은 마지막 숫자에서 다시 처음으로 돌아가는 '시계'처럼 생각하면 쉽습니다. 아래 문제의 답은 무엇일까요?

지금 3시입니다. 지금부터 47시간 후는 몇 시일까요?

답은 2시입니다. (3 + 47) % 12 = 2이기 때문입니다. [그림 1-3] 시계에서 47시간 앞으로 이동시켜 보세요.

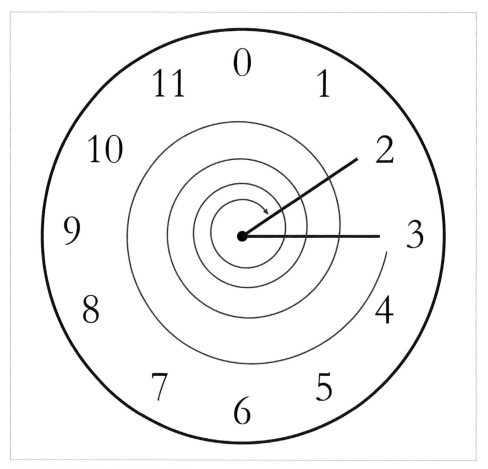

그림 1-3 3시에서 47시간 앞으로 진행한 시계

12시간이 지나면 다시 처음 시작할 때의 시계 모습으로 돌아가는 것을 볼 수 있습니다.

음수에 대해서도 나머지연산을 수행할 수 있습니다. 다음 문제의 답은 무엇일까요?

현재 3시입니다. 16시간 전에는 몇 시였나요?

답은 11시입니다. $(3 - 16)$ % $12 = 11$입니다.[6]

$$(3 - 16) \% 12 = 11$$

분 단위를 가리키는 긴 시곗바늘 또한 나머지연산으로 간주할 수 있습니다. 예를 들어 다음과 같이 질문 할 수 있습니다.

현재 시간은 12분입니다. 지금부터 843분 후에는 몇 분이 될까요?

843분 후에는 15분이 됩니다.

$$(12 + 843) \% 60 = 15$$

또 다른 유사한 문제입니다.

현재 시간은 23분입니다. 지금부터 97분 후에 몇 분이 될까요?

이 경우 정답은 0입니다.

$$(23 + 97) \% 60 = 0$$

0은 나머지가 없다는 뜻입니다.

분에 대한 나머지연산(%) 결과는 항상 0과 59를 포함한 사이의 값입니다. 아무리 큰 숫자라도 나머지연산 후 비교적 작은 범위의 숫자로 변환되기 때문에 이것은 숫자 개수가 한정되어 있는 유한체에서 매우 적절한 속성이 됩니다.

$$14738495684013 \% 60 = 33$$

---

6 나머지는 0보다 커야 한다. 음수인 나머지는 없다. 시계에서 음수는 반대 방향으로 이동하는 것을 의미한다. −13이라면 시계 반대 방향으로 12만큼 이동하고(한 바퀴를 돌아 원래 위치에 오게 됨) 1만큼 더 가면 된다. 음수인 경우 나머지연산을 쉽게 하는 방법은 양수가 될 때까지 나누어지는 수에 나누는 수를 더한다. −13 % 12를 예로 들면, −13 + 12 = −1 아직 음수이므로 한 번 더 더하면 −1 + 12 = 11 이 된다.

유한체 연산을 정의할 때 나머지연산을 사용하겠습니다. 유한체에서 대부분의 연산은 어느 정도 나머지 연산자를 통해서 이루어집니다.

1.4.1 파이썬으로 나머지연산 코딩하기

파이썬에서 나머지연산은 `%` 연산자를 사용합니다. 아래는 사용례입니다.

```
>>> print(7 % 3)
1
```

음수에 대해서도 아래처럼 사용할 수 있습니다.

```
>>> print(-27 % 13)
12
```

1.5 유한체 덧셈과 뺄셈

유한체에서의 덧셈을 정의할 때 그 결과가 여전히 유한체에 속해 있도록 해야 합니다. 즉 수학 용어로 유한체에서 덧셈이 닫혀 있도록 해야 합니다.

방금 배운 나머지연산으로 덧셈을 정의하면 유한체에서 덧셈이 닫혀 있도록 할 수 있습니다. 다음과 같이 19를 위수로하는 유한체가 있다고 합시다.

$$F_{19} = \{0, 1, 2, \ldots 18\}$$

여기에서 $a, b \in F_{19}$이고 기호 $\in$는 왼쪽의 원소가 오른쪽 집합에 속해 있다는 뜻입니다. a, b는 F_{19}의 원소입니다.

덧셈에 대해 닫혀 있다는 뜻은 다음과 같습니다.

$$a +_f b \in F_{19}$$

여기서는 일반 정수에서의 덧셈과 구별하기 위해 +가 아닌 $+_f$로 표시했습니다.

나머지연산을 사용하면 앞의 식이 항상 만족하는 것을 보장할 수 있습니다. 즉 $a+_f b$를 다음과 같이 정의할 수 있습니다.

$$a+_f b = (a + b)\%19$$

예를 들면,

$$7+_f 8 = (7+8)\%19 = 15$$

$$11+_f 17 = (11+17)\%19 = 9$$

유한체에서 임의의 수 2개를 꺼내서 더하고 그 수를 위수로 나눈 나머지를 구하면 됩니다. 이런 식으로 우리만의 덧셈 연산을 만든 겁니다. 결국 $11+_f 17 = 9$인데, 결과가 직관적이지 않고 유한체 덧셈에 익숙하지 않기에 그 결과가 맞지 않아 보일 뿐입니다.

좀 더 일반화해서 유한체 덧셈은 다음과 같이 정의합니다.

$$a+_f b = (a + b)\%p$$

여기서 $a, b \in F_p$입니다.

덧셈에 대한 역원도 이런 식으로 정의합니다. $a \in F_p$이면 $-_f a \in F_p$가 성립함을 의미하고 $-_f a$는 아래와 같이 구합니다.

$$-_f a = (-a) \% p$$

여기서 일반 정수에서의 뺄셈 연산과 마이너스 부호를 유한체에서의 뺄셈 연산 및 마이너스 부호와 명확히 구별하기 위해 $-_f$ 기호를 사용했습니다.[7]

F_{19}에서

$$-_f 9 = (-9) \% 19 = 10$$

7　마이너스 부호는 주어진 원소에 대해 그 역원을 만들어주는 단항 연산자로 볼 수 있다.

여기서 $-_f9\,(=10)$은 9의 역원이므로,

$$9+_f10 = 0$$

확실히 10은 9의 덧셈에 대한 역원임을 알 수 있습니다.

비슷하게 유한체에서의 뺄셈도 정의할 수 있습니다.

$$a-_fb = (a - b)\%p$$

여기서 $a, b \in F_p$입니다.

F_{19}에서 예를 들면 다음과 같습니다.

$$11-_f9=(11-9)\%19 = 2$$
$$6-_f13=(6-13)\%19 = 12$$

연습문제 1.2

유한체 F_{57}에서 다음 연산의 결과를 구하시오.

- $44 +_f 33$
- $9 -_f 29$
- $17 +_f 42 +_f 49$
- $52 -_f 30 -_f 38$

1.5.1 파이썬으로 유한체 덧셈과 뺄셈 코딩하기

FieldElement 클래스에서 __add__와 __sub__ 메서드를 정의할 수 있습니다. 이 메서드를 통해 아래와 같은 파이썬 명령을 실행할 수 있습니다.

```
>>> from ecc import FieldElement
>>> a = FieldElement(7, 13)
>>> b = FieldElement(12, 13)
>>> c = FieldElement(6, 13)
```

```
>>> print(a+b==c)
True
```

파이썬에서 우리가 정의하는 덧셈을 __add__ 메서드로 구현합니다. 구체적으로는 나머지연산을 활용해서 FieldElement의 새 메서드를 아래와 같이 만드는 것입니다.

```
def __add__(self, other):
    if self.prime != other.prime:  ❶
        raise TypeError('Cannot add two numbers in different Fields')
    num = (self.num + other.num) % self.prime  ❷
    return self.__class__(num, self.prime)  ❸
```

❶ 더하는 수와 더해지는 수의 위수가 동일한지 확인합니다. 서로 위수가 다르면 계산은 무의미하기 때문입니다.

❷ 앞서 설명한 대로 나머지연산을 통해 유한체 덧셈을 정의합니다.

❸ 자기 자신 클래스(여기서는 FieldElement 클래스)의 인스턴스를 반환합니다. 자기 자신 클래스는 self.__class__로 쉽게 접근할 수 있습니다. 인스턴스를 생성하기 위해 앞에서 본 2개의 인수 num과 self.prime을 클래스 생성자에 넘겨줍니다. 내부적으로 __init__ 메서드가 이 2개의 인수로 초기화한 인스턴스를 반환합니다.

위 3번의 return문에서 self.__class__ 대신 클래스 이름 FieldElement를 사용할 수도 있지만, 그렇게 하면 클래스 상속 시 하위 클래스에서 __add__ 메서드가 실행될 때 해당 하위 클래스가 아닌 FieldElement의 인스턴스를 반환하게 됩니다. 이것은 원하는 결과가 아니기 때문에 추후 상속에 대비하여 위와 같이 코딩하는 것이 중요합니다.

연습문제 1.3

2개의 FieldElement 객체의 뺄셈을 정의하는 __sub__ 메서드를 작성하시오.

1.6 유한체 곱셈과 거듭제곱

유한체에서 닫혀 있는 덧셈($+_f$)을 정의했듯이 유한체에서 닫혀 있는 곱셈도 정의할 수 있습니다. 이를 이용하여 같은 숫자를 여러 번 곱하는 거듭제곱도 정의할 수 있습니다. 이번 절에서는 나머지연산을 이용한 곱셈과 거듭제곱을 정의하겠습니다.

우리가 익숙한 정수집합에서의 곱셈은 '여러 번 더하기'입니다.

$$5 \cdot 3 = 5 + 5 + 5 = 15$$

$$8 \cdot 17 = 8 + 8 + 8 + \ldots + 8 = 136$$

유한체에서 곱셈도 비슷하게 할 수 있습니다. 위수 19의 유한체 F_{19}에서 보면,

$$5 \cdot_f 3 = 5 +_f 5 +_f 5$$

$$8 \cdot_f 17 = 8 +_f 8 +_f 8 +_f \ldots +_f 8$$

위 식의 오른쪽 계산을 어떻게 하는지는 이미 알고 있습니다. 결론적으로 계산은 정수집합의 곱셈을 유한체의 위수로 나눈 나머지이며 결과는 당연히 유한체 F_{19}에 속합니다.

$$5 \cdot_f 3 = 5 +_f 5 +_f 5 = 15 \% 19 = 15$$

$$8 \cdot_f 17 = 8 +_f 8 +_f 8 +_f \ldots +_f 8 = (8 \cdot 17) \% 19 = 136 \% 19 = 3$$

위 두 번째 계산 결과는 그리 직관적이지 않습니다. 보통 $8 \cdot_f 17 = 3$이라고는 생각하지 않기 때문입니다. 그러나 그 때문에 곱셈에 대해서 닫혀 있게 됩니다. 즉 곱셈의 결과는 항상 집합 {0, 1, .. p−1}에 속하게 됩니다.

거듭제곱^{exponentiation}은 간단히 한 숫자를 여러 번 곱하는 것입니다.

$$7^3 = 7 \cdot 7 \cdot 7 = 343$$

유한체에서도 나머지연산을 이용하여 거듭제곱을 할 수 있습니다.

F_{19}에서,

$$7^3 = 343 \% 19 = 1$$

$$9^{12} = 7$$

거듭제곱 결과도 우리의 상식에 부합하지는 않습니다. 보통 $7^3 = 1$이고 $9^{12} = 7$이라고는 생각하지 않기 때문입니다. 다시 말하지만 유한체 안에서 정의된 연산 결과는 항상 그 유한체 안에 속해야 합니다.

연습문제 1.4

유한체 F_{97}에서 다음 곱셈과 거듭제곱을 구하시오.

- $95 \cdot_f 45 \cdot_f 31$
- $17 \cdot_f 13 \cdot_f 19 \cdot_f 44$
- $127 \cdot_f 77^{49}$

연습문제 1.5

k가 각각 1, 3, 7, 13, 18인 경우 F_{19}에서 다음 집합을 구하고, 구한 집합에서 어떤 규칙성이 있는지 찾으시오.

$$\{k \cdot_f 0,\ k \cdot_f 1,\ k \cdot_f 2,\ k \cdot_f 3,\ \dots\ k \cdot_f 18\}$$

> **NOTE_ 왜 위수가 소수인 유한체가 유용한가?**
> [연습문제 1.5]의 답을 구해보면 모두 같은 집합이라는 것을 알 수 있습니다. 일반적으로 유한체에 0이 아닌 임의의 원소 k로 전체 집합을 곱할 때 그 결과는 다시 원래 집합이 됩니다.[8]
> 그런데 유한체가 이런 성질을 가지려면 위수가 소수여야 합니다. 만약 유한체의 위수가 합성수이고 이 위수의 약수로 전체 집합 원소들과 곱하면 곱하는 수에 따라 집합이 달라집니다. 그리고 달라진 집합의 원소의 개수는 전체 집합의 원소의 개수보다 작게 됩니다.[9]

----

8 원소의 배열 순서는 달라지지만 집합이기에 순서는 상관없다.
9 구한 집합의 원소 수가 적은 이유는 중복된 원소가 발생하기 때문이다. 예를 들어 위수가 합성수 4인 유한체 {0, 1, 2, 3}을 생각해보자. 여기에 2를 곱해서 얻은 집합은 {0, 2%4, 4%4, 6%4} = {0, 2}가 된다. 얻은 집합의 원소 수는 전체 원소 개수보다 적다. 일반적으로는 귀류법을 통해 간단히 증명할 수 있다.

1.6.1 파이썬으로 곱셈 코딩하기

유한체에서 곱셈의 정의를 이해했고 이제 FieldElement 클래스에서 파이썬의 * 연산자를 재정의하도록 __mul__ 메서드를 작성하고자 합니다. 완성된 __mul__ 메서드를 통해 다음과 같은 파이썬 명령을 실행할 수 있습니다.

```
>>> from ecc import FieldElement
>>> a = FieldElement(3, 13)
>>> b = FieldElement(12, 13)
>>> c = FieldElement(10, 13)
>>> print(a*b==c)
True
```

다음 [연습문제 1.6]에서 곱셈을 위한 __mul__ 메서드를 작성해봅시다.

연습문제 1.6

2개의 유한체 원소 곱셈을 정의하는 __mul__ 메서드를 작성하시오.

1.6.2 파이썬으로 거듭제곱 코딩하기

FieldElement 클래스에서 거듭제곱도 정의할 필요가 있습니다. 파이썬에서는 __pow__ 메서드를 통해 거듭제곱 연산자(**)를 재정의할 수 있습니다. 여기서 주의할 점은 지수 그 자체는 FieldElement의 인스턴스가 아니라는 점입니다. 따라서 이를 감안해서 처리해야 합니다. __pow__ 메서드가 완성되면 다음과 같은 파이썬 명령을 실행할 수 있습니다.

```
>>> from ecc import FieldElement
>>> a = FieldElement(3, 13)
>>> b = FieldElement(1, 13)
>>> print(a**3==b)
True
```

앞서 언급한 대로 지수는 FieldElement의 인스턴스가 아닌 정수형 값$^{integer type}$이기 때문에 메서드는 정수형 매개변수 exponent를 갖습니다. 그리고 다음과 같이 작성할 수 있습니다.

```
class FieldElement:
...
    def __pow__(self, exponent):
        num = (self.num ** exponent) % self.prime   ❶
        return self.__class__(num, self.prime)   ❷
```

❶ 앞서 배운 대로 이와 같이 코딩해도 됩니다. 그러나 파이썬에서 거듭제곱을 계산하는 pow() 내장함수를 활용하여 pow(self.num, exponent, self.prime)으로 코딩하는 것이 더 효율적입니다.

❷ 앞서 본 여러 연산자 함수처럼 클래스의 인스턴스를 반환합니다.

그런데 ❶에서 exponent를 FieldElement 객체로 코딩할 수도 있지 않을까요? 결론적으로 여기서 지수가 유한체 원소이어도 되고 아니어도 됩니다. 그러나 지수가 유한체 원소라면 우리에게 친숙한 지수 관련 성질(예를 들면 $7^a \cdot 7^b = 7^{a+b}$ 등)이 성립하지 않을 것이기에 지수를 유한체로 한정하는 것은 그리 유용하지 않습니다.

한편, 지수가 매우 큰 값일 때 그대로 거듭제곱하는 것은 계산상 비효율적입니다. 이것을 빠르게 계산하여 실행 시간을 줄이는 방법을 이 장 마지막에서 설명합니다.

연습문제 **1.7**

7, 11, 17, 31인 p 값에 대해 유한체 F_p에서 다음 집합을 구하시오.

$$\{1^{(p-1)}, 2^{(p-1)}, 3^{(p-1)}, 4^{(p-1)}, \dots (p-1)^{(p-1)}\}$$

1.7 유한체 나눗셈

지금까지 덧셈, 뺄셈, 곱셈, 그리고 거듭제곱을 배우면서 얻은 지식은 애석하게도 나눗셈을 이해하는 데는 별 도움이 되지 않습니다. 유한체 나눗셈을 가장 잘 이해할 수 있는 방법은 일반대수에서의 나눗셈과 비교하는 것입니다.

일반대수에서 나눗셈은 곱셈의 역연산입니다.

- 7 · 8 = 56은 56/8 = 7을 의미합니다.
- 역시 12 · 2 = 24는 24/12 = 2를 의미합니다.

이는 유한체 나눗셈에서도 유효합니다. 일반대수에서와 마찬가지로 0으로 어떤 값을 나눌 수는 없습니다.

F_{19}에서 이를 적용하면 아래와 같습니다.

$3 \cdot_f 7 = 21\%19 = 2$로부터 $2/_f 7 = 3$이라는 등식이 성립합니다.

$9 \cdot_f 5 = 45\%19 = 7$로부터 $7/_f 5 = 9$라는 등식이 성립합니다.

나눗셈 결과를 보면 일반 수학 상식에서의 나눗셈과 좀 다릅니다. 이는 유한체 원소끼리의 나눗셈이기 때문입니다. 한편으로는 상식과 다르기 때문에 유한체에서 닫혀 있는 나눗셈이 가능해지는 겁니다. 즉, 어떤 유한체 원소를 0이 아닌 원소로 나눈 결과는 역시 유한체 소속의 원소가 됩니다.

이제 의문이 드는 사항은 $3 \cdot_f 7 = 2$를 모르는 상황에서 어떻게 $2/_f 7$를 계산하는가 입니다. 이는 앞서 제시한 [연습문제 1.7]의 결과를 이용하면 가능합니다.

[연습문제 1.7]을 실행하면 소수인 p와 0보다 큰 n에 대해 $n^{(p-1)}$은 항상 1임을 알 수 있습니다. 이는 페르마의 소정리로 불리는 정수론의 놀라운 결과입니다. 핵심적으로 이 정리가 말하는 것은 다음과 같습니다.

$n^{(p-1)}\%p = 1$

여기서 p는 소수입니다.

우리는 소수를 위수로 하는 유한체를 사용하기 때문에 이 정리를 사용할 수 있습니다.

페르마의 소정리

페르마의 소정리Fermat's Little Theorem 증명은 여러 가지 방법으로 할 수 있습니다. 가장 간단한 방법은 [연습문제 1.5]의 결과를 이용하는 것입니다. 즉, 아래 식에서 왼쪽은 유한체 F_p이고 오른쪽은 0이 아닌 임의의 원소 n을 유한체의 모든 원소에 각각 곱한 집합입니다. [연습문제 1.5]의 실행 결과를 보면 두 집합은 동일하다는 것을 알 수 있습니다.

$$\{1, 2, 3, \ldots p{-}2, p{-}1\} = \{n\%p, 2n\%p, 3n\%p\ (p{-}2)n\%p, (p{-}1)n\%p\}$$

위 식에서 양쪽 원소의 배열 순서는 다를 수 있지만 왼쪽에 있는 원소는 오른쪽에도 들어 있고, 오른쪽에 들어 있는 원소도 왼쪽에 들어 있습니다. 한마디로 양쪽은 같은 집합입니다. 따라서 왼쪽 원소끼리 곱셈한 결과와 오른쪽 원소끼리 곱한 결과는 동일할 것입니다.

$$1 \cdot 2 \cdot 3 \cdot \ldots \cdot (p{-}2) \cdot (p{-}1)\ \%\ p = n \cdot 2n \cdot 3n \cdot\ \ldots\ \cdot (p{-}2)n \cdot (p{-}1)n\ \%\ p$$

왼쪽은 $(p{-}1)!\ \%\ p$가 됩니다. !는 계승factorial을 뜻합니다(예를 들면 5! = 5 4 3 2 1 = 120). 오른쪽 항에서 n만 따로 모아 정리하면 다음과 같습니다.

$$(p{-}1)! \cdot n^{(p-1)}\ \%\ p$$

그러므로,

$$(p{-}1)!\ \%\ p = (p{-}1)! \cdot n^{(p-1)}\ \%\ p$$

양쪽을 동일한 $(p{-}1)!$로 약분하면 아래와 같습니다.

$$1 = n^{(p-1)}\ \%\ p$$

이 식은 페르마의 소정리 식이며 소정리는 이렇게 증명할 수 있습니다.

나눗셈은 곱셈의 역연산이기 때문에 다음과 같이 쓸 수 있습니다.

$$a/b = a \cdot {}_f(1/b) = a \cdot {}_f b^{-1}$$

여기서 b^{-1}을 안다면 나눗셈 문제가 곱셈 문제로 바뀝니다. 바로 여기 b^{-1}을 계산하는 데 페르마의 소정리가 활용됩니다. 페르마의 소정리에 따르면,

$$b^{(p-1)} = 1$$

이고 p는 소수이기에

$$b^{-1} = b^{-1} \cdot_f 1 = b^{-1} \cdot_f b^{(p-1)} = b^{(p-2)}$$

이를 요약하면 다음과 같습니다.

$$b^{-1} = b^{(p-2)}$$

유한체 F_{19}에서 0이 아닌 모든 원소 b에 대해 $b^{18} = 1$을 의미하므로 $b^{-1} = b^{17}$을 의미합니다.

따라서 어떤 원소 b의 역원 b^{-1}은 거듭제곱을 통해 계산할 수 있습니다. 예를 들어 F_{19}에서,

$$2/7 = 2 \cdot 7^{(19-2)} = 2 \cdot 7^{17} = 465261027974414\%19 = 3$$

$$7/5 = 7 \cdot 5^{(19-2)} = 7 \cdot 5^{17} = 5340576171875\%19 = 9$$

이 계산에서 지수가 상당히 커질 수 있기 때문에 계산 시간이 길어질 수 있습니다. 그러한 이유로 나눗셈은 가장 시간이 많이 걸리는 연산입니다. 계산 시간을 줄이기 위해 파이썬에서 거듭제곱을 위해 제공되는 내장함수 pow()를 사용할 수 있습니다. 파이썬에서 pow(7,17)은 7**17로 코딩한 것과 같습니다. 하지만 pow() 함수에서 이러한 경우에 계산을 효율적으로 돕는 세 번째 매개변수가 있습니다. 이는 나머지연산을 위해 추가된 매개변수입니다. 가령, pow(7,17,19)로 코딩한 것은 7**17%19로 코딩한 것과 결과는 같지만 아주 빠르게 계산합니다. 왜냐하면 매 곱셈 단계에서 나머지연산으로 값의 크기를 줄이기 때문입니다.

연습문제 1.8

F_{31}에서 다음 연산식을 계산하시오.

- $3 /_f 24$
- 17^{-3}
- $4^{-4} \cdot_f 11$

연습문제 1.9

두 유한체 원소 간의 나눗셈을 정의하는 __truediv__ 메서드를 작성하시오. 참고로 파이썬 3 에서 나눗셈 연산을 정의하는 메서드는 __truediv__와 __floordiv__ 2개가 있다. 첫 번째는 실수 나눗셈 연산(/), 두 번째는 정수 나눗셈(//) 연산을 정의하는 메서드다.

1.8 거듭제곱 메서드 수정

이 장을 마치기 전에 마지막으로 음의 지수를 처리하도록 거듭제곱 메서드(__pow__)를 다시 살펴보겠습니다. 예를 들어 현재 버전의 __pow__ 메서드는 a^{-3}과 같은 음의 거듭제곱을 계산 할 때 오류가 발생합니다. 따라서 아래와 같은 파이썬 명령이 실행될 수 있도록 __pow__ 메서 드를 수정하겠습니다. 수정하면 다음처럼 음의 거듭제곱도 계산됩니다.

```
>>> from ecc import FieldElement
>>> a = FieldElement(7, 13)
>>> b = FieldElement(8, 13)
>>> print(a**-3==b)
True
```

현재 버전의 __pow__ 메서드가 음의 거듭제곱을 처리하지 못하는 이유는 __pow__에서 사용하 는 파이썬 내장함수 pow() 때문입니다. 즉, 내장함수 pow()의 정의에 따라 호출 시 지수를 의 미하는 두 번째 매개변수는 반드시 양수여야 합니다.

이 문제를 해결하기 위해 앞서 배운 페르마의 소정리를 활용합니다. 소정리는 다음과 같습 니다.

$$a^{p-1} = 1$$

a^{p-1}은 항상 1과 같으므로 필요하다면 몇 번이고 a^{p-1}을 어떤 수식에 곱할 수 있습니다. 그렇다 면 a^{-3}은 다음과 같이 쓸 수 있습니다.

$$a^{-3} = a^{-3} \cdot a^{p-1} = a^{p-4}$$

이런 식으로 음의 지수를 양의 지수로 바꿀 수 있습니다. 이를 그대로 코드로 옮기면 다음과 같습니다.

```
class FieldElement:
...
    def __pow__(self, exponent):
    n = exponent
    while n < 0:
        n += self.prime - 1 ❶
    num = pow(self.num, n, self.prime) ❷
    return self.__class__(num, self.prime)
```

❶ 양의 지수를 얻을 때까지 self.prim - 1 값을 계속 더합니다.

❷ 계산 효율이 좋은 내장함수 pow()를 사용해서 계산합니다.

그런데 __pow__를 계산하는 더 좋은 방법이 있습니다. 식 a % p에서와 같이 나머지 연산자(%)를 사용하면 음수인 a 값도 0과 p−1 사이의 값으로 반환됩니다. 따라서 음의 거듭제곱에 대해서 self.prim - 1을 계속 더하지 않고 % 연산자를 적용하면 while 루프 없이 코딩할 수 있습니다. 이런 식으로 구현된 pow() 함수는 아주 큰 음의 지수를 가진 거듭제곱을 빠르게 실행합니다.

```
class FieldElement:
...
    def __pow__(self, exponent):
        n = exponent % (self.prime - 1) ❶
        num = pow(self.num, n, self.prime)
        return self.__class__(num, self.prime)
```

❶ 지수(exponent)를 0과 $p-2$ 사이의 값(경곗값 포함)으로 변환합니다.

1.9 마치며

이 장에서는 유한체가 무엇인지 그리고 유한체에서의 연산을 어떻게 파이썬으로 구현하는지 배웠습니다. 3장에서 타원곡선 암호를 이해하기 위해 이번 장에서 배운 내용을 활용합니다. 다음 장에서는 타원곡선 암호를 이해하기 위해 필요한 또 다른 요소인 타원곡선을 다룹니다.

타원곡선

이번 장은 타원곡선에 대해 알아봅니다. 앞에서 배운 유한체와 여기서 배울 타원곡선을 이용해서 3장에서 타원곡선 암호를 학습하게 됩니다.

타원곡선을 접한 적이 없다면 유한체처럼 꽤나 어려워 보일 수 있습니다. 그러나 실제로는 그렇게 어렵지 않습니다. 타원곡선에 대해 알아야 할 대부분은 학교에서 기본적인 대수를 배운 후에 알 수 있는 내용입니다. 이번에는 타원곡선이 무엇인지 알아보고 타원곡선으로 무엇을 할 수 있는지 설명합니다.

2.1 정의

타원곡선은 중학교 수학 시간에 본 방정식과 유사합니다. 한쪽에는 y가, 다른 한쪽에는 x가 있는 형식입니다. 타원곡선은 다음과 같은 식으로 나타냅니다.

$$y^2 = x^3 + ax + b$$

여러분은 위와 유사한 다른 방정식을 많이 접했을 것입니다. 예를 들면 중학교 수학에서 다음과 같은 1차방정식을 배웠을 것입니다.

$$y = mx + b$$

여기서 m은 **기울기**slope이고 b는 y의 **절편**y-intercept이라는 것도 기억할 것입니다. [그림 2-1]처럼 1차방정식을 직선으로 나타낼 수도 있습니다.

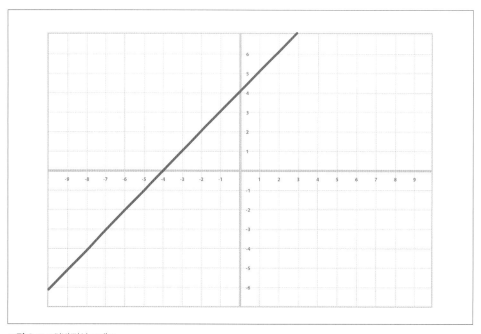

그림 2-1 1차방정식 그래프

다음의 2차방정식과 그 그래프도 익숙할 겁니다(그림 2-2).

$$y = ax^2 + bx + c$$

수학을 배우면서 x에 대한 고차방정식에 대해서도 들어봤을 겁니다. 예를 들면 3차방정식과 그 래프가 있습니다(그림 2-3).

$$y = ax^3 + bx^2 + cx + d$$

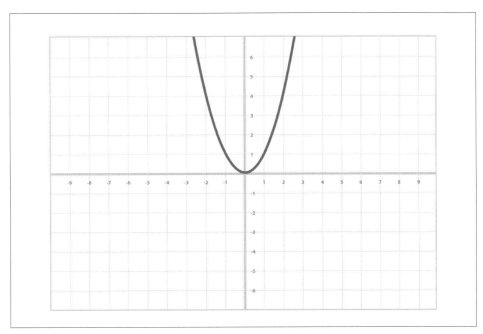

그림 2-2 2차방정식 그래프

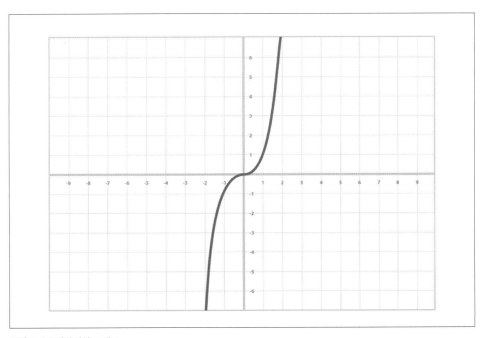

그림 2-3 3차방정식 그래프

타원곡선도 이와 크게 다르지 않습니다.

$$y^2 = x^3 + ax + b$$

타원곡선과 [그림 2–3]의 3차방정식 곡선의 기본적인 차이는 왼쪽의 y^2 항입니다. [그림 2–4]에서 보는 바와 같이 y^2 항으로 인해 그래프가 x축에 대칭이 됩니다.

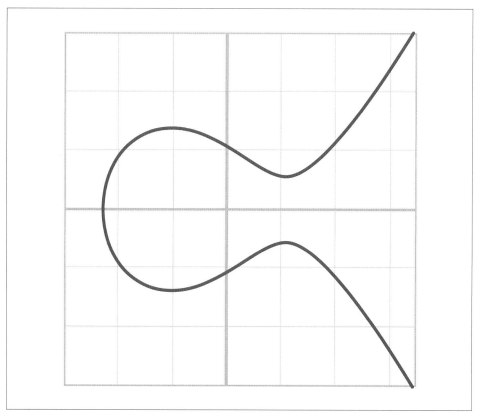

그림 2-4 연속 타원곡선

타원곡선은 3차곡선보다 기울기가 완만한데 이 또한 왼쪽의 y^2 항 때문입니다. 계숫값에 따라서 [그림 2-5]처럼 곡선이 하나로 이어지지 않고 분리되기도 합니다.

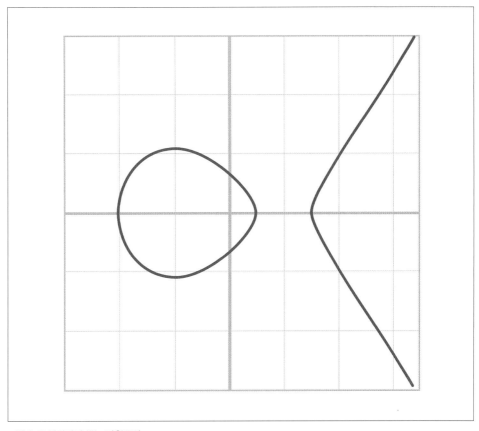

그림 2-5 이어지지 않는 타원곡선

쉽게 생각하면, 타원곡선은 [그림 2-6]의 3차방정식 그래프에서 y 〉 0인 부분에 대해 곡선을 완만하게 하여 [그림 2-7]과 같은 그래프를 만든 후 [그림 2-8]처럼 y 〉 0인 부분에 대해 x축 대칭이 되도록 만든 그래프로 생각할 수 있습니다.

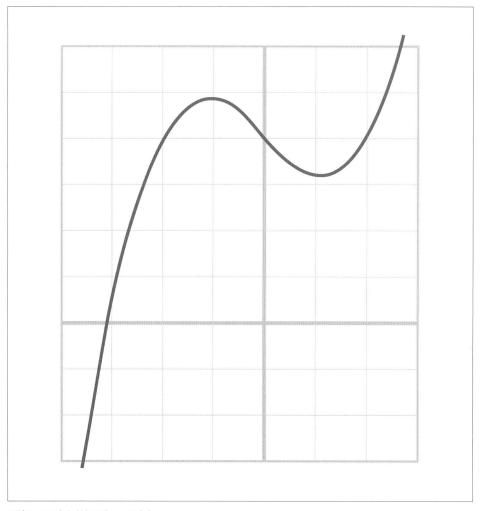

그림 2-6 3차방정식 그래프 – 1단계

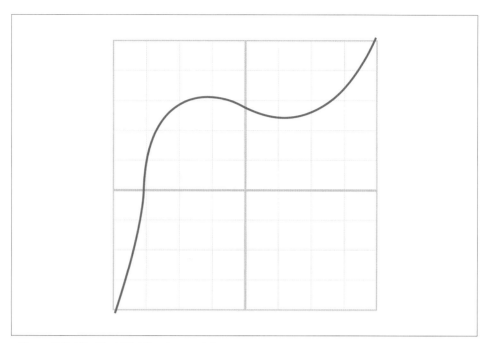

그림 2-7 곡선이 완만한 3차방정식 그래프 – 2단계

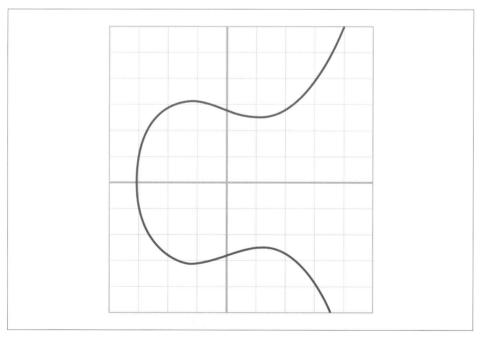

그림 2-8 y〉0인 부분으로 x축에 대칭인 그래프 – 3단계

구체적으로 비트코인에서 사용되는 타원곡선은 secp256k1이라고 하며 이는 다음과 같은 방정식입니다.

$$y^2 = x^3 + 7$$

일반 정규식은 $y^2 = x^3 + ax + b$입니다. 즉 계숫값이 $a = 0$, $b = 7$인 곡선으로 정의됩니다. 그래프로는 [그림 2-9]와 같습니다.

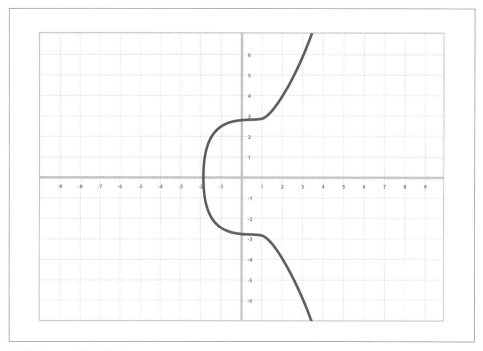

그림 2-9 secp256k1 곡선

2.2 파이썬으로 타원곡선 코딩하기

후반부로 가면서 의미가 분명해지겠지만 우리에게는 곡선 자체보다 곡선 위 개별 점들이 관심사입니다. 예를 들면, $y^2 = x^3 + 5x + 7$ 곡선에서 $(x, y) = (-1, 1)$인 점에만 관심을 가지면 됩니다. 따라서 특정 곡선의 한 점point으로 Point 클래스를 정의합니다. 곡선은 $y^2 = x^3 + ax + b$의 형식이므로 a와 b 두 계숫값으로 곡선을 특정할 수 있습니다.

```
class Point:

    def __init__(self, x, y, a, b):
        self.a = a
        self.b = b
        self.x = x
        self.y = y
        if self.y**2 != self.x**3 + a * x + b:  ❶
            raise ValueError('({}, {}) is not on the curve'.format(x, y))

    def __eq__(self, other):  ❷
        return self.x == other.x and self.y == other.y \
            and self.a == other.a and self.b == other.b
```

❶ 주어진 점이 곡선 위에 있는지 검사합니다.

❷ 두 점은 같은 곡선 위에 있고 그 좌푯값이 동일해야만 같다고 판정합니다.

이제 아래와 같이 Point 객체를 생성할 수 있고, 생성자의 인수로 받은 점이 곡선 위에 있지 않으면 오류가 발생합니다.

```
>>> from ecc import Point
>>> p1 = Point(-1, -1, 5, 7)
>>> p2 = Point(-1, -2, 5, 7)
Traceback (most recent call last):
  File "<stdin>", line 1, in <module>
  File "ecc.py", line 143, in __init__
    raise ValueError('({}, {}) is not on the curve'.format(self.x, self.y))
ValueError: (-1, -2) is not on the curve
```

즉, 점이 곡선 위에 없으면 __init__ 생성자 메서드에서 예외가 발생합니다.

연습문제 2.1

다음 중 어느 점이 곡선 $y^2 = x^3 + 5x + 7$ 위에 있는가?

$(2,4)$, $(-1,-1)$, $(18,77)$, $(5,7)$

연습문제 2.2

Point 클래스의 __ne__ 메서드를 작성하시오.

2.3 두 점의 덧셈

타원곡선은 두 점의 덧셈(점 덧셈)을 정의하는 데 매우 유용합니다. 점 덧셈은 곡선 위의 두 점에 대해 어떤 연산을 거쳐 곡선에 존재하는 제3의 점을 얻는 과정입니다. 이 과정은 일반적인 덧셈 연산과 연관된 여러 공통점이 있기 때문에 이를 점과 점의 덧셈이라고 합니다. 예를 들면 점 덧셈은 교환법칙이 성립합니다. 즉, 점 A를 점 B에 더하는 것은 점 B를 점 A에 더하는 것과 결과가 같습니다.

모든 타원곡선에 대해 몇 가지 예외 경우를 제외하고 곡선과 함께 그려진 직선은 반드시 곡선과 한 점(그림 2-10) 또는 세 점(그림 2-11)에서 만납니다.

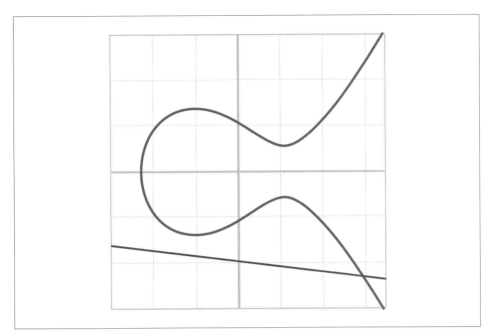

그림 2-10 곡선과 한 점에서 만나는 직선

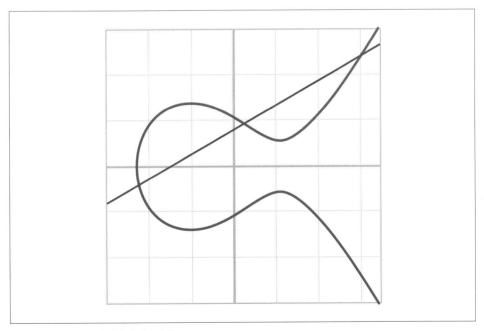

그림 2-11 곡선과 세 점에서 만나는 직선

두 가지 예외 사항은 직선이 y축과 평행한 직선인 경우(그림 2-12)와 곡선의 한 점에 접하는
접선(그림 2-13)인 경우입니다.

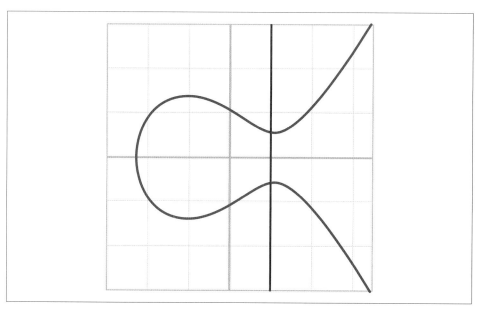

그림 2-12 곡선과 두 점에서 만나는 y축과 평행한 직선

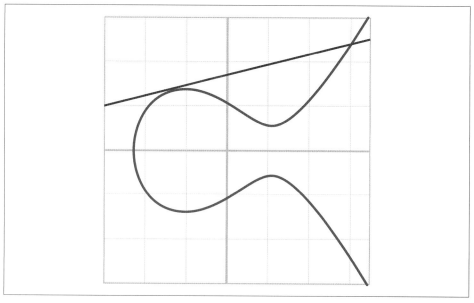

그림 2-13 곡선과 두 점에서 만나는 곡선의 접선

위의 두 가지 예외 경우에 대해서 뒤에 다시 다루겠습니다.

타원곡선에서 점 덧셈은 다음과 같이 정의합니다. 두 점 A와 B를 지나는 직선이 타원과 만나는 교점을 x축으로 대칭시킨 점을 A+B로 정의합니다. 그리고 [그림 2-10]과 같이 직선이 타원곡선과 한 점에서 만나는 경우는 덧셈을 정의할 수 없습니다. 예를 들어 [그림 2-14]에서 타원곡선 위의 두 점 A, B에 대해 A+B를 다음과 같이 구합니다.

- 두 점 A와 B를 지나가는 직선이 타원곡선과 새롭게 만나는 점 C를 찾습니다.
- 그 점과 x축에 대해 대칭인 점이 덧셈의 결과 A+B입니다.

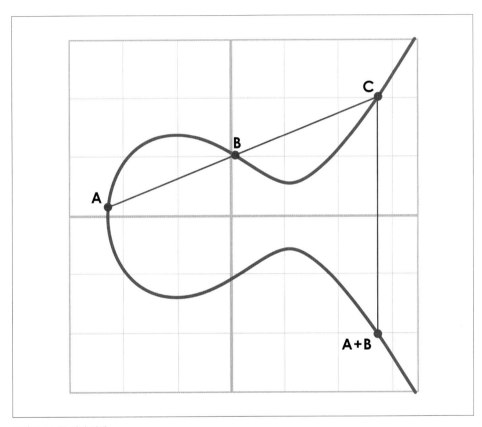

그림 2-14 두 점의 덧셈

점 덧셈의 결과를 쉽게 예측할 수 없다는 것이 앞으로 사용할 중요한 성질 중 하나입니다. 공식을 통해 점 덧셈을 쉽게 계산할 수 있지만 직관적으로 점 덧셈의 결과점은 곡선 위 어느 위치든지 가능합니다. [그림 2-14]를 다시 보면 $A+B$는 두 점의 오른편에 있고, $A+C$는 x축 기준으로 A와 C 사이에 있고 $B+C$는 두 점 왼편에 있습니다. 수학 용어를 빌리면 점 덧셈은 비선형 nonlinear 연산이라고 합니다.

2.4 점 덧셈 성질

점 덧셈은 일반 덧셈 연산과 유사한 몇 가지 성질을 만족합니다.

- 항등원 존재
- 교환법칙 성립
- 결합법칙 성립
- 역원 존재

여기서 항등원identity은 대수의 0과 같은 의미의 점이 존재한다는 뜻입니다. 즉 곡선 위의 I라는 점이 존재해서 A라는 점과 더한 결과는 역시 A가 됩니다.

$$I + A = A$$

이 점을 **무한원점**point at infinity이라고 부릅니다.

이는 덧셈에 대한 역원invertibility과 관련 있습니다. 어떤 A라는 점에 대해 $-A$라는 점이 존재해고, 그 합은 항등원이 된다는 것입니다. 즉,

$$A + (-A) = I$$

그래프로 보면 이 점들은 x축에 수직인 직선과 곡선의 교점들입니다(그림 2-15).

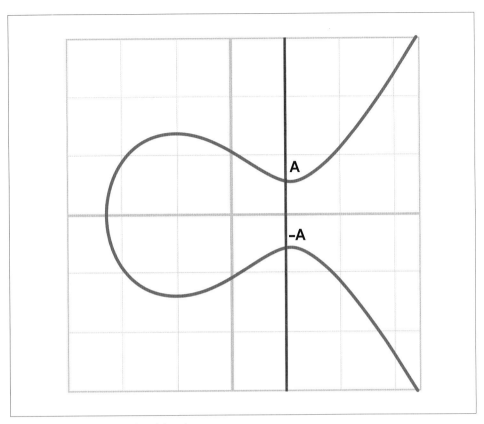

그림 2-15 x축에 수직인 직선과 곡선의 교점

위 그래프에서 무한원점이라고 부르는 이유를 알 수 있습니다. x축에 수직인 직선과 타원곡선
이 만나는 세 번째 점은 어디에 있는지 생각해봅시다.[1]

교환법칙은 연산 순서를 바꿔도 결과가 같다는 뜻입니다. 즉, $A+B=B+A$입니다. 그래프에서
보면 교환법칙이 성립하는 것은 분명합니다. 왜냐하면 A와 B를 지나는 직선은 순서를 바꿔도
동일한 위치에서 곡선과 만나기 때문입니다.

결합법칙은 3개 이상의 덧셈에서 어느 두 항을 먼저 더해도 결과는 동일하다는 뜻입니다. 이를
테면 $(A+B)+C=A+(B+C)$입니다. 이를 설명하는 [그림 2-16]과 [그림 2-17]의 연산을 보
면 x축으로 수선이 왔다 갔다하면서 직관적으로 바로 이해되지는 않습니다.

----

1   곡선과 만나는 세 번째 점이 영원히 만나지 않으므로 무한대에 있다고 상상할 수 있다.

어쨌든 [그림 2-16]과 [그림 2-17] 두 경우 최종 결과는 같습니다. 한마디로 등식 $(A+B)+C$ $=A+(B+C)$가 성립합니다. 비록 이 설명이 점 덧셈의 결합법칙을 엄밀히 증명하는 것은 아니지만 그래프에서 결합법칙이 성립함을 눈으로 확인할 수 있습니다.

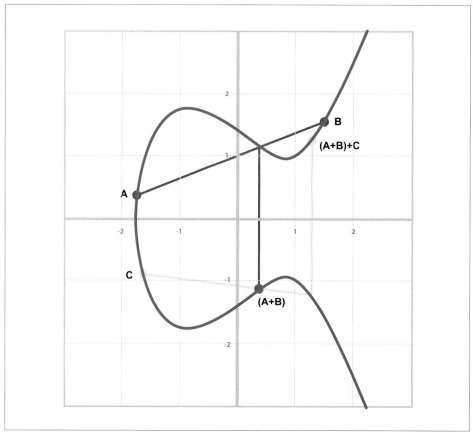

그림 2-16 (A + B) + C

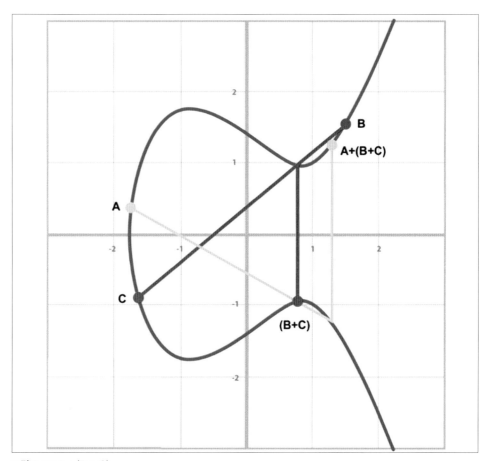

그림 2-17 A + (B + C)

점 덧셈을 코딩하기 위해 더하는 두 점에 다음 세 가지 경우로 나누어 생각해보겠습니다.

1. 두 점이 x축에 수직인 직선 위에 있는 경우
2. 두 점이 x축에 수직인 직선 위에 있지 않은 경우
3. 두 점이 같은 경우

2.5 점 덧셈 코딩하기

먼저 항등원에 해당하는 무한원점을 다루겠습니다. 파이썬에서 무한대 값을 표현하는 것이 쉽지 않기에 None 값이 무한원점을 표현하는 것으로 정하겠습니다. 완성된 코드는 다음과 같이 실행됩니다.

```
>>> from ecc import Point
>>> p1 = Point(-1, -1, 5, 7)
>>> p2 = Point(-1, 1, 5, 7)
>>> inf = Point(None, None, 5, 7)
>>> print(p1 + inf)
Point(-1,-1)_5_7
>>> print(inf + p2)
Point(-1,1)_5_7
>>> print(p1 + p2)
Point(infinity)
```

이와 같이 실행되기 위해 두 가지가 필요합니다. 첫째로 무한원점을 의미하는 None 값이 인수로 들어오면 이후의 방정식 로직을 확인하지 않도록 __init__ 메서드를 수정해야 합니다. 둘째는 FieldElement 클래스처럼 덧셈 연산자를 정의하는 __add__ 메서드를 작성해야 합니다.

```
class Point:

    def __init__(self, x, y, a, b):
        self.a = a
        self.b = b
        self.x = x
        self.y = y
        if self.x is None and self.y is None:    ❶
            return
        if self.y**2 != self.x**3 + a * x + b:
            raise ValueError('({}, {}) is not on the curve'.format(x, y))

    def __add__(self, other):    ❷
        if self.a != other.a or self.b != other.b:
            raise TypeError('Points {}, {} are not on the same curve'.format
            (self, other))
        if self.x is None:    ❸
            return other
```

```
        if other.x is None:  ❹
            return self
```

❶ None 값을 갖는 x, y 좌푯값은 무한원점을 의미하므로 다음 if 실행문 이전에 리턴합니다. 만약 여기서 리턴하지 않으면 다음 if 실행문에서 ValueError 예외가 발생할 것입니다.

❷ __add__ 메서드를 정의해서 + 연산자를 재정의합니다.

❸ self.x가 None이라는 것은 self가 무한원점, 즉 덧셈에 대한 항등원이라는 뜻이므로 other를 반환합니다.

❹ 마찬가지로 other.x가 None이라는 것은 other가 항등원이라는 뜻이므로 self를 반환합니다.

연습문제 2.3

한 점에 그의 역원을 더하는 경우를 코딩하시오(두 점은 x가 같고 y는 다른 경우이며 두 점을 이은 직선은 x축에 수직). 반환된 결과는 무한원점이어야 한다.

2.6 $x_1 \neq x_2$인 경우의 점 덧셈

x축에 수직인 직선을 다뤘으니 이제 두 점이 다른 경우를 생각해보겠습니다. x가 다른 두 점의 덧셈은 아주 간단한 공식으로 해결할 수 있습니다. 앞서 그래프에서 설명한 제3의 점을 얻기 위해 먼저 두 점을 지나는 직선의 기울기를 유도합니다. 이 기울기는 중학교 수학에서 배운 내용입니다.

$$P_1 = (x_1, y_1),\ P_2 = (x_2, y_2),\ P_3 = (x_3, y_3)$$

$$P_1 + P_2 = P_3$$

$$s = (y_2 - y_1)/(x_2 - x_1)$$

s가 기울기입니다. x_3을 계산하기 위해 이 기울기를 사용합니다. 일단 x_3을 알아내면 y_3도 역시 계산이 가능합니다. P_3은 결국 아래 공식으로 알아낼 수 있습니다.

$$x_3 = s_2 - x_1 - x_2$$

$$y_3 = s(x_1 - x_3) - y_1$$

점 덧셈의 결과는 기울기로 구한 점을 x축에 대해 대칭한 것이므로 y_3은 직선이 곡선과 만나는 교점의 y 값과 반대 부호를 갖게 됩니다.

점 덧셈 공식 유도

2개의 점 P_1, P_2의 덧셈 결과가 P_3이라고 합시다.

$$P_1 = (x_1, y_1), \ P_2 = (x_2, y_2), \ P_3 = (x_3, y_3)$$

$$P_1 + P_2 = P_3$$

우리는 P_3 값을 P_1, P_2로 표현하고자 합니다.

직선이 P_1과 P_2를 지난다는 사실로부터 다음과 같은 공식을 구할 수 있습니다.

$$s = (y_2 - y_1)/(x_2 - x_1)$$

$$y = s(x - x_1) + y_1$$

여기서 첫 번째는 기울기이고 두 번째 공식은 P_1과 P_2를 지나는 직선 방정식입니다. 이 공식을 타원곡선의 y에 대입하면 다음을 얻습니다.

$$y^2 = x^3 + ax + b$$

$$y^2 = (s(x - x_1) + y_1)^2 = x^3 + ax + b$$

모든 항을 미지수 x의 차수에 따라 항을 모아 내림차순으로 정리하면 다음 방정식을 얻습니다.

$$x^3 - s^2 x^2 + (a + 2s^2 x_1 - 2sy_1)x + b - s^2 x_1{}^2 + 2sx_1 y_1 - y_1{}^2 = 0$$

x_1, x_2, x_3은 이 방정식을 만족하는 근이므로 다음과 같은 형식이어야 합니다.

$$(x - x_1)(x - x_2)(x - x_3) = 0$$

$$x^3 - (x_1 + x_2 + x_3)x^2 + (x_1 x_2 + x_1 x_3 + x_2 x_3)x - x_1 x_2 x_3 = 0$$

앞의 식을 다시 쓰면 다음과 같습니다.

$$x^3 - s^2 x^2 + (a + 2s^2 x_1 - 2sy_1)x + b - s^2 x_1{}^2 + 2sx_1 y_1 - y_1{}^2 = 0$$

근과 계수와의 관계Vieta's formulas에서 근이 같은 두 방정식에서 미지수 x의 같은 차수의 계수들은 서로 같아야 합니다. x^2의 계수들을 등치시키면 다음을 얻습니다.

$$-s^2 = -(x_1 + x_2 + x_3)$$

여기에서 x_3을 구하는 공식을 얻을 수 있습니다.

$$x_3 = s^2 - x_1 - x_2$$

이 식을 이전에서 구한 직선의 방정식에 대입할 수 있습니다.

$$y = s(x - x_1) + y_1$$

단, y_3은 위 직선의 방정식에 x_3을 대입하여 얻은 y 값과는 반대의 부호를 가져야 합니다.

$$y_3 = -(s(x_3 - x_1) + y_1) = s(x_1 - x_3) - y_1$$

공식이 유도되었습니다.

연습문제 2.4

타원곡선 $y^2 = x^3 + 5x + 7$ 위의 두 점 $(2,5)$, $(-1,-1)$을 더하면 어떤 점이 되는가?

2.7 $x_1 \neq x_2$인 경우의 점 덧셈 코딩하기

이제 x 좌표가 서로 다른 두 점의 덧셈을 실행하는 코드를 작성할 수 있습니다. 이를 위해 __add__ 메서드를 수정해야 합니다. 공식은 아래와 같습니다.

$$s = (y_2 - y_1)/(x_2 - x_1)$$

$$x_3 = s^2 - x_1 - x_2$$

$$y_3 = s(x_1 - x_3) - y_1$$

메서드의 마지막 부분에서 self 객체가 속한 클래스(여기서는 Point 클래스)를 의미하는 self.class 속성을 사용해서 Point 클래스의 인스턴스를 반환합니다.

연습문제 2.5

$x_1 \neq x_2$인 경우에 __add__ 메서드를 작성하시오.

2.8 $P_1 = P_2$인 경우의 점 덧셈

두 점의 x 좌표는 같고 y 좌표는 다른 경우 두 점은 x축을 사이에 서로 반대편에 위치하게 됩니다. 수식으로 표현하면 다음과 같습니다.

$$P_1 = -P_2 \text{ 또는 } P_1 + P_2 = I$$

이 경우는 이미 [연습문제 2.3]에서 다뤘습니다.

그런데 $P_1 = P_2$인 경우는 어떤가요? 곡선 위의 동일한 두 점을 이은 직선은 그 점에서의 **접선**을 의미합니다. 따라서 그래프에서 곡선 위의 점 P_1에서 접하는 접선을 계산해야 합니다. 그리고 이 접선이 곡선의 다른 부분에서 만나는 **교점**을 찾아야 합니다. 이것을 그래프로 표현하면 [그림 2-18]과 같습니다.

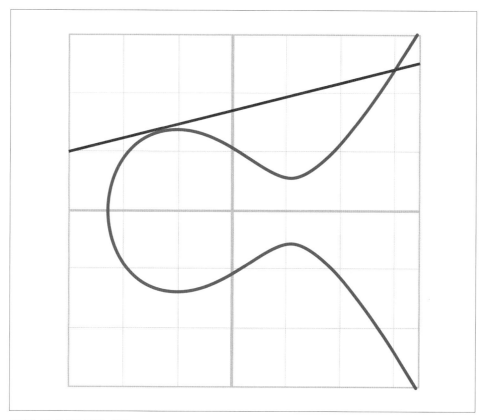

그림 2-18 곡선에 접하는 직선

접선의 기울기를 구하면 다음과 같습니다.

$$P_1 = (x_1, y_1),\ P_3 = (x_3, y_3)$$

$$P_1 + P_1 = P_3$$

$$s = (3x_1^2 + a)/(2y_1)$$

P_3을 구하는 공식은 $x_1 = x_2$라는 조건을 이전 유도 결과에 대입하면 아래처럼 구할 수 있습니다.

$$x_3 = s^2 - 2x_1$$

$$y_3 = s(x_1 - x_3) - y_1$$

연습문제 2.6

타원곡선 $y^2 = x^3 + 5x + 7$ 위의 점 $(-1, -1)$을 두 번 더하는 $(-1, -1) + (-1, -1)$의 연산 결과을 구하시오.

2.9 $P_1 = P_2$인 경우의 점 덧셈 코딩하기

이제 더하는 두 점이 같은 경우를 처리하도록 __add__ 메서드를 수정할 수 있습니다. 아래의 공식을 사용하여 구현합니다.

$s = (3x_1^2 + a)/(2y_1)$

$x_3 = s^2 - 2x_1$

$y_3 = s(x_1 - x_3) - y_1$

연습문제 2.7

$x_1 = x_2$인 경우에 __add__ 메서드를 작성하시오.

2.10 마지막 예외 처리 코딩하기

덧셈에 대한 한 가지 예외 처리가 남았습니다. [그림 2-19]와 같이 접선이 x축에 수직인 경우
입니다.

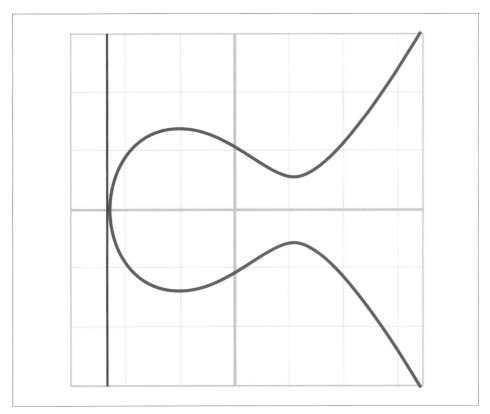

그림 2-19 타원곡선의 접선이면서 x축에 수직인 직선

이는 $P_1 = P_2$이면서 y 좌표가 0인 경우 발생합니다. 기울기 계산 공식에 대입하면 분모가 0이
므로 계산 오류가 발생합니다.

따라서 파이썬 코드에서는 이를 예외 처리해야 합니다.

```
class Point:
    ...
    def __add__(self, other):
        ...
        if self == other and self.y == 0 * self.x:  ❶
            return self.__class__(None, None, self.a, self.b)
```

❶ 두 점이 같고 y 좌표가 0이면 무한원점을 반환합니다.[2]

2.11 마치며

이번 장에서는 타원곡선이 무엇인지 다루면서 곡선 위 두 점 덧셈을 정의했습니다. 이를 바탕으로 타원곡선 암호에 대해 알아보겠습니다.

---

2 코드의 조건문에서 self.y == 0으로 코딩하지 않았음을 주목한다. self.x가 FieldElement 클래스의 객체인 경우 0 * self.x 는 FieldElement 클래스에 정의된 __rmul__ 매서드에 의해 처리된다. 처리 결과는 FieldElement(0, p)다.

타원곡선 암호

앞에서 유한체 연산과 타원곡선에 대해 배웠습니다. 이번에는 타원곡선 암호를 학습합니다. 이를 위해 앞서 배운 유한체 연산과 타원곡선의 개념을 활용합니다. 구체적으로는 메시지 서명과 검증에 필요한 기본 알고리즘을 이야기하는데 서명과 검증은 비트코인 동작에서 중추에 해당합니다.

3.1 실수체에서 정의된 타원곡선

2장에서 타원곡선 함수가 실숫값을 갖는 x축, y축의 좌표평면에서 어떤 모양인지 봤습니다. 여기서 타원곡선의 x 좌표, y 좌표 값은 정수나 유리수가 아닌 실수입니다. 실수의 예는 π, $\sqrt{2}$, $e+19^{1/7}$ 등입니다.

실수는 또한 체^{field}의 요건을 만족하여 실수체를 이루기 때문에 타원곡선 함수의 변숫값으로 사용 가능했습니다. 유한체와 다르게 실수체에는 무한의 원소들이 있습니다. 그 점만 제외하고 두 체는 다음과 같은 동일한 성질이 있습니다.

1. a와 b가 집합의 원소이면 $a + b$와 $a \cdot b$도 그 집합의 원소다.
2. 0이라는 원소가 존재하고 그 원소는 $a + 0 = a$ 성질을 만족한다.
3. 1이라는 원소가 존재하고 그 원소는 $a \cdot 1 = a$ 성질을 만족한다.
4. a가 어떤 집합의 원소이면 $-a$라는 원소가 또한 그 집합에 존재하며 그 원소는 $a + (-a)$

= 0 성질을 만족한다.

5. 0이 아닌 a가 집합의 원소이면 a^{-1}이라는 원소 또한 그 집합에 존재하며 그 원소는 $a \cdot a^{-1}$ = 1 성질을 만족한다.

위 내용을 좀 더 설명하면 다음과 같습니다. 일반 덧셈과 곱셈이 정의된다는 것이 1번 성질에 해당하며, 덧셈과 곱셈에 대한 항등원 0과 1이 존재한다는 것이 2번과 3번, 덧셈과 곱셈에 대한 역원 $-x$, $1/x$이 존재한다는 것이 나머지 내용입니다.

실수는 좌표축 위의 점과 빠짐없이 일대일 대응이 가능하기 때문에 그래프에 그리기가 수월합니다. 예를 들어 함수 $y^2 = x^3 + 7$은 [그림 3-1]과 같이 그릴 수 있습니다.

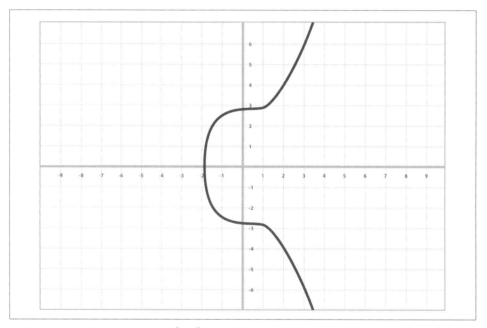

그림 3-1 실수에서 정의된 secp256k1($y^2 = x^3 + 7$ 그래프)

재밌는 것은 타원곡선 함수의 변수와 계수들이 어떤 체에서 정의되었는지와 상관없이 그 타원 곡선에서 점 덧셈의 성질이 성립한다는 것입니다. 즉 **점 덧셈 방정식**의 근이 어떤 체 소속인지와 무관하게 점 덧셈이 성립합니다. 여기서 어떤 체는 1장에서 다룬 유한체도 포함됩니다. 단지 실수체에서의 사칙연산이 아닌 1장에서 배운 덧셈/뺄셈/곱셈/나눗셈을 사용해야 한다는 점이 다를 뿐입니다.

3.2 유한체에서 정의된 타원곡선

그럼 유한체에서 정의된 타원곡선은 어떤 모양일까요? F_{103}에서 정의된 타원곡선 방정식 $y^2 = x^3 + 7$을 예로 들겠습니다. 먼저 점 $(17, 64)$가 곡선 위에 있는지 보기 위해 양변에 좌푯값을 대입하면 다음과 같습니다.

$$y^2 = 64^2 \% 103 = 79$$

$$x^3 + 7 = (17^3 + 7) \% 103 = 79$$

점이 곡선 위에 있다는 것을 확인할 수 있습니다.

유한체에서 정의되었기 때문에 타원곡선의 모양은 실수체에서 정의된 것과 많이 다릅니다(그림 3-2).

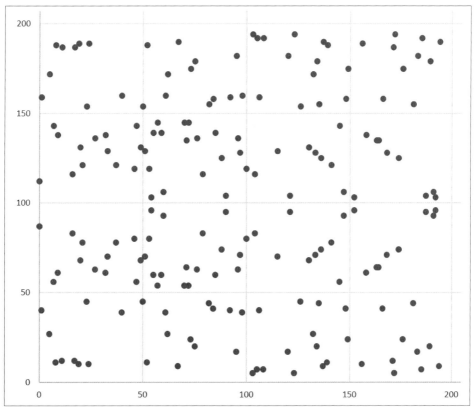

그림 3-2 유한체에서 정의된 타원곡선

[그림 3–2]는 점들이 매우 산재된 모습으로 매끄러운 곡선이 아닙니다. 유한체의 원소들은 연속적이지 않기 때문에 당연한 결과입니다. 유일하게 관찰할 수 있는 패턴은 곡선의 y^2 항 때문에 y축의 중간값(100)을 지나는 수평축을 기준으로 **대칭**이라는 점입니다. 실수체에서의 곡선처럼 x축으로 대칭도 아닙니다. 이는 유한체에서 음수가 없기 때문입니다. 놀라운 사실은 유한체에서 정의된 덧셈, 뺄셈, 곱셈, 나눗셈, 거듭제곱의 각종 연산을 그대로 점 덧셈 방정식에 사용할 수 있다는 것입니다. 현대대수는 우리에게 익숙한 연산 방식과는 다르다 할지라도 이와 같은 일관성이 있습니다.

연습문제 3.1

다음의 점들이 F_{223}에서 정의된 곡선 $y^2 = x^3 + 7$ 위에 있는지 확인하시오.

$(192,105)$, $(17,56)$, $(200,119)$, $(1,193)$, $(42,99)$

3.3 유한체에서 정의된 타원곡선 코딩하기

타원곡선의 점을 정의하고 유한체에서의 +, -, *, / 연산자를 정의했기 때문에 점의 좌표가 유한체 원소인 타원곡선의 점을 표현하기 위해 아래와 같이 2개의 클래스를 활용할 수 있습니다.

```
>>> from ecc import FieldElement, Point
>>> a = FieldElement(num=0, prime=223)
>>> b = FieldElement(num=7, prime=223)
>>> x = FieldElement(num=192, prime=223)
>>> y = FieldElement(num=105, prime=223)
>>> p1 = Point(x, y, a, b)
>>> print(p1)
Point(192,105)_0_7 FieldElement(223)
```

Point 클래스의 인스턴스를 초기화할 때 아래 코드가 실행됩니다.

```
class Point:

    def __init__(self, x, y, a, b):
```

```
        self.a = a
        self.b = b
        self.x = x
        self.y = y
        if self.x is None and self.y is None:
            return
        if self.y**2 != self.x**3 + a * x + b:
            raise ValueError('({}, {}) is not on the curve'.format(x, y))
```

여기에서 덧셈(+), 곱셈(*), 거듭제곱(**), 그리고 같지 않음을 나타내는 비교 연산자(!=)들은 파이썬의 정수에 관한 내장 연산자가 아닌 FieldElement 클래스에서 정의된 __add__, __mul__, __pow__, __ne__ 메서드를 사용합니다. 이렇게 같은 방정식에서 그 안의 기본 연산(+, -, ..)을 재정의해서 타원곡선 파이썬 라이브러리를 작성하고 있습니다.

일단 타원곡선 위 점의 좌표를 유한체로 표현하는 데 필요한 2개의 클래스(FieldElement, Point)를 이미 작성했습니다. 잘 작동하는지 확인하기 위해 [연습문제 3.1]의 풀이와 유사하게 테스트 코드를 작성해봅시다.

```
class ECCTest(TestCase):

    def test_on_curve(self):
        prime = 223
        a = FieldElement(0, prime)
        b = FieldElement(7, prime)
        valid_points = ((192, 105), (17, 56), (1, 193))
        invalid_points = ((200, 119), (42, 99))
        for x_raw, y_raw in valid_points:
            x = FieldElement(x_raw, prime)
            y = FieldElement(y_raw, prime)
            Point(x, y, a, b)  ❶
        for x_raw, y_raw in invalid_points:
            x = FieldElement(x_raw, prime)
            y = FieldElement(y_raw, prime)
            with self.assertRaises(ValueError):
                Point(x, y, a, b)  ❶
```

❶ FieldElement 객체를 Point 클래스 생성자의 매개변수로 넘깁니다. 이후 생성자 안에서 코드 실행 시 FieldElement에서 정의된 수학 연산자가 사용됩니다.

이제 아래와 같이 테스트 코드를 실행할 수 있습니다.

```
>>> import ecc
>>> from helper import run      ❶
>>> run(ecc.ECCTest('test_on_curve'))
.
----------------------------------------------------------------------
Ran 1 test in 0.001s

OK
```

❶ helper 모듈은 단위 테스트를 실행시키는 함수(run)를 포함해서 매우 유용한 유틸리티 함수들을 제공합니다.

3.4 유한체에서 정의된 타원곡선 위 두 점의 덧셈

아래 직선의 방정식을 포함하여 모든 방정식을 유한체에서 사용할 수 있습니다.

$$y = mx + b$$

직선은 [그림 3-3]과 같이 기대하는 것과 다른 모습입니다.

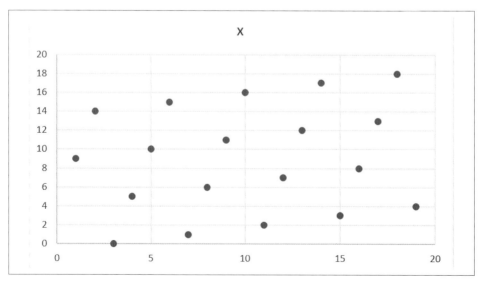

그림 3-3 유한체에서의 직선

하지만 방정식에는 이상이 없습니다. 따라서 주어진 x에 대해 y 값을 계산할 수 있습니다.

주목할 부분은 유한체 방정식에서 두 점의 덧셈 또한 가능하다는 것입니다. 왜냐하면 타원곡선 위 점 덧셈은 유한체이건 실수체이건 상관없이 모든 체에서 성립하기 때문입니다. 실수체에서 사용한 점 덧셈 공식을 유한체에서도 그대로 사용할 수 있습니다. 구체적으로 $x_1 \neq x_2$일 때 공식은 아래와 같습니다.

$$P_1 = (x_1, y_1),\ P_2 = (x_2, y_2),\ P_3 = (x_3, y_3)$$

$$P_1 + P_2 = P_3$$

$$s = (y_2 - y_1)/(x_2 - x_1)$$

$$x_3 = s^2 - x_1 - x_2$$

$$y_3 = s(x_1 - x_3) - y_1$$

그리고 $P_1 = P_2$는 아래와 같습니다.

$$P_1 = (x_1, y_1),\ P_3 = (x_3, y_3)$$

$$P_1 + P_1 = P_3$$

$$s = (3x_1^2 + a)/(2y_1)$$

$$x_3 = s^2 - 2x_1$$

$$y_3 = s(x_1 - x_3) - y_1$$

모든 타원곡선 방정식은 유한체에서도 유효합니다. 이와 같은 성질로부터 암호이론의 기본 알고리즘cryptographic primitives을 전개할 수 있습니다.

3.5 유한체에서 정의된 점 덧셈 코딩하기

이미 FieldElement 클래스를 통해 유한체 원소에 대한 각종 연산함수(__add__, __sub__, __mul__, __truediv__, __pow__, __eq__, 그리고 __ne__)를 정의했기 때문에 Point 클래스의

인스턴스를 생성할 때 `FieldElement`로 초기화하면 유한체에서의 점 덧셈이 실행됩니다.

```
>>> from ecc import FieldElement, Point
>>> prime = 223
>>> a = FieldElement(num=0, prime=prime)
>>> b = FieldElement(num=7, prime=prime)
>>> x1 = FieldElement(num=192, prime=prime)
>>> y1 = FieldElement(num=105, prime=prime)
>>> x2 = FieldElement(num=17, prime=prime)
>>> y2 = FieldElement(num=56, prime=prime)
>>> p1 = Point(x1, y1, a, b)
>>> p2 = Point(x2, y2, a, b)
>>> print(p1+p2)
Point(170,142)_0_7 FieldElement(223)
```

연습문제 3.2

F_{223}에서 정의된 곡선 $y^2 = x^3 + 7$ 위의 점들에 대해 다음을 구하시오.

- $(170,142) + (60,139)$
- $(47,71) + (17,56)$
- $(143,98) + (76,66)$

연습문제 3.3

[연습문제 3.2]의 덧셈 문제를 테스트하는 `test_add` 메서드를 작성하고 `ECCTest` 클래스에 추가하시오.

3.6 타원곡선 위 점의 스칼라 곱셈

어떤 점을 그 자신과 더할 수 있기 때문에 다음과 같이 · 기호를 사용하여 표현할 수 있습니다.

$$(170,142) + (170,142) = 2 \cdot (170,142)$$

점 덧셈에는 결합법칙이 성립하므로 · 연산 다음에 다시 점을 더할 수 있습니다.

$$2 \cdot (170,142) + (170,142) = 3 \cdot (170, 142)$$

이런 식으로 얼마든지 계속 더할 수 있습니다. 이것이 바로 **스칼라 곱셈**scalar multiplication입니다. 즉, 점 앞에 스칼라 값을 곱할 수 있으며 이는 점 덧셈에서 결합법칙이 성립하기 때문입니다.

스칼라 곱셈의 결과는 실제 계산하지 않고는 그 값을 예측하기가 대단히 어렵습니다(그림 3-4).

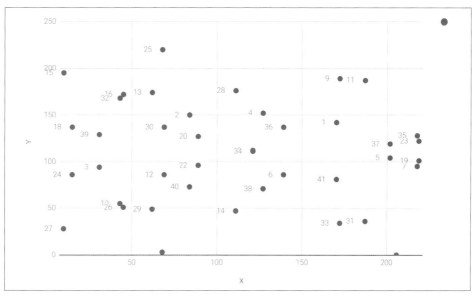

그림 3-4 F_{223}에 대한 $y^2 = x^3 + 7$ 위의 점 $(170,142)$에서의 스칼라 곱셈 결과

각 점 근방의 숫자는 점 $(170,140)$과 곱한 스칼라 값입니다. 점들이 완전히 흩어져 있는 것을 알 수 있습니다. 이것은 점 덧셈이 비선형이고 계산하기 쉽지 않기 때문입니다. 스칼라 곱셈을 하는 것은 어려울 것이 없지만 그 반대의 계산, 즉 점 나눗셈은 그렇지 않습니다.

이를 **이산 로그 문제**discrete log problem라고 하며 이 성질이 타원곡선 암호 방법의 원리입니다.

스칼라 곱셈의 다른 성질은 어떤 점에 스칼라 값을 계속 증가시키면서 곱하다 보면 **무한원점**the point at infinity에 도달하는 것입니다. 기억하겠지만 무한원점은 덧셈에 대한 항등원(0)입니다. 만약 어떤 점 G와 스칼라 곱을 무한원점에 도달할 때까지 반복한다면 다음 집합을 얻을 수 있습니다.

$\{\ G,\ 2G,\ 3G,\ 4G,\ ...\ nG\ \}$ 여기서 $nG = 0$

이 집합을 수학용어로 군^{group}이라고 합니다. 여기서 n은 유한한 특정 값이기에 **유한군**$^{finite\ group}$입니다(구체적으로 유한순환군). 군은 덧셈 연산을 매우 잘 지원합니다.

$G + 4G = 5G$ 또는 $aG + bG = (a + b)G$

요컨대 곱셈은 쉽게 계산되지만 역산은 그렇지 않다는 점과 유한군에서 덧셈 연산은 잘 지원된다는 점이 타원곡선 암호에 필요한 수학적 바탕이 됩니다.

왜 이산 로그 문제라고 하는가?

왜 스칼라 곱셈의 역계산 문제를 이산 로그 문제라고 할까요?

우리는 점과 점 사이의 연산을 '덧셈'이라고 했지만 그것은 그냥 어떤 점과 점에 대한 '연산'이라고 할 수 있습니다. 보통 수학에서 새롭게 정의된 연산은 도트 연산자($\cdot$)로 표기하곤 합니다. 따라서 다음과 같이 쓸 수도 있습니다. 여기서 도트 연산자는 곱셈의 의미로도 사용되므로 해석 시 기억하면 도움이 될 것입니다.[1]

$P_1 \cdot P_2 = P_3$

동일한 연산을 같은 점에 대해서 반복 수행한다면 이는 거듭제곱 모양입니다. 점 덧셈이라고 했던 스칼라 곱셈은 점 곱셈으로 생각하여 스칼라 거듭제곱이 되었습니다.

$P^7 = Q$

이산 로그 문제는 위 식에서 P, Q가 주어졌을 때 지수(여기서는 7)를 구하는 문제입니다.

$\log_P Q = 7$

현재 위 로그 방정식의 왼쪽 항을 해석적으로 계산하는 알고리즘은 없습니다. 즉, 일반적으로 답을 구하는 공식으로 알려진 것이 없다는 의미입니다. 차라리 이 문제를 이산 로그 문제라기보다 이산 점 나눗셈$^{discrete\ point\ division}$ 문제라고 명명하는 것이 여기서는 더 잘 어울릴 것 같습니다.[2]

---

1 점 덧셈은 타원곡선 위 두 점을 어떤 규칙에 의해 다른 한 점을 구하는 연산이다. 이를 점 덧셈이라고 명명했지만 점 곱셈이라고 명명했을 수도 있다. 만약 점 곱셈이라고 했다면 사용하는 수학 표기가 달라지는데, 즉 점 덧셈일 때는 스칼라 곱셈($n \cdot P$)이지만 점 곱셈이라고 하면 스칼라 거듭제곱(P^n)의 형태로 표기된다. 일반 이산 로그 문제를 정의할 때 사용하는 표기와 동일하게 하려면 점 곱셈이라고 하는 것이 좋다. 그러나 단지 표기의 문제일 뿐 어느 쪽이든 본질은 같다.

2 $n \cdot P = Q$에서 P, Q가 주어졌을 때 n을 구하는 문제를 말한다. 즉 $n = Q / P$.

연습문제 3.4

F_{223}에서 정의된 곡선 $y^2 = x^3 + 7$에서 다음의 스칼라 곱셈을 구하시오.

- $2 \cdot (192,105)$
- $2 \cdot (143,98)$
- $2 \cdot (47,71)$
- $4 \cdot (47,71)$
- $8 \cdot (47,71)$
- $21 \cdot (47,71)$

3.7 스칼라 곱셈 특징

스칼라 곱셈은 한 점을 수회 반복해서 더하는 연산입니다. 공개키 암호 기법에 스칼라 곱셈이 활용되는 이유는 타원곡선에서 스칼라 곱셈 역산이 어렵기 때문입니다. 앞 예제 중에서 한 가지를 살펴보겠습니다. s가 1부터 22까지 변할 때 F_{223}에서 $s \cdot (47,71)$을 계산해보겠습니다.

```
>>> from ecc import FieldElement, Point
>>> prime = 223
>>> a = FieldElement(0, prime)
>>> b = FieldElement(7, prime)
>>> x = FieldElement(47, prime)
>>> y = FieldElement(71, prime)
>>> p = Point(x, y, a, b)
>>> for s in range(1,21):
...     result = s*p
...     print('{}*(47,71)=({},{})'.format(s,result.x.num,result.y.num))
1*(47,71)=(47,71)
2*(47,71)=(36,111)
3*(47,71)=(15,137)
4*(47,71)=(194,51)
5*(47,71)=(126,96)
6*(47,71)=(139,137)
7*(47,71)=(92,47)
8*(47,71)=(116,55)
9*(47,71)=(69,86)
10*(47,71)=(154,150)
```

```
11*(47,71)=(154,73)
12*(47,71)=(69,137)
13*(47,71)=(116,168)
14*(47,71)=(92,176)
15*(47,71)=(139,86)
16*(47,71)=(126,127)
17*(47,71)=(194,172)
18*(47,71)=(15,86)
19*(47,71)=(36,112)
20*(47,71)=(47,152)
```

스칼라 곱셈 결과를 자세히 보면 좌푯값 x, y가 계속 커지거나 작아지는 등의 변화가 나타나지 않고 어떤 규칙적인 패턴도 보이지 않습니다. 유일한 패턴은 s가 10, 11인 경우 x 좌푯값이 동일하다는 정도입니다(s가 9, 12인 경우, 8, 13인 경우도 마찬가지). 그 이유는 $21 \cdot (47,71)$ = 0이기 때문입니다.

이처럼 스칼라 곱셈 결과는 무작위 값처럼 보입니다. 그런 이유로 이 계산식은 비대칭성 asymmetry을 띤다고 합니다. 비대칭 문제asymmetric problem는 순방향 계산은 쉽지만 그 반대 방향으로는 계산이 어려운 문제를 말하는데, 이것은 앞서 언급했던 바와 같이 스칼라 곱셈의 특징입니다. 예를 들면 $12 \cdot (47,71)$를 계산하는 것은 쉽습니다. 그러나 다음이 주어졌을 때,

$$s \cdot (47,71) = (194,172)$$

위 식에서 s를 구하는 것은 어떨까요? 쉽지 않습니다. 앞서 계산한 모든 s의 결과에서 $(194,172)$ 값을 주는 s를 찾아보면 s = 17임을 알 수 있습니다. 하지만 이 경우는 군의 원소 수가 적기 때문에 가능했습니다. 3.10절에서 다시 다루겠지만 군의 원소 수가 엄청나게 늘어나면 이산 로그 문제를 다룬다는 것은 불가능합니다.

3.8 스칼라 곱셈으로 생성된 군의 성질

지금까지 배운 내용—유한체와 타원곡선, 그리고 둘의 조합으로 유한순환군을 설명할 수 있습니다. 실제로 공개키 암호에서 쓰이는 것은 **유한순환군**finite cyclic groups입니다. 곧 다루겠지만 유한체에서 정의된 타원곡선 위 한 점에 스칼라 값을 곱해서 유한순환군을 생성할 수 있습니다. 이 한 점을 **생성점**generator point이라고 합니다.

체와는 다르게 군에서는 연산이 하나만 있습니다. 점 덧셈이 그 연산입니다. 군은 또한 이 연산을 위한 몇 가지 성질을 가지고 있습니다. 군에 대해 닫혀 있고, 역원이 존재하고, 교환법칙, 결합법칙이 성립합니다. 마지막으로 항등원이 존재합니다.

항등원부터 시작해서 각각의 성질을 살펴보겠습니다.

3.8.1 항등원의 존재

짐작한 바와 같이 항등원은 무한원점으로 정의됩니다. 무한원점에 도달할 때까지 군을 생성하기에 군에는 무한원점이 포함됩니다. 따라서 다음과 같이 표현할 수 있습니다.

$$0 + A = A$$

항등원은 표기를 0으로 하고 이를 무한원점이라고 합니다. 왜냐하면 [그림 3-5]에서처럼 그래프상 무한대에 존재하여 수학적 논리를 만들어주기 때문입니다.

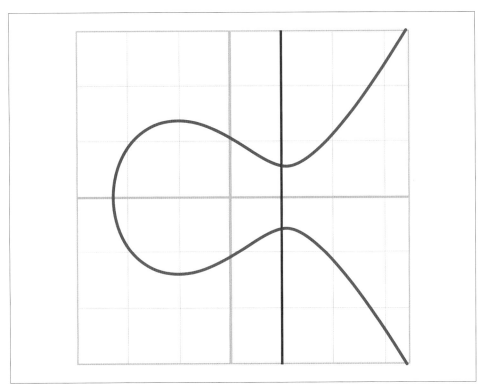

그림 3-5 x축에 수직이면서 무한원점에서 곡선과 3번째로 만나는 직선

3.8.2 닫혀 있음

군을 생성할 때 생성점 G를 반복해서 더한다는 사실을 활용하면 이 성질은 증명하기 쉽습니다. 아래와 같이 2개의 서로 다른 원소가 있다고 할 때,

$$aG + bG$$

결과는 아래와 같다는 것을 알고 있습니다.

$$(a + b)G$$

이 원소가 군에 속한다는 것을 증명하면 됩니다. 어떻게 하면 될까요? $a+b$가 n보다 작을 때와 같거나 클 때의 두 가지로 나누어 생각해보겠습니다. 먼저, $a+b \langle n$ (여기서 n은 군의 위수) 경우면 이 원소는 정의에 따라 군에 속합니다. 마지막으로 $a+b \rangle = n$이라면 정의로부터 $a \langle n$

이고 $b < n$이므로 $a+b < 2n$입니다. 따라서 $a+b-n < n$이라고 할 수 있습니다. 이 부등식의 왼쪽 항의 값을 생성점에 곱하면 아래와 같습니다.

$$(a + b - n)G = aG + bG - nG = aG + bG - 0 = aG + bG$$

결국, $a + b >= n$ 경우의 점 $(a + b)G$는 $(a + b - n)G$로 계산할 수 있습니다. 왜냐하면 $(a + b - n)G$ 연산 결과는 $aG + bG$로 $(a + b)G$와 동일하기 때문입니다. 그리고 $a + b - n < n$이기 때문에 원소 $(a + b - n)G$는 정의에 따라 군에 속하고, 따라서 $(a + b)G$도 군에 속합니다. 일반적으로 $(a + b)G = ((a + b) \% n)G$이고 여기서 n은 군의 위수입니다.

이렇게 두 경우를 조사한 결과 이 점은 군에 속한다는 것이 증명됩니다. 즉 닫혀 있습니다.

3.8.3 역원의 존재

역원이 존재한다는 것은 [그림 3-6]처럼 그려보면 쉽게 이해할 수 있습니다.

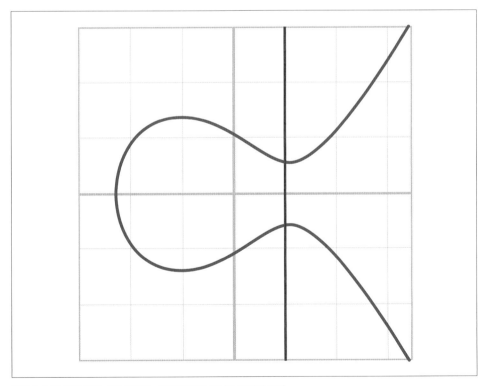

그림 3-6 각 점에 대해 서로 역원인 x축에 대칭인 직선과 곡선의 교점

수학적으로 만약 aG가 군에 속하면 $(n - a)G$도 군에 속합니다. 이 둘을 서로 더해 $aG + (n - a)G = (a + n - a)G = nG = 0$이라는 결과를 얻을 수 있습니다.

3.8.4 교환법칙

[그림 3-7]의 점 덧셈 정의로부터 $A + B = B + A$라는 결과는 자명합니다.

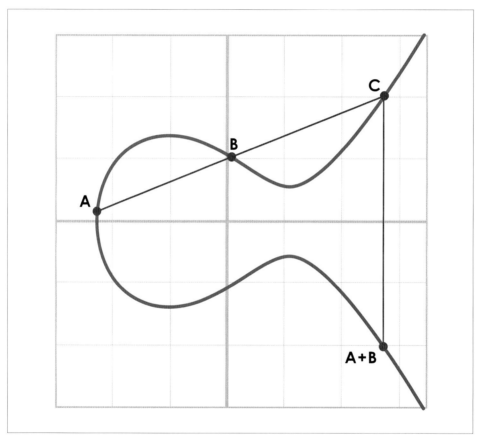

그림 3-7 더하는 두 점 A, B의 순서에 따라 변하지 않는 직선

즉, $aG + bG = bG + aG$이고 교환법칙이 성립하는 것을 의미합니다.

3.8.5 결합법칙

점 덧셈으로부터 $A + (B + C) = (A + B) + C$가 성립합니다(그림 3-8, 그림 3-9).

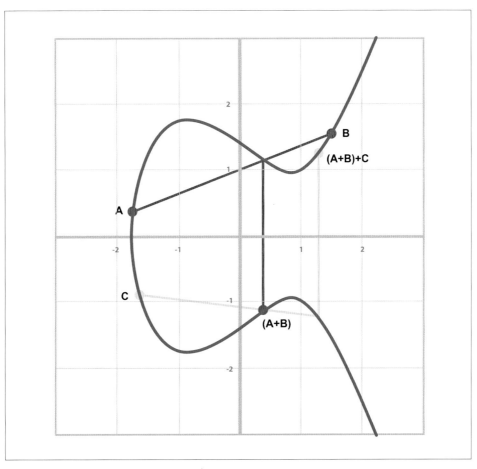

그림 3-8 (A + B) + C (A + B 계산 후 C를 더함)

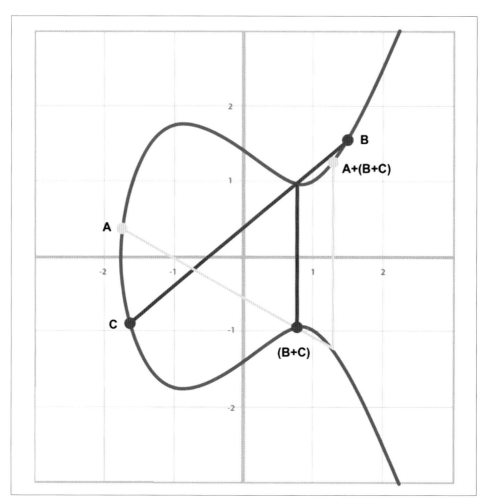

그림 3-9 A + (B + C) (A를 더하기 전에 B + C를 먼저 계산. 결과는 그림 3–8과 같음)

이렇게 $aG + (bG + cG) = (aG + bG) + cG$이고 결합법칙이 증명됩니다.

연습문제 **3.5**

F_{223}에서 정의된 곡선 $y^2 = x^3 + 7$ 위의 점 $(15,86)$으로 생성된 군의 위수를 구하시오.

3.9 스칼라 곱셈 코딩하기

[연습문제 3.5]에서 다루고자 했던 것은 다음과 같습니다.

```
>>> from ecc import FieldElement, Point
>>> prime = 223
>>> a = FieldElement(0, prime)
>>> b = FieldElement(7, prime)
>>> x = FieldElement(15, prime)
>>> y = FieldElement(86, prime)
>>> p = Point(x, y, a, b)
>>> print(7*p)
Point(infinity)
```

스칼라 곱셈은 int형의 수와 Point 클래스형 객체의 곱셈 연산입니다. 파이썬에서 이런 목적에 안성맞춤인 __rmul__ 메서드가 있습니다.[3] 스칼라 곱셈을 스칼라 값만큼 그대로 더하는 방식으로 구현한 __rmul__ 코드는 다음과 같습니다.

```
class Point:
    ...
    def __rmul__(self, coefficient):
        product = self.__class__(None, None, self.a, self.b) ❶
        for _ in range(coefficient): ❷
            product += self
        return product
```

❶ product를 무한원점으로 초기화합니다. 점덧셈이므로 무한원점은 0에 해당합니다.

❷ coefficient 값만큼 반복해서 점을 더합니다.

coefficient 값이 작은 경우 문제가 없습니다만 만약 그 값이 매우 크다면 어떨까요? 실행시간이 매우 길어질 것입니다. 예를 들어, coefficient 값이 1,000,000,000,000라면 위 코드의 for 루프를 빠져나가기 전까지 엄청난 시간이 걸릴 것입니다.

---

3 __rmul__ 메서드는 'right multiply'라는 의미로 연산자 오른쪽에 있는 객체의 클래스에서 정의한 메서드로 연산을 실행한다. 예를 들면 n*p를 계산할 때 p는 어떤 클래스의 인스턴스이고, 이 클래스에 __rmul__() 메서드가 정의되어 있다면, p.__rmul__(n)의 호출 결과가 연산 결과이다. 이때 n의 소속 클래스에서는 * 연산자가 정의되어 있지 않거나 n, p가 서로 다른 형이어야 한다. 스칼라 곱셈의 경우 n, p 는 서로 다른 형(int, Point)인 경우라서 Point 클래스에서 __rmul__ 메서드를 정의하면 된다.

이진수 전개$^{\text{binary expansion}}$라고 하는 방법으로 이 문제를 해결할 수 있습니다. 이를 통해 곱셈을 $\log_2(n)$번의 루프로 끝낼 수 있습니다. 매우 큰 coefficient 값에 대해 엄청나게 실행 시간이 단축됩니다. 예를 들면, 매우 큰 수라고 할 수 있는 1조는 이진수로 표현할 때 40비트가 필요하며 이 방법을 적용하면 단지 40번의 루프면 계산이 끝납니다.

```python
class Point:
    ...
    def __rmul__(self, coefficient):
        coef = coefficient
        current = self                                          ❶
        result = self.__class__(None, None, self.a, self.b)     ❷
        while coef:
            if coef & 1:                                        ❸
                result += current
            current += current                                  ❹
            coef >>= 1                                          ❺
        return result
```

❶ current는 시작하는 점(self)으로 초기화됩니다. 이후 while 루프를 처음 들어가서는 $1 \times$ self를 표현합니다. 두 번째 루프에서는 $2 \times$ self, 세 번째 루프에서는 $4 \times$ self, 네 번째 루프에서는 $8 \times$ self를 표현하게 됩니다. 왜냐하면 루프의 마지막에서 항상 자기 자신과 더해지기 때문입니다(current += current). 1, 2, 4, 8, 16을 이진수로 표현하면 1, 10, 100, 1000, 10000이 됩니다.

❷ result 값은 0에 해당하는 무한원점으로 초기화합니다.

❸ 가장 오른쪽의 비트[4]가 1인지 조사해서 1이라면 그때의 current 값을 나중에 반환할 result에 더합니다.

❹ 현재 점(current)을 자기 자신과 더해 2배로 만듭니다.

❺ coefficient를 오른쪽으로 비트 이동$^{\text{bit-shift}}$하여 최하위 비트를 탈락시키고 다음 최하위 비트 조사를 준비합니다.

이 방법은 고급 기법입니다. 만약 비트 연산을 이해하는 데 어려움이 있다면 coefficient를 이진수로 표현해보기 바랍니다. 이진수 표기에서 1로 된 자릿수에서만 current가 result와 더해집니다.

---

4 최하위 비트인 Least Significant Bit(LSB)에 해당한다.

`__add__`와 `__rmul__` 메서드로 더 복잡한 타원곡선을 정의할 수 있습니다.

3.10 비트코인에서 사용하는 타원곡선

설명하기 쉽게 예를 들기 위해 지금까지 상대적으로 작은 소수를 사용했지만 실전에서는 작은 소수를 사용하지 않습니다. 작은 소수인 경우 전체 군을 컴퓨터로 탐색할 수 있기 때문입니다. 예를 들어 군의 원소 수가 301개라면 스칼라 곱셈의 역연산 혹은 이산 로그 문제를 풀기 위해 301번의 계산을 손쉽게 할 수 있습니다.

그러나 소수가 아주 크다면 어떨까요? 지금까지 사용한 것보다 더 큰 소수를 얼마든지 선택할 수 있습니다. 컴퓨터가 계산해도 확인할 수 없는 군의 원소들이 많으면 타원곡선 암호의 보안성이 높아집니다.

공개키 암호를 위한 타원곡선은 다음 매개변수로 정의됩니다.

- 곡선 $y^2 = x^3 + ax + b$에서 a와 b
- 유한체의 위수인 소수 p
- 생성점 G의 x와 y 좌푯값
- G로 생성한 군의 위수 n

이러한 숫자는 공개적으로 알려져 있으며 이를 통해 암호화를 위한 곡선을 정하게 됩니다. 보안과 편의성 사이에 절충점이 다른 많은 곡선들이 있으며 그중에서 비트코인은 secp256k1 곡선을 사용합니다. secp256k1의 매개변수는 다음과 같습니다.

- $a = 0$, $b = 7$이며 곡선은 $y^2 = x^3 + 7$이 됩니다.
- $p = 2^{256} - 2^{32} - 977$
- $G_x = $ 0x79be667ef9dcbbac55a06295ce870b07029bfcdb2dce28d959f2815b16f81798
- $G_y = $ 0x483ada7726a3c4655da4fbfc0e1108a8fd17b448a68554199c47d08ffb10d4b8
- $n = $ 0xfffffffffffffffffffffffffffffffebaaedce6af48a03bbfd25e8cd0364141

G_x는 생성점 G의 x 좌푯값을, G_y는 y 좌푯값을 의미합니다. 0x로 시작하는 숫자는 16진수입니다.

이 곡선에 대해 알아둘 사항이 있습니다. 첫째, 방정식이 상대적으로 간단합니다. 여기에 소개하지는 않았지만 다른 곡선들은 매우 큰 a와 b 값을 갖고 있습니다.

둘째 유한체의 위수인 p가 2^{256}에 매우 가까운 값입니다. 즉 2^{256}보다 작은 대부분의 숫자가 유한체를 형성하게 됩니다. 따라서 군에 속하는 곡선 위 점은 각각 256비트로 표현되는 x와 y 좌푯값을 가지게 됩니다. 군의 위수인 n도 2^{256}에 매우 가까운 값입니다.[5] 따라서 스칼라 곱셈에서 스칼라 값 또한 256비트로 표현할 수 있습니다.

마지막으로 2^{256}은 엄청나게 큰 숫자라는 점입니다. 놀랍게도 2^{256} 미만의 숫자는 32바이트로 저장될 수 있습니다. 즉 비밀키를 비교적 적은 공간으로 저장할 수 있습니다.

2^{256}은 얼마나 큰 숫자인가?

간결하게 표현된 2^{256}은 그렇게 큰 값으로 보이지 않습니다. 그러나 실제로는 엄청난 숫자입니다. 이를 가늠할 수 있는 상대적인 척도를 들면 아래와 같습니다.

$2^{256} \sim 10^{77}$

- 지구상의 원자의 수 $\sim 10^{50}$
- 태양계의 원자의 수 $\sim 10^{57}$
- 은하수의 원자의 수 $\sim 10^{68}$
- 우주의 원자수 $\sim 10^{80}$

1천억 년 동안 매 10^{-12}초^{picosecond}에 1조 번 계산하는 1테라(10^{12}) 개의 컴퓨터가 수행하는 총 계산량은 10^{55} 미만의 계산량에 불과합니다.

모든 군의 원소를 나열하면서 비밀키는 찾는 방법이 가능할까요? 비트코인에는 10억 개의 은하에 들어 있는 원자수만큼이나 서로 다른 비밀키가 있습니다.

5　참고로 $p > n$이다. 즉, 유한체의 원소 수가 원의 원소 수보다 많다.

3.10.1 곡선 secp256k1을 위한 클래스 정의

secp256k1 곡선을 정의하는 모든 매개변수를 알고 있으므로 생성점 G가 곡선 $y^2 = x^3 + 7$ 위에 있는지 파이썬 스크립트로 확인할 수 있습니다.

```
>>> gx = 0x79be667ef9dcbbac55a06295ce870b07029bfcdb2dce28d959f2815b16f81798
>>> gy = 0x483ada7726a3c4655da4fbfc0e1108a8fd17b448a68554199c47d08ffb10d4b8
>>> p = 2**256 - 2**32 - 977
>>> print(gy**2 % p == (gx**3 + 7) % p)
True
```

게다가 생성점 G로 생성한 군의 위수가 n인지도 확인할 수 있습니다.

```
>>> from ecc import FieldElement, Point
>>> gx = 0x79be667ef9dcbbac55a06295ce870b07029bfcdb2dce28d959f2815b16f81798
>>> gy = 0x483ada7726a3c4655da4fbfc0e1108a8fd17b448a68554199c47d08ffb10d4b8
>>> p = 2**256 - 2**32 - 977
>>> n = 0xfffffffffffffffffffffffffffffffebaaedce6af48a03bbfd25e8cd0364141
>>> x = FieldElement(gx, p)
>>> y = FieldElement(gy, p)
>>> seven = FieldElement(7, p)
>>> zero = FieldElement(0, p)
>>> G = Point(x, y, zero, seven)
>>> print(n*G)
Point(infinity)
```

우리가 앞으로 다룰 곡선이 secp256k1로 정해졌으므로 이제 이 곡선의 매개변수로만 동작하는 특정 클래스를 작성하겠습니다. 지금까지 만든 FieldElement, Point 클래스와 동일한 메서드를 가지면서 secp256k1 곡선에 특화된 클래스를 정의할 것입니다. 먼저 secp256k1과 함께 사용할 유한체를 정의하겠습니다.

```
P = 2**256 - 2**32 - 977
...
class S256Field(FieldElement):

    def __init__(self, num, prime=None):
        super().__init__(num=num, prime=P)

    def __repr__(self):
```

```
    return '{:x}'.format(self.num).zfill(64)
```

S256Field 클래스는 FieldElement 클래스를 상속하고 있고 초기화 시 *P* 값을 생성자에 넘겨줄 필요가 없도록 했습니다. 또한 원소를 화면에 표시할 때 일관성 있게 256비트 자리를 차지하도록 zfill(64) 메서드로 빈 자리가 생기면 b'0'으로 채우도록 했습니다.

비슷한 방법으로 secp256k1의 점에 대한 클래스 S256Point를 정의할 수 있습니다.

```
A = 0
B = 7
...
class S256Point(Point):

    def __init__(self, x, y, a=None, b=None):
        a, b = S256Field(A), S256Field(B)
        if type(x) == int:
            super().__init__(x=S256Field(x), y=S256Field(y), a=a, b=b)
        else:
            super().__init__(x=x, y=y, a=a, b=b)  ❶
```

❶ 무한원점으로 초기화하는 경우(*x*가 None인 경우)를 고려해서 *x*와 *y* 값을 S256Field 클래스의 인스턴스로 주지 않고 인수로 받은 값을 그대로 넘겨줍니다.

이제 매번 매개변수 a와 b를 정의해서 Point 클래스로 작업하는 번거로움 없이 secp256k1 곡선 위 점을 쉽게 초기화할 수 있게 되었습니다.

또한 군의 위수 *n*을 특정값으로 사용해서 __rmul__ 메서드를 효율적으로 코딩할 수 있습니다. 파이썬으로 코딩하므로 N이 상수라는 것을 명확히 하기 위해 n을 대문자 N으로 표기하겠습니다.

```
N = 0xfffffffffffffffffffffffffffffffebaaedce6af48a03bbfd25e8cd0364141
...
class S256Point(Point):
    ...
    def __rmul__(self, coefficient):
        coef = coefficient % N  ❶
        return super().__rmul__(coef)
```

❶ $nG = 0$이므로 n으로 나눈 나머지를 구하는 나머지연산을 할 수 있습니다. 즉, n번마다 다시 0(또는 무한원점)으로 되돌아옵니다.

이제 생성점 G를 정의할 수 있고 앞으로 이를 많이 참조할 것이기에 스크립트 안에 코딩합니다.

```
G = S256Point(
    0x79be667ef9dcbbac55a06295ce870b07029bfcdb2dce28d959f2815b16f81798,
    0x483ada7726a3c4655da4fbfc0e1108a8fd17b448a68554199c47d08ffb10d4b8)
```

이제 G로 생성한 군의 위수가 n이라는 것을 확인합니다.

```
>>> from ecc import G, N
>>> print(N*G)
S256Point(infinity)
```

3.11 공개키 암호

드디어 공개키 암호 연산에 필요한 도구를 모두 손에 넣었습니다. 중요한 연산은 비대칭 방정식 $P = eG$입니다. e와 G를 알면 P를 계산하기 쉽지만, P와 G를 알 때 e를 계산하는 것은 쉽지 않습니다. 앞서 언급한 이산 로그 문제 때문입니다.

이산 로그의 이러한 특징이 서명과 검증 알고리즘의 핵심 기반이 됩니다.

일반적으로 e를 비밀키^{private key}라 하고 P를 공개키^{public key}라고 합니다. 비밀키는 그냥 256비트 숫자이고 공개키는 x, y 각각 256비트 숫자로 구성된 (x, y) 좌푯값입니다.

3.12 서명 생성과 서명 검증

서명과 검증의 필요성을 인식하기 위해 다음의 시나리오를 상상해보겠습니다. 당신이 백발백중의 궁사라는 것을 증명하고자 합니다. 당신은 특정 고정 목표물을 맞출 수 있는 것은 물론 500미터 이내 임의 목표물을 단번에 명중시킬 수 있는 실력의 소유자입니다.

어떤 사람이 목표물을 지정하고 당신이 활로 그 목표물을 맞히는 모습을 보여준다면 그 사람에게 당신의 실력을 증명할 수 있을 것입니다. 예를 들어, 그 사람은 400미터 앞에 당신의 아들을 세우고 머리 위에 놓은 사과를 맞히라고 할 수 있습니다. 어쨌거나 당신은 그 사과를 명중시키며 실력을 증명할 수 있습니다. 이렇게 검증자가 지정한 목표물을 맞히게 되면 당신의 실력을 쉽게 증명할 수 있습니다.

하지만 증명해 보일 사람이 많아지면 쉽지 않습니다. 만약 10명의 사람에게 증명해야 한다면 10명의 사람이 지정한 10개의 목표물을 10개의 화살로 명중시켜야 합니다. 10명의 사람이 동시에 지켜보는 상황에서 1개의 화살로 어떤 목표물이든 정확하게 맞출 수는 있겠지만, 그 목표물이 10명이 모두 선택한 목표물이 아니라면 사람들은 당신이 수만 번 연습한 특정 목표물이라 여길 수 있습니다. 여러 사람의 목표물 선정 요구 없이 딱 한 번의 시연으로 실력을 증명하는 방법은 없을까요? 당신이 선정한 목표물을 맞히는 것은 신뢰도가 떨어질 것입니다. 화살이 명중한 곳이 미리 당신이 선정한 위치라고 우길 수 있기 때문입니다. 어떤 방법이 있을까요?

한 가지 좋은 방법이 있습니다. 목표물의 위치(이를 테면 '내 아들 머리 위 사과')를 화살촉에 새기고, 그 화살로 맞히는 것입니다. 사람들은 목표물을 맞힌 화살촉으로 목표물의 위치가 화살촉에 쓰인 것과 같은지 확인할 수 있습니다. 활을 쏘기 전 목표물의 위치를 화살촉에 새김으로써 당신이 정했던 목표물을 활을 쏜 후에 사람들에게 알려주고 당신의 실력을 증명하는 것입니다.

이것은 서명과 검증에서 사용하는 것과 동일한 기법입니다. 단지 차이가 있다면 증명하는 바가 활쏘는 실력이 아니라 비밀키의 소유 여부입니다. 서명자는 비밀키를 드러내지 않고 비밀키의 소유를 검증자에게 증명합니다. 그 증명 과정은 목표물 위치를 화살촉에 새겨 넣고(서명 생성) 명중한 목표물을 관찰(서명 검증)하는 것에 비유할 수 있습니다.

최종적으로 서명과 검증은 트랜잭션에서 사용됩니다. 즉 비트코인을 다른 주소로 보내는 사람이 필요한 비밀키를 소유하고 있다는 것을 증명하는 용도입니다.

3.12.1 디지털 서명 알고리즘

목표물의 위치를 화살촉에 새기는 방법이 서명 알고리즘입니다. 비트코인에서 사용하는 알고리즘은 타원곡선 디지털 서명 알고리즘으로 ECDSA[Elliptic Curve Digital Signature Algorithm]라고 합니다.

비밀키는 다음을 만족하는 e입니다.

$$eG = P$$

여기서 P는 공개키이고 e는 비밀키입니다.[6]

우리가 맞히고자 하는 목표물은 임의의 256비트 숫자 k입니다. 다음을 계산해봅니다.

$$kG = R$$

이제 R이 우리가 겨냥하는 목표물입니다. 사실상 R의 x 좌표만이 중요하며 이를 r이라 하겠습니다.[7] r은 임의^{random} 값이란 의미로 r로 표시합니다.

여기서 다음의 방정식은 이산 로그 문제와 동일하다고 할 수 있습니다.[8]

$$uG + vP = kG$$

서명자는 k를 임의의 값으로, $u, v \neq 0$ 아닌 값으로 선정합니다. G와 P는 알려진 값입니다. 위 식을 만족하기 위해 e가 k, u, v와 어떤 관계인지 알아보겠습니다.

$uG + vP = kG$ 에서 vP에 관해 정리하면 $vP = (k - u)G$입니다.

$v \neq 0$이므로 스칼라 값 v로 양변을 나눌 수 있습니다.

$$P = ((k - u)/v)G$$

e를 알고 있어 P를 eG로 대치할 수 있다면,

$$eG = ((k - u)/v)G \text{ 또는 } e = (k - u)/v$$

---

6   다시 한 번 환기하면 G는 군을 정의하는 타원곡선 위 생성점이다.

7   R의 x 좌표만 중요한 이유는 y 좌푯값은(정확히는 y 좌표의 절댓값) 타원곡선 방정식에 x 좌표를 대입하여 구할 수 있기 때문이다. 목표물 k에 G를 곱해 구한 R의 x 좌표인 r이 새로운 목표물이 되었다. 따라서 서명 검증에서는 r값이 정확한지 확인할 것이다.

8   이산 로그 문제는 스칼라 곱셈 결과에서 곱하는 스칼라 값을 찾는 문제다. 즉, $eG=P$에서 G와 P가 주어졌을 때 e를 알아내는 것이다. 주어진 식은 두 번의 스칼라 곱셈을 합한 결과에서 각 스칼라 값을 알아내는 문제인데, $uG + vP = R$에서 G, P, R이 주어졌을 때 u, v를 알아내는 문제다. 결국에는 2개의 이산 로그 문제를 합한 문제이므로 이산 로그 문제 종류라고 할 수 있다. 차이가 있다면 문제를 만족하는 해(u, v)는 유일하지 않다는 점이다. 왜냐하면 방정식은 하나지만 미지수는 u, v 2개이기 때문이다. 이 점 (u, v)는 나중에 서명해시 값을 방정식에 담는 용도로 활용된다.

서명자는 위의 식을 만족하는 모든 (u,v) 조합 중 한 가지로 (u,v)를 선정할 수 있습니다.

만약 e를 모른다면 e를 구하기 위해 식 $e = (k-u)/v$를 만족할 때까지 (u,v) 조합을 대입해봅니다. 이런 방식으로 비밀키 e를 만드는 (u,v) 조합을 찾았다면 $P=eG$(P, G는 알려진 값)를 만족하는 e를 찾았다는 의미입니다. 즉 이산 로그 문제의 해를 찾아 비밀키를 알아낸 것입니다.

정확한 u와 v를 제공하기 위해서는 위와 같이 이산 로그 문제의 해를 찾거나 비밀키를 알고 있어야 합니다. 이산 로그 문제의 해를 찾는다는 것은 어려운 일이므로 u, v를 제공하는 사람이 비밀키 e를 알고 있다고 가정하는 것이 타당합니다.

이제는 궁사가 활을 쏘는 목적에 대해 이야기하겠습니다. 목적은 목표물을 맞히는 대가로 이행하는 거래와 같습니다. 윌리엄 텔$^{William Tell}$은 아들 머리 위의 사과를 맞히는 대가로 아들을 구할 수 있었습니다. 이와 같이 우리도 목표물을 맞히는 이유와 그 대가를 생각할 수 있으며, 이는 방정식에 포함되어야 합니다.

그래서 서명과 이의 검증 목적을 위해 **서명해시**$^{Signature Hash}$를 방정식에 포함시킵니다.

해시는 임의 길이의 데이터를 정해진 고정 크기의 데이터로 바꿉니다. 그리고 같은 입력에 항상 같은 출력을 내는 함수입니다. 서명 해시는 궁사가 인증하는 메시지의 **요약본**^{fingerprint}입니다. 이를 z로 쓰고 아래와 같이 u, v를 정의해서 $uG + vP$ 계산에 포함시킵니다.

$$u = z/s, \ v = r/s$$

v 계산에 r이 포함돼 있기 때문에 이는 화살촉에 목표물을 새긴 것과 같습니다. 궁사의 의도가 들어 있는 z 또한 u 안에 넣어 활을 쏘는 이유와 목표물이 이제 방정식의 일부분이 된 셈입니다.[9]

방정식을 만족하는 s를 다음과 같이 구할 수 있습니다.

$$uG + vP = R = kG$$

$$uG + veG = kG$$

---

9 주어진 방정식 $uG + vP = R$에서 G, P, R은 이미 알려진 값이다. R의 경우 서명자는 x 좌푯값만 제공하지만 정해진 타원곡선에 x 좌표를 대입하며 원한다면 y 좌표도 구할 수 있다. 이 방정식 해로 무수히 많은 (u,v) 조합이 가능하며 그중에서 보내는 메시지와 연관된 특정 (u_m,v_m) 조합을 서명자가 제공한다면 자신이 비밀키의 소유자이며 메시지 발신자라는 증명이 된다. 메시지와 연관된 특정 (u_m,v_m) 조합을 만드는 방법은 메시지의 해시값(z)을 조합 안에 포함시키는 것이다. 암호학자들이 제시한 방법은 $u_m=z/s$, $v_m=r/s$로 정하고 r과 s를 공개하는 방법이다.

$$u + ve = k$$

$$z/s + re/s = k$$

$$(z + re)/s = k$$

$$s = (z + re)/k$$

이것이 서명 알고리즘입니다. 서명에서 검증자에게 공개해야 할 정보는 r과 s입니다.

CAUTION_ k를 공개하지 않는 이유

여기까지 이해한 시점에서 왜 k를 공개하지 않고 R의 x 좌표를 공개하는지 의아해 할 수 있습니다. 만약 k를 공개하면,

$$uG + vP = R$$

$$uG + veG = kG$$

$$kG - uG = veG$$

$$(k - u)G = veG$$

$$(k - u) = ve$$

$$(k - u)/v = e$$

비밀키가 드러나게 됩니다. 이것은 비밀키를 드러내지 않고 비밀키 소유를 증명하는 서명의 목적에 부합하지 않습니다. 하지만 R은 공개할 수 있습니다.

다음 문장은 몇 번을 강조해도 지나치지 않습니다. 'k를 반드시 진정한 무작위 값truly random numbers으로 선정하라. 우연히 k 값을 노출하는 것은 자신의 비밀키를 노출하는 것과 같다.' 노출된 비밀키를 획득한 누군가가 여러분의 비트코인을 가로챌 수 있습니다.

3.12.2 서명 검증

서명은 32바이트 길이의 서명해시(z)를 자신이 보장한다는 증명서와 같습니다. 32바이트가 256비트라는 사실은 우연이 아닙니다. 이 값은 서명 생성 시 s 계산에서 사용되고 256비트로 표현하는 유한체의 원소이기 때문입니다.

32바이트 서명해시를 만들기 위해서 먼저 메시지의 해시값을 구합니다. 비트코인에서 해시함

수는 hash256이며 이는 sha256 함수를 두 번 적용한 함수입니다. 이 함수는 서명해시 값을 정확히 32바이트로 만들어줍니다. 이렇게 메시지를 hash256 해시함수로 얻은 32바이트 값을 서명해시 z로 표기합니다.

검증하고자 하는 서명은 한 쌍(r,s)으로 이루어진 정보입니다. r은 어떤 점 R의 x 좌푯값입니다. s를 구하는 공식은 앞에서 살펴본 바와 같이 아래와 같습니다.

$$s = (z+re)/k$$

여기서 검증하려는 것은 $kG = R$에서 다시 R을 구할 수 있는가 하는 것입니다. 우리는 이미 e(방정식 $P = eG$의 해이며 무엇보다도 우리는 e를 가지고 있다는 것을 증명하고자 함)를 알고 있고 k(식 $kG = R$에 등장)도 알고 있으며 z 또한 알고 있습니다.

이제 u와 v를 아래와 같이 정의해서 식 $uG + vP = R$이 성립하는지 확인하겠습니다.

$$u = z/s$$

$$v = r/s$$

이를 대입하면

$$uG + vP = (z/s)G + (r/s)P = (z/s)G + (re/s)G = ((z + re)/s)G$$

여기에 알고 있는 $s = (z + re)/k$를 대입합니다.

$$uG + vP = ((z + re) / ((z + re)/k))G = kG = R$$

위에서 설정한 u와 v로 우리 의도대로 R을 얻을 수 있습니다. 더욱이 v의 계산에 r을 사용함으로써 z처럼 서명자가 R도 어떤 값인지 안다는 사실을 증명합니다. R 값을 알 수 있는 유일한 길은 e를 알고 있을 경우입니다.

실제적인 서명 검증 절차는 다음과 같습니다.

1. 서명으로 (r,s)가 주어지고, 보내온 메시지의 해시값으로 z 또한 주어집니다. 그리고 P는 서명자의 공개키(또는 공개점public point)입니다.
2. $u = z/s$, $v = r/s$를 계산합니다.

3. $uG + vP = R$을 계산합니다.

4. 만약 R의 x 좌표가 r과 같다면 서명은 유효합니다.

NOTE_ sha256 해시함수를 두 번 계산하는 이유

sha256 함수를 두 번 연속 호출하여 z를 계산합니다. 이렇게 두 번 호출하는 해시함수를 hash256 함수라고도 합니다. 256비트 값을 얻기 위해 sha256 함수를 한 번 호출하지 않고 왜 이렇게 할까요? 이유는 보안 때문입니다.

SHA-1 해시함수에 대해 생일 공격birthday attack이라는 아주 유명한 해시충돌hash collision을 찾아내는 공격이 있습니다.[10] 구글은 2017년 변형된 생일 공격과 여러 기법을 이용해서 SHA-1 해시충돌을 발견했습니다.[11] SHA-1 함수를 두 번 연속 호출하는 double SHA-1은 이러한 공격을 막거나 감소시키는 방법입니다.

sha256 함수를 두 번 호출하는 것으로 모든 공격을 막을 수는 없지만 몇 가지 잠재 위험에 대한 적절한 예방 조치가 됩니다.

3.12.3 서명 검증 실습

이제 서명이 유효한지 알아보는 검증 계산을 파이썬 코드로 옮겨보겠습니다.

```
>>> from ecc import S256Point, G, N
>>> z = 0xbc62d4b80d9e36da29c16c5d4d9f11731f36052c72401a76c23c0fb5a9b74423
>>> r = 0x37206a0610995c58074999cb9767b87af4c4978db68c06e8e6e81d282047a7c6
>>> s = 0x8ca63759c1157ebeaec0d03cecca119fc9a75bf8e6d0fa65c841c8e2738cdaec
>>> px = 0x04519fac3d910ca7e7138f7013706f619fa8f033e6ec6e09370ea38cee6a7574
>>> py = 0x82b51eab8c27c66e26c858a079bcdf4f1ada34cec420cafc7eac1a42216fb6c4
>>> point = S256Point(px, py)
>>> s_inv = pow(s, N-2, N)     ❶
>>> u = z * s_inv % N          ❷
>>> v = r * s_inv % N          ❸
>>> print((u*G + v*point).x.num == r)     ❹
True
```

❶ 페르마의 소정리를 사용하여 $1/s$를 계산합니다. 여기서 N은 소수로 생성점 G로 만들어지는 군의 위수입니다.

---

10 해시함수가 서로 다른 입력에 대해 같은 출력을 내는 경우 해시 충돌이 발생했다고 한다. 입력으로부터 출력을 계산하기는 쉬워도 출력으로부터 입력을 계산하기 어렵도록 만든 어떤 해시함수에서 해시 충돌을 맞다는 것은 그 해시함수가 보안에 취약하다는 의미다.

11 https://security.googleblog.com/2017/02/announcing-first-sha1-collision.html 참고.

❷ $u = z/s$.

❸ $v = r/s$.

❹ $uG + vP = (r,y)$. x 좌표가 r과 동일한지 확인합니다.

연습문제 **3.6**

다음 2개의 서명이 유효한지 검증하시오.

```
P = (0x887387e452b8eacc4acfde10d9aaf7f6d9a0f975aabb10d006e4da568744d06c,
    0x61de6d95231cd89026e286df3b6ae4a894a3378e393e93a0f45b666329a0ae34)

# signature 1
z = 0xec208baa0fc1c19f708a9ca96fdeff3ac3f230bb4a7ba4aede4942ad003c0f60
r = 0xac8d1c87e51d0d441be8b3dd5b05c8795b48875dffe00b7ffcfac23010d3a395
s = 0x68342ceff8935ededd102dd876ffd6ba72d6a427a3edb13d26eb0781cb423c4

# signature 2
z = 0x7c076ff316692a3d7eb3c3bb0f8b1488cf72e1afcd929e29307032997a838a3d
r = 0xeff69ef2b1bd93a66ed5219add4fb51e11a840f404876325a1e8ffe0529a2c
s = 0xc7207fee197d27c618aea621406f6bf5ef6fca38681d82b2f06fddbdce6feab6
```

3.12.4 서명 검증 코딩하기

S256Point 클래스로 공개키(혹은 공개점public point)를 표현할 수 있습니다. 이제 r과 s를 담을 수 있는 Signature 클래스를 생성하겠습니다.

```python
class Signature:

    def __init__(self, r, s):
        self.r = r
        self.s = s

    def __repr__(self):
        return 'Signature({:x},{:x})'.format(self.r, self.s)
```

4장에서 이 클래스에 대해 자세히 알아보겠습니다.

S256Point 클래스에 본 클래스의 인스턴스를 매개변수로 받는 verify 메서드를 다음과 같이 추가합니다.

```python
class S256Point(Point):
    ...
    def verify(self, z, sig):
        s_inv = pow(sig.s, N - 2, N)  ❶
        u = z * s_inv % N  ❷
        v = sig.r * s_inv % N  ❸
        total = u * G + v * self  ❹
        return total.x.num == sig.r  ❺
```

❶ 군의 위수이며 소수인 $N(=n)$을 페르마의 소정리를 적용하여 s_inv$(=1/s)$를 계산합니다.

❷ $u = z/s$ 군의 위수인 N으로 나머지 연산자(%)를 적용합니다.

❸ $v = r/s$ 군의 위수인 N으로 나머지 연산자(%)를 적용합니다.

❹ total$(=uG + vP)$은 sig.r$(=R)$이어야 합니다.

❺ total.x.num$(=x)$ 좌표가 sig.r$(=r)$과 같은지 조사합니다.

이렇게 secp256k1 곡선 위 점인 공개키 P와 서명해시 z로 주어진 2개의 정보에서 서명 (r,s)이 유효한지 검증할 수 있습니다.

3.12.5 서명 생성 절차

검증 과정을 안다면 서명을 생성하는 절차는 매우 간단합니다. 한가지 추가해야 할 절차는 $R = kG$ 계산에서 사용할 k를 정하는 것입니다. k는 무작위 값으로 선택합니다.

서명을 생성하는 절차는 아래와 같습니다.

1. 서명해시 z가 주어지고 비밀키 e는 이미 알고 있습니다($eG = P$).
2. 임의로 k를 선택합니다.
3. $R = kG$로부터 R의 x 좌푯값 r을 계산합니다.[12]

---

12 만약 $r=0$이면 다시 k를 선정한다.

4. $s = (z + re)/k$를 계산합니다.[13]

5. 서명은 (r, s)입니다.

공개키 P는 검증자에게 보내야 하고 z 또한 검증자가 알아야 합니다. 뒤에서 z는 계산으로 얻고 P는 서명과 함께 전송되는 것을 보게 될 것입니다.

3.12.6 서명 생성 실습

이제 서명을 생성할 수 있습니다.

> **CAUTION_ 무작위 숫자 생성 시 주의사항**
>
> 파이썬에서 제공하는 random 라이브러리 등을 사용해서 각종 암호 관련 연산에 사용하는 것은 일반적으로 좋은 생각이 아닙니다.[13] 여기서 설명하는 코드와 라이브러리는 상용 제품 적용이 아닌 학습 목적으로 사용하기 바랍니다.

해시함수를 사용해서 다음과 같이 서명을 생성할 수 있습니다.

```
>>> from ecc import S256Point, G, N
>>> from helper import hash256
>>> e = int.from_bytes(hash256(b'my secret'), 'big')   ❶
>>> z = int.from_bytes(hash256(b'my message'), 'big')   ❷
>>> k = 1234567890   ❸
>>> r = (k*G).x.num   ❹
>>> k_inv = pow(k, N-2, N)
>>> s = (z+r*e) * k_inv % N   ❺
>>> point = e*G   ❻
>>> print(point)
S256Point(028d003eab2e428d11983f3e97c3fa0addf3b42740df0d211795ffb3be2f6c52, \
0ae987b9ec6ea159c78cb2a937ed89096fb218d9e7594f02b547526d8cd309e2)
>>> print(hex(z))
0x231c6f3d980a6b0fb7152f85cee7eb52bf92433d9919b9c5218cb08e79cce78
>>> print(hex(r))
0x2b698a0f0a4041b77e63488ad48c23e8e8838dd1fb7520408b121697b782ef22
```

---

13 만약 $s=0$이면 k를 선정하는 2번 과정으로 돌아갑니다.

14 보안의 중요성이 높아지면서 최근 출시되는 프로세서는 안전한 무작위값(cryptographically secure random)을 제공하기 위해 하드웨어로 구현된 random 라이브러리를 제공한다.

```
>>> print(hex(s))
0xbb14e602ef9e3f872e25fad328466b34e6734b7a0fcd58b1eb635447ffae8cb9
```

❶ 이런 식으로 하면 비밀키를 쉽게 기억할 수 있습니다. 그렇지만 실제 비밀키는 이런 식으로 생성하면 안 됩니다.

❷ 서명해시입니다. 또는 메시지 해시라고도 합니다.

❸ 여기서는 단순 예로서 고정된 k를 사용했습니다.

❹ $kG = (r, y)$를 계산 후 x 좌표만 취합니다.

❺ $s = (z + re)/k$. 위수 n의 순환군$^{cyclic\ group}$이기에 n으로 나머지연산을 합니다.

❻ 검증자는 공개키에 해당하는 point를 이미 알고 있다고 가정합니다.

연습문제 3.7

비밀키 e로 메시지 z의 서명을 구하시오.

```
e = 12345
z = int.from_bytes(hash256('Programming Bitcoin!'), 'big')
```

3.12.7 서명 생성 코딩하기

메시지에 대해 서명을 생성하기 위해서 비밀키를 보관할 PrivateKey 클래스를 다음과 같이 작성합니다.

```
class PrivateKey:

    def __init__(self, secret):
        self.secret = secret
        self.point = secret * G    ❶

    def hex(self):
        return '{:x}'.format(self.secret).zfill(64)
```

❶ 공개키에 해당하는 self.point를 계산하고 보관합니다.

다음과 같이 sign 메서드를 작성합니다.

```python
from random import randint
...
class PrivateKey:
...
    def sign(self, z):
        k = randint(0, N)  ❶
        r = (k*G).x.num  ❷
        k_inv = pow(k, N-2, N)  ❸
        s = (z + r*self.secret) * k_inv % N  ❹
        if s > N/2:  ❺
            s = N - s
        return Signature(r, s)  ❻
```

❶ randint 함수로 [0, N] 범위에서 무작위로 정숫값을 정합니다. 이 함수를 상용 목적의 제품에는 사용하지 않기를 바랍니다. 이 라이브러리로 생성되는 정숫값은 상용 제품에 사용될 만큼 무작위성을 보장하지 않습니다.

❷ 8은 kG의 x 좌푯값입니다.

❸ 여기서 다시 페르마의 소정리를 사용합니다.

❹ $s = (z + re)/k$.

❺ 비트코인 트랜잭션을 전파하는 노드는 가변성^{Malleability} 문제로 $N/2$보다 작은 s 값만을 전파합니다.[15]

❻ 앞서 정의한 Signature 클래스의 인스턴스를 반환합니다.

---

15 타원곡선의 특징으로 어떤 값이 타원곡선 위의 점이면 이의 x축 대칭인 점도 역시 타원곡선 위의 점이다. 유효한 서명 (r, s)는 타원곡선 위의 점이기 때문에 서명 $(r, s) = (r, N-s)$ 또한 유효한 서명이다. s와 $N-s$ 중 큰 수를 high s라고 하고 작은 수를 low s라고 한다. 어느 서명을 생성해서 반환할지는 알고리즘상으로 중요하지 않지만 비트코인에서는 트랜잭션 가변성 문제로 s가 $N/2$보다 작은 서명을 선택한다. 트랜잭션 가변성이란 네트워크상의 노드가 트랜잭션을 받고 TxID를 변경하여 조작할 수 있는 가능성을 말한다. TxID가 트랜잭션을 해시해서 얻고 트랜잭션은 서명을 포함하는데, 여기에 서명은 2개 버전의 서명 (r, s)와 $(r, N-s)$가 가능하다. 따라서 2개의 버전에 따라 각기 다른 2개의 유효한 TxID가 존재하는 문제가 생긴다. 이를 해결하기 위해 비트코인에서는 이 중에서 low s로 만들어진 TxID만을 사용한다.

k 값 선정의 중요성

서명을 생성할 때 무작위 숫자 k 선정 시 중요한 규칙이 있습니다. 서명마다 k는 반드시 다른 값이어야 한다는 점입니다. 즉, 한 번 사용한 값을 재사용하지 말아야 합니다. 사실상 재사용한 k로 인해 비밀키가 드러나게 됩니다. 왜 그럴까요?

두 번의 서명 z_1과 z_2에서 비밀키는 e이고 k는 재사용했다고 합시다.

$$kG = (r, y)$$
$$s_1 = (z_1 + re) / k, \ s_2 = (z_2 + re) / k$$
$$s_1/s_2 = (z_1 + re) / (z_2 + re)$$
$$s_1(z_2 + re) = s_2(z_1 + re)$$
$$s_1 z_2 + s_1 re = s_2 z_1 + s_2 re$$
$$s_1 re - s_2 re = s_2 z_1 - s_1 z_2$$
$$e = (s_2 z_1 - s_1 z_2) / (rs_1 - rs_2)$$

만일 누군가 2개의 서명을 입수한다면 그 사람은 이 공식으로 비밀키를 알아낼 수 있습니다. 2010년 발생한 유명한 플레이스테이션 3$^{PlayStation\ 3}$ 해킹 사건이 바로 이 허점을 이용한 경우였습니다.[16]

이를 방지하기 위해 비밀키와 z를 통해 k를 유일하게 생성하는 표준안이 만들어졌습니다. 표준안은 RFC6979이며 이를 반영한 파이썬 코드는 아래와 같습니다.[17]

```python
class PrivateKey:
...
    def sign(self, z):
        k = self.deterministic_k(z)  ❶
        r = (k * G).x.num
        k_inv = pow(k, N - 2, N)
        s = (z + r * self.secret) * k_inv % N
        if s > N / 2:
            s = N - s
        return Signature(r, s)
```

---

16 *https://arstechnica.com/gaming/2010/12/ps3-hacked-through-poor-implementation-of-cryptography/* 참고.

17 *https://tools.ietf.org/html/rfc6979* 참고.

```
def deterministic_k(self, z):
    k = b'\x00' * 32
    v = b'\x01' * 32
    if z > N:
        z -= N
    z_bytes = z.to_bytes(32, 'big')
    secret_bytes = self.secret.to_bytes(32, 'big')
    s256 = hashlib.sha256
    k = hmac.new(k, v + b'\x00' + secret_bytes + z_bytes, s256).digest()
    v = hmac.new(k, v, s256).digest()
    k = hmac.new(k, v + b'\x01' + secret_bytes + z_bytes, s256).digest()
    v = hmac.new(k, v, s256).digest()
    while True:
        v = hmac.new(k, v, s256).digest()
        candidate = int.from_bytes(v, 'big')
        if candidate >= 1 and candidate < N:
            return candidate          ❷
        k = hmac.new(k, v + b'\x00', s256).digest()
        v = hmac.new(k, v, s256).digest()
```

❶ k를 무작위로 선정하지 않고 비밀키(self)와 서명해시(z)에 따라 결정하여 선정합니다. sign 함수 외 나머지 부분은 동일합니다.

❷ 본 알고리즘은 k 값으로 쓰기에 적당한 값을 반환합니다.

이렇게 결정된 k는 거의 매번 유일한 값을 반환합니다. 이는 sha256 함수가 해시충돌 문제에 비교적 안전하기 때문입니다. 현재까지 발견된 sha256 해시충돌은 없습니다.

또한 동일한 z와 동일한 비밀키로 생성한 서명은 항상 동일하게 됩니다. 따라서 단위 테스트 작성이나 디버깅이 쉬운 장점도 있습니다. 게다가 서명이 변하지 않기 때문에 같은 내용의 트랜잭션은 매번 동일하게 됩니다. 트랜잭션 가변성 문제를 보완하는 데도 도움이 됩니다(13장에서 다시 언급합니다).

3.13 마치며

이번 장은 타원곡선 암호에 대해 설명했습니다. 이제 메시지 서명으로 비밀키 소유를 증명할 수 있습니다. 또한 비밀키를 가진 사람이 메시지에 서명했다는 것을 검증할 수도 있습니다. 지금까지 읽은 것만으로 여러분은 소위 무기급 군수품weapons-grade munitions을 구현할 수 있습니다.[18] 이는 비트코인을 학습하는 데 중요한 발걸음이며 이 책의 나머지 부분을 이해하는 데 필수적인 요소가 될 것입니다.

4장부터는 지금까지 파이썬으로 작성한 구조체를 직렬화하는 문제를 살펴보겠습니다. 직렬화를 하면 이러한 구조체를 디스크에 저장할 수도 있고 네트워크를 통해 다른 곳으로 보낼 수도 있습니다.

---

18 90년대 초반까지 암호 기술은 미국에서 군수품과 같이 수출금지 품목이었다. 이 사실로부터 지금까지 설명한 암호 기술을 무기급 군수품이라고 비유한 것이다. *https://en.wikipedia.org/wiki/Export_of_cryptography_from_the_United_States* 참고.

직렬화

지금까지 많은 클래스를 만들었습니다. PrivateKey, S256Point, Signature 클래스가 그 예입니다. 이제 이러한 클래스의 객체들을 네트워크로 다른 쪽에 보내거나 영구 저장장치에 저장하는 방법을 생각할 때입니다. 바로 직렬화가 필요한 상황입니다. 예를 들어 우리는 S256Point, Signature, PrivateKey를 주고받거나 저장하려고 합니다. 이때 네트워크 사용 비용과 영구 저장매체에 보관하는 비용을 최소화하기 위해 클래스의 크기를 최소화하는 것이 바람직합니다.

4.1 비압축 SEC 형식

먼저 공개키 클래스인 S256Point 클래스부터 직렬화하겠습니다. 기억하겠지만 타원곡선 암호 방식에서 공개키는 (x, y) 좌표 형식입니다. 이를 어떻게 직렬화할 수 있을까요?

이미 ECDSA 공개키를 직렬화하는 표준안이 존재합니다. 이를 SEC^{Standards for Efficient Cryptography} 형식이라고 하는데, 이름에서 알 수 있듯이 이 방식은 아주 작은 오버헤드만 요구합니다. 공개키 관련해서는 비압축식과 압축식 두 가지 SEC 형식이 있습니다. 먼저 비압축식을 알아보고 그다음 압축식을 알아보겠습니다.

다음은 주어진 점 $P = (x, y)$에 대한 비압축 SEC 형식 표현 방법입니다.

1. 0x04의 1바이트 접두부로 시작합니다.

2. 그다음 x 좌표를 32바이트 빅엔디언 정수로 표현합니다.

3. 그다음 y 좌표를 32바이트 빅엔디언 정수로 표현합니다.

[그림 4-1]에서 비압축 SEC 형식을 볼 수 있습니다.

```
047211a824f55b505228e4c3d5194c1fcfaa15a456abdf37f9b9d97a4040afc073dee6c8906498
4f03385237d92167c13e236446b417ab79a0fcae412ae3316b77

        - 04 - Marker
        - x coordinate - 32 bytes
        - y coordinate - 32 bytes
```

그림 4-1 비압축 SEC 형식

NOTE_ 빅엔디언 Big-Endian**과 리틀엔디언**Little-Endian

숫자를 영구 저장장치에 저장할 때 빅엔디언 혹은 리틀엔디언으로 변환합니다. 이를 위해 숫자가 바이트 스트림으로 표현되어야 합니다. 즉 비트 단위로 끊어서 표현돼야 합니다. 256보다 작은 수는 1바이트(2^8)로 표현할 수 있기에 문제가 되지 않습니다. 그런데 숫자가 256보다 크다면 여러 개의 바이트로 끊어서 표현해야 할 텐데 어떻게 해야 할까요?

아라비아 숫자는 왼쪽에서 오른쪽으로 읽습니다. 123과 같은 숫자는 1 + 20 + 300이 아니고 100 + 20 + 3이란 뜻입니다. 이런 방식을 빅엔디언이라고 합니다. 왜냐하면 큰 숫자인 100을 의미하는 1(big end)이 먼저 오기 때문입니다.

그런데 이를 반대 순서로 할 수도 있습니다. 이것이 리틀엔디언입니다. 즉 위의 예에서 작은 숫자를 의미하는 3(little end)이 제일 앞에 오는 경우입니다.

컴퓨터는 8비트 묶음의 바이트 단위로 작동하기에 바이트 자릿수의 기저는 10진수로 256입니다. 500을 빅엔디언으로 표현하면 01f4입니다. 즉, 500 = 1 × 256 + 244(16진수로 f4). 같은 숫자를 리틀엔디언으로 쓰면 f401입니다.

헷갈리게도 비트코인에서 어떤 것은 빅엔디언으로 직렬화(예: 공개키의 SEC 형식)하고 다른 어떤 것은 리틀엔디언(예: 트랜잭션 버전)으로 합니다. 여기서는 소개할 때마다 이를 명시하겠습니다.

비압축 SEC 형식 직렬화는 간단하지만 256비트 숫자를 32바이트로 변환하는 부분은 주의 깊게 봐야 합니다. 아래 코드가 바로 방금 언급한 부분입니다.

```
class S256Point(Point):
...
    def sec(self):
        '''returns the binary version of the SEC format'''
    return b'\x04' + self.x.num.to_bytes(32, 'big') \
            + self.y.num.to_bytes(32, 'big')  ❶
```

❶ 파이썬 3에서 정수형 숫자를 bytes형으로 바꾸는 **to_bytes** 메서드를 사용합니다. 첫 번째 매개변수는 변환 결과를 보관할 bytes형 상수의 길이입니다. 두 번째 매개변수는 빅엔디언인 경우 big, 리틀엔디언인 경우 little의 문자열 값을 갖습니다(NOTE_ 빅엔디언과 리틀엔디언 참고).

연습문제 4.1

아래의 비밀키에 대응하는 공개키를 비압축 SEC 형식으로 구하시오.

- 5,000
- $2{,}018^5$
- 0xdeadbeef12345

4.2 압축 SEC 형식

기억하겠지만 같은 x 좌푯값을 갖는 타원곡선 위 점은 2개가 있습니다. 이는 타원곡선 방정식의 y^2 항 때문입니다.

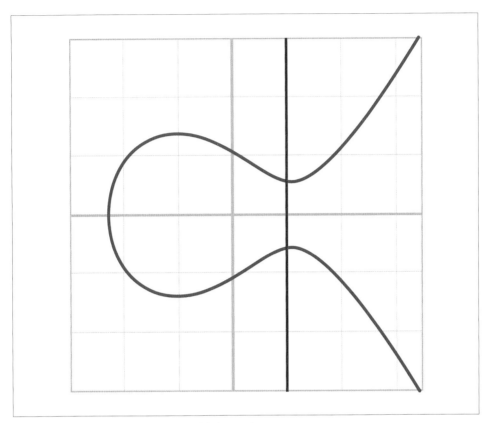

그림 4-2 동일한 x 좌푯값을 갖는 타원곡선과 직선의 두 교점

이러한 대칭성은 유한체에서도 성립합니다.

왜냐하면 방정식 $y^2 = x^3 + ax + b$를 어떤 점 (x, y)가 만족시킨다면 $(x, -y)$ 또한 이 방정식을 만족시키기 때문입니다. 유한체에서 $-y \% p = (p - y) \% p$이기에 점 (x, y)가 타원곡선을 만족시키면 $(x, p - y)$ 또한 방정식을 만족시킵니다. 이들이 주어진 x 좌표를 만족하는 방정식의 2개의 근입니다. 그래서 만약 우리가 x 값을 안다면 y 좌푯값은 y 또는 $p - y$가 됩니다.

p는 2보다 큰 소수이기에 p는 홀수입니다. 그래서 y가 짝수라면 $p - y$는 홀수와 짝수의 뺄셈이므로 홀수가 됩니다. 반면에 y가 홀수라면 $p - y$는 짝수가 됩니다. 환언하면 y와 $p - y$ 중 하나는 짝수이고 하나는 홀수입니다. 이 점을 활용해서 비압축 SEC 형식의 내용을 줄일 수 있습니다. x 값을 표시하고 y 값은 홀수인지 짝수인지만 표시하는 방식으로 말입니다. 이를 압축 SEC 형식이라고 합니다. y 값이 홀수인지 짝수인지를 표시하는 1바이트 값으로 압축되었기 때문입니다.

다음은 주어진 점 $P = (x, y)$에 대한 압축 SEC 형식의 표현 방법입니다.

1. y 값이 짝수면 0x02, 홀수면 0x03인 1바이트 접두부로 시작합니다.
2. 그다음 x 좌표를 32바이트 빅엔디언 정수로 표현합니다.

[그림 4-3]에서 압축 SEC 형식을 볼 수 있습니다.

```
0349fc4e631e3624a545de3f89f5d8684c7b8138bd94bdd531d2e213bf016b278a

        - 02 if y is even, 03 if odd - Marker
        - x coordinate - 32 bytes
```

그림 4-3 압축 SEC 형식

파이썬 코드로 옮기는 절차는 매우 간단합니다. 다음과 같이 압축 SEC 형식을 처리하도록 sec 메서드를 갱신할 수 있습니다.

```python
class S256Point(Point):
...
    def sec(self, compressed=True):
        '''returns the binary version of the SEC format'''
        if compressed:
            if self.y.num % 2 == 0:
                return b'\x02' + self.x.num.to_bytes(32, 'big')
            else:
                return b'\x03' + self.x.num.to_bytes(32, 'big')
        else:
            return b'\x04' + self.x.num.to_bytes(32, 'big') + \
                self.y.num.to_bytes(32, 'big')
```

압축 SEC 형식의 가장 큰 장점은 65바이트가 아닌 33바이트만 차지한다는 점입니다. 수백만의 트랜잭션에 이 정보가 포함된다고 할 때 이는 엄청난 공간 절약입니다.

그럼 주어진 x 값으로부터 어떻게 y 값을 계산할 수 있을까요? 이를 위해서는 유한체에서의 제곱근을 계산해야 합니다.

즉, 다음과 같은 수학 문제를 풀어야 합니다.

알려진 v에 대해서 $w^2 = v$를 만족하는 w를 구하시오.

이 문제를 풀어보겠습니다. 페르마의 소정리 $w^{p-1} \% p = 1$로부터 다음과 같이 전개할 수 있습니다.

$$w^2 = w^2 \cdot 1 = w^2 \cdot w^{p-1} = w^{(p+1)}$$

p는 소수이므로 홀수입니다. 따라서 $p+1$은 짝수이고 2로 나누어 떨어집니다. 위의 식 w^2 $=w^{(p+1)}$ 양변에 제곱근을 취하면 다음과 같습니다.

$$w = w^{(p+1)/2} = w^{2(p+1)/4} = (w^2)^{(p+1)/4} = v^{(p+1)/4}$$

secp256k1에서 사용하는 p는 $p \% 4 = 3$인 성질을 만족하기 때문에 $(p+1)\%4 = 0$이 됩니다. 이는 $(p+1)$이 4로 나누어 떨어진다는 의미이므로 $(p + 1)/4$는 정수가 됩니다.

정리하면, secp256k1의 p값을 갖는 유한체에서 $w^2 = v$를 만족하는 w 값은 $v^{(p+1)/4}$입니다. 제곱근은 양수와 음수의 2개의 근이 있으므로 나머지 근은 $p - w$로 구할 수 있습니다.

위 공식을 다음과 같이 S256Field 클래스에 일반 메서드로 추가할 수 있습니다.

```
class S256Field(FieldElement):
...
    def sqrt(self):
        return self**((P + 1) // 4)
```

마지막으로 직렬화된 SEC 형식의 공개키가 있으면 이로부터 (x,y)를 반환하는 parse 메서드 또한 아래와 같이 작성할 수 있습니다.

```
class S256Point:
...
    @classmethod
    def parse(self, sec_bin):
        '''returns a Point object from a SEC binary (not hex)'''
        if sec_bin[0] == 4:  ❶
            x = int.from_bytes(sec_bin[1:33], 'big')
            y = int.from_bytes(sec_bin[33:65], 'big')
            return S256Point(x=x, y=y)
        is_even = sec_bin[0] == 2  ❷
        x = S256Field(int.from_bytes(sec_bin[1:], 'big'))
        # right side of the equation y^2 = x^3 + 7
```

```
alpha = x**3 + S256Field(B)
# solve for left side
beta = alpha.sqrt()   ❸
if beta.num % 2 == 0:   ❹
    even_beta = beta
    odd_beta = S256Field(P - beta.num)
else:
    even_beta = S256Field(P - beta.num)
    odd_beta = beta
if is_even:
    return S256Point(x, even_beta)
else:
    return S256Point(x, odd_beta)
```

❶ 비압축 SEC 형식은 순서대로 x, y 값을 읽으면 됩니다.

❷ y 값이 짝수인지 홀수인지는 첫 번째 바이트로 알 수 있습니다.

❸ y 값을 얻기 위해 타원곡선 방정식의 오른쪽 변(alpha)의 제곱근을 구합니다.

❹ y 값이 짝수인지 홀수인지에 따라 그에 따라 적절한 점을 반환합니다.

연습문제 4.2

아래의 비밀키에 대응하는 공개키를 압축 SEC 형식으로 구하시오.

- 5,001
- $2,019^5$
- 0xdeadbeef54321

4.3 DER 서명 형식

직렬화가 필요한 또다른 클래스로 Signature가 있습니다. SEC 형식과 같이 r과 s 두 숫자를 직렬화해야 합니다. 그러나 Signature는 S256Point처럼 압축될 수 없습니다. 왜냐하면 s 값을 r 값에서 온전히 유도할 수 없기 때문입니다.

서명을 직렬화하는 표준(그리고 비슷한 목적의 많은 표준들)을 DER[Distinguished Encoding Rules] 형식이라고 합니다. 서명을 직렬화하기 위해 사토시는 DER 형식을 사용했습니다. DER 형식은

2008년 이미 표준이었고 당시 비트코인에서 사용된 OpenSSL 라이브러리가 이를 지원했기에 사토시는 새로운 표준을 만들기보다는 DER 형식을 사용하는 것이 쉬웠을 것입니다.

DER 서명 형식은 아래처럼 정의됩니다.

1. 0x30바이트로 시작합니다.

2. 서명의 길이를 붙입니다. 보통은 0x44(10진수로 68)나 0x45가 됩니다.

3. r 값의 시작을 표시하는 표식 바이트로 0x02를 붙입니다.

4. 빅엔디언 정수로 r 값을 표현합니다. 그 결과의 첫 번째 바이트가 0x80보다 크거나 같으면 00을 앞에 붙입니다. 이후 바이트 단위의 길이를 다시 앞에 붙입니다. 이렇게 구한 최종 결과를 3번 결과 뒤에 더합니다.

5. s 값의 시작을 표시하는 표식 바이트로 0x02를 붙입니다.

6. 빅엔디언 정수로 s 값을 표현합니다. 그 결과의 첫 번째 바이트가 0x80보다 크거나 같으면 00을 앞에 붙입니다. 이후, 바이트 단위의 길이를 다시 앞에 붙입니다. 이렇게 구한 최종 결과를 5번 결과 뒤에 더합니다.

4번과 6번 규칙에서 첫 번째 바이트 ≥ 0x80인 경우 00을 넣는 이유는 DER 형식이 음숫값도 수용 가능한 일반 형식이기 때문입니다. 부호 있는 이진수에서 첫 번째 비트가 1인 것은 음수를 의미합니다(첫 번째 바이트 ≥ 0x80인 경우에 해당합니다). ECDSA 서명에서 모든 숫자는 양수입니다. 그래서 0x00을 앞에 넣어야 첫 번째 비트가 0이 되어 양수로 인식됩니다.

[그림 4-4]에서 DER 형식의 예를 볼 수 있습니다.

```
3045022100ed81ff192e75a3fd2304004dcadb746fa5e24c5031ccfcf213
20b0277457c98f02207a986d955c6e0cb35d446a89d3f56100f4d7f67801
c31967743a9c8e10615bed

                 - 30 - Marker
                 - 45 - Length of sig
                 - 02 - Marker for r value
                 - 21 - r value lenth
                 - 00ed...8f - r value
                 - 02 - Marker for s value
                 - 20 - s value length
                 - 7a98...ed - s value
```

그림 4-4 DER 형식

r은 256비트 정수이기에 최대 32바이트로 표현되고, 첫 번째 바이트가 ≥ 0x80이라면 33바이트까지 필요합니다. 당연히 r이 작은 값이라면 32바이트보다 작을 수도 있습니다. 6번 규칙의 s에 대해서도 동일합니다. 꼭 필요하지는 않아 보이는 6바이트가 포함되어 있어서 이러한 방식의 r, s 직렬화 방식은 전체적으로 효율적이지 않습니다.[1]

파이썬에서 어떻게 코딩되는지 보겠습니다.

```python
class Signature:
...
    def der(self):
        rbin = self.r.to_bytes(32, byteorder='big')
        # remove all null bytes at the beginning
        rbin = rbin.lstrip(b'\x00')
        # if rbin has a high bit, add a \x00
        if rbin[0] & 0x80:
            rbin = b'\x00' + rbin
        result = bytes([2, len(rbin)]) + rbin  ❶
        sbin = self.s.to_bytes(32, byteorder='big')
        # remove all null bytes at the beginning
        sbin = sbin.lstrip(b'\x00')
        # if sbin has a high bit, add a \x00
        if sbin[0] & 0x80:
            sbin = b'\x00' + sbin
        result += bytes([2, len(sbin)]) + sbin
        return bytes([0x30, len(result)]) + result
```

❶ 파이썬에서 정수 리스트를 bytes([])를 통해 bytes형으로 변환할 수 있습니다.

연습문제 4.3

아래의 r과 s 값의 서명을 DER 형식으로 구하시오.

r = 0x37206a0610995c58074999cb9767b87af4c4978db68c06e8e6e81d282047a7c6

s = 0x8ca63759c1157ebeaec0d03cecca119fc9a75bf8e6d0fa65c841c8e2738cdaec

---

1 DER 형식은 최대 72바이트까지 길어질 수 있다. 이는 서명에 특화되기보다는 더 포괄적인 표준 형식이기 때문에 그렇다. DER 형식의 전체 사양은 *https://www.itu.int/ITU-T/studygroups/com17/languages/X.690-0207.pdf*에서 볼 수 있다. 비트코인 개발 커뮤니티에서는 현재의 비트코인 서명 방식을 슈노어 방식으로 대체하면서 서명을 DER 형식이 아닌 고정 64바이트로 하자는 논의도 있다.

4.4 비트코인 주소 및 WIF 형식

비트코인이 막 나왔던 시기에는 비트코인에 비압축 SEC 형식 공개키가 할당되고 DER 형식 서명이 적용되었습니다. 6장에서 설명하겠지만 여러 가지 이유로 인해 이러한 방식은 미사용 트랜잭션 출력Unspent transaction output, UTXO을 방만하게 저장하게 하고 보안성 역시 낮아지게 하는 방식입니다. 그럼 현재는 어떤 방식을 사용하고 있을까요? 여기서는 비트코인 주소가 무엇인지 그리고 어떻게 표현하는지 설명하겠습니다.

4.4.1 Base58 부호화

영희는 철수에게 송금하기 위해 돈을 어디에 보낼지 알아야 합니다. 이는 모든 지불 방법에서 필요한 사항으로 꼭 비트코인에게만 해당되는 것은 아닙니다. 비트코인은 디지털 화폐이기에 주소는 공개키 암호 체계의 공개키가 될 수 있습니다. 하지만 SEC 형식(특히 비압축 형식)은 전송하기에는 그 길이가 깁니다(65 또는 33 바이트). 더욱이, 65 또는 33 바이트는 이진 형식으로 사람이 눈으로 읽기 쉽지 않습니다.

여기에는 3가지 고려사항이 있습니다. 첫째는 공개키의 가독성입니다. 가독성이 있으면 쉽게 쓸 수 있고 전화상으로 알려주기도 쉽습니다. 둘째는 그 길이입니다. 당연히 너무 길면 기억하기 어렵습니다. 마지막으로 세 번째는 보안성입니다.

그럼 어떻게 가독성과 길이 압축, 보안성을 모두 만족시킬 수 있을까요? 만약 SEC 형식을 16진수(4비트당 16진수 1개)로 표현하면 바이트 표현보다 숫자 개수는 2배가 됩니다(130 혹은 66개의 글자수). 더 좋은 방법은 없을까요?

Base64와 같은 방법을 사용하면 6비트를 1개의 숫자로 표현할 수 있습니다. 비압축 SEC 형식에 이 방법을 쓰면 87 글자수, 압축 SEC 형식은 44 글자로 표현됩니다. 하지만 Base64는 사용하는 많은 글자와 숫자들이 혼동하기 쉽습니다(0과 O, l과 I, -와 _ 등). 만약 이러한 글자를 제외하면 좋은 가독성과 길이 압축(글자당 5.86비트)을 얻을 수 있습니다. 마지막으로 맨 마지막에 체크섬checksum을 붙여 실수 탐지 기능을 더할 수 있습니다. 이러한 방법을 Base58 부호화encoding라고 합니다. 16진수나 Base64 대신 Base58에서 정의된 부호로 숫자를 표현합니다.

실제 Base58 부호화 절차는 아래와 같습니다.

모든 아라비아 숫자와 알파벳 대문자, 소문자를 사용합니다(단 앞서 언급한 0/O, l/I는 제외). 그러면 모두 10 + 26 + 26 − 4 = 58개의 글자만 남습니다. 이러한 글자 하나하나가 Base58 에서 쓰이는 숫자입니다. 이를 수행하는 함수를 아래와 같이 작성할 수 있습니다.

```
BASE58_ALPHABET = '123456789ABCDEFGHJKLMNPQRSTUVWXYZabcdefghijkmnopqrstuvwxyz'
...
def encode_base58(s):
    count = 0
    for c in s:       ❶
        if c == 0:
            count += 1
        else:
            break
    num = int.from_bytes(s, 'big')
    prefix = '1' * count
    result = ''
    while num > 0:    ❷
        num, mod = divmod(num, 58)
        result = BASE58_ALPHABET[mod] + result
    return prefix + result    ❸
```

❶ for 루프로 앞에 몇 바이트가 0바이트인지 알아냅니다. 나중에 이들을 다시 붙여줄 것입니다.

❷ 매 while 루프에서 각 자리에 사용할 Base58 숫자를 결정합니다.

❸ 마지막으로 앞서 알아낸 0의 개수만큼 1(Base58에서 첫 번째 숫자)을 앞에 붙여줍니다. 이렇게 하면 나중에 붙인 1로 된 부분을 구별하기 쉽습니다. 이 부분은 pay-to-pubkey-has(p2pkh)에서 필요합니다. 자세한 내용은 6장에서 다룹니다.

이 파이썬 함수는 임의 길이의 bytes형 값을 받아 Base58로 부호화된 str형 값을 반환합니다.

연습문제 **4.4**

다음의 16진수 값을 bytes형 값으로 변환하고 이를 다시 Base58로 인코딩하시오.

- 7c076ff316692a3d7eb3c3bb0f8b1488cf72e1afcd929e29307032997a838a3d

- eff69ef2b1bd93a66ed5219add4fb51e11a840f404876325a1e8ffe0529a2c

- c7207fee197d27c618aea621406f6bf5ef6fca38681d82b2f06fddbdce6feab6

4.4.2 비트코인 주소 형식

압축 SEC 형식의 264비트도 여전히 비트 수가 너무 많습니다. 게다가 보안에도 취약한 면이 있습니다(6장 참고). 주소의 길이도 줄이고 보안성도 높이기 위해 ripemd160 해시를 사용할 수 있습니다.

그럴 경우 33바이트의 SEC 형식을 20바이트로 상당히 줄일 수 있습니다. 아래는 비트코인 주소를 생성하는 방법입니다.

1. **메인넷**Mainnet 주소는 0x00으로 시작하고, **테스트넷**Testnet 주소는 0x6f로 시작합니다.
2. 압축 혹은 비압축 SEC 형식 주소를 sha256 해시함수에 넣고, 다시 ripemd160 해시함수에 넣어 출력을 얻습니다. 이렇게 연속으로 2개의 해시함수를 적용하는 방법을 hash160이라고 합니다.
3. 1의 접두 바이트와 2의 최종 해시 결과를 합칩니다.
4. 3에서 얻은 결과를 hash256로 해시하고 그 결과에서 첫 4바이트를 취합니다.
5. 3의 결과 뒤에 4의 결과를 붙이고 이를 Base58로 부호화합니다.

위 4에서 구한 4바이트를 체크섬이라고 합니다. 4, 5의 절차를 아래와 같이 한 줄 코드로 표현할 수 있습니다.

```
def encode_base58_checksum(b):
    return encode_base58(b + hash256(b)[:4])
```

hash160 함수는 helper.py 파일에 다음과 같이 정의되어 있습니다.

```
def hash160(s):
    '''sha256 followed by ripemd160'''
    return hashlib.new('ripemd160', hashlib.sha256(s).digest()).digest() ❶
```

❶ sha256 해시는 `hashlib.sha256(s).digest`로 얻고 이를 바로 ripemd160 해시함수의 입력으로 넘겨주고 있습니다.

다음과 같이 hash160, address 메서드를 S256Point 클래스에 추가할 수 있습니다.

```
class S256Point:
...
    def hash160(self, compressed=True):
        return hash160(self.sec(compressed))

    def address(self, compressed=True, testnet=False):
        '''Returns the address string'''
        h160 = self.hash160(compressed)
        if testnet:
            prefix = b'\x6f'
        else:
            prefix = b'\x00'
        return encode_base58_checksum(prefix + h160)
```

연습문제 4.5

아래의 비밀키에 대응하는 공개키를 구하고 이로부터 비트코인 주소를 구하시오.

- 5002 (테스트넷에서 비압축 SEC 형식 사용)
- 2020^5 (테스트넷에서 압축 SEC 형식 사용)

- 0x12345deadbeef (메인넷에서 압축 SEC 형식 사용)

4.4.3 비밀키의 WIF 형식

비트코인에서 비밀키는 256비트로 표현되는 숫자입니다. 일반적으로 비밀키를 직렬화할 경우는 별로 없습니다. 왜냐하면 비밀키는 네트워크로 전파하지 않기 때문입니다(비밀키를 전파시키는 것은 매우 위험한 행동입니다).

그런데 가끔씩 비밀키를 한 지갑에서 다른 지갑으로 옮기고 싶은 경우가 있습니다. 종이지갑 paper wallet에서 소프트웨어 지갑으로 전송하는 것을 예로 들 수 있습니다.[2]

이러한 경우에 WIF Wallet Import Format 형식을 사용할 수 있습니다. WIF는 비밀키를 읽기 쉽도록 직렬화하는 방법입니다. WIF는 주소에서 사용했던 Base58 부호화를 사용합니다.

아래는 비밀키를 WIF 형식으로 만드는 방법입니다.

1. 메인넷 비밀키는 `0x80`으로 시작하고 테스트넷 비밀키는 `0xef`로 시작합니다.
2. 비밀키를 32바이트 길이의 빅엔디언으로 표현합니다.
3. 만약 대응하는 공개키를 압축 SEC 형식으로 표현했다면 2번 결과의 뒤에 `0x01`을 추가합니다.
4. 1번의 접두 바이트와 2번의 빅엔디언 형식의 비밀키, 3번의 접미 바이트를 순서대로 연결합니다.
5. 4번 결과를 hash256으로 해시하고 그 결과에서 첫 4바이트를 체크섬으로 취합니다.
6. 4번 결과의 뒤에 5번 절차에서 구한 체크섬을 붙이고 Base58로 부호화합니다.

이제 `PrivateKey` 클래스에 `wif` 메서드를 다음과 같이 추가할 수 있습니다.

```
class PrivateKey
...
    def wif(self, compressed=True, testnet=False):
        secret_bytes = self.secret.to_bytes(32, 'big')
```

---

2 종이지갑(paper wallet)은 주소를 종이에 인쇄해서 보관하는 형태를 말한다. 비슷한 말로 콜드월릿(cold wallet)이 있다. 콜드월릿은 초기에는 종이지갑을 지칭했지만 요즘에는 종이지갑과 같은 보안성을 가지면서 사용성을 높인 하드웨어 지갑도 지칭한다. 또한 핫월릿(hot wallet)이라는 말도 있으며 이는 보통 소프트웨어로 구현되어 네트워크 연결된 PC, 서버, 핸드폰 등에서 사용하는 지갑을 의미한다.

```
if testnet:
    prefix = b'\xef'
else:
    prefix = b'\x80'
if compressed:
    suffix = b'\x01'
else:
    suffix = b''
return encode_base58_checksum(prefix + secret_bytes + suffix)
```

연습문제 4.6

아래의 비밀키를 WIF 형식으로 구하시오.

- 5003 (공개키는 압축 SEC 형식으로 테스트넷에서 사용)
- 2021^5 (공개키는 비압축 SEC 형식으로 테스트넷에서 사용)
- 0x54321deadbeef (공개키는 압축 SEC 형식으로 메인넷에서 사용)

4.5 비트코인에서 빅엔디언/리틀엔디언 변환

이제부터는 숫자를 빅엔디언/리틀엔디언으로 파싱하고 직렬화하는 방법을 자주 배울 것입니다. 따라서 빅엔디언/리틀엔디언 변환 방법을 아는 것은 매우 유용합니다. 특히, 사토시는 비트코인에서 리틀엔디언을 자주 사용했습니다. 그런데 애석하게도 어디에서 리틀엔디언을 사용하고 어디에서 빅엔디언을 사용하는지에 대한 명확한 규칙은 없습니다. SEC 형식에서는 빅엔디언을 사용합니다. 주소와 WIF 형식에서도 빅엔디언을 사용합니다. 5장 이후로는 리틀엔디언을 많이 사용합니다. 이러한 관점에서 다음 연습문제를 풀어봅시다. 마지막 연습문제는 개인 테스트넷 주소를 생성하는 문제입니다.

연습문제 4.7

bytes형 매개변수를 받아 리틀엔디언으로 읽어서 정수를 반환하는 `little_endian_to_int` 함수를 작성하시오.

연습문제 **4.8**

[연습문제 4.7]의 역과정으로 정수를 매개변수로 받아 리틀엔디언으로 bytes형 값을 반환하는 `int_to_little_endian` 함수를 작성하시오.

연습문제 **4.9**

여러분만이 아는 긴 비밀키로 테스트넷 주소를 만드시오. 쉬운 비밀키로 만든 주소는 테스트넷을 떠도는 봇[bot]이 이 주소 안의 코인을 가로챌 수 있으므로 주의하라(나중에 트랜잭션 서명에 사용할 것이니 비밀키는 잃어버리지 않도록 어딘가 반드시 적어둘 것). 코인은 테스트넷용 코인을 발행하는 사이트에서 구할 수 있다.[3]

사이트에서 코인을 받을 주소로 마지막 연습문제에서 생성한 주소를 입력하면 됩니다(주소는 m, n으로 시작하며 그렇지 않은 경우 잘못된 주소로 인식). 코인 입수에 성공했다면 축하합니다. 이제 여러분은 테스트넷 코인으로 재미있는 실습을 할 수 있습니다.

4.6 마치며

이번 장에서는 3장에서 만든 많은 구조체를 직렬화하는 방법을 배웠습니다. 이제 파싱과 트랜잭션을 이해할 차례입니다.

----

3 테스트넷용 코인은 몇몇 사이트에서 무료로 얻을 수 있다. 이러한 사이트를 테스트넷 수도꼭지(faucet)라고 하며 testnet faucet으로 검색하면 찾을 수 있다.

트랜잭션

트랜잭션은 비트코인의 핵심입니다. 간단히 말하면 트랜잭션은 한 엔터티^{entity}에서 다른 엔터티로의 가치 이동을 표현합니다. 여기서 말하는 엔터티는 스마트 계약으로 이는 6장에서 설명합니다. 이 장에서는 먼저 비트코인에서 트랜잭션 종류와 형식, 파싱하는 방법에 대해 살펴보겠습니다.

5.1 트랜잭션 구성요소

트랜잭션은 다음 네 가지 요소로 구성됩니다.

1. 버전(Version)
2. 입력(Inputs)
3. 출력(Outputs)
4. 록타임(Locktime)

버전은 트랜잭션의 버전을 의미하며 어떤 부가 기능을 트랜잭션이 사용할 수 있는지를 규정합니다. 입력은 사용할 비트코인을 정의하고, 출력은 비트코인이 어디로 가는지 그 종착지를 정의합니다. 록타임은 트랜잭션의 유효시점을 규정합니다. 하나하나 자세히 살펴보겠습니다.

[그림 5-1]은 일반 트랜잭션의 직렬화된 16진수 덤프 모습입니다. 처음 4바이트 부분
(0x01000000)이 버전을 의미하며, 입력은 그 이후 네 번째 줄 0xfeffffff까지, 출력은 다시
그 이후부터 끝에서 4바이트를 제외한 부분까지입니다. 마지막으로 록타임은 마지막 4바이트
(0x19430600)를 차지합니다.

```
0100000001813f79011acb80925dfe69b3def355fe914bd1d96a3f5f71bf8303c6a989c7d10000000
06b483045022100ed81ff192e75a3fd2304004dcadb746fa5e24c5031ccfcf21320b0277457c98f02
207a986d955c6e0cb35d446a89d3f56100f4d7f67801c31967743a9c8e10615bed01210349fc4e631
e3624a545de3f89f5d8684c7b8138bd94bdd531d2e213bf016b278afeffffff02a135ef0100000000
1976a914bc3b654dca7e56b04dca18f2566cdaf02e8d9ada88ac99c39800000000001976a9141c4bc
762dd5423e332166702cb75f40df79fea1288ac19430600
```

그림 5-1 트랜잭션의 구성요소: 버전, 입력, 출력, 록타임

그림에서는 이러한 요소를 서로 다른 색으로 구분했습니다. 이를 토대로 다음과 같이 트랜잭션
을 표현할 Tx 클래스를 구성할 수 있습니다.

```python
class Tx:

    def __init__(self, version, tx_ins, tx_outs, locktime, testnet=False):
        self.version = version
        self.tx_ins = tx_ins        ❶
        self.tx_outs = tx_outs
        self.locktime = locktime
        self.testnet = testnet      ❷

    def __repr__(self):
        tx_ins = ''
        for tx_in in self.tx_ins:
            tx_ins += tx_in.__repr__() + '\n'
        tx_outs = ''
        for tx_out in self.tx_outs:
            tx_outs += tx_out.__repr__() + '\n'
        return 'tx: {}\nversion: {}\ntx_ins:\n{}tx_outs:\n{}locktime: {}'.format(
            self.id(),
            self.version,
            tx_ins,
            tx_outs,
            self.locktime,
        )
```

```
def id(self):  ❸
    '''Human-readable hexadecimal of the transaction hash'''
    return self.hash().hex()

def hash(self):  ❹
    '''Binary hash of the legacy serialization'''
    return hash256(self.serialize())[::-1]
```

❶ 입력과 출력은 생성자의 인수인 tx_ins, tx_outs로 초기화합니다. 이들 tx_ins, tx_outs 가 어떤 클래스의 객체인지는 나중에 정의하겠습니다.

❷ 트랜잭션을 검증하기 위해서는 트랜잭션이 어떤 네트워크(testnet, mainnet 등)에서 발 생하는지 사전에 알아야 합니다.

❸ id() 메서드는 트랜잭션 자체를 hash256 해시함수에 넣어 얻은 해시값을 16진수 형식으 로 반환합니다. 이 값을 블록 탐색기[1] 등에서 트랜잭션을 탐색하는 데 사용할 수 있습니다.

❹ hash() 메서드는 트랜잭션 자체의 hash256 해시값을 반환합니다. 해시값을 구하기 위해 먼저 serialize() 메서드를 통해 직렬화하고, 이를 hash256() 메서드로 해시값을 계산 한 후, 다시 리틀엔디언으로 읽은 값을 반환합니다. hash() 메서드의 실행을 위해 필요한 serialize() 메서드는 아직 정의되지 않았습니다. 이번 장 마지막에서 정의하겠습니다.

다음은 트랜잭션 파싱에 관한 내용입니다. 지금 시점에서 파싱하는 코드는 아래와 같이 쓸 수 있습니다.

```
class Tx:
    ...

    @classmethod  ❶
    def parse(cls, serialization):
        version = serialization[0:4]  ❷
    ...
```

❶ parse 메서드는 Tx 클래스의 인스턴스를 반환하기 때문에 클래스 메서드여야 합니다.

❷ 여기서 인수 serialization은 bytes형으로 간주합니다.

---

[1] 블록의 내용을 찾고 읽을 수 있는 도구로 대부분 웹 서비스 형태로 제공된다. 대표적인 블록 탐색기로는 *https://blockstream. info/*가 있다.

위 코드에서 비효율적인 부분은 직렬화된 트랜잭션 전체를 parse 메서드의 serialization 인수로 넘기는 부분입니다. 만약 트랜잭션 전체 크기가 엄청 크다면 이를 다 받을 때까지 parse 메서드를 호출할 수 없는 문제가 생깁니다. 이럴 경우 bytes형 인수를 쓰지 않고 stream으로부터 바로 파싱할 수도 있습니다. 그러면 직렬화된 트랜잭션 전체를 통째로 준비한 다음 parse 메서드를 호출할 필요도 없고 파싱 오류가 있을 때 이를 빨리 발견할 수 있어 더 효율적인 코드가 됩니다. stream을 통한 트랜잭션 파싱 코드는 다음과 같습니다.

```
class Tx:
    ...

    @classmethod
    def parse(cls, stream):
        serialized_version = stream.read(4)   ❶
    ...
```

❶ stream.read 메서드로 현재 스트림 버퍼에 있는 4바이트를 읽어와 파싱을 시작합니다. 즉 필요한 4바이트만 읽어오기 때문에 직렬화된 트랜잭션 전체가 모일 때까지 기다리지 않습니다.

네트워크의 소켓 통신이나 파일 입출력에서 전체를 다 얻기 위해서는 어느 정도 전송 시간이 필요합니다. 반면, 파싱은 진행하면서 조금씩 데이터를 소모합니다. 따라서 파싱 입력으로 스트림을 사용하면 데이터를 받는 순간마다 받은 데이터까지 파싱을 진행할 수 있는 장점이 있습니다. 즉 네트워크상에서 데이터 전체가 모일 때까지 기다리지 않고 바로 파싱을 시작할 수 있습니다. 위 코드처럼 작성하면 파일 스트림, 소켓 통신 스트림 등 모든 스트림을 파싱하여 Tx 객체를 반환할 수 있습니다.

5.2 버전

[그림 5-2]의 버전 0x01000000 같이 수신된 버전은 보낸 쪽과 약속한 모종의 정보입니다. 예를 들어 윈도우 3.1이나 윈도우 8 혹은 윈도우 10처럼 버전을 함께 명시하여 알려주면 듣는 사람은 그냥 윈도우라고 들었을 때보다 운영체제의 기능이나 API를 정확하게 알 수 있습니다.

```
0100000001813f79011acb80925dfe69b3def355fe914bd1d96a3f5f71bf8303c6a989c7d10000000
06b483045022100ed81ff192e75a3fd2304004dcadb746fa5e24c5031ccfcf21320b0277457c98f02
207a986d955c6e0cb35d446a89d3f56100f4d7f67801c31967743a9c8e10615bed01210349fc4e631
e3624a545de3f89f5d8684c7b8138bd94bdd531d2e213bf016b278afefffffff02a135ef0100000000
1976a914bc3b654dca7e56b04dca18f2566cdaf02e8d9ada88ac99c39800000000001976a9141c4bc
762dd5423e332166702cb75f40df79fea1288ac19430600
```

그림 5-2 버전

이처럼 비트코인의 트랜잭션도 버전이 있습니다. 비트코인의 경우 트랜잭션 버전은 보통 1이지만 2인 경우도 있습니다(OP_CHECKSEQUENCEVERIFY 오피코드를 사용하는 트랜잭션은 BIP0112에 따라 버전 값이 1보다 커야 합니다).

[그림 5-2]에서의 버전은 16진수 표현으로 0x01000000입니다. 이 4바이트 값을 리틀엔디언 으로 읽으면 1이 됩니다.

연습문제 5.1

앞서 정의한 parse 메서드에서 버전을 파싱하는 코드를 작성하시오(핵심은 4바이트 값을 리 틀엔디언 정수로 읽는 부분).

5.3 입력

개개의 입력은 이전 트랜잭션의 출력 내용과 연관되어 있습니다(그림 5-3). 직관적으로 명확 하지 않으니 하나씩 살펴보겠습니다.

```
0100000001813f79011acb80925dfe69b3def355fe914bd1d96a3f5f71bf8303c6a989c7d10000000
06b483045022100ed81ff192e75a3fd2304004dcadb746fa5e24c5031ccfcf21320b0277457c98f02
207a986d955c6e0cb35d446a89d3f56100f4d7f67801c31967743a9c8e10615bed01210349fc4e631
e3624a545de3f89f5d8684c7b8138bd94bdd531d2e213bf016b278afefffffff02a135ef0100000000
1976a914bc3b654dca7e56b04dca18f2566cdaf02e8d9ada88ac99c39800000000001976a9141c4bc
762dd5423e332166702cb75f40df79fea1288ac19430600
```

그림 5-3 입력

비트코인의 입력은 이전 트랜잭션의 출력을 가리킵니다. 즉 비트코인을 사용하기 위해서는 먼저 비트코인을 어딘가에서 받아야 합니다. 돈을 먼저 벌지 않으면 사용할 돈이 없는 것처럼 말입니다. 입력에서 본인이 소유한 비트코인을 정확히 가리키기 위해 다음 두 가지 사항이 필요합니다.

- 이전에 내가 수신한 비트코인을 가리키는 참조 정보
- 그 비트코인이 나의 소유라는 증명

두 번째 증명 부분은 타원곡선 서명 알고리즘(3장)을 이용합니다. 당연히 자기 소유의 비트코인을 다른 사람이 사용하기를 원하는 사람은 없습니다. 그래서 대부분 입력은 소유자 개인키로 만든 전자서명을 포함하고 있습니다.

입력은 여러 개가 있을 수 있습니다. 마치 7만 원짜리 식사를 위해 10만 원권 수표 1장을 사용할 수도 있고, 5만 원권 1장과 1만 원권 2장을 사용할 수 있는 것과 같습니다. 여기서 수표의 경우 1장만 필요하지만 지폐로 지불할 때는 3장이 필요합니다. 상황에 따라서는 더 많은 항목이 필요할 수도 있습니다. 7만 원짜리 식사에서 5천 원권 14장을 쓸 수도 있고 10원짜리 동전 7000개를 쓸 수도 있습니다.

입력의 수는 [그림 5-4]에서 표시된 것처럼 트랜잭션 버전 부분 다음에 옵니다.

0100000001813f79011acb80925dfe69b3def355fe914bd1d96a3f5f71bf8303c6a989c7d10000000
06b483045022100ed81ff192e75a3fd2304004dcadb746fa5e24c5031ccfcf21320b0277457c98f02
207a986d955c6e0cb35d446a89d3f56100f4d7f67801c31967743a9c8e10615bed01210349fc4e631
e3624a545de3f89f5d8684c7b8138bd94bdd531d2e213bf016b278a**feffffff02a135ef0100000000
1976a914bc3b654dca7e56b04dca18f2566cdaf02e8d9ada88ac99c39800000000001976a9141c4bc
762dd5423e332166702cb75f40df79fea1288ac19430600**

그림 5-4 입력 수

[그림 5-4]에서 입력 수는 **01**이고 하나라는 의미입니다. 여기까지만 보면 입력의 수를 표시하는 데 항상 1바이트만 쓴다고 생각할 수 있습니다. 하지만 항상 그렇지는 않습니다. 1바이트는 8비트이고 표시할 수 있는 숫자는 0~255까지입니다. 따라서 그 이상의 숫자는 표시할 수 없습니다.

그래서 varints라는 형식으로 입력 개수를 표현합니다. varint는 가변 정수$^{variable\ integer}$의 약자로 0에서 $2^{64} - 1$ 사이의 정숫값을 바이트로 표현하는 방법입니다. 간단하게는 $2^{64} - 1$까지 표현하기 위해서는 항상 8바이트로 표현하면 됩니다. 그러나 그렇게 하면 사용하는 값의 빈도에 따라 바이트의 낭비가 심할 수 있습니다. 즉 200 이하의 값을 대체로 많이 사용한다면 1바이트로 표현할 수 있는 것을 항상 8바이트로 표현하기 때문입니다. 그렇다고 항상 1바이트로 정하면 가끔씩 큰 값이 필요할 때 표현하지 못하는 문제가 있습니다. 이를 해결하기 위해 varint 형식이 고안되었습니다.

가변 정수 표현(Varints)

아래와 같은 규칙으로 0에서 $2^{64} - 1$ 사이의 정숫값을 표현합니다.

가변 정수 표현 규칙

정수 범위	Varints 표현 방법	예
0~252	1바이트로 표현	정수 100 → 0x64 (Varints 표현)
253~2^{16}−1	접두부 0xfd 이후 2바이트를 리틀 엔디언으로 표현	255 → 0xfdff00, 555 → 0xfd2b02
2^{16}~2^{32}−1	접두부 0xfe 이후 4바이트를 리틀 엔디언으로 표현	70015 → 0xfe7f110100
2^{32}~2^{64}−1	접두부 0xff 이후 8바이트를 리틀 엔디언으로 표현	18005558675309 → 0xff6dc7ed3e60100000

helper.py 파일에 정의되어 있는 아래 2개의 함수가 가변 정수 필드를 파싱하고 직렬화하는 데 사용됩니다.

```python
def read_varint(s):
    '''read_varint reads a variable integer from a stream'''
    i = s.read(1)[0]
    if i == 0xfd:
        # 0xfd means the next two bytes are the number
        return little_endian_to_int(s.read(2))
    elif i == 0xfe:
        # 0xfe means the next four bytes are the number
        return little_endian_to_int(s.read(4))
    elif i == 0xff:
        # 0xff means the next eight bytes are the number
        return little_endian_to_int(s.read(8))
```

```
        else:
            # anything else is just the integer
            return i


    def encode_varint(i):
        '''encodes an integer as a varint'''
        if i < 0xfd:
            return bytes([i])
        elif i < 0x10000:
            return b'\xfd' + int_to_little_endian(i, 2)
        elif i < 0x100000000:
            return b'\xfe' + int_to_little_endian(i, 4)
        elif i < 0x10000000000000000:
            return b'\xff' + int_to_little_endian(i, 8)
        else:
            raise ValueError('integer too large: {}'.format(i))
```

read_varint는 스트림으로부터 필요한 바이트 개수만큼 읽고 이를 정수로 반환합니다.
encode_varint는 반대의 기능을 합니다. 즉 정숫값을 받아 varint 형식으로 변환된 bytes형 값
을 반환합니다.

각각의 입력은 4개의 하부필드를 가지고 있습니다. 처음 2개의 필드는 이전 트랜잭션의 출력
을 가리킵니다. 마지막 2개의 필드는 이전 트랜잭션의 출력을 사용하는 방법을 정의합니다. 4
개의 하부필드는 아래와 같습니다.

- 이전 트랜잭션의 해시값 혹은 ID(Previous Tx ID)
- 이전 트랜잭션의 출력 번호(Previous Tx index)
- 해제 스크립트(ScriptSig)
- 시퀀스(Sequence)

앞서 설명한 바와 같이 각각의 입력은 이전 트랜잭션의 출력을 가리키고 있습니다. 이전 트랜
잭션 해시값은 hash256입니다. 이 값은 해시충돌이 거의 없어서 이전 트랜잭션을 특정할 수
있습니다. 따라서 이전 트랜잭션 ID라고도 합니다.[2]

---

2 해시충돌이란 서로 다른 입력값으로 해시값을 계산했을 때 동일한 해시값을 얻는 경우를 말한다. hash256 해시함수의 충돌은 아직 보
   고된 바 없다.

다음 절에서 보겠지만 각각의 트랜잭션은 적어도 하나 이상의 출력을 가지고 있습니다. 따라서 사용하려는 이전 트랜잭션에서 출력이 여러 개가 있을 수 있기 때문에 정확히 몇 번째 출력인지에 대한 정보가 필요합니다. 이 정보가 바로 이전 트랜잭션의 출력 번호(Tx index)입니다.[3]

이전 트랜잭션을 특정하는 트랜잭션 해시값은 32바이트이고 그 출력 번호는 4바이트로 둘 다 리틀엔디언으로 읽습니다.

해제 스크립트는 비트코인의 스마트 계약 언어인 Script를 구성하는 한 부분입니다. Script에 대해서는 6장에서 자세히 다루므로 이번 장에서는 해제 스크립트를 비유적으로 잠긴 상자의 자물쇠를 해제하는 열쇠라고 생각합니다. 즉 트랜잭션 출력의 소유자만이 할 수 있는 무언가를 나타냅니다. 해제 스크립트 필드는 지금까지 봤던 필드와는 다르게 그 길이가 변하는 필드입니다. 가변 길이 필드는 정확한 길이를 먼저 적어야 파싱할 수 있습니다. 그래서 해제 스크립트 필드는 varint 형식으로 시작해서 먼저 필드의 길이를 설정합니다.

비트코인 창시자인 사토시가 시퀀스 필드를 만든 원래 목적은 소위 '매우 빈번한 거래high-frequency trades'를 록타임 필드와 함께 표현하기 위해서 였습니다(시퀀스와 록타임 참조). 그러나 현재는 RBFReplace-By-Fee와 `OP_CHECKSEQUENCEVERIFY`로 사용되고 있습니다.[4] 시퀀스는 4바이트의 리틀엔디언으로 표현합니다.

[그림 5-5]에서 입력의 네 가지 하부필드를 구별하여 보여줍니다.

```
0100000001813f79011acb80925dfe69b3def355fe914bd1d96a3f5f71bf8303c6a989c7d10000000
06b483045022100ed81ff192e75a3fd2304004dcadb746fa5e24c5031ccfcf21320b0277457c98f02
207a986d955c6e0cb35d446a89d3f56100f4d7f67801c31967743a9c8e10615bed01210349fc4e631
e3624a545de3f89f5d8684c7b8138bd94bdd531d2e213bf016b278afeffffff02a135ef0100000000
1976a914bc3b654dca7e56b04dca18f2566cdaf02e8d9ada88ac99c39800000000001976a9141c4bc
762dd5423e332166702cb75f40df79fea1288ac19430600
```

그림 5-5 입력의 하부필드: 이전 트랜잭션 해시값, 이전 트랜잭션 출력 번호, 해제 스크립트, 시퀀스

---

3 출력 번호(0, 1, 2, …)는 실제 트랜잭션 안에 들어 있지 않다. 스트림에서 나오는 배열순으로 0, 1, 2로 가상의 출력 번호를 매긴다고 생각하면 된다.

4 아주 작은 수수료로 트랜잭션을 보낸 경우 채굴자들은 수수료가 작기 때문에 이 트랜잭션을 블록에 포함시키는 것을 주저할 수 있다. 이 경우 보낸 트랜잭션은 멤풀(mempool)이라고 하는 채굴 컴퓨터의 메모리에 계속해서 머물러 있게 된다. 이때 트랜잭션 발송자는 본인의 트랜잭션을 블록에 빨리 포함시키고자 수수료를 올리고 싶을 수 있다. 멤풀에 머물러 있는 트랜잭션과 같은 입력을 사용하지만 이번에는 출력을 변경해 수수료가 높아지도록 해서 다시 보내면 새로운 트랜잭션이 원래의 트랜잭션을 대체하게 되는데 이를 RBF(Replace-By-Fee)라고 한다. 단, 대체되는 트랜잭션의 시퀀스 필드는 `0xfeffffff`로 설정되어 있어야 한다.

시퀀스와 록타임

처음 사토시는 빈번한 거래를 위해 시퀀스와 록타임 필드를 고안했습니다. 즉, 양자 간 빈번한 거래가 발생할 때 그 거래를 일일이 블록체인에 기록하지 않고 거래할 수 있도록 하는 것이었습니다. 예를 들어, 영희가 철수에게 x비트코인을 어떤 대가로 주기로 했고, 다음에 철수가 영희에게 y비트코인을 다른 이유로 주기로 했다면(여기서 $x > y$로 가정) 영희는 철수에게 $x - y$만큼만 주면 되고 군이 2개의 트랜잭션을 블록체인에 기록할 필요는 없습니다. 영희와 철수 사이에 100번의 트랜잭션이 발생했더라도 최종 마지막 정산 결과만 기록하면 됩니다.

이것이 사토시의 생각입니다. 둘 사이 작은 장부를 계속해서 갱신하고 최종 정산만 블록체인에서 하면 됩니다. 사토시의 의도는 시퀀스와 록타임 필드를 둘 사이의 새로운 거래가 발생할 때마다 갱신하는 것이었습니다. 교환 트랜잭션은 2개의 입력이 있고 (영희의 비트코인과 철수의 비트코인) 2개의 출력이 (영희에게 가는 비트코인과 철수에게 가는 비트코인) 있습니다. 교환 시작 트랜잭션은 시퀀스 0에서 시작하고 록타임이 충분히 길다고(이를테면 현재부터 500블록 이후 유효하다고) 가정합니다. 시작 트랜잭션에서 영희와 철수는 각자 자기가 투입한 비트코인을 가져갑니다.

시작 트랜잭션 이후 영희가 철수에게 x비트코인을 주는 데 각 입력의 시퀀스 값은 1입니다. 두 번째 트랜잭션 이후 철수가 영희에게 y비트코인을 주는 데 각 입력의 시퀀스 값은 2가 됩니다. 이와 같은 방법으로 록타임이 유효하기 전까지 발생하는 둘 사이의 수많은 거래를 시퀀스 값을 증가시키면서 발생시키고 록타임이 유효하게 되면 지금까지의 트랜잭션을 단 1개의 트랜잭션으로 블록체인에 기록할 수 있습니다.

너무나 좋은 생각이지만 안타깝게도 이 방법은 채굴자들이 악용하기 쉽다는 단점이 있습니다. 위의 예에서 철수가 채굴자의 역할도 할 수 있습니다. 그러면 이익을 극대화하기 위해 철수는 영희에게서 비트코인을 받는 시퀀스 1의 트랜잭션을 자신이 영희에게 지불하는 시퀀스 2의 트랜션으로 정산하지 않고 먼저 블록에 포함시킬 수 있습니다. 시퀀스 2의 트랜잭션은 이미 정산이 끝났기에 사라지고 철수는 영희가 지불한 돈을 모두 가져갑니다.

이러한 생각이 발전하여 이후에 '지불 채널payment channels'이 고안됩니다. 지불채널은 또한 현재의 라이트닝 네트워크Lightning network의 토대가 되었습니다.

이제 필드의 내용을 파악했으니 **TxIn** 클래스를 아래와 같이 작성할 수 있습니다.

```
class TxIn:
    def __init__(self, prev_tx, prev_index, script_sig=None, sequence=0xffffffff):
        self.prev_tx = prev_tx
        self.prev_index = prev_index
        if script_sig is None:        ❶
            self.script_sig = Script()
        else:
            self.script_sig = script_sig
        self.sequence = sequence

    def __repr__(self):
        return '{}:{}'.format(
            self.prev_tx.hex(),
            self.prev_index,
        )
```

❶ TxIn 생성자 호출 시 `script_sig` 인수의 값이 주어지지 않으면 `self.script_sig`를 `Script()`로 초기화합니다. 여기서의 Script 클래스 생성자는 그냥 빈 클래스를 반환합니다.[5]

여기에 몇 가지 언급할 사항이 있습니다. 첫째는 각 입력에서 가리키는 비트코인을 다 소비하는지 절반을 소비하는지 등의 소비하는 양에 대한 정보가 없다는 점입니다. 사실 입력이 가리키는 이전 트랜잭션을 조사해야 얼마의 비트코인이 있는지부터 알 수 있습니다. 또한 그 비트코인을 사용하기 위해서는 제대로된 해제 스크립트가 필요합니다. 모든 노드들은 트랜잭션에서 소비하고자 하는 비트코인이 블록체인상에 존재하는지 또는 제대로 비트코인을 사용할 수 있는 열쇠(해제 스크립트)가 있는지 등을 검증해야 합니다. 7장에서 이와 관련된 내용을 중점적으로 다룹니다.

---

5 Script 클래스는 스크립트의 오피코드를 리스트로 갖고 있다. script.py 파일 내 Script 클래스 생성자를 확인해보면 Script()는 빈 리스트([])를 가진 Script 클래스의 인스턴스를 반환한다.

5.3.1 스크립트 파싱

스크립트가 어떻게 파싱되는지는 6장에서 자세히 설명하니 여기서는 간략하게 보겠습니다. 아래 파이썬 코드는 스크립트를 의미하는 16진수로 표현된 str형 리터럴^{literal}에서 Script 클래스의 인스턴스를 구하는 방법입니다.

```
>>> from io import BytesIO
>>> from script import Script    ❶
>>> script_hex = ('6b483045022100ed81ff192e75a3fd2304004dcadb746fa5e24c5031ccf\
cf21320b0277457c98f02207a986d955c6e0cb35d446a89d3f56100f4d/f6/801c31967743a9c8\
e10615bed01210349fc4e631e3624a545de3f89f5d8684c7b8138bd94bdd531d2e213bf016b278\
a')
>>> stream = BytesIO(bytes.fromhex(script_hex))
>>> script_sig = Script.parse(stream)
>>> print(script_sig)
3045022100ed81ff192e75a3fd2304004dcadb746fa5e24c5031ccfcf21320b0277457c98f0220\
7a986d955c6e0cb35d446a89d3f56100f4d7f67801c31967743a9c8e10615bed01 0349fc4e631\
e3624a545de3f89f5d8684c7b8138bd94bdd531d2e213bf016b278a
```

❶ Script 클래스는 6장에서 자세히 알아봅니다. 여기서는 그냥 Script.parse 메서드가 필요한 객체를 생성한다는 정도로 이해하고 넘어가겠습니다.

연습문제 5.2

Tx 클래스의 parse 메서드에서 입력을 파싱하는 코드를 작성하시오. TxIn 클래스의 parse 메서드도 작성하시오.

5.4 출력

지금까지 입력에 대한 설명에서 알 수 있듯이 출력은 비트코인의 거래 후 종착지를 정의합니다. 각 트랜잭션은 하나 이상의 출력을 갖고 있습니다. 하나 이상의 출력을 가질 수 있기 때문에 받는 사람이 여러 명일 때 한 명 한 명에게 여러 번 보내기보다는 한 번의 트랜잭션으로 모든 사람에게 보낼 수 있습니다.

입력처럼 출력도 [그림 5-6]에서 보는 바와 같이 varint 형식으로 표현된 필드 길이 정보로 시작합니다.

```
0100000001813f79011acb80925dfe69b3def355fe914bd1d96a3f5f71bf8303c6a989c7d10000000
06b483045022100ed81ff192e75a3fd2304004dcadb746fa5e24c5031ccfcf21320b0277457c98f02
207a986d955c6e0cb35d446a89d3f56100f4d7f67801c31967743a9c8e10615bed01210349fc4e631
e3624a545de3f89f5d8684c7b8138bd94bdd531d2e213bf016b278afeffffff02a135ef0100000000
1976a914bc3b654dca7e56b04dca18f2566cdaf02e8d9ada88ac99c39800000000001976a9141c4bc
762dd5423e332166702cb75f40df79fea1288ac19430600
```

그림 5-6 출력 수

출력은 2개의 하부필드로 구성되어 있습니다.

- 비트코인 금액
- 잠금 스크립트(ScriptPubKey)

금액은 출력이 내포하는 비트코인의 양이고 사토시 단위로 표현합니다. 1사토시는 1억분의 1비트코인입니다. 사토시는 매우 작은 단위로 이 책을 쓸 당시의 미국달러 시세로 300분의 1페니입니다. 할당 금액의 최대치는 2100만 비트코인으로 사토시로는 2,100,000,000,000,000(2100조)사토시입니다. 이 수치는 2^{32}(약 43억)보다 크기 때문에 32비트로는 담을 수 없어 64비트(8바이트)로 표현합니다. 그리고 이 금액은 리틀엔디언으로 적어 직렬화합니다.

잠금 스크립트(ScriptPubKey)는 해제 스크립트(ScriptSig)처럼 비트코인의 스마트 계약 언어인 Script로 쓰입니다. 잠금 스크립트를 잠긴 금고라고 생각할 수 있습니다. 누구든지 작은 구멍을 통해 돈을 넣을 수는 있지만 금고 열쇠 소유자만 열수 있는 금고라고 생각할 수 있습니다(여기에 대해서는 6장에서 자세히 보겠습니다. 해제 스크립트처럼 잠금 스크립트도 varint 형식으로 시작하는 가변 길이 필드로 시작합니다.

[그림 5-7]에서 출력을 구성하는 2개의 필드를 확인할 수 있습니다.

```
0100000001813f79011acb80925dfe69b3def355fe914bd1d96a3f5f71bf8303c6a989c7d10000000
06b483045022100ed81ff192e75a3fd2304004dcadb746fa5e24c5031ccfcf21320b0277457c98f02
207a986d955c6e0cb35d446a89d3f56100f4d7f67801c31967743a9c8e10615bed01210349fc4e631
e3624a545de3f89f5d8684c7b8138bd94bdd531d2e213bf016b278afeffffff02a135ef0100000000
1976a914bc3b654dca7e56b04dca18f2566cdaf02e8d9ada88ac99c39800000000001976a9141c4bc
762dd5423e332166702cb75f40df79fea1288ac19430600
```

그림 5-7 금액필드와 잠금 스크립트로 구성된 출력(출력 0번에 해당)

UTXO 집합

UTXO는 아직 사용하지 않은 트랜잭션 출력^{Unspent transaction output}를 의미합니다. 이러한 미사용 트랜잭션 출력의 전체 집합을 UTXO 집합이라고 합니다. UTXO가 중요한 이유는 현 시점에서 사용 가능한 모든 비트코인을 의미하기 때문입니다. 즉 이 집합은 현재 유통 중인 모든 비트코인을 의미합니다. 네트워크상의 풀 노드는 UTXO 집합을 항상 최신 상태로 유지해야 합니다. 탐색하기 쉽게 인덱싱된 UTXO 집합을 활용하면 새 트랜잭션의 검증을 매우 빠르게 할 수 있습니다.

예를 들면 UTXO 집합에서 이전 트랜잭션 출력을 확인해보는 것으로 손쉽게 이중 지불을 막을 수 있습니다. 만약 새 트랜잭션의 입력이 UTXO 집합에 없는 이전 트랜잭션의 출력을 가리키고 있다면 이중 지불 시도로 보거나 단순히 없는 출력을 참조하는 것이므로 새 트랜잭션은 바로 검증에서 탈락하고 네트워크로 전파되지 않고 버려집니다. UTXO 집합 내 UTXO 내용을 빠르게 확인할 수 있으면 검증도 빨라집니다. 6장에서 보겠지만 트랜잭션을 검증하기 위해 이전 트랜잭션 출력으로부터 비트코인 금액과 잠금 스크립트를 매우 자주 확인해야 하기 때문입니다.

TxOut 클래스 작성은 아래와 같습니다.

```python
class TxOut:

    def __init__(self, amount, script_pubkey):
        self.amount = amount
        self.script_pubkey = script_pubkey

    def __repr__(self):
        return '{}:{}'.format(self.amount, self.script_pubkey)
```

연습문제 5.3

Tx 클래스의 parse 메서드에서 출력을 파싱하는 코드를 작성하시오. TxOut 클래스의 parse 메서드도 작성하시오.

5.5 록타임

록타임Locktime은 트랜잭션 전파 후 실행을 지연시키는 방법을 제공합니다. 600,000의 록타임 값을 가지는 트랜잭션은 600,001블록까지는 블록체인에 포함될 수 없습니다. 이것은 원래 빈번한 거래 상황high-frequency trade을 위해 고안됐고(시퀀스와 록타임 참조), 이후 보안상의 문제가 있음이 밝혀졌습니다. 록타임 값이 500,000,000보다 같거나 크면 유닉스 타임[6]으로 해석하며 그 이하이면 블록 높이로 해석합니다. 이런 방법으로 트랜잭션은 발생해도 (유닉스 타임이나 블록 높이로 표현된) 록타임이 의미하는 시점에 도달하기 전에는 입력이 가리키는 비트코인을 소비할 수 없습니다.

> **CAUTION_ 록타임 필드가 무시되는 경우**
> 입력에 포함된 시퀀스 값이 ffffffff이면 록타임 값은 무시됩니다.

이 값은 4바이트의 리틀엔디언으로 직렬화됩니다(그림 5-8).

```
0100000001813f79011acb80925dfe69b3def355fe914bd1d96a3f5f71bf8303c6a989c7d10000000
06b483045022100ed81ff192e75a3fd2304004dcadb746fa5e24c5031ccfcf21320b0277457c98f02
207a986d955c6e0cb35d446a89d3f56100f4d7f67801c31967743a9c8e10615bed01210349fc4e631
e3624a545de3f89f5d8684c7b8138bd94bdd531d2e213bf016b278afeffffff02a135ef0100000000
1976a914bc3b654dca7e56b04dca18f2566cdaf02e8d9ada88ac99c39800000000000001976a9141c4bc
762dd5423e332166702cb75f40df79fea1288ac19430600
```

그림 5-8 록타임

록타임의 주요 문제는 록타임에 도달했을 때 트랜잭션의 수신자가 트랜잭션이 유효한지 확신할 수 없다는 점입니다. 마치 시간이 많이 지나 부도 가능성이 있는 은행 수표와 유사합니다.

---

6   1970년 1월 1일 0시부터 지난 시간을 초 단위로 표현한 수이며 500,000,000 유닉스 타임은 11/05/1985 @ 12:53am(UTC)이다.

보내는 사람이 록타임 이전에 동일한 입력을 사용하는 트랜잭션을 만들고 이것이 블록체인에 포함되면 록타임이 풀렸을 때 록타임이 걸렸던 트랜잭션은 이미 소비된 UTXO를 가진 무효 트랜잭션입니다.

BIP65에서 도입한 OP_CHECKLOCKTIMEVERIFY는 록타임까지 출력을 사용하지 못하게 해서 이러한 상황을 방지합니다.

연습문제 5.4

Tx 클래스의 parse 메서드에서 록타임을 파싱하는 코드를 작성하시오.

연습문제 5.5

아래 직렬화된 트랜잭션에서 다음의 필드 값을 찾으시오.

- 두 번째 입력의 해제 스크립트
- 첫 번째 출력의 잠금 스크립트
- 두 번째 출력의 비트코인 금액

010000000456919960ac691763688d3d3bcea9ad6ecaf875df5339e148a1fc61c6ed7a069e0100
00006a47304402204585bcdef85e6b1c6af5c2669d4830ff86e42dd205c0e089bc2a821657e951
c002201024a10366077f87d6bce1f7100ad8cfa8a064b39d4e8fe4ea13a7b71aa8180f012102f0
da57e85eec2934a82a585ea337ce2f4998b50ae699dd79f5880e253dafafb7feffffffeb8f51f4
038dc17e6313cf831d4f02281c2a468bde0fafd37f1bf882729e7fd3000000006a473044022078
99531a52d59a6de200179928ca900254a36b8dff8bb75f5f5d71b1cdc26125022008b422690b84
61cb52c3cc30330b23d574351872b7c361e9aae3649071c1a7160121035d5c93d9ac96881f19ba
1f686f15f009ded7c62efe85a872e6a19b43c15a2937fefffffff567bf40595119d1bb8a3037c35
6efd56170b64cbcc160fb028fa10704b45d775000000006a47304402204c7c7818424c7f7911da
6cddc59655a70af1cb5eaf17c69dadbfc74ffa0b662f02207599e08bc8023693ad4e9527dc42c3
4210f7a7d1d1ddfc8492b654a11e7620a0012102158b46fbdff65d0172b7989aec8850aa0dae49
abfb84c81ae6e5b251a58ace5cfeffffffd63a5e6c16e620f86f375925b21cabaf736c779f88fd
04dcad51d26690f7f345010000006a47304402200633ea0d3314bea0d95b3cd8dadb2ef79ea833
1ffe1e61f762c0f6daea0fabde022029f23b3e9c30f080446150b23852028751635dcee2be669c
2a1686a4b5edf304012103ffd6f4a67e94aba353a00882e563ff2722eb4cff0ad6006e86ee20df
e7520d55feffffff0251430f00000000001976a914ab0c0b2e98b1ab6dbf67d4750b0a56244948
a87988ac005a6202000000001976a9143c82d7df364eb6c75be8c80df2b3eda8db57397088ac46
430600

5.6 트랜잭션 직렬화 코딩하기

지금까지 직렬화된 트랜잭션을 파싱했습니다. 이제 반대의 경우, 즉 주어진 트랜잭션을 직렬화하는 방법을 살펴보겠습니다. 먼저 TxOut 클래스부터 시작합니다.

```
class TxOut:
...
    def serialize(self):    ❶
        '''Returns the byte serialization of the transaction output'''
        result = int_to_little_endian(self.amount, 8)
        result += self.script_pubkey.serialize()
        return result
```

❶ TxOut 객체를 bytes형으로 직렬화합니다.

다음은 TxIn을 직렬화합니다.

```
class TxIn:
...
    def serialize(self):
        '''Returns the byte serialization of the transaction input'''
        result = self.prev_tx[::-1]
        result += int_to_little_endian(self.prev_index, 4)
        result += self.script_sig.serialize()
        result += int_to_little_endian(self.sequence, 4)
        return result
```

마지막으로 Tx 직렬화는 다음과 같이 할 수 있습니다.

```
class Tx:
...
    def serialize(self):
        '''Returns the byte serialization of the transaction'''
        result = int_to_little_endian(self.version, 4)
        result += encode_varint(len(self.tx_ins))
        for tx_in in self.tx_ins:
            result += tx_in.serialize()
        result += encode_varint(len(self.tx_outs))
        for tx_out in self.tx_outs:
```

```
        result += tx_out.serialize()
    result += int_to_little_endian(self.locktime, 4)
    return result
```

Tx를 직렬화하기 위해 TxIn과 TxOut의 serialize() 메서드를 이용했습니다.

그런데 지금까지 트랜잭션 설명에서 어디에도 트랜잭션 수수료는 없다는 점이 이상합니다. 수수료는 다음 절에서 설명하겠지만 입력과 출력으로 유추할 수 있습니다.

5.7 트랜잭션 수수료

비트코인 합의 규칙 중 하나는 코인베이스 트랜잭션[7]이 아닌 모든 트랜잭션의 입력 합은 출력의 합보다 같거나 커야 한다는 것입니다. 그러나 입력과 출력이 같은 경우는 거의 없습니다. 그 이유는 그 차이가 수수료인데, 트랜잭션의 수수료가 0이라면 채굴자가 트랜잭션을 블록에 포함시킬 동기가 사라지기 때문입니다(9장 참고). 수수료는 채굴자가 트랜잭션을 블록에 포함시키도록 하는 인센티브입니다. 블록에 포함되지 않고 있는 트랜잭션(멤풀 트랜잭션)은 블록체인의 부분이 아니고 따라서 확정되지 않은 상태입니다.

수수료는 단순히 입력의 합에서 출력의 합을 뺀 값입니다. 이 차이를 채굴자가 가져갑니다. 입력은 금액 필드를 갖고 있지 않기 때문에 금액은 입력이 가리키는 이전 트랜잭션의 출력에서 찾아야 합니다. 이를 위해 블록체인을 참조해야 하고 다른 말로는 UTXO 집합을 뒤져야 합니다. 만약 풀 노드를 갖고 있지 않다면 믿을 수 있는 제3자가 제공하는 풀 노드로부터 이 정보를 얻어야 합니다.

이를 처리하기 위해서 TxFetcher라고 하는 새로운 클래스를 다음과 같이 정의합니다.[8]

```
class TxFetcher:
    cache = {}
```

····························

7 채굴자가 채굴한 비트코인을 자신의 계정 주소로 가져오기 위해 삽입한 트랜잭션으로 블록 생성 시 첫 번째 트랜잭션으로 삽입한다.

8 TxFetcher 클래스에서 하드코딩된 풀 노드 url에 접속해보면 가끔씩 서비스가 다운되어 있다. 만약 그런 경우라면 다른 풀 노드에 접속하면 된다. 현재 동작중인 풀 노드의 IP 주소와 port 번호는 *https://bitnodes.earn.com/*에서 검색할 수 있다.

```
@classmethod
def get_url(cls, testnet=False):
    if testnet:
        return 'http://testnet.programmingbitcoin.com'
    else:
        return 'http://mainnet.programmingbitcoin.com'

@classmethod
def fetch(cls, tx_id, testnet=False, fresh=False):
    if fresh or (tx_id not in cls.cache):
        url = '{}/tx/{}.hex'.format(cls.get_url(testnet), tx_id)
        response = requests.get(url)
        try:
            raw = bytes.fromhex(response.text.strip())
        except ValueError:
            raise ValueError('unexpected response: {}'.format(response.text))
        if raw[4] == 0:
            raw = raw[:4] + raw[6:]
            tx = Tx.parse(BytesIO(raw), testnet=testnet)
            tx.locktime = little_endian_to_int(raw[-4:])
        else:
            tx = Tx.parse(BytesIO(raw), testnet=testnet)
        if tx.id() != tx_id:  ❶
            raise ValueError('not the same id: {} vs {}'.format(tx.id(),
                             tx_id))
        cls.cache[tx_id] = tx
    cls.cache[tx_id].testnet = testnet
    return cls.cache[tx_id]
```

❶ 찾고자 하는 트랜잭션 해시값(ID)이 맞는지 확인하고 맞지 않으면 오류를 발생시킵니다.

TxFetcher 클래스의 fetch 메서드가 원하는 트랜잭션에서 필요한 출력만을 반환하지 않고 왜 전체 트랜잭션을 반환할까요? 그 이유는 네트워크를 통해서 들어오는 제3자의 정보를 검증할 수 없기 때문입니다. 여기서처럼 전체 트랜잭션을 반환하면 수신자는 그 트랜잭션의 해시값을 (트랜잭션 내용에 대한 hash256 해시값을 계산) 검증해서 원하는 트랜잭션이란 것을 확인할 수 있습니다. 특정 출력만을 반환하면 수신자는 이렇게 검증할 방법이 없습니다.

이제 TxIn에서 이전 트랜잭션, 이전 트랜잭션의 출력상의 금액, 그리고 잠금 스크립트를 가져오는 메서드를 작성할 수 있습니다(잠금 스크립트의 사용 방법은 6장에서 설명).

```python
class TxIn:
...
    def fetch_tx(self, testnet=False):
        return TxFetcher.fetch(self.prev_tx.hex(), testnet=testnet)

    def value(self, testnet=False):
        '''Get the output value by looking up the tx hash.
        Returns the amount in satoshi.
        '''
        tx = self.fetch_tx(testnet=testnet)
        return tx.tx_outs[self.prev_index].amount

    def script_pubkey(self, testnet=False):
        '''Get the ScriptPubKey by looking up the tx hash.
        Returns a Script object.
        '''
        tx = self.fetch_tx(testnet=testnet)
        return tx.tx_outs[self.prev_index].script_pubkey
```

5.7.1 수수료 계산

이제 각각의 트랜잭션 입력에서 비트코인이 얼마나 들어 있는지 알려주는 value() 메서드를 통해 트랜잭션 수수료를 계산할 수 있습니다.

---

9 *https://nakamotoinstitute.org/trusted-third-parties/* 참조.

연습문제 5.6

Tx 클래스의 fee 메서드를 작성하시오.

5.8 마치며

지금까지 트랜잭션을 파싱하고 직렬화하는 방법을 알아보고 각 필드의 의미를 정의했습니다. 아직 완벽하게 설명하지 않은 2개의 필드(잠금 스크립트와 해제 스크립트)가 남았고 이 둘은 모두 비트코인의 스마트 계약 언어인 Script와 관련 있습니다. 6장에서 살펴보겠습니다.

스크립트

비트코인을 잠그고 해제하는 방법이 바로 비트코인의 전송 메커니즘입니다. 잠근다는 것은 누군가에 비트코인을 주는 것이고 해제한다는 것은 내가 받은 비트코인을 소비하는 것입니다.

여기서는 이러한 잠금/해제 메커니즘을 배우게 됩니다. 이를 다른 말로 스마트 계약smart contract 이라고 합니다. 스크립트는 타원곡선 암호 알고리즘(3장)을 사용하여 트랜잭션의 유효성을 검증(5장)합니다. 그리고 사람들은 자신이 가진 UTXO의 사용 권리를 스크립트를 통해 증명합니다. 이제 스크립트가 어떻게 동작하는지 보겠습니다.

6.1 스크립트 기법

여기서 설명할 스크립트 기법과 스마트 계약이란 말이 헷갈릴 수 있습니다. 스마트 계약은 블록체인상 코인의 전송을 프로그램으로 기술한다는 것을 현학적으로 표현한 말입니다. 스마트 계약 언어는 이러한 프로그램을 작성할 때 사용하는 프로그래밍 언어를 뜻합니다. 스크립트 Script는 비트코인의 스마트 계약 언어로 비트코인이 어떤 조건에서 소비되는지 기술하는 프로그래밍 언어입니다.

스크립트를 통해 비트코인은 어떤 '계약' 같은 것을 구현할 수 있습니다. 스크립트는 포스Forth와 유사한 스택 기반의 언어로 의도적으로 몇몇 기능이 배제되도록 설계되었습니다. 구체적으로 스크립트는 반복 작업을 위한 루프 기능이 없고 따라서 튜링 불완전하다고 말합니다.

트랜잭션은 비트코인을 잠금 스크립트에 할당합니다. 잠금 스크립트는 5장에서 보았듯이 출력의 두 가지 요소 중 하나입니다. 잠금 스크립트를 돈이 든 금고처럼 생각할 수 있습니다. 그리고 여기에 맞는 열쇠로만 이 금고를 열 수 있습니다. 금고 안의 돈은 당연히 열쇠를 가진 사람만 접근할 수 있습니다.

금고를 여는 것은 해제 스크립트(ScriptSig)로 가능합니다(5장). 즉, 해제 스크립트로 금고의 소유권을 증명하고 금고의 돈을 사용할 수 있습니다.

6.2 스크립트 실행

스크립트는 프로그래밍 언어입니다. 그리고 스크립트에서는 주어진 명령어[command]를 한 번에 하나씩 스택을 기반으로 처리합니다. 그리고, 명령어에는 두 종류가 있습니다. 하나는 원소[element]이고 다른 하나는 연산자[operation]입니다.[1]

원소는 스크립트 실행 명령어 집합 안에서 사용되는 데이터를 의미합니다. 스크립트에서 원소를 처리한다는 것은 그 원소를 스택 위에 올리는 것입니다. 이 책의 파이썬 라이브러리에서 원소는 길이가 1에서 520까지 범위의 bytes형 상수입니다. 원소의 예로 DER 서명이나 SEC 공개키를 들 수 있습니다(그림 6-1).

그림 6-1 스크립트 원소(elements)

연산자는 데이터에 대해 무언가를 합니다(그림 6-2). 구체적으로 연산자는 스택 위에 원소를 꺼내지 않거나 또는 1개 이상 꺼내 모종의 계산을 한 후 아무 일도 안 하거나 또는 1개 이상의 새로운 원소들을 스택 위에 올립니다.

그림 6-2 연산자(operations)

연산자의 예로 OP_DUP이 있습니다(그림 6-3).[2] OP_DUP은 스택 위의 원소를 복사해서 만든 원소를 스택 위에 올립니다. 즉 동일한 원소 2개가 스택 위에 올라가게 됩니다.

1　사실 여기에서 연산자는 꼭 어떤 연산만 하지는 않는다. OP_IF, OP_ELSE, OP_ENDIF 등의 흐름제어 기능, OP_0, OP_1 등의 상수 기능도 있기 때문이다. 하지만 자주 사용하는 연산자는 대부분 산술연산이나 암호함수의 기능을 수행하므로 여기서는 연산자로 옮긴다. 모든 연산자는 숫자로 식별 코드가 부여되어 있는데 이를 오피코드(opcode)라고 한다. 컴퓨터는 스크립트의 연산자를 실행할 때 오피코드 표를 보고 어떤 연산 기능을 실행할지 결정한다.

2　OP_DUP은 복사한다는 뜻의 단어인 duplicate로부터 명명됐다.

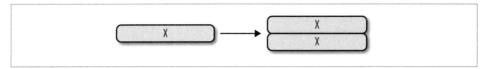

그림 6-3 OP_DUP은 스택 위의 원소와 동일한 원소를 다시 스택 위에 올립니다.

스크립트가 유효하기 위해서 모든 명령어가 실행된 후 스택 위에는 0이 아닌 원소가 남아야 합니다. 스택 위에 아무것도 없거나 0이 남아 있다면 스크립트는 유효하지 않은 것으로 간주합니다. 스크립트가 유효하지 않으면 해제 스크립트 부분을 포함하는 트랜잭션이 네트워크에서 거절되어 전파되지 않습니다.

6.3 주요 연산자

OP_DUP 말고도 많은 연산자가 있습니다. OP_HASH160(그림 6-4)은 스택 위의 원소 1개를 가져와서 sha256 해시값의 ripemd160 해시값(hash160이라고도 함)을 새로운 원소로 스택 위에 추가합니다. [그림 6-4]에서 y는 hash160(x)입니다.

그림 6-4 OP_HASH160은 스택 위의 원소를 이의 hash160 해시값으로 바꾸어 놓습니다.

또 다른 중요한 연산자로는 OP_CHECKSIG(그림 6-5)이 있습니다. OP_CHECKSIG은 스택 위 2개의 원소를 가져와서 첫 번째 원소는 공개키로, 두 번째 원소는 서명으로 간주하여 서명을 공개키로 검증합니다. 만약 검증된다면 1을 스택 위로 올리고 그렇지 않으면 0을 올립니다.

그림 6-5 OP_CHECKSIG은 공개키(〈pubkey〉)로 서명(〈signature〉)이 검증되는지 확인합니다.

6.3.1 연산자의 구현

이제 OP_DUP 연산을 다음과 같이 코딩할 수 있습니다. OP_DUP은 간단히 스택 위의 동일한 원소를 올립니다.

```python
def op_dup(stack):
    if len(stack) < 1:      ❶
        return False
    stack.append(stack[-1])  ❷
    return True
...
OP_CODE_FUNCTIONS = {
...
    118: op_dup,    ❸
...
}
```

❶ 적어도 하나의 원소가 스택 위에 있어야만 복사할 수 있습니다. 그렇지 않으면 OP_DUP 연산어를 실행할 수 없습니다.

❷ 스택 위의 원소를 복사하여 붙이는 방법입니다.

❸ 118(=0x76)은 OP_DUP의 오피코드입니다.

OP_DUP 동작이 오류 없이 성공하면 True 불리언을 반환합니다. 실패하면 자동적으로 스크립트가 유효하지 않게 됩니다.

다음은 OP_HASH256 연산에 대한 파이썬 코딩입니다. 이 연산자는 스택 위 원소를 가져와서 이의 hash256 해시값을 구해서 새로운 원소로 스택 위에 올립니다.

```python
def op_hash256(stack):
    if len(stack) < 1:
        return False
    element = stack.pop()
    stack.append(hash256(element))
    return True
...
OP_CODE_FUNCTIONS = {
...
    170: op_hash256,
...
}
```

연습문제 6.1

op_hash160 연산함수를 작성하시오.

6.4 스크립트 파싱

잠금 스크립트(ScriptPubKey)와 해제 스크립트(ScriptSig) 모두 같은 방식으로 파싱됩니다. 파싱을 시작하고 처음 읽은 한 바이트 값이 n이고 이 값이 0x01~0x4b(1~75) 범위의 값이면 n바이트 길이만큼 이어서 읽은 숫자를 한 원소로 간주합니다. 그렇지 않으면 그 바이트 값은 오피코드를 의미합니다. 어떤 연산자를 의미하는 오피코드인지는 표를 보고 확인합니다. 아래는 이러한 연산자와 오피코드 대응표의 일부입니다.

- 0x00 - OP_0
- 0x51 - OP_1
- 0x60 - OP_16
- 0x76 - OP_DUP
- 0x93 - OP_ADD
- 0xa9 - OP_HASH160
- 0xac - OP_CHECKSIG

> **NOTE_ 75바이트보다 긴 원소 표현**
>
> 만약 0x4b(75) 바이트보다 긴 원소가 필요한 경우는 어떻게 할까요? 그러한 원소를 다루기 위해 3개의 연산어가 준비되어 있습니다. OP_PUSHDATA1, OP_PUSHDATA2, OP_PUSHDATA4가 그것입니다. OP_PUSHDATA1은 바로 이후의 한 바이트 값이 그다음 읽을 원소의 길이 정보를 표현합니다. OP_PUSHDATA2는 바로 이후의 2바이트 값이 그다음 읽을 원소의 길이 정보를 표현합니다. OP_PUSHDATA4는 바로 이후의 4바이트 값이 그다음 읽을 원소의 길이 정보를 표현합니다.
>
> 실질적으로 길이가 76~255바이트인 원소는 OP_PUSHDATA1 <1바이트로 표현한 원소 길이> <원소>의 구조를 사용합니다. 그리고 길이가 256~520바이트인 원소는 OP_PUSHDATA2 <2바이트 리틀엔디언으로 표현한 원소 길이> <원소>의 구조를 활용합니다. 한 번에 521바이트 이상 긴 전송은 네트워크에서 허용되지 않습니다. 따라서 OP_PUSHDATA4는 실질적으로 용도가 없습니다. 그렇더라도 OP_PUSHDATA4 <4바이트 리틀엔디언으로 표현한 520와 같거나 작은 원소 길이> <원소>의 구조는 유효합니다.
>
> 1~75바이트 범위의 짧은 원소를 OP_PUSHDATA1으로 스크립트에 넣을 수 있고 256바이트 길이 미만의 원소를 위해 OP_PUSHDATA2를 사용할 수도 있습니다. 심지어는 521바이트 길이 미만의 모든 원소를

OP_PUSHDATA4로 표현할 수도 있습니다. 그러나 그런 스크립트를 가지는 트랜잭션은 비표준으로 간주됩니다. 이럴 경우 대부분의 비트코인 노드(특히, 비트코인 코어 소프트웨어로 운영되는 노드)는 그런 트랜잭션을 전파하지 않습니다.

지면상 여기에 언급하지 못한 많은 연산자가 있습니다. 이 책의 라이브러리 파일 중 op.py에서 이를 볼 수 있습니다. 비트코인에 정의된 전체 연산자는 *https://en.bitcoin.it/wiki/ Script*에서 확인할 수 있습니다.

6.4.1 파싱 및 직렬화 함수 코딩하기

이제 스크립트의 동작 원리를 이해했으니 파싱 함수를 작성할 수 있습니다.

```
class Script:

    def __init__(self, cmds=None):
        if cmds is None:
            self.cmds = []
        else:
            self.cmds = cmds    ❶
    ...
    @classmethod
    def parse(cls, s):
        length = read_varint(s)    ❷
        cmds = []
        count = 0
        while count < length:    ❸
            current = s.read(1)    ❹
            count += 1
            current_byte = current[0]    ❺
            if current_byte >= 1 and current_byte <= 75:    ❻
                n = current_byte
                cmds.append(s.read(n))
                count += n
            elif current_byte == 76:    ❼
                data_length = little_endian_to_int(s.read(1))
                cmds.append(s.read(data_length))
                count += data_length + 1
            elif current_byte == 77:    ❽
```

```
            data_length = little_endian_to_int(s.read(2))
            cmds.append(s.read(data_length))
            count += data_length + 2
        else:  ❾
            op_code = current_byte
            cmds.append(op_code)
    if count != length:  ❿
        raise SyntaxError('parsing script failed')
    return cls(cmds)
```

❶ 각 명령어는 실행할 연산자이거나 스택에 올릴 원소입니다.

❷ 스크립트 직렬화는 항상 전체 스크립트의 길이를 읽는 것으로 시작합니다.

❸ 정확히 전체 스크립트 길이만큼만 파싱합니다.

❹ 한 바이트를 읽습니다. 이를 통해 다음에 원소가 오는지 여부에 따라 연산자의 오피코드인지를 판단합니다.

❺ 파이썬의 bytes형 값을 int형으로 변환합니다.

❻ 1~75 범위의 숫자라면 다음 n바이트가 한 원소를 이룹니다.

❼ 76은 OP_PUSHDATA1을 의미합니다. 다음 한 바이트를 더 읽어 파싱할 원소의 길이를 얻어야 합니다.

❽ 77은 OP_PUSHDATA2를 의미합니다. 다음 2바이트를 더 읽어 파싱할 원소의 길이를 얻어야 합니다.

❾ current_byte 자체가 오피코드입니다.

❿ 스크립트 파싱이 정확히 스크립트 시작 부분에서 설정된 길이로 끝나는지 확인합니다. 그렇지 않으면 오류를 발생시킵니다.

비슷하게 스크립트를 직렬화하는 함수를 작성할 수 있습니다.

```
class Script:
...
    def raw_serialize(self):
        result = b''
        for cmd in self.cmds:
            if type(cmd) == int:  ❶
                result += int_to_little_endian(cmd, 1)
            else:
```

```
                length = len(cmd)
                if length < 75:  ❷
                    result += int_to_little_endian(length, 1)
                elif length > 75 and length < 0x100:  ❸
                    result += int_to_little_endian(76, 1)
                    result += int_to_little_endian(length, 1)
                elif length >= 0x100 and length <= 520:  ❹
                    result += int_to_little_endian(77, 1)
                    result += int_to_little_endian(length, 2)
                else:  ❺
                    raise ValueError('too long an cmd')
                result += cmd
        return result

    def serialize(self):
        result = self.raw_serialize()
        total = len(result)
        return encode_varint(total) + result  ❻
```

❶ 명령어가 정숫값이라면 이는 연산자의 오피코드를 의미합니다.

❷ 만약 길이가 1~75 범위라면 그 길이를 1바이트로 표현합니다.

❸ 길이가 76~255 범위라면 먼저 OP_PUSHDATA1을 삽입합니다. 그리고 1바이트로 그 길이를 표현합니다.

❹ 길이가 256~520 범위라면 먼저 OP_PUSHDATA2를 삽입합니다. 그리고 2바이트 리틀엔디언으로 그 길이를 표현합니다.

❺ 520바이트를 초과하는 긴 원소는 직렬화될 수 없습니다.

❻ 직렬화된 스크립트의 길이를 앞에 위치시킵니다.

5장에서 잠금/해제 스크립트를 파싱/직렬화하기 위해 위 두 함수가 사용되었습니다.

6.5 잠금/해제 스크립트의 결합

Script 객체는 실행 명령어 집합입니다. 스크립트를 실행하기 위해 잠금 스크립트(ScriptPubKey)와 해제 스크립트(ScriptSig)를 결합해야만 하는데, 금고(ScriptPubKey)와 열쇠

(ScriptSig)는 서로 다른 트랜잭션에 있습니다. 금고는 비트코인을 받았던 트랜잭션에 있고 열쇠는 비트코인을 소비하는 트랜잭션에 있습니다. 코인을 소비하는 트랜잭션의 입력은 수신 했던 트랜잭션을 가리킵니다. 정리하면 [그림 6-6]과 같은 상황입니다.[3]

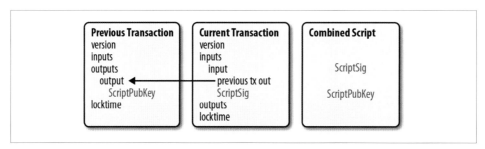

그림 6-6 스크립트의 결합 스크립트

해제 스크립트는 잠금 스크립트로 잠긴 코인을 해제하기 때문에 2개의 스크립트를 하나로 만드는 방안이 필요합니다. 이 둘을 하나로 실행하기 위해 해제 스크립트와 잠금 스크립트의 명령어를 [그림 6-6]처럼 결합합니다. 해제 스크립트(ScriptSig) 명령어는 잠금 스크립트 (ScriptPubKey) 명령어 위에 위치하게 됩니다. 명령어는 모두 남아 있지 않을 때까지 (또는 스크립트 실행이 실패할 때까지) 한 번에 하나씩 위에서부터 처리됩니다.

6.5.1 결합 스크립트 코딩하기

잠금/해제 스크립트의 명령어를 모아 하나의 스크립트로 만들고 명령어를 실행합니다. 이를 위해 먼저 두 스크립트를 다음과 같이 결합합니다.

```
class Script:
...
    def __add__(self, other):
        return Script(self.cmds + other.cmds) ❶
```

❶ 두 스크립트의 명령어를 합하여 스크립트 객체를 생성합니다.

------

3 입력은 이전 트랜잭션의 해시값, 출력 번호, 해제 스크립트, 시퀀스의 네 가지 하부필드로 되어 있다. 그림에서는 출력 번호와 시퀀스가 편의상 생략됐다.

이번 장에서 결합된 스크립트를 실행하기 위해 위 메서드를 사용할 것입니다.

6.6 표준 스크립트

비트코인에는 다음 예를 포함해서 많은 종류의 표준 스크립트가 있습니다.

p2pk

　　Pay-to-pubkey

p2pkh

　　Pay-to-pubkey-hash

p2sh

　　Pay-to-script-hash

p2wpkh

　　Pay-to-witness-pubkey-hash

p2wsh

　　Pay-to-witness-script-hash

이러한 스크립트에 사용되는 비트코인 주소도 일종의 스크립트 템플릿입니다. 지갑 소프트웨어는 다양한 종류의 주소 형식(p2pkh, p2sh, p2wpkh)을 인식하고 그에 맞는 잠금 스크립트를 생성합니다. 위의 모든 예들은 특정 주소 형식(Base58, Bech32)이 있고 지갑 소프트웨어는 그 주소로 비트코인을 보낼 수 있습니다.

먼저 최초 스크립트 중 하나인 p2pk 스크립트가 어떻게 작동하는지 설명하겠습니다.

6.7 p2pk 스크립트

p2pk(Pay-to-pubkey) 스크립트는 비트코인 초기에 널리 사용됐습니다. 사토시가 소유한 것으로 보이는 대부분의 비트코인은 p2pk UTXO로 존재합니다. 즉 트랜잭션 출력의 잠금 스크립트는 p2pk 형식입니다. 이 형식에는 6.8절에서 설명할 몇 가지 제약이 있지만 먼저 p2pk

스크립트의 작동 방식을 알아보겠습니다.

3장에서 배운 ECDSA 서명과 검증 방법을 기억할 것입니다. ECDSA 서명을 검증하기 위해 메시지 z와 공개키 P 그리고 서명 r, s가 필요합니다. p2pk에서 비트코인은 공개키로 보냅니다. 비밀키 소유자는 서명을 통해 비트코인을 해제하고 사용할 수 있습니다. 트랜잭션의 잠금 스크립트는 비밀키 소유자만 할당된 비트코인에 접근할 수 있도록 잠급니다.

비트코인의 목적지를 정해주는 것이 잠금 스크립트가 하는 일입니다. 또한 잠금 스크립트는 일종의 비트코인을 받는 금고라고 볼 수도 있습니다. [그림 6-7]은 p2pk 형식의 잠금 스크립트의 예입니다.

```
410411db93e1dcdb8a016b49840f8c53bc1eb68a382e97b1482ecad7b148a6909a5cb2e0eaddfb84c
cf9744464f82e160bfa9b8b64f9d4c03f999b8643f656b412a3ac

        - 41 - length of pubkey
        - 0411...a3 - <pubkey>
        - ac - OP_CHECKSIG
```

그림 6-7 p2pk 잠금 스크립트(ScriptPubKey)

위 스크립트의 마지막 부분의 OP_CHECKSIG이 매우 중요합니다. 해제 스크립트는 받은 비트코인을 해제하는 부분입니다. 대부분 p2pk 스크립트만을 사용했던 비트코인 초창기 시절에 공개키는 비압축 형식으로만 사용됐으나 압축 형식으로도 사용될 수 있습니다(4장).

p2pk 형식에서 잠금 스크립트에 대응하는 해제 스크립트는 [그림 6-8]에서와 같이 해시 유형 (sighash) 바이트가 붙은 서명입니다.[4]

```
47304402204e45e16932b8af514961a1d3a1a25fdf3f4f7732e9d624c6c61548ab5fb8cd410220181
522ec8eca07de4860a4acdd12909d831cc56cbbac4622082221a8768d1d0901


        - 47 - length of signature
        - 3044...01 - <signature>
```

그림 6-8 p2pk(Pay-to-pubkey) 해제 스크립트(ScriptSig)

----

4   해시 유형은 7장에서 살펴본다.

잠금/해제 스크립트는 결합하여 [그림 6-9]와 같이 명령어 집합을 만듭니다.

그림 6-9 p2pk 스크립트

[그림 6-10]에서 왼쪽은 결합된 스크립트 명령어 집합이고 오른쪽은 원소가 쌓이는 스택입니다. 해제 스크립트가 올바르다면 모든 명령어 실행이 끝나고 스택의 최상위 원소는 0이 아닌 값이어야 합니다. 명령어는 한 번에 하나씩 실행됩니다. [그림 6-10]은 스크립트 실행이 준비된 모습입니다. 여기서 스크립트는 [그림 6-9]처럼 잠금/해제 스크립트가 결합된 스크립트입니다.

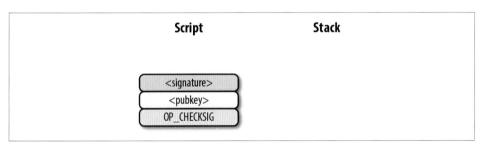

그림 6-10 p2pk 스크립트 실행 준비

첫 번째 명령어는 서명(〈signature〉)입니다. 이는 원소이고 따라서 단순히 스택 위에 올립니다(그림 6-11).

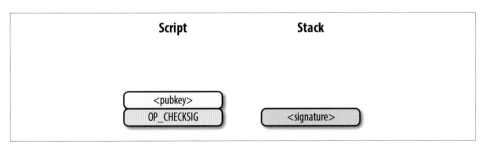

그림 6-11 p2pk 스크립트 진행 1

두 번째 명령어는 공개키(⟨pubkey⟩)입니다. 공개키도 원소이고 역시 스택 위에 올립니다(그림 6-12).

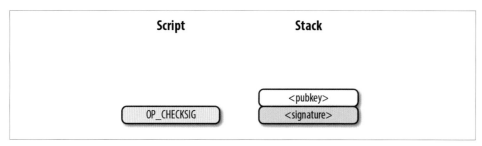

그림 6-12 p2pk 스크립트 진행 2

OP_CHECKSIG 연산자는 스택 위의 공개키(⟨pubkey⟩)와 서명(⟨signature⟩) 2개의 원소를 꺼내어 공개키로 서명이 올바른지 확인합니다. 서명이 올바르면 스택 위에 1을 올리고 그렇지 않으면 0을 올립니다. 서명이 올바른 경우의 모습이 [그림 6-13]입니다.

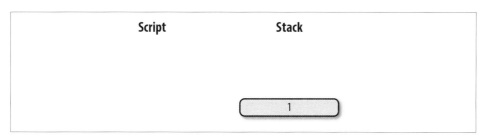

그림 6-13 p2pk 스크립트 진행 3

모든 스크립트 명령어의 실행을 마쳤고 스택 위에 단 하나의 원소가 남았습니다. 그 원소는 0이 아닌 값이기에 스크립트는 유효하다는 판단을 합니다.

만약 이 트랜잭션이 유효하지 않다면 OP_CHECKSIG 결과는 0이 되고 스크립트는 [그림 6-14]와 같이 실행을 마치게 됩니다.

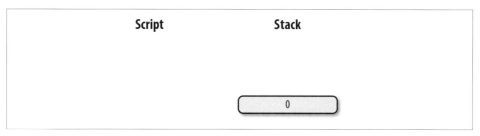

	Script	Stack
		0

그림 6-14 유효하지 않은 p2pk 스크립트의 실행 결과

스택 위 원소가 0이므로 결합 스크립트는 유효하지 않고 이 해제 스크립트가 있는 트랜잭션 역시 유효하지 않게 됩니다.

공개키로 서명 검증이 성공하면 '결합 스크립트는 유효하다'고 말합니다. 다른 말로 '해제 스크립트는 잠금 스크립트를 해제한다'고도 합니다. 결국 비밀키를 가진 사람만이 올바른 해제 스크립트를 만들 수 있고, 잠금 스크립트를 해제할 수 있으며, 유효한 결합 스크립트를 구성할 수 있습니다.

여담이지만 여기서 잠금 스크립트의 다른 이름인 ScriptPubKey란 말이 어디에서 왔는지 알 수 있습니다. p2pk 잠금 스크립트가 중요한 명령어인 비압축 SEC 형식의 공개키(PubKey)를 포함하고 있기 때문입니다(나머지 다른 명령어는 OP_CHECKSIG). 비슷하게 해제 스크립트의 다른 이름인 ScriptSig이라는 말은 p2pk 해제 스크립트가 DER 형식의 서명(Sig)을 포함하고 있기 때문에 그렇게 명명됐습니다.

6.7.1 스크립트 실행 메서드 코딩하기

이제 스크립트를 실행하는 메서드를 코딩합니다. 이를 위해 모든 명령어를 차례로 실행해보고 스크립트가 유효한지 판단합니다. 완성된 메서드로 다음과 같은 파이썬 코드를 실행할 수 있습니다.

```
>>> from script import Script
>>> z = 0x7c076ff316692a3d7eb3c3bb0f8b1488cf72e1afcd929e29307032997a838a3d
>>> sec = bytes.fromhex('04887387e452b8eacc4acfde10d9aaf7f6d9a0f975aabb10d006e\
4da568744d06c61de6d95231cd89026e286df3b6ae4a894a3378e393e93a0f45b666329a0ae34')
>>> sig = bytes.fromhex('3045022000eff69ef2b1bd93a66ed5219add4fb51e11a840f4048\
76325a1e8ffe0529a2c022100c7207fee197d27c618aea621406f6bf5ef6fca38681d82b2f06fd\
dbdce6feab601')
```

```
>>> script_pubkey = Script([sec, 0xac])  ❶
>>> script_sig = Script([sig])
>>> combined_script = script_sig + script_pubkey  ❷
>>> print(combined_script.evaluate(z))  ❸
True
```

❶ p2pk 잠금 스크립트(script_pubkey)는 SEC 형식 공개키와 오피코드 0xac(=172)에 대응하는 OP_CHECKSIG으로 구성됩니다.

❷ __add__ 메서드를 작성해 놓은 덕택에 + 연산자로 결합스크립트를 구성할 수 있습니다.

❸ 명령어를 실행해서 스크립트의 유효성을 확인하게 됩니다.

아래 메서드로 결합 스크립트의 명령어(이전 트랜잭션의 잠금 스크립트와 현재 트랜잭션의 해제 스크립트의 결합)를 실행합니다.

```
from op import OP_CODE_FUNCTIONS, OP_CODE_NAMES
...
class Script:
...
    def evaluate(self, z):
        cmds = self.cmds[:]  ❶
        stack = []
        altstack = []
        while len(cmds) > 0:  ❷
            cmd = cmds.pop(0)
            if type(cmd) == int:
                operation = OP_CODE_FUNCTIONS[cmd]  ❸
                if cmd in (99, 100):  ❹
                    if not operation(stack, cmds):
                        LOGGER.info('bad op: {}'.format(OP_CODE_NAMES[cmd]))
                        return False
                elif cmd in (107, 108):  ❺
                    if not operation(stack, altstack):
                        LOGGER.info('bad op: {}'.format(OP_CODE_NAMES[cmd]))
                        return False
                elif cmd in (172, 173, 174, 175):  ❻
                    if not operation(stack, z):
                        LOGGER.info('bad op: {}'.format(OP_CODE_NAMES[cmd]))
                        return False
                else:
                    if not operation(stack):
```

```
                    LOGGER.info('bad op: {}'.format(OP_CODE_NAMES[cmd]))
                    return False
            else:
                stack.append(cmd)    ❼
        if len(stack) == 0:
            return False    ❽
        if stack.pop() == b'':
            return False    ❾
        return True    ❿
```

❶ 스크립트 명령집합 안에 명령어가 실행되면서 명령어가 하나씩 삭제되므로 스크립트 명령
집합을 cmds 변수에 복사해서 사용합니다.

❷ 모든 스크립트 명령어가 소진될 때까지 실행합니다.

❸ OP_CODE_FUNCTIONS 배열은 오피코드에 해당하는 연산자를 내어줍니다(예를 들면 OP_
DUP, OP_CHECKSIG 등).

❹ 99와 100은 각각 OP_IF와 OP_NOTIF에 해당하는 오피코드입니다.[5] 이들은 스택 위의 원소
에 따라 cmds 배열의 조작을 요합니다.

❺ 107과 108은 각각 OP_TOALTSTACK과 OP_FROMALTSTACK에 해당하는 오피코드입니다.[6] 이
들은 스택 위의 원소들을 '다른' 스택으로 보내거나 반대로 가져옵니다. 코드에서 다른 스
택은 alternate입니다.

❻ 172, 173, 174, 175는 각각 OP_CHECKSIG, OP_CHECKSIGVERIFY, OP_CHECKMULTISIG,
OP_CHECKMULTISIGVERIFY에 해당하는 오피코드입니다. 모두 서명 검증을 위해 3장에서
나왔던 서명해시 z가 필요한 연산함수입니다.

❼ 명령어가 원소라면 스택 위로 올립니다.

❽ 모든 명령어를 실행한 후 스택이 비어 있으면 스크립트 유효성 실패의 의미로 False를 반
환합니다.

---

5 이들은 흐름 제어 명령어다. 스택 위의 원소 하나를 가져와서 이를 평가해서 참(거짓)이면 OP_IF(OP_NOTIF) 다음의 명령어를 실행한
   다. 그렇지 않으면 OP_ENDIF 다음의 명령으로 넘어간다. 이 명령어의 뒤에는 반드시 OP_ENDIF 명령어가 따라와야 한다.

6 비트코인 스크립트에서는 주 스택(main stack) 외에 부 스택(alt stack)을 쓸 수 있다. OP_TOALTSTACK은 주 스택 위의 원소를 다른
   스택 위로 올리고 OP_FROMALTSTACK은 반대로 다른 스택의 원소를 주 스택 위에 올린다.

❾ 만약 스택의 최상위 원소가 공 바이트(b'')이면 역시 스크립트 유효성 실패로 False를 반환합니다.[7]

❿ 스크립트가 유효한 경우로 True를 반환합니다.

CAUTION_ 해제/잠금 스크립트 분리 실행

여기서 소개한 결합 스크립트의 실행 메서드는 실제 비트코인 코어 소프트웨어에서의 실행 메서드와 실행 방법에 차이가 있습니다. 실제는 해제 스크립트가 잠금 스크립트와 분리되어 실행됩니다. 이는 해제 스크립트가 잠금 스크립트 실행에 영향을 주지 않도록 하기 위해서입니다.[8]

구체적으로 모든 해제 스크립트 명령어를 실행한 후 스택 위에 원소가 0이 아닌지 확인합니다. 만약 0이 아니라면 잠금 스크립트 명령어를 스크립트 명령집합에 넣고 현재의 스택 상태에서 잠금 스크립트 명령어를 실행합니다. 만약 스택 위의 원소가 0이면 검증 실패로 끝납니다.

6.7.2 스택 원소의 저장 형식

스택의 원소가 항상 같은 형태의 값이 아니라 어떤 때는 0 또는 1과 같은 int형 정수였다가 어떤 때는 DER 서명이나 SEC 공개키와 같은 bytes형 배열로 쓰입니다. 사실 모든 원소는 bytes형 배열로 저장되고 어떤 오피코드에 대해서 필요한 경우 bytes 배열을 정수로 해석합니다. 예를 들어, 1은 스택에 b'01' 바이트로, 2는 b'02' 바이트로, 999는 b'e703' 바이트로 저장하는 식입니다. 산술연산 오피코드에 대해서 모든 bytes형 배열을 리틀엔디언 정수로 해석합니다. 단 정수 0은 b'00' 바이트로 저장되지 않고 공 바이트(b'')로 저장됩니다.

op.py 파일 안의 코드를 보면 확실히 이해할 수 있습니다.

---

7 이 책 라이브러리에서 op.py 파일을 보면 연산함수에서 검증 실패 시 스택에 0을 올리는 코드는 stack.append(encode_num(0))이다. encode_num 함수는 인수가 0일 때 공 바이트(b'')를 반환한다.

8 잠금 스크립트에 영향을 주는 해제 스크립트의 예를 들면 OP_1 OP_RETURN을 생각할 수 있다. OP_1은 스택에 1을 올린다. OP_RETRUN은 스크립트 실행을 끝낸다. 즉 스크립트 명령집합에 남아 있는 잠금 스크립트를 실행하지 않고 스크립트가 끝난다. 그런데 현재 스택에 남아 있는 값은 1이므로 스크립트는 유효하다고 판단되어 출력에 있는 비트코인의 사용이 허가된다. 이러한 보안의 허점이 발견하고 사토시는 OP_RETRUN 수행 후 무조건 스크립트가 유효하지 않도록 수정했고 해제/잠금 스크립트도 분리 실행하여 항상 잠금 스크립트가 실행될 수 있도록 했다.

```python
def encode_num(num):
    if num == 0:
        return b''
    abs_num = abs(num)
    negative = num < 0
    result = bytearray()
    while abs_num:
        result.append(abs_num & 0xff)
        abs_num >>= 8
    if result[-1] & 0x80:
        if negative:
            result.append(0x80)
        else:
            result.append(0)
    elif negative:
        result[-1] |= 0x80
    return bytes(result)


def decode_num(element):
    if element == b'':
        return 0
    big_endian = element[::-1]
    if big_endian[0] & 0x80:
        negative = True
        result = big_endian[0] & 0x7f
    else:
        negative = False
        result = big_endian[0]
    for c in big_endian[1:]:
        result <<= 8
        result += c
    if negative:
        return -result
    else:
        return result


def op_0(stack):
    stack.append(encode_num(0))
    return True
```

스택 위로 올려진 정수는 bytes형으로 변환되어 저장되고 정숫값이 필요하면 bytes형에서 정수형으로 다시 변환됩니다.

연습문제 6.2

op.py 파일에서 연산함수 `op_checksig`을 작성하시오.

6.8 p2pk 스크립트의 문제점

p2pk 스크립트는 직관적으로 바로 이해됩니다. 왜냐하면 누구나 비트코인을 공개키로 보내고 비밀키 소유자만 생성할 수 있는 서명으로 구성되어 있기 때문입니다. 하지만 몇 가지 문제가 있습니다.

먼저 공개키의 길이가 너무 깁니다. 4장에서 봤듯이 secp256k1 공개키는 압축 SEC 형식으로 33바이트이고 비압축의 경우 65바이트입니다. 애석하게도 사람은 33바이트나 65바이트를 쉽게 해석할 수 없습니다. 또한 대부분의 **문자 인코딩**character encodings에서는 제어 문자처럼 화면으로 표시하지 못하는 문자가 있습니다. 따라서 SEC 형식은 보통 문자 인코딩보다는 16진수로 표시합니다. 이럴 경우 압축/비압축 SEC 형식은 각각 66개 또는 130개의 16진수가 됩니다. 통상의 식별자보다도 긴 글자가 됩니다(예를 들어, 웹사이트에서의 사용자 이름은 보통 20글자 이내입니다). 게다가 초기에는 주소를 비압축 형식으로 사용했고 주소를 130개의 16진수로 표현했습니다. 당연히 사람들이 이를 종이에 적고 말로 전달하는 것은 쉽지 않은 일이었습니다.

그렇지만 p2pk 스크립트는 초기에 IP-to-IP 지불이나 채굴 비트코인이 있는 출력에 사용됐습니다. IP-to-IP 지불의 경우 공개키 교환은 기계 간에 이루어지고 사람의 개입이 없어도 됐습니다. 채굴된 비트코인을 위한 스크립트 또한 한 번만 채굴자가 공개키 주소를 설정하면 되므로 문제가 되지 않았습니다. 하지만 안전하지 않고 중간자 공격man-in-the-middle attacks에도 취약하여 IP-to-IP 지불 시스템은 점차 사용하지 않게 되었습니다.

둘째, 공개키의 긴 길이가 미묘한 문제를 일으킵니다. 왜냐하면 긴 공개키는 UTXO 집합에 포함되어 있기에 UTXO 집합의 크기를 커지게 합니다. 이는 UTXO 집합을 보관하기 위한 메모리 자원과 인덱싱을 위한 계산 자원을 차지하여 풀 노드에게 부담이 됩니다.

셋째, 공개키는 누구나 볼 수 있는 잠금 스크립트 안에 있습니다. 만약 훗날 ECDSA 암호가 깨진다면 비트코인이 해킹될 수 있습니다. 예를 들어 퀀텀 컴퓨터가 RSA, ECDSA 암호의 탐색 시간을 현저히 감소시킬 잠재력이 있습니다. 따라서 무언가 추가적인 보호 장치가 있으면 더 좋을 것입니다. 하지만 이는 비트코인만의 위협은 아닙니다. ECDSA는 비트코인 말고도 여기 저기에서 사용되고 있기 때문입니다.

6.9 p2pk 스크립트의 문제 해결

p2pkh(Pay-to-pubkey-hash) 스크립트는 p2pk 스크립트 대비 대안의 성격을 가지는 두 가지 장점이 있습니다.

1. 짧은 주소 사용
2. sha256과 ripemd160 해시함수에 의한 추가적인 보호 장치 추가

sha256과 ripemd160 해시함수로 주소의 길이가 짧아집니다. sha256 해시값의 ripemd160 해시값을 hash160 해시값이라고 합니다. hash160 해시값은 160비트 즉 20바이트 값입니다. 이를 주소로 사용하기 때문입니다.

이렇게 만드는 주소는 이미 4장에서 보았습니다. 아래 주소가 그 예입니다.

> 1PMycacnJaSqwwJqjawXBErnLsZ7RkXUAs

위 주소는 다음의 20바이트의 16진수를 Base58 부호화를 통해 얻은 주소입니다.

> f54a5851e9372b87810a8e60cdd2e7cfd80b6e31

위의 20바이트는 아래 압축 SEC 형식 공개키의 hash160 해시값입니다.

> 0250863ad64a87ae8a2fe83c1af1a8403cb53f53e486d8511dad8a04887e5b2352

p2pkh 스크립트가 더 짧고 더 안전하기 때문에 p2pk 스크립트는 2010년 이후로 그 사용이 현저하게 감소했습니다. 하지만 여전히 비트코인 네트워크에서 지원하는 형식입니다.

6.9.1 p2pkh 스크립트

p2pkh 스크립트는 비트코인 초기에는 p2pk 스크립트만큼 많이 사용되지는 않았지만 초기부터 있었습니다.

[그림 6-15]는 p2pkh의 잠금 스크립트의 예입니다.

```
76a914bc3b654dca7e56b04dca18f2566cdaf02e8d9ada88ac

    - 76 - OP_DUP
    - a9 - OP_HASH160
    - 14 - Length of <hash>
    - bc3b...da - <hash>
    - 88 - OP_EQUALVERIFY
    - ac - OP_CHECKSIG
```

그림 6-15 p2pkh 잠금 스크립트

p2pk처럼 OP_CHECKSIG이 있고 OP_HASH160도 보입니다. p2pk와는 다르게 SEC 공개키는 여기에 없고 대신 그의 해시값이 있습니다. 해시값은 20바이트입니다. 또한 새로운 연산자 OP_EQUALVERIFY가 있습니다.

[그림 6-16]은 p2pkh 해제 스크립트의 예입니다.

```
483045022100ed81ff192e75a3fd2304004dcadb746fa5e24c5031ccfcf2
1320b0277457c98f02207a986d955c6e0cb35d446a89d3f56100f4d7f678
01c31967743a9c8e10615bed01210349fc4e631e3624a545de3f89f5d868
4c7b8138bd94bdd531d2e213bf016b278a

        - 48 - Length of <signature>
        - 30...01 - <signature>
        - 21 - Length of <pubkey>
        - 0349...8a - <pubkey>
```

그림 6-16 p2pkh 해제 스크립트

p2pk처럼 DER 형식의 서명을 포함하고 있습니다. 그러나 p2pk와는 다르게 해제 스크립트는 SEC 형식의 공개키를 갖고 있습니다. p2pk와 p2pkh 해제 스크립트 중요한 차이점은 SEC 형식 공개키가 p2pk에서는 잠금 스크립트에 있었지만 p2pk에서는 해제 스크립트에 있다는 점입니다.

잠금/해제 스크립트는 결합되어 [그림 6-17]과 같이 명령어 집합을 구성합니다.

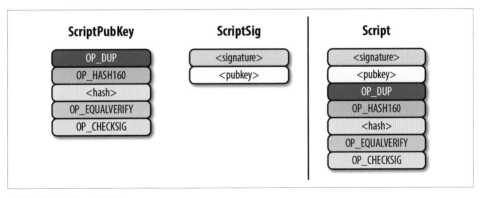

그림 6-17 p2pkh 스크립트

스크립트는 한 번에 명령어 하나씩 실행됩니다. [그림 6-18]은 스크립트 실행이 준비된 모습입니다.

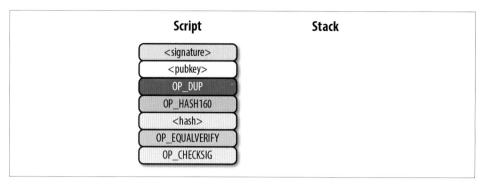

그림 6-18 p2pkh 실행 준비

처음 두 명령어는 원소입니다. 따라서 스택 위로 올립니다(그림 6-19).

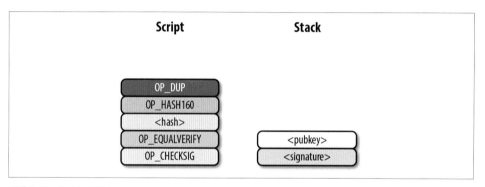

그림 6-19 p2pkh 진행 1

OP_DUP은 스택 위 원소를 복사해서 다시 스택 위에 올립니다. 따라서 공개키가 복사됩니다(그림 6-20).

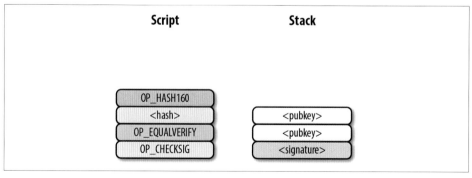

그림 6-20 p2pkh 진행 2

OP_HASH160은 스택 위 원소를 가져와서 hash160 해시값(sha256 해시값의 ripemd160 해시값) 20바이트를 구합니다(그림 6-21).

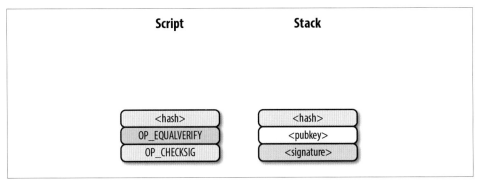

그림 6-21 p2pkh 진행 3

20바이트 해시값은 원소이고 스택 위로 올라갑니다(그림 6-22).

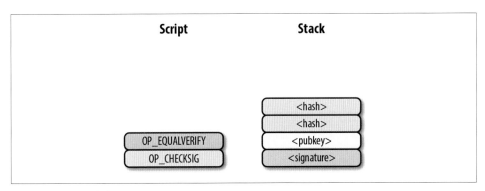

그림 6-22 p2pkh 진행 4

이제 `OP_EQUALVERIFY`를 실행할 차례입니다. 이 연산함수는 스택 위 2개의 원소를 가져와서 2개가 같은 원소인지 검사합니다. 같은 원소라면 스크립트 실행을 계속합니다. 만약 다른 원소라면, 실행을 멈추고 스크립트 검증 실패로 끝나게 됩니다. 여기서 둘이 같다고 하면 [그림 6-23]처럼 됩니다.

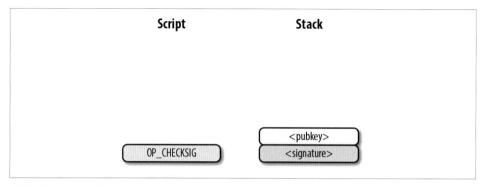

그림 6-23 p2pkh 진행 5

이제 정확히 p2pk 스크립트의 `OP_CHECKSIG`을 실행할 때와 동일한 모습이 됩니다. 다시 한 번 유효한 서명이라고 가정하면 [그림 6-24]처럼 끝납니다.

그림 6-24 p2pkh 실행 결과

스크립트 유효성 검증은 스크립트 실행 시 두 경우에서 실패할 수 있습니다. 첫 번째 경우는 해제 스크립트에 있는 공개키의 hash160 해시값이 잠금 스크립트에 있는 20바이트 hash160 값과 다른 때입니다. 유효성 검증은 `OP_EQUALVERIFY`를 실행하고 실패로 끝납니다(그림 6-22).

다른 한 경우는 해제 스크립트에 있는 공개키의 hash160 해시값은 잠금 스크립트의 20바이트 hash160 값과 동일하지만 서명이 올바르지 않은 경우입니다. 결합된 전체 스크립트의 실행이 0으로 끝나는 경우로 역시 스크립트는 유효하지 않게 됩니다.

이런 이유로 pay-to-pubkey-hash 스크립트라고 합니다. 잠금 스크립트는 공개키가 아닌 공개키의 hash160 해시값 20바이트를 가지고 있습니다. 즉 비트코인을 공개키의 해시값에 잠가놓는 셈입니다. 잠긴 비트코인을 사용하려면 해제 스크립트에 공개키가 있어야 합니다.

p2pkh의 장점은 잠금 스크립트의 크기가 겨우 25바이트로 작다는 점입니다. 비트코인을 탈취하고자 한다면 ECDSA 이산 로그 문제를 풀어야 할 뿐만 아니라 hash160 해시값으로부터 공개키도 찾아야 합니다.

6.10 비표준 스크립트

스크립트로 꼭 표준 스크립트만 사용할 수 있는 것은 아닙니다. 스크립트는 스마트 계약 언어로 비트코인의 사용에 여러 다양한 조건을 걸 수 있습니다. [그림 6-25]는 그러한 경우의 예에서 잠금 스크립트 부분입니다.

```
                        55935987

                        55  -  OP_5
                        93  -  OP_ADD
                        59  -  OP_9
                        87  -  OP_EQUAL
```

그림 6-25 덧셈 조건에 의한 잠금 스크립트

[그림 6-26]은 [그림 6-25]의 잠금 스크립트를 푸는 해제 스크립트입니다.

```
                          54

                        54  -  OP_4
```

그림 6-26 덧셈 조건을 만족하는 해제 스크립트

전체 스크립트는 [그림 6-27]처럼 잠금/해제 스크립트가 결합된 스크립트입니다.

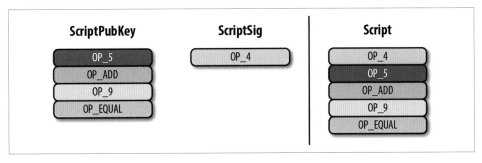

그림 6-27 덧셈 조건 스크립트

[그림 6-28]은 스크립트 실행이 준비된 모습입니다.

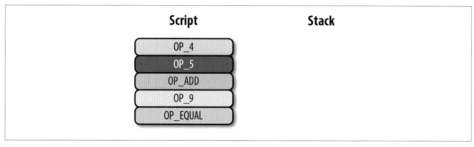

그림 6-28 스크립트 실행 준비

OP_4는 4를 스택 위로 올립니다(그림 6-29).

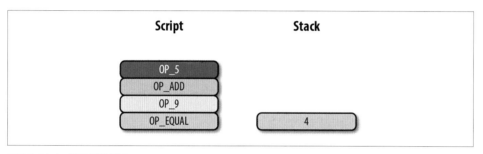

그림 6-29 스크립트 진행 단계 1

OP_5는 5를 역시 스택 위로 올립니다(그림 6-30).

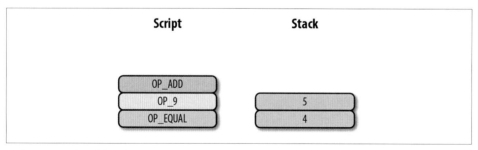

그림 6-30 스크립트 진행 단계 2

OP_ADD는 스택 위 2개의 원소를 가져와서 더한 결과를 스택 위로 올립니다(그림 6-31).

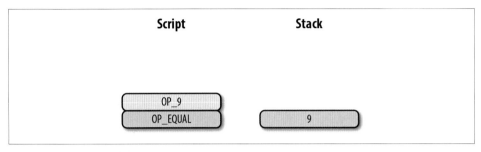

그림 6-31 스크립트 진행 단계 3

OP_9는 9를 스택 위로 올립니다(그림 6-32).

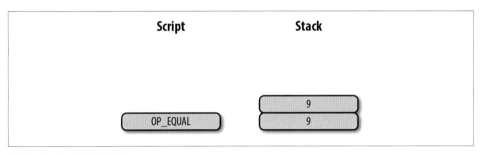

그림 6-32 스크립트 진행 단계 4

OP_EQUAL은 스택 위에서 2개의 원소를 가져오고 이 두 원소가 같으면 1, 다르면 0을 스택 위로 올립니다(그림 6-33).

그림 6-33 스크립트 실행 결과

여기서 잠금 스크립트를 풀도록 해제 스크립트를 구성하는 것은 그다지 어렵지 않습니다. 서명도 포함하고 있지 않습니다. 그러므로 본 잠금 스크립트로 잠근 비트코인은 누구나 손쉽게 해제 스크립트를 구성하여 가져갈 수 있습니다. 본 잠금 스크립트는 종이로 만든 안전하지 않은 금고라고 생각할 수 있습니다. 그래서 대부분의 실제 트랜잭션에서 해제 스크립트는 서명을 가지고 있습니다.

일단 본 잠금 스크립트를 가진 UTXO가 새로운 트랜잭션에 포함되고 블록에 포함되고 **작업증명**proof-of-work으로 블록체인에 들어가면 UTXO 안의 비트코인은 (서명이 필요한) 다른 잠금 스크립트로 잠그고 더 이상 쉽게 사용될 수 없게 됩니다. 누군가 이미 사용한 비트코인을 사용하고자 한다면 매우 어려운 작업증명을 제공해야 합니다(9장).

연습문제 6.3

다음 잠금 스크립트를 해제하는 해제 스크립트를 작성하시오(참고로 OP_MUL은 스택 위 2개의 원소를 가져와서 곱한 결과를 스택 위로 올림).

> 767695935687

- 56 = OP_6
- 76 = OP_DUP
- 87 = OP_EQUAL
- 93 = OP_ADD
- 95 = OP_MUL

6.10.1 연산자의 유용성

사실 앞의 연습문제에서 사용된 OP_MUL 연산함수는 비트코인 네트워크에서 더 이상 허용되지 않습니다. 비트코인 코어 소프트웨어 버전 0.3.5에서 많은 오피코드의 사용이 불가능하게 되었습니다. 그러한 오피코드는 조금이라도 네트워크에 취약점을 만들 가능성이 있기 때문입니다.

스크립트에서 대부분의 기능은 사실 많이 사용되지 않기 때문에 이렇게 버전을 올리면서 오피코드를 비활성화시킬 수 있습니다. 그래도 코드는 계속해서 (불가능하게 된 오피코드를 포함해서) 유지보수해야 하기 때문에 소프트웨어 유지보수 관점에서 이러한 변경은 그리 좋은 것이 아닐 수 있습니다. 하지만 특정 기능을 단순화하고 제거하면 비트코인이 더욱 안전해질 수 있습니다.

이것은 스마트 계약 언어를 확장하려고 하는 여타 프로젝트와는 완전히 대조적입니다. 어쨌든 새로운 기능이 추가되면 보안 공격을 당할 여지가 많습니다.

연습문제 6.4

다음 스크립트가 어떤 일을 하는지 확인하시오(`Script.parse` 메서드를 활용하고 *https://en.bitcoin.it/wiki/Script*에서 다양한 오피코드를 확인하시오).

```
6e879169a77ca787
```

- 69 = OP_VERIFY
- 6e = OP_2DUP
- 7c = OP_SWAP
- 87 = OP_EQUAL
- 91 = OP_NOT
- a7 = OP_SHA1

6.10.2 해시충돌 발견 상금 이벤트

2013년 피터 토드[Peter Todd]는 [연습문제 6.4]의 스크립트와 유사한 스크립트로 약간의 비트코인을 잠그고 누구든 해시충돌을 찾은 사람은 이를 가져갈 수 있게 했습니다. 약간의 비트코인은 2.49153717BTC에 달했으며 2017년 2월 구글이 실제로 SHA-1에 대한 해시충돌을 찾아냈고 바로 이 금액이 들어 있는 UTXO가 소비되었습니다.[9] 당시 트랜잭션 출력의 금액은 2.48 비트코인이었고 당시 금액으로 2,848.88달러였습니다.

---

9 *https://security.googleblog.com/2017/02/announcing-first-sha1-collision.html* 참고.

피터는 그 외에도 sha256, hash256, hash160을 위한 스크립트도 만들었고 역시 얼마의 비트코인을 잠갔습니다. 이것은 많은 사람들이 이러한 해시충돌을 찾는 동기가 되고 있습니다.[10]

6.11 마치며

이번 장에서는 스크립트와 그의 작동 원리를 살펴봤습니다. 다음 장에서는 트랜잭션의 생성과 검증에 대해 다루겠습니다.

---

10 피터 토드의 원문 *https://bitcointalk.org/index.php?topic=293382* 참고.

트랜잭션 검증과 생성

비트코인 코딩에서 가장 까다로운 부분 중 하나는 트랜잭션 검증과 생성에 관한 부분입니다. 이번에는 트랜잭션을 검증하고 생성하는 방법을 단계적으로 설명합니다. 이 장 마지막에서는 테스트넷에서 트랜잭션을 생성하고 실제로 전파시켜보겠습니다.

7.1 트랜잭션 검증

트랜잭션을 수신한 후 모든 노드는 트랜잭션이 네트워크 규칙에 부합되도록 만들어졌는지 확인합니다. 이 과정을 트랜잭션 검증이라고 합니다. 다음은 검증을 위해 노드가 확인하는 주요 항목입니다.

1. 트랜잭션의 입력이 가리키는 비트코인이 존재하고 사용 가능한가?
2. 입력 비트코인의 합은 출력 비트코인의 합보다 크거나 같은가?
3. 입력의 해제 스크립트는 참조하는 트랜잭션 출력의 잠금 스크립트를 해제하는가?

1번 항목은 이중 지불 방지 항목입니다. 입력의 비트코인이 이미 사용되었다면 (즉 블록체인에 기록되었다면) 다시 사용될 수 없습니다.

2번 항목은 새 비트코인이 만들어지지 않도록 합니다(코인베이스 트랜잭션이라고 하는 특별한 트랜잭션의 경우는 예외입니다. 9장 참고).

3번 항목은 결합된 스크립트가 유효한지 확인합니다. 대부분의 트랜잭션에서 이것은 해제 스크립트에 있는 (하나 이상의) 서명이 유효한지 확인하는 것입니다.

위 항목을 하나하나 살펴보겠습니다.

7.1.1 입력 비트코인 존재 확인

이중 지불을 방지하기 위해 노드는 각 입력이 가리키는 비트코인이 존재하고 사용 가능한지 확인합니다. 모든 풀 노드는 자신이 관리하고 있는 UTXO 집합을 들여다보는 것으로 확인 가능합니다(5장 참고). 트랜잭션 자체로부터 이중 지불 여부를 알아낼 수는 없습니다. 마치 개인 수표만으로는 은행 잔고 이상으로 발행됐는지 여부를 알 수 없는 것과 마찬가지입니다. 확인할 수 있는 유일한 방법은 전체 트랜잭션 집합으로부터 계산된 UTXO 집합을 뒤져보는 방법밖에 없습니다.

비트코인에서 입력이 가리키는 UTXO를 추적하면 이중 지불 여부를 확인할 수 있습니다. 만약 입력이 가리키는 UTXO가 집합에 있으면 그 트랜잭션 입력의 비트코인은 존재하고 이중 지불되지 않은 것입니다. 또한 트랜잭션이 검증되면 트랜잭션 입력이 가리키는 모든 UTXO를 집합에서 제거합니다. 전체 블록체인을 가지고 있지 않은 라이트 노드는 이중 지불 여부 확인을 포함해서 많은 정보를 다른 풀 노드에 의존해야 합니다.

풀 노드는 쉽게 입력에 적힌 이중 지불 여부를 확인할 수 있지만 라이트 노드는 이런 정보를 외부에서 가져와야 합니다.

7.1.2 입력과 출력 비트코인 합계 확인

노드는 또한 입력 비트코인의 합이 출력 비트코인의 합보다 크거나 같은지 확인합니다. 이는 트랜잭션이 새 코인을 만들지 않도록 하기 위해서 입니다. 한 가지 예외는 코인베이스 트랜잭션입니다(이 부분에 대해서는 9장에서 다룹니다). 입력에는 명시적인 비트코인 금액 정보가 없으므로 이를 UTXO 집합에서 찾아야 합니다. 그리고 풀 노드는 블록체인을 갖고 있고 이를 통해 UTXO와 그것의 비트코인 금액을 알 수 있습니다. 다만 라이트 노드는 그렇지 않기에 필요한 정보를 풀 노드에게 물어봐야 합니다.

5장에서 수수료 계산 방법을 배웠습니다. 입력 비트코인의 합이 출력 비트코인의 합보다 크거나 같은지 확인하는 것은 마이너스 수수료가 아닌지 확인하는 것과 같습니다. 5장 마지막 연습문제를 살펴보면 fee 메서드는 아래와 같습니다.

```
class Tx:
    ...
    def fee(self):
        '''Returns the fee of this transaction in satoshi'''
        input_sum, output_sum = 0, 0
        for tx_in in self.tx_ins:
            input_sum += tx_in.value(self.testnet)
        for tx_out in self.tx_outs:
            output_sum += tx_out.amount
        return input_sum - output_sum
```

이 메서드를 호출하여 아래 16진수 형식으로 된 트랜잭션이 새 코인을 만드는지(마이너스 수수료인지) 확인할 수 있습니다.

```
>>> from tx import Tx
>>> from io import BytesIO
>>> raw_tx = ('0100000001813f79011acb80925dfe69b3def355fe914bd1d96a3f5f71bf830\
3c6a989c7d1000000006b483045022100ed81ff192e75a3fd2304004dcadb746fa5e24c5031ccf\
cf21320b0277457c98f02207a986d955c6e0cb35d446a89d3f56100f4d7f67801c31967743a9c8\
e10615bed01210349fc4e631e3624a545de3f89f5d8684c7b8138bd94bdd531d2e213bf016b278\
afefffff02a135ef01000000001976a914bc3b654dca7e56b04dca18f2566cdaf02e8d9ada88a\
c99c39800000000001976a9141c4bc762dd5423e332166702cb75f40df79fea1288ac19430600')
>>> stream = BytesIO(bytes.fromhex(raw_tx))
>>> transaction = Tx.parse(stream)
>>> print(transaction.fee() >= 0)  ❶
True
```

❶   True가 반환되는 이유는 파이썬을 사용했기 때문입니다(비트코인 오버플로 버그 참고).[1]

만약 수수료가 음숫값이라면 코드에서 output_sum이 input_sum보다 크다는 의미입니다. 그러한 트랜잭션이 블록체인에 포함되면 네트워크의 총 비트코인 통화량이 늘어나는 셈입니다.

---

1   예제의 raw_tx를 파싱하면 출력이 2개 있고 각각의 비트코인 금액이 32,454,049와 10,011,545로 그 합계는 42,465,594가 된다. 비트코인의 총 발행 예정량(2100만 개)보다 큰 금액이다. 현재 비트코인 네트워크에서 이러한 트랜잭션은 유효하지 않은 것으로 간주한다.

즉 새로운 비트코인이 발행된다는 말입니다. 이를 허용하면 안 되기 때문에 반드시 수수료를 확인하고 값이 0보다 작으면 트랜잭션은 검증 실패로 폐기됩니다.

NOTE_ 비트코인 오버플로 버그

2010년에는 1840억 개의 새로운 비트코인이 만들어지게 하는 트랜잭션이 있었습니다. 이는 C++ 언어로 작성된 비트코인 코어 소프트웨어에서 출력의 비트코인 금액란이 부호 있는 정수(int64)형으로 되어 있었기 때문입니다. 즉 비트코인 금액으로 마이너스 값이 가능했습니다.

이 점을 활용한 교묘한 트랜잭션에서 출력의 비트코인 금액이 int64형의 최대치를 초과하여 음숫값으로 인식되었고 당시 모든 검증 테스트를 통과하여 블록체인에 포함되었습니다. 2^{64}은 약~1.84×10^{19}사토시이고 1840억 비트코인에 해당합니다. 수수료는 한참 마이너스 값이지만 C++ 코드에서 0.51BTC로 인식되었습니다.[2]

이 보안 취약점은 CVE-2010-5139에서 자세히 기술되어 있습니다. 결국 비트코인 코어 0.3.11 버전에서 소프트포크를 통해 정정되었습니다. 문제의 트랜잭션이 포함된 블록과 그 이후의 모든 블록은 소급하여 대체되었고 그 트랜잭션과 이로 인해 생성된 비트코인은 결국 모두 사라지게 되었습니다.

7.1.3 서명 확인

아마도 가장 트랜잭션 검증의 가장 까다로운 부분은 서명이 맞는지 확인하는 과정입니다. 트랜잭션은 보통 입력당 적어도 하나의 서명이 있습니다. 만약 다중서명된 UTXO를 소비한다면 그에 따른 서명이 하나 이상 있을 수 있습니다. 3장에서 보았듯이 ECDSA 서명 알고리즘은 공개키 P, 서명해시 z, 서명(r,s)을 필요로 합니다. 일단 이들이 주어지면 서명을 검증하는 과정은 3장에서 코딩했듯이 매우 간단합니다.

```
>>> from ecc import S256Point, Signature
>>> sec = bytes.fromhex('0349fc4e631e3624a545de3f89f5d8684c7b8138bd94bdd531d2e\
213bf016b278a')
>>> der = bytes.fromhex('3045022100ed81ff192e75a3fd2304004dcadb746fa5e24c5031c\
cfcf21320b0277457c98f02207a986d955c6e0cb35d446a89d3f56100f4d7f67801c31967743a9\
c8e10615bed')
>>> z = 0x27e0c5994dec7824e56dec6b2fcb342eb7cdb0d0957c2fce9882f715e85d81a6
```

---

2 당시 트랜잭션은 2개의 출력이 있었고 모두 금액이 92233720368.54BTC(=0x7fffffffffff85ee0)였다. 그 합계는 184467440737.08BTC(0xfffffffffff0bdc0)이지만, 이를 int64로 읽으면 −0.01BTC이다. 당시 입력의 비트코인은 0.5 BTC였기에 수수료는 0.5 − (−0.01) = 0.51BTC로 계산되어 트랜잭션 검증 테스트를 통과할 수 있었다.

```
>>> point = S256Point.parse(sec)
>>> signature = Signature.parse(der)
>>> print(point.verify(z, signature))
True
```

OP_CHECKSIG과 같은 연산이 실행될 때 SEC 형식 공개키와 DER 형식 서명은 스택 위에 있기 때문에 공개키와 서명은 쉽게 알아낼 수 있습니다(6장 참고). 어려운 부분은 서명해시(z)를 입수하는 부분입니다.[3] 아주 단순한 방법은 [그림 7-1]처럼 직렬화된 트랜잭션의 해시값을 구하고 이를 서명해시로 사용하는 방법입니다. 하지만 아쉽게도 그렇게 해서 구한 것은 정확한 서명해시가 아닙니다. 서명은 해제 스크립트의 일부이므로 메시지에 서명 자신이 포함됩니다. 서명을 구하기 위해 필요한 메시지에 서명이 이미 들어 있다는 것은 모순입니다.

0100000001813f79011acb80925dfe69b3def355fe914bd1d96a3f5f71bf8303c6a989c7d10000000
06b483045022100ed81ff192e75a3fd2304004dcadb746fa5e24c5031ccfcf21320b0277457c98f02
207a986d955c6e0cb35d446a89d3f56100f4d7f67801c31967743a9c8e10615bed01210349fc4e631
e3624a545de3f89f5d8684c7b8138bd94bdd531d2e213bf016b278afeffffff02a135ef0100000000
1976a914bc3b654dca7e56b04dca18f2566cdaf02e8d9ada88ac99c39800000000001976a9141c4bc
762dd5423e332166702cb75f40df79fea1288ac19430600

그림 7-1 서명은 노란색 바탕으로 표시된 해제 스크립트 안에 있습니다.[4]

그 대신 아래와 같이 트랜잭션을 단계별로 변형합니다. 입력이 여러 개 있다면 각각의 입력에 대해 서명해시를 구해야 합니다. 구하는 과정은 다음과 같습니다.

1 단계 : 모든 해제 스크립트를 비운다

서명을 검증할 때 먼저 트랜잭션안에 모든 해제 스크립트를 삭제합니다(그림 7-2). 서명을 생성할 때도 같은 방식입니다.

---

3 서명해시는 서명되는 메시지의 hash256 해시값이다. 어려운 부분은 메시지를 구성하는 방법이다.
4 그림은 p2pkh 형식의 스크립트다. 1개의 입력과 2개의 출력이 보이며, 노란색 바탕의 해제 스크립트에는 서명과 공개키가 들어 있다.

```
0100000001813f79011acb80925dfe69b3def355fe914bd1d96a3f5f71bf8303c6a989c7d10000000
000fefffff02a135ef01000000001976a914bc3b654dca7e56b04dca18f2566cdaf02e8d9ada88ac
99c39800000000001976a9141c4bc762dd5423e332166702cb75f40df79fea1288ac19430600
```

그림 7-2 각 입력에서 지워진 해제 스크립트(노란색 바탕 필드의 00에 해당)

예시는 입력이 1개입니다. 그래서 그 입력에 해당하는 해제 스크립트만 삭제합니다. 입력이 여러 개가 있는 경우에도 각 입력의 해제 스크립트만 삭제합니다.

2 단계 : 삭제된 해제 스크립트 자리에 사용할 UTXO의 잠금 스크립트를 삽입한다

각 입력이 가리키는 이전 트랜잭션 출력의 잠금 스크립트(ScriptPubKey)를 찾을 수 있습니다. 6장에서 설명했던 그림을 [그림 7-3]에서 다시 봅시다.

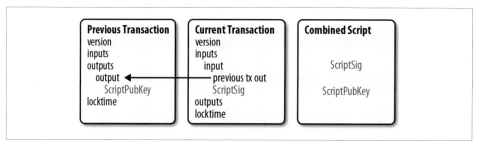

그림 7-3 잠금 스크립트와 해제 스크립트의 결합

이렇게 찾은 잠금 스크립트를 비워진 해제 스크립트 자리에 삽입합니다(그림 7-4). 잠금 스크립트를 찾기 위해 블록체인을 참조해야 할 것 같지만 사실 서명 생성자는 이미 잠금 스크립트를 알고 있습니다. 왜냐하면 잠금 스크립트는 서명 생성자가 제공한 공개키로 만들어졌기 때문입니다.

```
0100000001813f79011acb80925dfe69b3def355fe914bd1d96a3f5f71bf8303c6a989c7d10000000
001976a914a802fc56c704ce87c42d7c92eb75e7896bdc41ae88acfefffff02a135ef010000000019
76a914bc3b654dca7e56b04dca18f2566cdaf02e8d9ada88ac99c39800000000001976a9141c4bc76
2dd5423e332166702cb75f40df79fea1288ac19430600
```

그림 7-4 삭제된 해제 스크립트 자리(노란 바탕 필드)에 입력이 가리키는 이전 잠금 스크립트를 삽입

3 단계 : 해시 유형을 덧붙인다

마지막으로 4바이트 해시유형을 트랜잭션의 마지막에 덧붙입니다.[5] 이 정보로 서명이 입력을 인증하는지 출력을 인증하는지 아니면 둘 다 인증하는지 알 수 있습니다.[6]

해시 유형 SIGHASH_ALL은 현재의 입력과 다른 모든 입출력을 함께 인증한다는 의미이고 SIGHASH_SINGLE은 현재의 입력과 이에 대응되는 (위치가 같은) 출력과 다른 모든 입력도 함께 인증합니다. 또한 SIGHASH_NONE은 현재의 입력과 다른 모든 입력을 인증합니다. 여기서 인증한다는 의미는 서명해시(z)를 구하기 위한 메시지에 인증되는 필드를 포함시킨다는 뜻입니다. SIGHASH_SINGLE과 SIGHASH_NONE은 이론적인 사용례가 있지만 실제로는 거의 모든 트랜잭션은 SIGHASH_ALL로 서명이 생성됩니다. 또한 아주 드물게 사용되는 SIGHASH_ANYONECANPAY 해시 유형이 있습니다. 위 3개의 해시 유형과 함께 사용되지만 더 깊이 들어가지는 않겠습니다.[7] SIGHASH_ALL로 서명을 생성할 경우 최종 트랜잭션의 모든 출력은 서명할 때의 출력과 동일해야 합니다. 서명 생성 후 출력이 변경되면 서명이 무효화됩니다.[8]

SIGHASH_ALL에 대응하는 값은 1입니다. 이 값은 4바이트 리틀엔디언으로 변환되어야 합니다. 그 결과 트랜잭션은 [그림 7-5]와 같습니다.

```
0100000001813f79011acb80925dfe69b3def355fe914bd1d96a3f5f71bf8303c6a989c7d10000000
01976a914a802fc56c704ce87c42d7c92eb75e7896bdc41ae88acfeffffff02a135ef010000000019
76a914bc3b654dca7e56b04dca18f2566cdaf02e8d9ada88ac99c39800000000001976a9141c4bc76
2dd5423e332166702cb75f40df79fea1288ac1943060001000000
```

그림 7-5 SIGHASH_ALL 해시 유형을 마지막에 추가(마지막 갈색 01000000 값)

최종 변경된 트랜잭션의 hash256 해시값을 구하고 이는 다시 32바이트 빅엔디언 정수로 변환되면 이 값이 바로 서명해시 z입니다. 변경된 트랜잭션을 z로 계산하는 코드는 다음과 같습니다.

---

5   덧붙이는 해시 유형은 서명 시 덧붙인 해시 유형과 동일해야 한다. 이는 삭제한 해제 스크립트 안에 있는 서명 부분에서 찾을 수 있다. 왜냐하면 삭제한 부분은 DER 서명 + 해시 유형이기 때문이다. 따라서 삭제한 해제 스크립트의 서명 부분에서 가장 마지막 1바이트가 덧붙일 해시 유형이다. 그러나 이 책에서는 서명 생성 시 해시 유형으로 항상 SIGHASH_ALL을 사용했기 때문에 SIGHASH_ALL을 덧붙인다.

6   인증하지 않은 입력과 출력은 서명 생성 후에라도 채굴 노드에서 변경될 수 있다.

7   추가 설명은 *https://teachbitcoin.io/presentations/transaction_sighash.html* 참고.

8   *https://teachbitcoin.io/presentations/transaction_sighash.html* 참고.

```
>>> from helper import hash256
>>> modified_tx = bytes.fromhex('0100000001813f79011acb80925dfe69b3def355fe914\
bd1d96a3f5f71bf8303c6a989c7d1000000001976a914a802fc56c704ce87c42d7c92eb75e7896\
bdc41ae88acfefffffff02a135ef01000000001976a914bc3b654dca7e56b04dca18f2566cdaf02\
e8d9ada88ac99c39800000000001976a9141c4bc762dd5423e332166702cb75f40df79fea1288a\
c1943060001000000')
>>> h256 = hash256(modified_tx)
>>> z = int.from_bytes(h256, 'big')
>>> print(hex(z))
0x27e0c5994dec7824e56dec6b2fcb342eb7cdb0d0957c2fce9882f715e85d81a6
```

이제 z를 입수했으니 SEC 형식 공개키로 해제 스크립트에 있는 DER 서명을 검증할 수 있습니다.

```
>>> from ecc import S256Point, Signature
>>> sec = bytes.fromhex('0349fc4e631e3624a545de3f89f5d8684c7b8138bd94bdd531d2e\
213bf016b278a')
>>> der = bytes.fromhex('3045022100ed81ff192e75a3fd2304004dcadb746fa5e24c5031c\
cfcf21320b0277457c98f02207a986d955c6e0cb35d446a89d3f56100f4d7f67801c31967743a9\
c8e10615bed')
>>> z = 0x27e0c5994dec7824e56dec6b2fcb342eb7cdb0d0957c2fce9882f715e85d81a6
>>> point = S256Point.parse(sec)
>>> signature = Signature.parse(der)
>>> point.verify(z, signature)
True
```

이 트랜잭션 검증 과정을 Tx 클래스의 메서드로 옮길 수 있습니다. 고맙게도 스크립트 엔진에서 이미 서명을 검증할 수 있습니다(6장 참고). 그래서 더 중요한 것은 이 모두를 함께 엮는 일입니다. 구체적으로 evaluate 메서드의 파라미터로 넘겨줄 서명해시 z를 구하는 일과 해제 스크립트와 잠금 스크립트를 결합하는 일입니다.

앞서 설명한 단계별 서명 검증에서 서명해시 z를 구하는 방법은 비효율적입니다. 왜냐하면 서명해시의 계산 시간이 트랜잭션 입력 수의 제곱에 비례해서 증가하기 때문입니다. 이를 이차해싱 문제quadratic hashing problem라고 합니다. 구체적으로 말하면 z를 계산하기 위해 필요한 hash256 해시함수는 입력 개수만큼 호출됩니다. 그러나 각 호출 시 해시값을 구하는 시간은 입력 수에 따라 증가합니다. 왜냐하면 입력 개수에 따라 해시함수의 입력으로 들어가는 메시지가 커지기 때문입니다.

이 문제는 지금까지 블록에 포함된 가장 큰 트랜잭션을 보면 극명하게 드러납니다. 아래는 이 트랜잭션의 해시값(txid)입니다.

```
bb41a757f405890fb0f5856228e23b715702d714d59bf2b1feb70d8b2b4e3e08
```

이 트랜잭션에는 5,569개의 입력과 1개의 출력이 있습니다. 서명해시 계산에 많은 시간이 필요해서 각 채굴 노드마다 검증에 1분 이상 걸렸다고 합니다.

세그윗에서는(13장) 서명해시를 다르게 구해 이 문제를 해결했고 자세한 방법은 BIP0143에 있습니다.

연습문제 7.1

Tx 클래스의 sig_hash 메서드를 작성하시오.

연습문제 7.2

Tx 클래스의 verify_input 메서드를 작성하시오(작성 시 TxIn.script_pubkey, Tx.sig_hash, Script.evaluate 메서드 호출이 필요할 수 있음).

7.1.4 전체 트랜잭션 검증

지금까지 입력을 검증했고 이후 나머지 전체 트랜잭션의 검증은 간단합니다.

```python
class Tx:
...
    def verify(self):
        '''Verify this transaction'''
        if self.fee() < 0:  ❶
            return False
        for i in range(len(self.tx_ins)):
```

```
    if not self.verify_input(i):  ❷
        return False
return True
```

❶ 수수료가 마이너스 값이 아닌 것을 확인해서 코인이 발행되지 않도록 합니다.

❷ 각 입력이 올바른 해제 스크립트를 가지고 있는지 확인합니다.

풀 노드는 더 많은 체크리스트로 검증합니다. 예를 들면 이중 지불 확인, 몇몇 합의 규칙 확인 (최대 sigops 개수, 해제 스크립트의 길이 제한) 등입니다.[9] 하지만 지금 목적에는 이 정도로 충분합니다.

7.2 트랜잭션 생성

트랜잭션을 검증할 때 사용한 코드를 많이 활용하여 트랜잭션을 생성합니다. 이렇게 하면 검증 항목에 부합하는 트랜잭션을 생성할 수 있습니다. 요컨대 생성된 트랜잭션에서 입력 비트코인의 합은 출력 비트코인의 합보다 크거나 같아야 합니다. 또한 잠금 스크립트는 해제 스크립트와 결합되었을 때 유효해야 합니다.

트랜잭션을 생성하려면 최소한 하나의 이전 트랜잭션 출력이 필요합니다. 즉, 존재하고 사용 가능한 UTXO가 필요합니다. 당연히 이 UTXO의 잠금 스크립트에 있는 (해시된) 공개키에 대응하는 비밀키도 필요합니다.

이번 장 이후에서는 p2pkh 잠금 스크립트로 잠근 비트코인을 사용하는 트랜잭션을 작성하겠습니다.

---

9 sigops란 한 블록에 포함된 서명 검증 연산의 개수다. 너무 높은 sigops는 채굴 노드의 검증 시간이 증가하기 때문에 블록당 최대치를 20,000으로 제한한다. sigops 계산 방법은 BIP0109 참고.

7.2.1 트랜잭션 설계

트랜잭션을 설계하려면 다음의 기본적인 질문에 답할 수 있어야 합니다.

1. 비트코인을 어느 주소로 보내고자 하는가?
2. 어느 UTXO를 사용할 수 있는가?
3. 얼마나 빨리 트랜잭션이 (블록체인에 기록되어) 처리되기를 원하는가?

여기서는 테스트넷을 사용하는 예를 들겠습니다. 물론 메인넷에도 똑같이 적용될 수 있습니다.

첫 번째는 누구에게 비트코인을 주고 싶은지에 관한 질문입니다. 한 번에 하나 이상의 주소로 비트코인을 보낼 수 있습니다. 예에서는 0.1tBTC(테스트 비트코인)을 비트코인 주소 mnrVtF 8DWjMu839VW3rBfgYaAfKk8983Xf로 보내겠습니다.

두 번째는 보낼 비트코인이 얼마나 있는가 하는 질문입니다. 예에서는 다음과 같은 트랜잭션 해시값(txid)과 출력 번호(index)를 사용합니다.

```
txid : 0d6fe5213c0b3291f208cba8bfb59b7476dffacc4e5cb66f6eb20a080843a299
index : 13
```

테스트넷 블록 탐색기로 이번 출력을 조회하면(그림 7-6) 출력 비트코인이 0.44tBTC인 것을 볼 수 있습니다.[10]

---

10 여기서 활용한 테스트넷 블록 탐색기 사이트 – *https://live.blockcypher.com/btc-testnet/*

그림 7-6 사용 전 UTXO 조회

들어 있는 금액이 0.1tBTC 이상이기 때문에 우리는 나머지를 돌려받고자 합니다. 일반적으로 주소를 재사용하는 것은 보안상 위험하지만 트랜잭션 생성을 쉽게 하기 위해 나머지 비트코인을 같은 주소인 `mzx5YhAH9kNHtcN481u6WkjeHjYtVeKVh2`로 받겠습니다.

CAUTION_ 주소 재사용이 위험한 이유

6장에서 p2pk 스크립트가 p2pkh 스크립트 대비 문제점이 있다고 했습니다. 이는 부분적으로 p2pk 스크립트가 오로지 ECDSA 암호 기법으로만 보안이 유지되기 때문입니다. 반면에 p2pkh 스크립트는 sha256과 ripemd160 해시함수에 의해서도 보호됩니다. 그러나 블록체인은 누구나 열람할 수 있기에 일단 어떤 UTXO를 소비하면 해제 스크립트 안의 공개키는 알려지게 됩니다. 일단 공개키가 알려지면 sha256과 ripemd160 해시함수의 스크립트 보호 기능은 상실됩니다. 공격자는 공개키가 알려졌으니 더 이상 공개키를 알아낼 필요가 없습니다.

물론 공개키가 알려지더라도 비밀키는 이산 로그 문제로 보호됩니다. 게다가 이산 로그 문제가 깨질 가능성은 당분간 없습니다. 그러나 보안 관점에서 어떤 기술로 보안이 유지되는지 이해하는 것이 중요합니다.

주소 재사용을 꺼리는 또 다른 이유는 개인정보 보호 때문입니다. 모든 트랜잭션에서 단일 주소를 사용하면 사람들은 우리 트랜잭션을 추적할 수 있습니다. 예를 들어 우리가 (타인에게 말하고 싶지 않은 지병을 위한) 약을 약국에서 비트코인으로 구입하고 잔돈을 같은 주소에 넣은 다음 그 주소에 있는 비트코인으로 자선단체에 기부금을 낸다면 자선단체는 우리가 이전에 약국과 거래한 사실을 알게 되고 약국도 우리의 기부 사실을 알게 됩니다.[11]

개인정보 유출은 시간이 흐를수록 보안 사고 발생 위험이 높아집니다.[12]

세 번째 질문은 수수료에 관한 것입니다. 트랜잭션이 블록체인에 빨리 기록되기를 원한다면 더 많은 수수료를 지불해야 합니다. 트랜잭션 처리 시간이 중요하지 않다면 수수료를 적게 지불해도 됩니다. 예에서는 수수료로 0.01tBTC를 쓰겠습니다.

---

11 물론 약국과 자선단체의 주소를 알고 있다는 가정이다. 특히 자선단체 등은 자신의 비트코인 주소를 웹사이트에 밝히는 것이 일반적이다.

12 주소를 재사용하지 않을 경우 사용하고 버리는 주소가 많아지고 그때마다 비밀키가 바뀌게 된다. 또한 동시에 서로 다른 여러 주소를 사용하게 되어 많은 비밀키가 필요하며, 그에 따라 관리가 힘들어지는 단점이 있다. 이러한 단점을 극복하기 위해 HD 지갑(Hierarchical Deterministic Wallets, BIP32)이 제안됐다. 핵심적으로는 하나의 시드(seed)로 여러 개의 주소를 원하는 만큼 생성하는 알고리즘이다.

수수료는 바이트당 책정됩니다. 만약 여러분 트랜잭션 크기가 600바이트라면 300바이트인 경우의 수수료보다 2배 비쌀 것입니다. 이는 트랜잭션이 들어갈 블록 공간의 한계로 인해 큰 트랜잭션은 더 큰 공간을 차지하기 때문입니다. 블록의 크기 계산 방법은 세그윗(13장) 이후 약간 변경됐지만 일반적인 원칙은 여전히 유효합니다. 그런데 채굴 노드가 우리 트랜잭션을 가능한 빨리 블록체인에 넣도록 하는 수수료는 얼마일까요?

트래픽이 많지 않아 블록이 트랜잭션으로 가득 채워지지 않는 경우 바이트당 1사토시를 초과하는 수수료를 지불하면 충분합니다. 블록이 가득 채워지는 경우 적정 수수료 추정은 쉽지 않습니다. 아래를 포함해서 몇 가지 추정 방법이 있습니다.

- 지난 블록에서의 수수료 지불 현황과 현재의 멤풀 상황을 토대로 블록 포함 확률을 추정하여 수수료 결정
- 현재의 멤풀 상황과 채굴 노드의 경제적 인센티브를 감안하여 수수료 결정
- 고정 수수료로 지불

많은 지갑이 다양한 전략을 사용하고 있으며 이는 활발한 연구 분야이기도 합니다.

7.2.2 트랜잭션 구성

1개의 입력과 2개의 출력을 가진 새 트랜잭션을 만들고자 합니다. 먼저 필요한 함수로 무엇이 있는지 살펴보겠습니다.

첫째 Base58로 표현된 주소로부터 20바이트 해시를 얻는 방법이 필요합니다. 이는 4장에서 설명한 주소 생성 방법의 역과정입니다. 이를 실행하는 함수를 decode_base58이라고 하겠습니다.

```python
def decode_base58(s):
    num = 0
    for c in s:  ❶
        num *= 58
        num += BASE58_ALPHABET.index(c)
    combined = num.to_bytes(25, byteorder='big')  ❷
    checksum = combined[-4:]
    if hash256(combined[:-4])[:4] != checksum:
        raise ValueError('bad address: {} {}'.format(checksum,
            hash256(combined[:-4])[:4]))
```

```
    return combined[1:-4]  ❸
```

❶ Base58로 표현된 주소를 for 루프를 통해 숫자로 변환합니다.

❷ 숫자를 25바이트 빅엔디언으로 해석된 bytes형 배열로 변환합니다.

❸ 중간의 20바이트를 공개키의 hash160 해시값으로 반환합니다. 첫 번째 바이트는 메인
넷/테스트넷 표시 바이트이고 마지막 4바이트는 체크섬입니다.

또한 위 함수로 구한 해시값을 잠금 스크립트로 변환하는 방안이 필요합니다. 해시값을
p2pkh 스크립트로 변환한다는 의미로 이 함수를 p2pkh_script라고 하겠습니다.

```python
def p2pkh_script(h160):
    '''Takes a hash160 and returns the p2pkh ScriptPubKey'''
    return Script([0x76, 0xa9, h160, 0x88, 0xac])
```

0x76은 OP_DUP이고, 0xa9는 OP_HASH160이며, h160은 인수로 주어진 20바이트 공개키 해시값
입니다. 또한 0x88은 OP_EQUALVERIFY이고, 0xac는 OP_CHECKSIG을 의미하는 연산입니다. 이
것은 6장에서 배운 p2pkh 잠금 스크립트의 명령어 집합입니다.

이렇게 주어진 함수를 활용해서 아래와 같이 트랜잭션을 생성할 수 있습니다.

```python
>>> from helper import decode_base58, SIGHASH_ALL
>>> from script import p2pkh_script, Script
>>> from tx import TxIn, TxOut, Tx
>>> prev_tx = bytes.fromhex('0d6fe5213c0b3291f208cba8bfb59b7476dffacc4e5cb66f6\
eb20a080843a299')
>>> prev_index = 13
>>> tx_in = TxIn(prev_tx, prev_index)
>>> tx_outs = []
>>> change_amount = int(0.33*100000000)  ❶
>>> change_h160 = decode_base58('mzx5YhAH9kNHtcN481u6WkjeHjYtVeKVh2')
>>> change_script = p2pkh_script(change_h160)
>>> change_output = TxOut(amount=change_amount, script_pubkey=change_script)
>>> target_amount = int(0.1*100000000)  ❶
>>> target_h160 = decode_base58('mnrVtF8DWjMu839VW3rBfgYaAfKk8983Xf')
>>> target_script = p2pkh_script(target_h160)
>>> target_output = TxOut(amount=target_amount, script_pubkey=target_script)
>>> tx_obj = Tx(1, [tx_in], [change_output, target_output], 0, True)  ❷
>>> print(tx_obj)
```

```
tx: cd30a8da777d28ef0e61efe68a9f7c559c1d3e5bcd7b265c850ccb4068598d11
version: 1
tx_ins:
0d6fe5213c0b3291f208cba8bfb59b7476dffacc4e5cb66f6eb20a080843a299:13
tx_outs:
33000000:OP_DUP OP_HASH160 d52ad7ca9b3d096a38e752c2018e6fbc40cdf26f OP_EQUALVE\
RIFY OP_CHECKSIG
10000000:OP_DUP OP_HASH160 507b27411ccf7f16f10297de6cef3f291623eddf OP_EQUALVE\
RIFY OP_CHECKSIG
locktime: 0
```

❶ 금액은 사토시 단위이고 1비트당 1억 사토시입니다. 1억을 곱하고 정수로 형변환합니다.

❷ 테스트넷에서 트랜잭션을 생성하므로 testnet을 True로 지정합니다.

여기까지 생성한 트랜잭션에는 입력 내 해제 스크립트는 비어 있습니다. 마지막으로 해제 스크립트를 채우는 방법을 설명합니다.

7.2.3 트랜잭션 해제 스크립트 생성

트랜잭션의 해제 스크립트를 만드는 부분은 까다롭지만 그중에서도 가장 복잡한 부분은 서명 해시 z를 구하는 방법입니다. 하지만 이 부분은 이번 장 트랜잭션 검증의 서명 확인 부분에서 이미 알아보았습니다. 잠금 스크립트 안에 해시된 공개키에 대응하는 비밀키를 갖고 있다면 z에 대해서 DER 형식의 서명을 생성할 수 있습니다.

```
>>> from ecc import PrivateKey
>>> from helper import SIGHASH_ALL
>>> z = transaction.sig_hash(0)    ❶
>>> private_key = PrivateKey(secret=8675309)
>>> der = private_key.sign(z).der()
>>> sig = der + SIGHASH_ALL.to_bytes(1, 'big')    ❷
>>> sec = private_key.point.sec()
>>> script_sig = Script([sig, sec])    ❸
>>> transaction.tx_ins[0].script_sig = script_sig    ❹
>>> print(transaction.serialize().hex())
0100000001813f79011acb80925dfe69b3def355fe914bd1d96a3f5f71bf8303c6a989c7d10000\
00006a47304402207db2402a3311a3b845b038885e3dd889c08126a8570f26a844e3e4049c482a\
11022010178cdca4129eacbeab7c44648bf5ac1f9cac217cd609d216ec2ebc8d242c0a01210393\
```

```
5581e52c354cd2f484fe8ed83af7a3097005b2f9c60bff71d35bd795f54b67fefffffff02a135ef\
01000000001976a914bc3b654dca7e56b04dca18f2566cdaf02e8d9ada88ac99c3980000000000\
1976a9141c4bc762dd5423e332166702cb75f40df79fea1288ac19430600
```

❶ 첫 번째 입력의 해제 스크립트만 구하면 되므로 입력 번호 0을 인수로 해서 `sig_hash`를 호출합니다. 입력이 여러 개라면 각 입력에 맞는 비밀키로 각 입력에 서명합니다.

❷ 스크립트에 들어가는 서명은 DER 형식 서명과 1바이트의 해시 유형으로 구성됩니다. 여기서 해시 유형은 `SIGHASH_ALL`입니다.

❸ 6장에서 보았듯이 p2pkh 해제 스크립트는 정확히 2개의 명령어가 있습니다. 서명과 SEC 형식 공개키가 그것입니다.

❹ 여기서는 0번 입력의 해제 스크립트만 채우면 됩니다. 만약 여러 개가 있다면 해제 스크립트를 각 입력에 대해 생성하고 각 입력에 삽입합니다.

연습문제 7.3

Tx 클래스의 `sign_input` 메서드를 작성하시오.

7.3 테스트넷 트랜잭션 생성 및 전파

여러분이 직접 생성한 트랜잭션을 테스트넷에 보내려면 얼마의 테스트넷 비트코인이 있어야합니다. 그러기 위해서는 코인을 보관할 주소가 있어야 합니다. 4장의 마지막 연습문제를 풀었다면 이미 자기 자신만의 주소와 비밀키가 있을 것입니다. 기억 나지 않는다면 아래 방법으로 다시 만들면 됩니다.

```
>>> from ecc import PrivateKey
>>> from helper import hash256, little_endian_to_int
>>> secret = little_endian_to_int(hash256(b'Jimmy Song secret'))    ❶
>>> private_key = PrivateKey(secret)
>>> print(private_key.point.address(testnet=True))
mn81594PzKZa9K3Jyy1ushpuEzrnTnxhVg
```

❶ `Jimmy Song secret`을 자신만의 문구로 교체

일단 주소가 준비되면 테스트넷 비트코인 배포 사이트로 가서 테스트 목적의 코인을 무료로 얻습니다. 배포 사이트는 구글에서 'testnet bitcoin faucet'으로 검색하면 찾을 수 있습니다. 배포 사이트 목록은 *https://en.bitcoin.it/wiki/Testnet#Faucets*와 저자가 만든 사이트 *https://faucet.programmingbitcoin.com*에서도 확인할 수 있습니다. 사이트에서 수신 주소란에 자신의 주소를 넣고 요청 버튼을 클릭하면 코인을 얻을 수 있습니다.

코인을 받은 후 여기서 개발한 라이브러리를 이용해 코인을 사용해보세요. 이는 새내기 비트코인 개발자에게 큰 성취로 느껴지기 때문에 시간이 걸리더라도 아래 연습문제를 꼭 풀기 바랍니다.

연습문제 7.4

사용할 UTXO 1개를 사용해서 그 액면가 60%를 주소 mwJn1YPMq7y5F8J3LkC5Hxg9PHyZ5K4cFv로 보내는 테스트넷 트랜잭션을 생성하시오. 수수료를 뺀 나머지 금액은 다시 여러분의 주소로 보내야 한다(즉 1개의 입력과 2개의 출력을 가진 트랜잭션).

*https://live.blockcypher.com/btc/pushtx*에서 직렬화하고 16진수로 출력한 트랜잭션을 실제 테스트넷으로 보낼 수 있다. 사이트에서 'Network' 항목을 'Bitcoin Testnet'으로 설정하는 것에 주의하라.

연습문제 7.5

새 주소에 테스트넷 비트코인을 더 구하고 입력 2개, 출력 1개의 트랜잭션을 생성하시오(첫 번째 입력은 새로 구한 코인을 사용하고 나머지 두 번째 입력은 이전 실습에서 남은 코인을 사용하라. 출력은 또 다른 자기 자신의 주소로 설정하라). 마찬가지로 *https://live.blockcypher.com/btc/pushtx*에서 생성한 트랜잭션을 테스트넷으로 보낼 수 있다.

7.4 마치며

블록체인에 있는 트랜잭션을 성공적으로 검증했습니다. 그리고 여러분의 트랜잭션을 생성해서 테스트넷으로 보냈습니다. 이는 자랑할 만한 일입니다.

지금까지 작성한 코드는 p2pk와 p2pkh 스크립트를 지원합니다. 다음 장에서는 더 발전된 형태의 스마트 계약인 p2sh 스크립트를 살펴보겠습니다.

p2sh 스크립트

지금까지는 비밀키 하나로 트랜잭션을 생성하거나 여러 입력이 있더라도 하나의 입력에는 하나의 비밀키만 사용하여 트랜잭션을 생성했습니다. 이제는 더 복잡한 트랜잭션을 살펴보겠습니다. 1억 달러어치 비트코인을 보유한 회사는 비밀키 하나로 이 자금을 보관하고 싶지 않을 것입니다. 하나뿐인 비밀키를 분실하거나 도난당하면 모든 자금을 잃어버릴 수 있기 때문입니다. 비밀키가 바로 **단일 실패 지점**single point of failure이라 할 수 있습니다.[1] 이 위험을 줄이려면 어떻게 해야 할까요?

가능한 해결책은 **다중서명**Multisig 방식입니다. 다중서명은 사실 비트코인 초기부터 있었지만 처음에는 쓰기 좋게 잘 다듬어지지 않아 널리 사용되지 않았습니다. 이 장 뒷부분에서 보겠지만 사토시는 'off-by-one' 버그 때문에 아마도 다중서명 테스트하지 않았던 것 같습니다(OP_CHECKMULTISIG Off-by-One 버그 참고). 이 버그를 없애려면 하드포크해야 하기 때문에 수정이 미뤄지고 그만큼 버그는 계속 남아 있게 됩니다.

> **NOTE_ 다중 비밀키와 단일 비밀키**
> 단일 비밀키를 여러 비밀키로 쪼개어 보관하고 원래의 단일 비밀키로 복원하지 않고 여러 비밀키의 서명을 모아 다중서명 방식처럼 사용할 수 있습니다.[2] 그러나 서명을 모으는 것은 현재 일반적인 사용 행태가 아닙니다. **슈노어 서명**으로 이러한 서명을 쉽게 모아 쓸 수 있을 것입니다. 아마도 슈노어 서명이 장래에 더 보편적인 방법이 될 것입니다.

---

1 단일 실패 지점은 보안 집중 지점으로 이곳이 뚫리면 모든 보안이 해제되는 부분을 말한다.
2 한편, 단일 비밀키를 여러 개의 비밀키로 쪼개어 보관하는 방법으로 아디 샤미르(Adi Shamir)가 제안한 알고리즘이 있다. 유한체에서 정의한 다항식을 활용하는 방법으로 비밀키를 n개로 나눈 후 k개를 모으면 원래의 비밀키를 복원할 수 있다.

8.1 다중서명

다중서명을 지원하도록 출력을 구성하는 첫 번째 시도가 바로 베어 다중서명[Bare Multisig]입니다. 트랜잭션 출력에 긴 잠금 스크립트가 있기 때문에 'Bare' 다중서명이라고 합니다.[3] 다중서명의 개념은 단일 실패 지점이 해킹 대응력을 갖도록 변경하는 것입니다. 다중서명을 이해하려면 먼저 OP_CHECKMULTISIG 명령어를 이해해야 합니다. 6장에서 논의했듯이 스크립트에는 많은 명령어가 있습니다. OP_CHECKMULTISIG는 그중 하나로 오피코드는 0xae입니다. 이 명령어는 스택 위에 많은 서명과 공개키를 가져와서 유효한 서명의 수가 기준 이상인지 여부를 1과 0으로 빈환합니다.

[그림 8-1]은 1-of-2 다중서명 잠금 스크립트의 예입니다.[4]

```
514104fcf07bb1222f7925f2b7cc15183a40443c578e62ea17100aa3b44b
a66905c95d4980aec4cd2f6eb426d1b1ec45d76724f26901099416b9265b
76ba67c8b0b73d210202be80a0ca69c0e000b97d507f45b98c49f58fec66
50b64ff70e6ffccc3e6d0052ae

      - 51 - OP_1
      - 41 - Length of <pubkey1>
      - 04fc...3d - <pubkey1>
      - 21 - Length of <pubkey2>
      - 0202...00 - <pubkey2>
      - 52 - OP_2
      - ae - OP_CHECKMULTISIG
```

그림 8-1 다중서명 잠금 스크립트

다중서명 잠금 스크립트 중 위의 예는 크기가 작은 경우에 해당하지만 이것도 상당히 길다는 것을 알 수 있습니다. p2pkh 잠금 스크립트는 겨우 25바이트이지만, 위의 다중서명은 101바이트입니다(압축 SEC 형식으로 공개키를 사용하면 길이가 어느 정도 줄어듭니다). 그래도 다중서명 중 가장 길이가 짧은 1-of-2 경우입니다. [그림 8-2]는 해제 스크립트의 예입니다.

---

3 긴 잠금 스크립트를 가지는 이유는 복수의 공개키가 들어가기 때문이다. 이러한 공개키가 가려지지 않고 그대로 보인다고 해서 bare(벌거벗은)라는 단어를 사용한다. 원서에서는 일관적으로 Bare Multisig로 표현하고 있지만 문맥상 혼동되지 않는 부분에서는 그냥 다중서명으로 옮긴다.

4 일반적으로 m-of-n 다중서명은 n개의 공개키가 잠금 스크립트에 들어 있고 이를 해제하기 위해서 최소한 m개의 비밀키를 활용해야 하는 서명을 의미한다. 따라서 1-of-2 다중서명 잠금 스크립트에는 2개의 공개키를 볼 수 있다.

```
00483045022100e222a0a6816475d85ad28fbeb66e97c931081076dc9655
da3afc6c1d81b43f9802204681f9ea9d52a31c9c47cf78b71410ecae6188
d7c31495f5f1adfe0df5864a7401

       - 00 - OP_0
       - 48 - Length of <signature1>
       - 3045...01 - <signature1>
```

그림 8-2 다중서명 해제 스크립트

1-of-2 다중서명은 1개의 서명만 필요로하므로 상대적으로 짧지만 5-of-7 다중서명의 경우에는 5개의 DER 형식의 서명이 필요하므로 훨씬 더 길어집니다(360바이트 정도). [그림 8-3]은 해제 스크립트와 잠금 스크립트가 어떻게 결합되는지 보여줍니다.

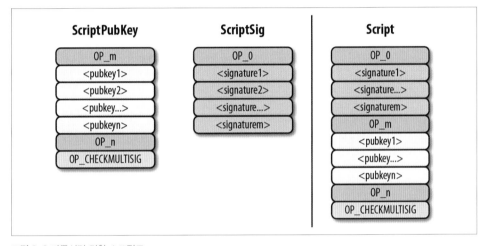

그림 8-3 다중서명 결합 스크립트

여기서는 m-of-n 다중서명이 어떤 모습인지 보여주기 위해 일반화했습니다. m과 n은 1~20 범위의 수입니다. 단, 1~16 범위의 숫자를 스택 위에 올리기 위해서는 OP_1~OP_16을 사용할 수 있지만, 17~20 범위의 수는 다른 방법을 사용해야 합니다. 예를 들어 18을 스택 위에 올리기 위해서는 0112 오피코드를 사용합니다.[5] 스크립트 실행 준비 상태는 [그림 8-4]와 같습니다.

---

5   오피코드 01은 이어지는 바이트를 스택 위로 올리는 명령어다. 12는 10진수로 18.

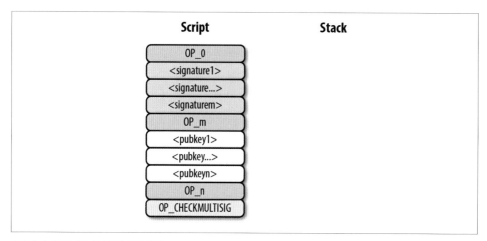

그림 8-4 다중서명 스크립트 실행 준비

OP_0은 숫자 0을 스택 위로 올립니다(그림 8-5).

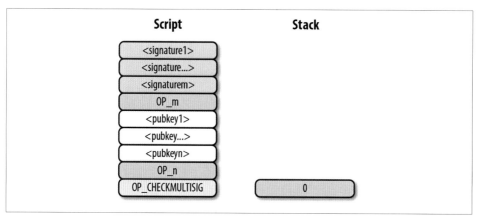

그림 8-5 다중서명 진행 단계 1

서명은 원소이기에 바로 스택 위로 올라갑니다(그림 8-6).

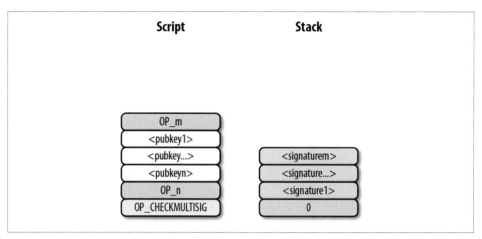

그림 8-6 다중서명 진행 단계 2

OP_m은 숫자 *m*을 스택 위로 올리고 공개키도 스택 위로 올라갑니다. OP_n은 숫자 *n*을 스택 위로 올립니다(그림 8-7).

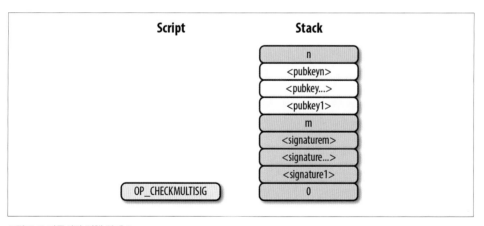

그림 8-7 다중서명 진행 단계 3

이제 OP_CHECKMULTISIG 명령어는 *m* + *n* + 3개의 원소를 가져옵니다(OP_CHECKMULTISIG Off-by-One 버그 참고). *n*개의 공개키 중에서 서로 다른 *m*개의 공개키로 *m*개의 서명이 검증된다면 1을 스택 위로 올립니다(그렇지 않으면 0을 스택 위로 올립니다). 서명이 유효하다고 가정하면 스택에는 1이 남고 이는 결합스크립트가 올바르다는 뜻입니다(그림 8-8).

그림 8-8 다중서명 검증 결과

8.2 OP_CHECKMULTISIG 함수

m-of-n 다중서명에서 스택에는 n이 제일 위에 있고 다음 n개의 공개키, 다음 m, 다음 m개의 서명, 마지막으로 off-by-one 버그를 위한 원소 1개가 있게 됩니다. op.py 파일에서 정의된 OP_CHECKMULTISIG 구현 코드는 다음과 같습니다.

```python
def op_checkmultisig(stack, z):
    if len(stack) < 1:
        return False
    n = decode_num(stack.pop())
    if len(stack) < n + 1:
        return False
    sec_pubkeys = []
```

```
    for _ in range(n):
        sec_pubkeys.append(stack.pop())
    m = decode_num(stack.pop())
    if len(stack) < m + 1:
        return False
    der_signatures = []
    for _ in range(m):
        der_signatures.append(stack.pop()[:-1])    ❶
    stack.pop()    ❷
    try:
        raise NotImplementedError    ❸
    except (ValueError, SyntaxError):
        return False
    return True
```

❶ 각 DER 서명은 해시유형 `SIGHASH_ALL`로 서명된 것으로 간주합니다.

❷ off-by-one 버그와 같이 스택 위에서 원소 하나를 더 가져오고 아무 일도 하지 않습니다.

❸ [연습문제 8.1]에서 코딩해야 할 부분입니다.

연습문제 8.1

op.py 파일의 `op_checkmultisig` 함수를 작성하시오.

8.3 다중서명의 문제점

다중서명은 동작은 하지만 비효율적입니다. 어쨌든 n개 중 m개의 서명만으로 UTXO를 사용할 수 있게 해서 비밀키 하나에 모든 비트코인을 보관하는 단일 실패 지점^{single point of failure}을 제거합니다. 다중서명을 사용하게 하는 많은 유틸리티 프로그램이 있습니다. 특히 이들은 회사에서 코인을 관리하는 데 유용합니다. 그러나 다중서명은 몇 가지 문제점이 있습니다.

1. 다중서명 잠금 스크립트는 서로 다른 많은 공개키를 갖고 있습니다. 그래서 잠금 스크립트가 매우 길어집니다. p2pkh나 p2pk 잠금 스크립트와 달리 음성이나 문자메시지로 전달하기 쉽지 않습니다.

2. 보통 p2pkh 출력보다 5~20배 더 긴 출력이 되기 때문에 이를 처리하는 노드는 더 많은

자원이 필요합니다. 노드는 UTXO 집합을 항상 최신의 상태로 유지 관리하는 데 크기가 큰 잠금 스크립트는 그만큼 관리 비용이 증가합니다. 출력이 크면 데이터를 빨리 가져오는 데 어려움이 있으며 이를 유지하려면 (메모리 등) 비용이 증가합니다.

3. 크기가 매우 큰 잠금 스크립트가 가능하므로 이를 악용하여 다중서명을 다른 용도로 오용할 수 있습니다. 실제로 pdf 형식의 사토시의 백서 파일 전체가 230009번 블록의 트랜잭션 중 하나에 들어 있습니다.

54e48e5f5c656b26c3bca14a8c95aa583d07ebe84dde3b7dd4a78f4e4186e713

이 트랜잭션을 만든 장본인은 pdf 파일을 64바이트 크기로 쪼개 이를 비압축 공개키로 만들었습니다. 물론 그러한 공개키는 존재하지 않습니다. 백서는 947개의 1-of-3 다중서명 출력으로 변환됐습니다. 이 출력(UTXO)은 사용할 수 없지만 풀 노드의 UTXO 집합에 인덱싱되어 들어 있습니다. 쓰지도 못하면서 갖고 있어야 하는 이 UTXO는 모든 풀 노드가 내야 하는 세금과 같은 것이고 그런 관점에서 오용된 사례입니다.

이런 다중서명 문제를 줄이기 위해 p2sh 스크립트가 고안됐습니다.

8.4 p2sh 스크립트

p2sh(Pay-to-Script-Hash) 스크립트는 긴 주소와 긴 잠금 스크립트 문제를 해결하는 방법입니다. 다중서명보다 더 복잡한 잠금 스크립트를 만들어서는 다중서명과 같은 문제를 해결할 수 없습니다.

p2sh 스크립트에서는 긴 스크립트 대신 그 스크립트의 짧은 해시값을 제시하고 원래의 긴 스크립트는 해제 시 드러납니다. p2sh는 2011년 다른 여러 제안 중에서 많은 논쟁을 불러일으키며 채택됐습니다. 앞으로 보겠지만 p2sh는 얼렁뚱땅 만든 것 같지만 잘 동작합니다.

p2sh 스크립트 명령집합에서 [그림 8-9]와 같은 패턴을 만나면 특별한 규칙이 실행됩니다.

그림 8-9 특별 규칙을 실행하는 p2sh 패턴

특별 규칙에 의해 만약 이 명령어들이 실행된 후 스택에 1을 남기면 리딤 스크립트
(⟨RedeemScript⟩)가 파싱되고 스크립트 명령집합에 추가됩니다. 이 특별 패턴과 그에 따른
규칙은 BIP0016에서 도입됐고 이를 구현하는 (2011년 이후의) 비트코인 코어 소프트웨어는
이러한 특별 패턴을 확인합니다. 만약 특별 패턴의 명령어들이 실행 후 스택에 1을 남기지 않
는다면, 리딤 스크립트는 파싱되지 않고 새로운 스크립트 명령어도 추가되지 않습니다.

이 방법은 임기응변처럼 보이기도 합니다. 그러나 그런 판단을 내리기 전에 어떻게 작동하는지
자세히 살펴보겠습니다.

2-of-2 다중서명 잠금 스크립트가 있다고 하겠습니다(그림 8-10). 이를 리딤 스크립트라고
부릅니다.

```
5221022626e955ea6ea6d98850c994f9107b036b1334f18ca8830bfff129
5d21cfdb702103b287eaf122eea69030a0e9feed096bed8045c8b98bec45
3e1ffac7fbdbd4bb7152ae

        - 52 - OP_2
        - 21 - Length of <pubkey1>
        - 02...db70 - <pubkey1>
        - 21 - Length of <pubkey2>
        - 03...bb71 - <pubkey2>
        - 52 - OP_2
        - ae - OP_CHECKMULTISIG
```

그림 8-10 p2sh 리딤 스크립트

내용은 다중서명의 잠금 스크립트와 같습니다. 이 리딤 스크립트 해시값을 구하고 나중에 사용
하기 위해 리딤 스크립트를 잘 보관합니다(p2sh 스크립트를 만들 때 필요합니다). 이를 리딤

스크립트라고 부르는 이유는 스크립트 해시값이 아닌 원래 스크립트를 필요할 때 가져오기 때문입니다.[6] 리딤 스크립트의 해시값이 잠금 스크립트를 대신해서 들어갑니다(그림 8-11).

```
a91474d691da1574e6b3c192ecfb52cc8984ee7b6c5687

        - a9 - OPHASH160
        - 14 - Length of <hash>
        - 74d6...56 - <hash>
        - 87 - OP_EQUAL
```

그림 8-11 p2sh 잠금 스크립트

여기에 해시값은 리딤 스크립트의 hash160 해시값이고 리딤 스크립트는 다중서명에서의 잠금 스크립트와 같습니다. 즉 리딤 스크립트의 해시값에 비트코인을 잠그는 것이고 해시되기 전의 리딤 스크립트는 해제 시에 제시됩니다.[7]

p2sh 해제 스크립트를 구성하면서 지금까지 해시값으로 가려져 있던 리딤 스크립트가 공개됩니다. 그럼 대체 지금까지 어디에 리딤 스크립트가 보관되었던 걸까요? 리딤 스크립트는 대응하는 p2sh 주소를 만들 때 함께 만들어져 사용자가 보관합니다. 이후 사용자가 해제 스크립트를 구성하면서 공개되고 실제로 실행된 다음에야 블록체인에 보관됩니다. 만약 리딤 스크립트를 분실했거나 다시 만들 수 없다면 비트코인을 잃어버린 것이 되니 잘 보관하는 것이 정말 중요합니다.

CAUTION_ 리딤 스크립트 보관의 중요성

만약 여러분이 생성한 p2sh 주소로 비트코인을 받는다면 주소 생성 시 작성한 리딤 스크립트를 잘 보관해야 합니다. 혹시 모르니 다시 만들기 쉽게 만드는 게 좋습니다.

---

6 redeem 단어에는 '무언가 맡겨둔 것을 요구하여 되찾다'는 뜻이 있다. 스크립트 해시값에 맡긴 원래의 스크립트를 되찾아온다는 뜻으로 이해할 수 있다.

7 리딤 스크립트의 해시값에 비트코인을 잠근다는 것은 결국 리딤 스크립트의 해시값이 비트코인 주소가 된다는 뜻이다. 뒤에서 더 자세히 다룬다.

[그림 8-12]는 2-of-2 다중서명 해제 스크립트의 예입니다.

```
0048 3045022100dc92655fe37036f47756db8102e0d7d5e28b3beb83a8fef4f5dc0559bddfb94e022
05a36d4e4e6c7fcd16658c50783e00c341609977aed3ad00937bf4ee942a8993701 48 3045022100da
6bee3c93766232079a01639d07fa869598749729ae323eab8eef53577d611b02207bef15429dcadce
2121ea07f233115c6f09034c0be68db99980b9a6c5e7540220147 5221022626e955ea6ea6d98850c9
94f9107b036b1334f18ca8830bfff1295d21cfdb702103b287eaf122eea69030a0e9feed096bed804
5c8b98bec453e1ffac7fbdbd4bb7152ae


      - 00 - OP_0
      - 48 - Length of <signature1>
      - 3045...3701 - <signature1>
      - 48 - Length of <signature2>
      - 3045...2201 - <signature2>
      - 47 - Length of <RedeemScript>
      - 5221...ae - <RedeemScript>
```

그림 8-12 p2sh 해제 스크립트

[그림 8-13]은 p2sh 잠금/해제 스크립트가 결합된 스크립트입니다.

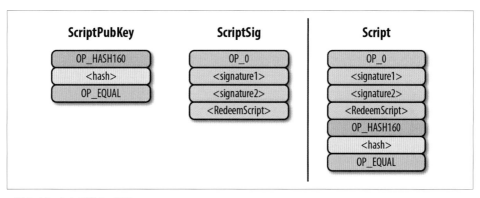

그림 8-13 p2sh 결합스크립트

이전처럼 OP_0은 OP_CHECKMULTISIG 버그 때문에 들어갑니다. p2sh 스크립트의 동작을 이해하는 핵심은 [그림 8-14]와 같이 4개의 특정 명령어가 스크립트 명령집합에 남아 있을 때 작동하는 특별 규칙입니다.

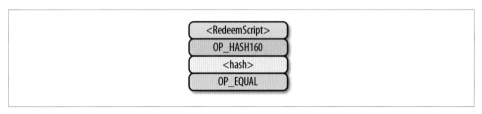

그림 8-14 p2sh 특별 규칙을 실행하는 4개의 특정 명령어 패턴

이러한 명령어 배치 패턴으로 특별 규칙이 실행되면 명령어를 실행한 후 스택 위의 값을 조사합니다. 만약 1이 있다면 리딤 스크립트를 구성하는 명령어들이 새롭게 스크립트 명령집합에 삽입됩니다. 다른 말로 만약 리딤 스크립트의 hash160 해시값이 잠금 스크립트의 hash160 해시값과 동일하면 리딤 스크립트는 다중서명에서의 잠금 스크립트처럼 동작하게 됩니다. 스크립트 그 자체가 아니라 리딤 스크립트의 해시값을 블록체인에 넣고 있기 때문에 이러한 잠금 스크립트를 pay-to-script-hash라고 부릅니다.

지금까지의 설명을 예를 들어 설명하겠습니다. 스크립트 명령집합이 준비됩니다(그림 8-15).

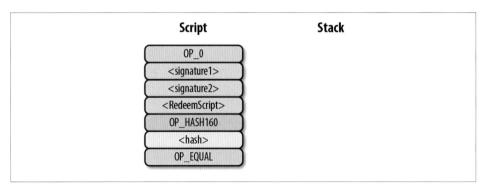

그림 8-15 p2sh 스크립트 실행 준비

OP_0은 0을 스택 위로 올립니다 그리고 2개의 서명과 리딤 스크립트는 바로 스택 위로 올라갑니다(그림 8-16).

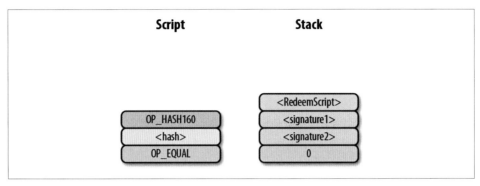

그림 8-16 p2sh 스크립트 진행 단계 1

OP_HASH160 명령어는 스택 위의 리딤 스크립트를 가져와서 hash160 해시값을 계산하여 [그림 8-17]처럼 스택 위에 올립니다.

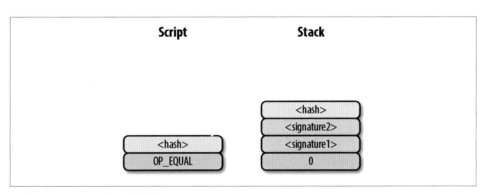

그림 8-17 p2sh 스크립트 진행 단계 2

스크립트 명령집합에 있는 20바이트의 해시값이 스택 위로 올라갑니다(그림 8-18).

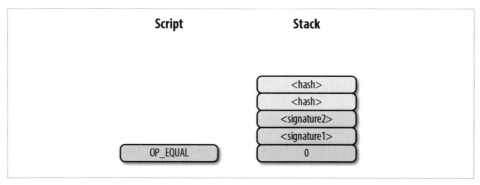

그림 8-18 p2sh 스크립트 진행 단계 3

마지막으로 OP_EQUAL은 스택 위의 2개의 값을 비교합니다. BIP0016 이전의 비트코인 코어 소프트웨어라면 스크립트 실행이 [그림 8-19]와 같이 끝날 것입니다.

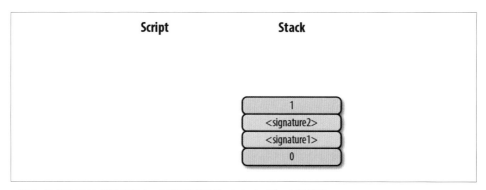

그림 8-19 BIP0016 구현 이전 소프트웨어인 경우의 p2sh 스크립트 실행 종료

즉, BIP0016 이전 소프트웨어로 돌아가는 노드는 실행 종료 후 스택 위의 값이 1이므로 스크립트는 유효하다고 판정합니다.

반면 집필 당시 거의 대부분의 경우에 속하는 BIP0016을 구현한 노드는 리딤 스크립트를 명령어로 파싱합니다(그림 8-20).

```
5221022626e955ea6ea6d98850c994f9107b036b1334f18ca8830bfff129
5d21cfdb702103b287eaf122eea69030a0e9feed096bed8045c8b98bec45
3e1ffac7fbdbd4bb7152ae

                  - 52 - OP_2
                  - 21 - Length of <pubkey1>
                  - 02...db70 - <pubkey1>
                  - 21 - Length of <pubkey2>
                  - 03...bb71 - <pubkey2>
                  - 52 - OP_2
                  - ae - OP_CHECKMULTISIG
```

그림 8-20 p2sh 리딤 스크립트

그리고 그 결과를 스크립트 명령집합에 삽입합니다(그림 8-21).

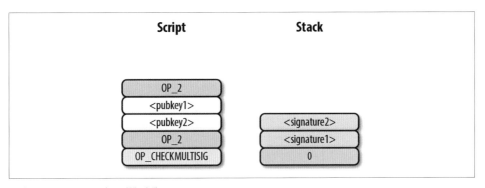

그림 8-21 p2sh 스크립트 진행 단계 4

OP_2는 숫자 2를 스택 위로 올리고 공개키도 올라갑니다. 그리고 마지막 OP_2는 또 다른 2를
스택 위로 올립니다(그림 8-22).

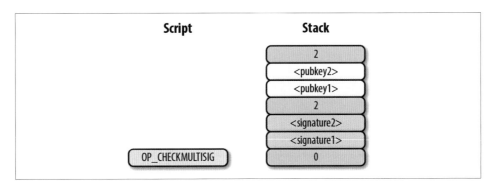

그림 8-22 p2sh 스크립트 진행 단계 5

OP_CHECKMULTISIG은 스택 위에서 $m + n + 3$개의 원소를 가져옵니다. 즉 스택 안에 모든 원소에 해당합니다. 결국 다중서명에서 본 것처럼 종료합니다(그림 8-23).

그림 8-23 BIP0016 구현 이후 소프트웨어인 경우 p2sh 스크립트 실행 종료

리딤 스크립트가 중간에 슬쩍 삽입되는 것 같고 약간 임시방편처럼 보입니다. 이 방법 말고 더 직관적인 제안은 없었을까요? 당시 경쟁했던 제안으로 BIP0012가 있었습니다. BIP0012는 OP_EVAL을 사용했고 더 좋은 방법으로 여겼습니다.[8] [그림 8-24]가 BIP0012에서 동작하는 잠금 스크립트입니다.

그림 8-24 OP_EVAL은 스택 위의 원소를 스크립트 명령집합에 명령어로 삽입하는 명령어입니다.

OP_EVAL은 스택 위의 원소를 가져와서 그 원소를 스크립트 명령집합에 명령어로 삽입합니다.

애석하게도 이 '더 좋은' 방법에는 부작용이 있습니다. 바로 튜링 완전성을 부여한다는 점입니다. 튜링 완전성은 비트코인 스마트 계약의 보안을 어렵게 하기 때문에 원치 않는 성질입니다(6장 참고). 이런 이유로 뭔가 임시방편처럼 보이지만 특별 조건에 따라 리딤 스크립트가 중간에 삽입되는 방법이 BIP0016에서 채택됐습니다. BIP0016(또는 p2sh)은 2011년에 구현됐고 지금까지 비트코인 네트워크에서 지원되고 있습니다.

---

8 BIP0012는 이후 철회되었고 따라서 OP_EVAL 역시 비트코인 스크립트에서 삭제됐다.

8.5 p2sh 스크립트 코딩하기

p2sh 스크립트를 처리하는 코드는 리딤 스크립트, OP_HASH160, hash160 해시값, OP_EQUAL
로 이어지는 일련의 명령어 배치 패턴을 포착하고 예외 처리를 해야 합니다. script.py 파일 안
에 evaluate 메서드에서 이런 예외 처리를 합니다.

```
class Script:
...
    def evaluate(self, z):
...
        while len(cmds) > 0:
            cmd = cmds.pop(0)
            if type(cmd) == int:
...
            else:
                stack.append(cmd)
                if len(cmds) == 3 and cmds[0] == 0xa9 \
                    and type(cmds[1]) == bytes and len(cmds[1]) == 20 \
                    and cmds[2] == 0x87:  ❶
                    cmds.pop()  ❷
                    h160 = cmds.pop()
                    cmds.pop()
                    if not op_hash160(stack):  ❸
                        return False
                    stack.append(h160)
                    if not op_equal(stack):
                        return False
                    if not op_verify(stack):  ❹
                        LOGGER.info('bad p2sh h160')
                        return False
                    redeem_script = encode_varint(len(cmd)) + cmd  ❺
                    stream = BytesIO(redeem_script)
                    cmds.extend(Script.parse(stream).cmds)  ❻
```

❶ cmds 안의 3개의 명령어가 BIP0016에서 규정한 특별 패턴에 해당하는지 확인합니다. 오
  피코드 0xa9는 OP_HASH160에 해당하고, 0x87은 OP_EQUAL에 해당합니다.

❷ 특별 패턴에 해당하므로 현재 스택에서 꺼낸 원소는 OP_HASH160입니다. 다음 명령어는
  20바이트 해시값입니다. 세 번째 명령어는 OP_EQUAL입니다. 바로 위의 if문으로 모두 확
  인했던 사항입니다.

❸ OP_HASH160을 수행하는 함수를 호출합니다. 이후 20바이트의 해시값을 스택 위로 올립니다. 다음 OP_EQUAL에 해당하는 함수를 호출합니다.

❹ 올바르다면 1이 스택에 남아 있어야 하고 OP_VERIFY 함수가 이 값을 가져옵니다. OP_VERIFY는 스택 위의 값이 없거나 0이면 False를, 그 외에는 True를 반환합니다. OP_VERIFY는 실행 후 스택에 값을 넣지 않습니다.

❺ 리딤 스크립트 파싱에 앞서 리딤 스크립트 길이를 구하고 이 값을 앞에 위치시킵니다. 그 이유는 파싱하는 함수(Script.parse())가 파싱할 부분의 길이를 먼저 알아야 하기 때문입니다.

❻ 리딤 스크립트에서 파싱된 명령어를 스크립트 명령집합에 삽입합니다.

8.5.1 다중서명 이외의 p2sh

p2sh 스크립트의 장점은 리딤 스크립트 길이가 최대 520바이트까지 가능하다는 점입니다. 이는 하나의 원소가 가질 수 있는 가장 긴 길이이고 그러한 원소는 OP_PUSHDATA2 명령어로 스택에 올라갈 수 있습니다. 다중서명은 리딤 스크립트로 구현 가능한 그냥 한 가지 예입니다. 더 복잡한 로직을 정의하는 스크립트도 만들 수 있습니다. 이를테면 '3개의 비밀키 중 2개 혹은 7개의 비밀키 중 5개'로 열리는 스크립트가 그러한 예입니다. p2sh 스크립트는 유연하고 동시에 (리딤 스크립트 보관 부담을 사용자에게 주어서) UTXO 집합의 크기를 줄여주는 특징이 있습니다.

13장에서 보게 될 p2sh 스크립트는 또한 세그윗의 하위 호환도 가능하게 합니다.

8.5.2 p2sh 주소

p2sh 스크립트에서 사용되는 주소의 계산 방법은 p2pkh 주소를 구하는 방법과 유사합니다. 그의 hash160 해시값에 접두부 바이트를 붙이고 체크섬을 끝에 덧붙입니다.[9]

메인넷 p2sh 주소의 접두부 바이트는 0x05이고 테스트넷 주소는 0xc4입니다. 각각 Base58로 부호화하면 3과 2로 변환됩니다. p2sh 스크립트 주소는 helper.py 파일에 encode_base58_

---

9 여기서 hash160 해시값은 리딤 스크립트의 해시값이다. p2pkh의 경우 공개키의 해시값이다.

checksum 함수를 호출하여 다음과 같이 구할 수 있습니다.

```
>>> from helper import encode_base58_checksum
>>> h160 = bytes.fromhex('74d691da1574e6b3c192ecfb52cc8984ee7b6c56')
>>> print(encode_base58_checksum(b'\x05' + h160))
3CLoMMyuoDQTPRD3XYZtCvgvkadrAdvdXh
```

연습문제 8.2

20바이트의 hash160 값을 p2pkh 주소로 변환하는 h160_to_p2pkh_address 함수를 작성하시오.

연습문제 8.3

20바이트의 hash160 값을 p2sh 주소로 변환하는 h160_to_p2sh_address 함수를 작성하시오.

8.5.3 p2sh 서명 검증

p2pkh 스크립트처럼 p2sh 스크립트에서 까다로운 부분 중 하나가 서명을 검증하는 부분입니다. p2sh 서명 검증은 7장에서 설명했던 p2pkh의 경우와 다릅니다.

p2pkh 스크립트의 경우 1개의 공개키로 1개의 서명을 검증하지만, 여기서는 복수의(리딤 스크립트 안의 SEC 형식) 공개키와 그와 같거나 적은 (해제 스크립트 안의 DER 형식) 서명을 검증합니다. 코딩하기 좋게 해제 스크립트 안의 서명 순서는 공개키의 순서와 같습니다. 그렇지 않은 서명은 올바르지 않은 것으로 간주합니다.

일단 어떤 서명과 공개키가 있으면 마지막으로 서명해시 z가 있어야 서명 검증이 가능합니다 (그림 8-25).[10]

---

[10] 서명해시는 서명되는 메시지의 hash256 해시값이다. 또한 해시 유형과 용어가 혼동될 수 있으므로 주의한다.

```
0100000001868278ed6ddfb6c1ed3ad5f8181eb0c7a385aa0836f01d5e4789e6bd304d87221a00000
0db00483045022100dc92655fe37036f47756db8102e0d7d5e28b3beb83a8fef4f5dc0559bddfb94e
02205a36d4e4e6c7fcd16658c50783e00c341609977aed3ad00937bf4ee942a899370148304502210
0da6bee3c93766232079a01639d07fa869598749729ae323eab8eef53577d611b02207bef15429dca
dce2121ea07f233115c6f09034c0be68db99980b9a6c5e75402201475221022626e955ea6ea6d9885
0c994f9107b036b1334f18ca8830bfff1295d21cfdb702103b287eaf122eea69030a0e9feed096bed
8045c8b98bec453e1ffac7fbdbd4bb7152aeffffffff04d3b11400000000001976a914904a49878c0
adfc3aa05de7afad2cc15f483a56a88ac7f400900000000001976a914418327e3f3dda4cf5b908932
5a4b95abdfa0334088ac722c0c00000000001976a914ba35042cfe9fc66fd35ac2224eebdafd1028a
d2788acdc4ace020000000017a91474d691da1574e6b3c192ecfb52cc8984ee7b6c568700000000
```

그림 8-25 p2sh 입력의 검증

p2pkh 스크립트처럼 서명해시를 찾는 과정이 p2sh 서명 검증 과정에서 가장 어려운 부분입니다. 지금부터 자세히 살펴보겠습니다.

1 단계 : 모든 해제 스크립트를 지운다

서명을 검증할 때 먼저 트랜잭션 안에 모든 해제 스크립트를 삭제합니다(그림 8-26). 서명을 생성할 때도 같은 절차로 진행합니다.

```
0100000001868278ed6ddfb6c1ed3ad5f8181eb0c7a385aa0836f01d5e4789e6bd304d87221a00000
000ffffffff04d3b11400000000001976a914904a49878c0adfc3aa05de7afad2cc15f483a56a88ac
7f400900000000001976a914418327e3f3dda4cf5b9089325a4b95abdfa0334088ac722c0c0000000
0001976a914ba35042cfe9fc66fd35ac2224eebdafd1028ad2788acdc4ace020000000017a91474d6
91da1574e6b3c192ecfb52cc8984ee7b6c568700000000
```

그림 8-26 입력의 지워진 해제 스크립트(노란색 바탕의 00에 해당)

2 단계 : 삭제된 해제 스크립트 자리에 리딤 스크립트를 삽입한다

p2sh 스크립트를 사용하는 트랜잭션의 입력마다 리딤 스크립트를 가지고 있습니다. 각각의 리딤 스크립트를 삭제된 해제 스크립트 자리에 삽입합니다(그림 8-27). 잠금 스크립트를 삽입했던 p2pkh의 경우와는 다릅니다.

```
0100000001868278ed6ddfb6c1ed3ad5f8181eb0c7a385aa0836f01d5e4789e6bd304d87221a00000
0475221022626e955ea6ea6d98850c994f9107b036b1334f18ca8830bfff1295d21cfdb702103b287
eaf122eea69030a0e9feed096bed8045c8b98bec453e1ffac7fbdbd4bb7152aeffffffff04d3b1140
0000000001976a914904a49878c0adfc3aa05de7afad2cc15f483a56a88ac7f400900000000001976
a914418327e3f3dda4cf5b9089325a4b95abdfa0334088ac722c0c00000000001976a914ba35042cf
e9fc66fd35ac2224eebdafd1028ad2788acdc4ace020000000017a91474d691da1574e6b3c192ecfb
52cc8984ee7b6c568700000000
```

그림 8-27 삭제된 해제 스크립트 자리에 리딤 스크립트를 삽입

3 단계 : 해시유형을 덧붙인다

마지막으로 4바이트 해시 유형을 트랜잭션의 마지막에 덧붙입니다. 이것은 p2pkh 스크립트의 경우와 동일합니다. SIGHASH_ALL에 대응하는 값은 1입니다. 이 값은 4바이트 리틀엔디언으로 변환돼야 합니다. 그 결과 트랜잭션은 [그림 8-28]과 같습니다.

```
0100000001868278ed6ddfb6c1ed3ad5f8181eb0c7a385aa0836f01d5e4789e6bd304d87221a00000
0475221022626e955ea6ea6d98850c994f9107b036b1334f18ca8830bfff1295d21cfdb702103b287
eaf122eea69030a0e9feed096bed8045c8b98bec453e1ffac7fbdbd4bb7152aeffffffff04d3b1140
0000000001976a914904a49878c0adfc3aa05de7afad2cc15f483a56a88ac7f400900000000001976
a914418327e3f3dda4cf5b9089325a4b95abdfa0334088ac722c0c00000000001976a914ba35042cf
e9fc66fd35ac2224eebdafd1028ad2788acdc4ace020000000017a91474d691da1574e6b3c192ecfb
52cc8984ee7b6c56870000000001000000
```

그림 8-28 SIGHASH_ALL 해시 유형을 의미하는 01000000을 마지막에 추가

이제 이 트랜잭션의 hash256 해시값을 구하고 이를 다시 32바이트 빅엔디언 정수로 변환하면 이 값이 바로 서명해시 z입니다. 서명해시를 구하는 코드는 다음과 같습니다.

```
>>> from helper import hash256
>>> modified_tx = bytes.fromhex('0100000001868278ed6ddfb6c1ed3ad5f8181eb0c7a38\
5aa0836f01d5e4789e6bd304d87221a000000475221022626e955ea6ea6d98850c994f9107b036\
b1334f18ca8830bfff1295d21cfdb702103b287eaf122eea69030a0e9feed096bed8045c8b98be\
c453e1ffac7fbdbd4bb7152aeffffffff04d3b11400000000001976a914904a49878c0adfc3aa0\
5de7afad2cc15f483a56a88ac7f400900000000001976a914418327e3f3dda4cf5b9089325a4b9\
5abdfa0334088ac722c0c00000000001976a914ba35042cfe9fc66fd35ac2224eebdafd1028ad2\
788acdc4ace020000000017a91474d691da1574e6b3c192ecfb52cc8984ee7b6c5687000000000\
1000000')
>>> s256 = hash256(modified_tx)
```

```
>>> z = int.from_bytes(s256, 'big')
>>> print(hex(z))
0xe71bfa115715d6fd33796948126f40a8cdd39f187e4afb03896795189fe1423c
```

z는 이렇게 구했고 SEC 공개키는 리딤 스크립트에서, DER 서명은 해제 스크립트에서 얻을 수 있습니다(그림 8-29).

```
0100000001868278ed6ddfb6c1ed3ad5f8181eb0c7a385aa0836f01d5e4789e6bd304d87221a00000
0db00483045022100dc92655fe37036f47756db8102e0d7d5e28b3beb83a8fef4f5dc0559bddfb94e
02205a36d4e4e6c7fcd16658c50783e00c341609977aed3ad00937bf4ee942a899370148304502210
0da6bee3c93766232079a01639d07fa869598749729ae323eab8eef53577d611b02207bef15429dca
dce2121ea07f233115c6f09034c0be68db99980b9a6c5e75402201475221022626e955ea6ea6d9885
0c994f9107b036b1334f18ca8830bfff1295d21cfdb702103b287eaf122eea69030a0e9feed096bed
8045c8b98bec453e1ffac7fbdbd4bb7152aeffffffff04d3b11400000000001976a914904a49878c0
adfc3aa05de7afad2cc15f483a56a88ac7f400900000000001976a914418327e3f3dda4cf5b908932
5a4b95abdfa0334088ac722c0c00000000001976a914ba35042cfe9fc66fd35ac2224eebdafd1028a
d2788acdc4ace020000000017a91474d691da1574e6b3c192ecfb52cc8984ee7b6c568700000000
```

그림 8-29 p2sh 해제 스크립트(노란색) 안의 DER 서명(빨간색)과 리딤 스크립트 안의 SEC 공개키(하늘색)

이제 서명이 올바른지 확인할 수 있습니다.

```
>>> from ecc import S256Point, Signature
>>> from helper import hash256
>>> modified_tx = bytes.fromhex('0100000001868278ed6ddfb6c1ed3ad5f8181eb0c7a38\
5aa0836f01d5e4789e6bd304d87221a000000475221022626e955ea6ea6d98850c994f9107b036\
b1334f18ca8830bfff1295d21cfdb702103b287eaf122eea69030a0e9feed096bed8045c8b98be\
c453e1ffac7fbdbd4bb7152aeffffffff04d3b11400000000001976a914904a49878c0adfc3aa0\
5de7afad2cc15f483a56a88ac7f400900000000001976a914418327e3f3dda4cf5b9089325a4b9\
5abdfa0334088ac722c0c00000000001976a914ba35042cfe9fc66fd35ac2224eebdafd1028ad2\
788acdc4ace020000000017a91474d691da1574e6b3c192ecfb52cc8984ee7b6c5687000000000\
1000000')
>>> h256 = hash256(modified_tx)
>>> z = int.from_bytes(h256, 'big')  ❶
>>> sec = bytes.fromhex('022626e955ea6ea6d98850c994f9107b036b1334f18ca8830bfff\
1295d21cfdb70')
>>> der = bytes.fromhex('3045022100dc92655fe37036f47756db8102e0d7d5e28b3beb83a\
8fef4f5dc0559bddfb94e02205a36d4e4e6c7fcd16658c50783e00c341609977aed3ad00937bf4\
ee942a89937')
>>> point = S256Point.parse(sec)
>>> sig = Signature.parse(der)
```

```
>>> print(point.verify(z, sig))
True
```

❶ z는 바로 앞 페이지의 코드에서 구한 값입니다.

위 코드에서 p2sh 다중서명 스크립트를 해제하는 데 필요한 2개의 서명 중 1개를 검증했습니다. 나머지 서명 검증은 연습문제에서 다루겠습니다.

연습문제 8.4

앞에 트랜잭션에서 두 번째 서명을 검증하시오.

연습문제 8.5

p2sh 트랜잭션을 검증할 수 있도록 `sig_hash`와 `verify_input` 메서드를 수정하시오.

8.6 마치며

이 장에서 p2sh 잠금 스크립트가 어떻게 생성되고 사용되는지 배웠습니다. 그동안 트랜잭션을 살펴봤으니 이제 트랜잭션이 모여 어떻게 블록이 되는지 알아봅시다.

블록

트랜잭션은 비트코인을 한쪽에서 다른 쪽으로 전달하면서 서명으로 잠긴 비트코인을 해제하고 비트코인의 사용 권한을 부여합니다. 이렇게 하면 사용 권한이 있는 사람이 트랜잭션을 보냈다는 것은 확실히 알 수 있습니다. 하지만 그 사람이 같은 비트코인을 여러 사람에게 보낸다면 확인할 수 있을까요? 마치 집주인이 같은 집을 두 번 팔려고 하는 것과 같은 상황입니다. 이것을 **이중 지불 문제**double-spending problem라고 합니다. 부도 가능성이 있는 수표를 받을 때 은행에 확인하듯이 수신자는 트랜잭션의 유효성을 확인할 수 있어야 합니다.

비트코인의 주요 혁신은 바로 블록을 통한 이중 지불 문제를 해결한 것입니다. 비트코인에서 블록은 트랜잭션 순서를 정하는 방법이라고 할 수 있습니다. 트랜잭션 순서를 정한다면 같은 비트코인을 사용하려는 트랜잭션 중 첫 번째 것만 유효하고 나머지는 무효로 간주하여 이중 지불을 방지할 수 있습니다.

모든 트랜잭션에 순서를 매길 수 있다면 이러한 방법으로 (맨 처음 트랜잭션만 유효하고 동일한 후속 트랜잭션은 유효하지 않음) 이중 지불을 쉽게 방지할 수 있습니다. 이를 위해서는 네트워크의 모든 노드가 시시각각으로 발생하는 모든 트랜잭션의 순서에 합의해야 하며, 어쩔 수 없이 이러한 합의에 도달하기 위해 노드 사이에 많은 통신 비용이 발생합니다. 통신 비용을 줄이기 위해 하루치 트랜잭션을 통합하여 매일 한 번만 순서를 정할 수도 있지만, 그러면 트랜잭션이 하루에 한 번만 정산되고 정산 전에는 트랜잭션이 확정되지 않은 상태로 남기 때문에 실용적이지 않습니다.

비트코인은 이러한 양 극단 사이의 절충안으로 트랜잭션을 10분마다 정산합니다. 이러한 트랜잭션 묶음을 블록이라고합니다. 이 장에서는 블록을 파싱하고 작업증명을 살펴봅니다. **코인베이스 트랜잭션**coinbase transaction이라는 특별한 트랜잭션부터 살펴볼 텐데 이는 모든 블록의 첫 번째 트랜잭션입니다.

9.1 코인베이스 트랜잭션

코인베이스는 동명의 미국 암호화폐 거래소와는 아무 관련이 없습니다. 코인베이스 트랜잭션은 블록마다 들어가는 첫 번째 트랜잭션이며 비트코인을 발행하는 유일한 트랜잭션입니다. 코인베이스 트랜잭션의 출력에서는 보통 p2pkh 잠금 스크립트로 채굴자가 지정한 주소에 블록보상block rewards으로 주어지는 비트코인과 블록 내 모든 트랜잭션 수수료를 잠가 놓습니다.

이러한 방법으로 채굴자의 채굴 활동은 코인베이스 트랜잭션으로 보상됩니다. [그림 9-1]은 코인베이스 트랜잭션의 예입니다.

```
0100000001000000000000000000000000000000000000000000000000000000000000000ffffffff
f5e03d71b07254d696e656420627920416e74506f6f6c20626a31312f4542312f4144362f43205914
293101fabe6d6d678e2c8c34afc36896e7d9402824ed38e856676ee94bfdb0c6c4bcd8b2e5666a040
0000000000000c7270000a5e00e00ffffffff01faf20b58000000001976a914338c84849423992471
bffb1a54a8d9b1d69dc28a88ac00000000

                - 01000000 - version
                - 01 - # of inputs
                - 000...00 - previous tx hash
                - ffffffff - previous tx index
                - 5e0...00 - ScriptSig
                - ffffffff - sequence
                - 01 - # of outputs
                - faf20b58...00 - output amount
                - 1976...ac - p2pkh ScriptPubKey
                - 00000000 - locktime
```

그림 9-1 코인베이스 트랜잭션

트랜잭션 구조는 다음 몇 가지 사항을 제외하고 다른 트랜잭션과 별반 다르지 않습니다.

1. 코인베이스 트랜잭션은 정확히 하나의 입력을 갖는다.
2. 하나의 입력은 이전 트랜잭션 해시값으로 32바이트의 0(00..00)을 갖는다.
3. 하나의 입력은 이전 트랜잭션의 출력 번호로 ffffffff를 갖는다.

이러한 세 가지 사항을 만족하는 트랜잭션이 코인베이스 트랜잭션입니다.

연습문제 9.1

Tx 클래스의 is_coinbase 메서드를 작성하시오.

9.1.1 해제 스크립트

코인베이스 트랜잭션은 입력에 이전 트랜잭션 출력이 없습니다. 따라서 입력의 해제 스크립트는 아무 의미가 없습니다. 그럼 해제 스크립트 자리에는 무엇이 있을까요?

코인베이스 트랜잭션의 해제 스크립트는 트랜잭션을 만드는 채굴자가 정합니다. 해제 스크립트는 최소 2바이트에서 최대 100바이트를 넘지 않아야 한다는 것이 주요 제한사항입니다. 이러한 제한과 BIP0034(9.1.2절에서 설명) 이외에 해제 스크립트는 잠금 스크립트 없이 자체 실행이 유효하기만 하면 됩니다. 다음은 최초 비트코인 블록체인 블록의 코인베이스 트랜잭션에 있는 해제 스크립트입니다.

```
4d04ffff001d0104455468652054696d65732030332f4a616e2f32303039204368616e63656c6c
6f72206f6e206272696e6b206f66207365636f6e64206261696c6f757420666f722062616e6b73
```

이 해제 스크립트는 사토시가 작성했고 영문을 포함하고 있습니다.

```
>>> from io import BytesIO
>>> from script import Script
>>> stream = BytesIO(bytes.fromhex('4d04ffff001d0104455468652054696d6573203033\
2f4a616e2f32303039204368616e63656c6c6f72206f6e206272696e6b206f66207365636f6e64\
206261696c6f757420666f722062616e6b73'))
>>> s = Script.parse(stream)
>>> print(s.cmds[2])
b'The Times 03/Jan/2009 Chancellor on brink of second bailout for banks'
```

s.cmds[2]의 내용은 2009년 1월 3일 영국 『타임스^{Times}』지 헤드라인입니다. 따라서 최초 블록은 이 날짜 혹은 그 이후에 생성됐다는 것을 알 수 있습니다(그 전은 아닙니다). 다른 코인베이스 트랜잭션의 해제 스크립트도 이러한 방법으로 임의의 데이터를 갖고 있습니다.

9.1.2 BIP0034 제안서

BIP0034는 코인베이스 트랜잭션의 해제 스크립트의 첫 번째 원소를 규정하고 있습니다. 이것은 서로 다른 블록임에도 동일한 코인베이스 트랜잭션 ID를 갖는 문제를 해결하고자 제안됐습니다.

바이트 단위로 똑같은 코인베이스 트랜잭션은 그 트랜잭션 ID 역시 동일합니다. 왜냐하면 그 값은 트랜잭션 hash256 해시값이고, hash256 해시함수의 출력은 입력이 같으면 똑같기 때문입니다. 트랜잭션 ID의 중복을 방지하기 위해서 개빈 안드레센^{Gavin Andresen}은 BIP0034를 제안했습니다. 이는 채굴하고 있는 블록의 높이를 코인베이스 해제 스크립트의 첫 원소로 한다는 소프트포크^{soft-fork} 규정입니다.[1]

높이는 리틀엔디언 정수로 표현하며 블록 높이(즉, 최초 0번 블록 이후의 블록 번호)와 같아야 합니다. 따라서 서로 다른 코인베이스 트랜잭션은 소속된 블록마다 높이가 다르기 때문에 바이트 단위로 똑같을 수 없습니다. [그림 9-1]에서의 코인 베이스 트랜잭션의 높이를 파싱하는 방법은 다음과 같습니다.

```
>>> from io import BytesIO
>>> from script import Script
>>> from helper import little_endian_to_int
>>> stream = BytesIO(bytes.fromhex('5e03d71b07254d696e656420627920416e74506f6f\
6c20626a31312f4542312f4144362f43205914293101fabe6d6d678e2c8c34afc36896e7d94028\
24ed38e856676ee94bfdb0c6c4bcd8b2e5666a0400000000000000c7270000a5e00e00'))
>>> script_sig = Script.parse(stream)
>>> print(little_endian_to_int(script_sig.cmds[0]))
465879
```

---

[1] 여기서 포크(fork)는 비트코인 네트워크를 구성하는 채굴 노드의 소프트웨어를 새 버전으로 업데이트하는 것을 의미한다. 그런데 수많은 채굴 노드에서 돌아가는 소프트웨어 버전을 동시에 올리는 것은 탈중앙화된 비트코인 네트워크의 특성상 불가능하다. 가능하더라도 갱신 중 네트워크가 중단될 수 있기 때문에 바람직하지 않다. 따라서 각 채굴 노드는 점진적으로 버전업이 이루어지는데, 이때 소프트포크는 예전 버전 노드와 최신 버전 노드가 혼재되어 있어도 네트워크가 멈추지 않고 돌아갈 수 있는 방식으로 갱신되는 것(backward-compatible upgrade)을 말한다. 반면 하드포크(hard-fork)는 예전 버전 노드와 최신 버전 노드가 서로 충돌하여 양립할 수 없는 방식의 소프트웨어 업데이트다. 따라서 하드포크는 모든 노드가 동시에 업데이트돼야 하며 부분적으로 업데이트되면 아예 서로 다른 2개의 소프트웨어가 돌아가는 2개의 네트워크가 생성된다. 이런 이유로 노드의 소프트웨어 업데이트는 주로 소프트포크로 이루어지고 하드포크는 업데이트보다는 새로운 블록체인을 분기시키는 경우에 사용한다. 한편, 이러한 업데이트를 위한 인위적인 포크 외에 일상적인 상황에서 2개 이상의 노드가 거의 동시에 작업증명을 찾았을 때 포크가 발생했다고 말한다. 이 경우는 일시적으로 노드들이 가진 블록체인의 마지막 블록이 동기되지 못하는 경우로 시간이 지날수록 우세한 블록이 생기면서 이러한 상황이 해소된다.

코인베이스 트랜잭션의 해제 스크립트를 보면 소속된 블록이 몇 번째 블록인지 알 수 있습니다. BIP0034를 통해 서로 다른 블록의 코인베이스 트랜잭션은 서로 다른 해제 스크립트와 서로 다른 트랜잭션 ID를 갖게 됩니다. 이 규정을 지키지 않으면 서로 다른 블록이 동일한 코인베이스 트랜잭션 ID를 가질 수 있기에 반드시 지켜야 합니다.

연습문제 9.2

Tx 클래스의 `coinbase_height` 메서드를 작성하시오.

9.2 블록 헤더

블록은 트랜잭션의 묶음이며 블록 헤더는 블록에 포함된 트랜잭션에 대한 메타 데이터입니다. [그림 9-2]에서와 같이 블록 헤더는 다음과 같이 구성됩니다.

- 블록 버전 (Version)
- 이전 블록 해시값 (Previous block)
- 머클루트 (Merkle root)
- 타임스탬프 (Timestamp)
- 비트값 (Bits)
- 논스값 (Nonce)

```
020000208ec39428b17323fa0ddec8e887b4a7c53b8c0a0
a220cfd0000000000000000000005b0750fce0a889502d4050
8d39576821155e9c9e3f5c3157f961db38fd8b25be1e77a
759e93c0118a4ffd71d

        - 02000020 - version, 4 bytes, LE
        - 8ec3...00 - previous block, 32 bytes, LE
        - 5b07...be - merkle root, 32 bytes, LE
        - 1e77a759 - timestamp, 4 bytes, LE
        - e93c0118 - bits, 4 bytes
        - a4ffd71d - nonce, 4 bytes
```

그림 9-2 파싱된 블록

블록 헤더는 블록의 메타데이터입니다. [그림 9-2]에서 보듯이 트랜잭션과는 달리 블록 헤더의 필드는 고정 길이입니다. 블록 헤더의 길이는 정확히 80바이트입니다. 이 글을 쓰는 시점에서 대략 550,000개의 블록이 있고 블록 헤더 크기는 약 45MB입니다. 반면에 전체 블록체인은 약 200GB이므로 헤더의 크기는 대략 전체의 0.023%입니다. 이처럼 매우 작은 블록 헤더의 크기는 11장에서 살펴볼 **단순 지급 검증**SPV, Simplified Payment Verificaion 기능에서 매우 중요합니다.

트랜잭션 ID처럼 블록 ID도 리틀엔디언으로 표현된 헤더의 hash256 해시값입니다. 그런데 블록 ID 값의 크기는 흥미로운 의미가 있습니다(9.3절에서 설명).

```
>>> from helper import hash256
>>> block_hash = hash256(bytes.fromhex('020000208ec39428b17323fa0ddec8e887b4a7\
c53b8c0a0a220cfd0000000000000000005b0750fce0a889502d40508d39576821155e9c9e3f5c\
3157f961db38fd8b25be1e77a759e93c0118a4ffd71d'))[::-1]
>>> block_id = block_hash.hex()
>>> print(block_id)
0000000000000000007e9e4c586439b0cdbe13b1370bdd9435d76a644d047523
```

위에서 구한 블록 ID가 이 블록의 다음 블록 헤더 이전 블록 해시값(prev_block) 필드로 들어갑니다. 지금으로서는 블록 ID 앞에 0으로 된 자릿수가 많다는 것만 기억하면 됩니다. 블록 헤더의 각 필드를 살펴보고 9.3절에서 관련 내용을 살펴보겠습니다.

지금까지 배운 것을 기초로 Block 클래스의 __init__ 메서드를 작성할 수 있습니다.

```
class Block:

    def __init__(self, version, prev_block, merkle_root, timestamp, bits, nonce):
        self.version = version
        self.prev_block = prev_block
        self.merkle_root = merkle_root
        self.timestamp = timestamp
        self.bits = bits
        self.nonce = nonce
```

연습문제 9.3

Block 클래스의 parse 메서드를 작성하시오.

연습문제 9.4

Block 클래스의 serialize 메서드를 작성하시오.

연습문제 9.5

Block 클래스의 hash 메서드를 작성하시오.

9.2.1 블록 버전

일반 소프트웨어에서 버전은 특정 기능의 집합을 나타냅니다. 블록 버전의 경우도 이와 유사합니다. 즉, 블록 버전은 블록을 생성하는 비트코인 소프트웨어 기능의 집합을 나타내고 초기에 채굴자에게 배포할 준비가 된 하나의 기능을 가리키는 방법입니다. 블록 버전 2는 소프트웨어가 BIP0034에 대한 준비가 되었음을 의미합니다. BIP0034는 앞 부분에서 언급한 코인베이스 트랜잭션에 블록 높이를 넣는 제안서입니다. 블록 버전 3은 소프트웨어가 BIP0066에 대한 준비가 되었음을 의미합니다. BIP0066은 엄격한 DER 인코딩을 시행하자는 제안서입니다. 블록 버전 4는 소프트웨어가 BIP0065에 대한 준비가 되었음을 의미합니다. BIP0065는 OP_CHECKLOCKTIMEVERIFY 사용을 규정하는 제안서입니다.

아쉽게도 이런 방식은 블록 버전이 하나씩 올라갈 때마나 소프트웨어의 기능 준비 상황을 하나씩 네트워크에 전파합니다. 이러한 문제점를 완화시키기 위해 한 번에 서로 다른 기능의 준비 상황이 29개까지 표시되어 전파되는 BIP0009가 고안됐습니다.

BIP0009 작동 방식은 다음과 같습니다. 먼저 채굴자는 자신의 채굴 소프트웨어가 BIP0009 규정을 따른다는 의미로 4바이트(32비트) 블록 헤더의 처음 3비트를 001로 설정합니다. 첫 3비트를 001로 고정하는 이유는 아직 BIP0009를 지원하지 않는 예전 소프트웨어가 새로운 블록 버전을 4 이상이라고 인식하도록 하기 위해서입니다. 블록 버전 4는 BIP0009 이전의 마지막 버전 번호였습니다.

이러면 블록 버전의 첫 번째 숫자가 16진수로 항상 2나 3이 됩니다. 이후, 채굴자는 최대 29개의 새로운 기능 지원 준비 여부를 나머지 29개의 비트에 표현할 수 있습니다. 예를 들면, 채굴자는 자신의 채굴소프트웨어가 어떤 기능이 준비됐다는 의미로 블록 버전의 가장 오른쪽 비트(비트 0)를 1로 설정할 수 있고, 또 다른 어떤 기능이 준비됐다는 의미로 오른쪽에서 두 번째 비트를 1로 설정할 수 있고, 이런 식으로 29개까지의 기능 지원 준비 여부를 블록 버전 필드에 기록하고 전파할 수 있습니다.

BIP0009 규정에 따르면 2016 블록 기간(난이도 조정 기간으로 9.3절에서 설명) 동안 95%의 블록이 소프트포크 기능 준비 표시가 돼야 그 기능이 네트워크에서 승인되고 활성화됩니다.[2] 이 글을 쓰는 시점에서 BIP0009를 사용하여 발생한 소프트포크는 BIP0068/BIP0112/BIP0113(OP_CHECKSEQUENCEVERIFY와 관련 변경)와 BIP0141(Segwit)입니다. 방금 언급한 기능제안서(BIP)는 기능 준비 여부를 표시하기 위해 첫 번째 비트(비트0), 두 번째 비트(비트1)를 사용했습니다. BIP0091의 기능을 반영할 때는 BIP0009에 따른 소프트포크 과정과 유사했지만 기능 채택을 위한 블록 개수의 임곗값이 80%였고 블록 기간이 더 짧았으므로 BIP0009 규정을 엄격하게 적용한 것은 아닙니다. BIP0092은 기능 준비 여부 표시를 다섯 번째 비트(비트 4)로 하였습니다.

기능 준비 여부를 확인하는 것은 아래와 같이 비교적 간단합니다.

```
>>> from io import BytesIO
>>> from block import Block
>>> b = Block.parse(BytesIO(bytes.fromhex('020000208ec39428b17323fa0ddec8e887b\
4a7c53b8c0a0a220cfd000000000000000000005b0750fce0a889502d40508d39576821155e9c9e3\
f5c3157f961db38fd8b25be1e77a759e93c0118a4ffd71d')))
>>> print('BIP9: {}'.format(b.version >> 29 == 0b001))   ❶
BIP9: True
>>> print('BIP91: {}'.format(b.version >> 4 & 1 == 1))   ❷
BIP91: False
>>> print('BIP141: {}'.format(b.version >> 1 & 1 == 1))   ❸
BIP141: True
```

❶ >> 연산자는 오른쪽 비트시프트 연산자입니다. 여기서는 오른쪽에 있는 29개의 비트를 오

---

2 BIP0009 규정에 따른 소프트포크 과정을 좀 더 설명하면 난이도 조정 기간이 시작되면 각 채굴 노드는 새 기능 준비 여부를 기록하여 블록을 전파시킨다. 이후 2016개 블록이 지나 난이도 조정 기간이 끝나면 조정 기간 동안 생성된 2016개 블록 중 95% 이상에 해당하는 블록에서 새 기능이 준비됐다고 적혀 있는지 확인한다. 만약 그렇다면 그 기능은 새로운 난이도 조정 기간이 시작될 때 활성화된다.

른쪽으로 밀어서 버리고 맨 왼쪽 3개의 비트만 남습니다. 0b001은 파이썬에서 2진수를 표
현하는 방식입니다.

❷ & 연산자는 비트별로 수행하는 AND 논리연산자입니다. 여기서는 오른쪽 4개의 비트를 먼
저 밀어서 버리고 맨 오른쪽 비트가 1인지 확인합니다.

❸ BIP0141은 두 번째 비트(비트 1)를 사용하므로 오른쪽으로 한 비트를 밀어버립니다.

연습문제 9.6

Block 클래스의 bip9 메서드를 작성하시오.

연습문제 9.7

Block 클래스의 bip91 메서드를 작성하시오.

연습문제 9.8

Block 클래스의 bip141 메서드를 작성하시오.

9.2.2 이전 블록 해시값

모든 블록은 바로 이전 블록의 해시값을 갖고 있습니다. 중복된 해시값은 없기 때문에 이 해시
값으로 이전 블록을 특정할 수 있습니다. 그래서 이런 데이터 구조를 블록체인이라고 부릅니
다. 모든 블록은 결국 최초 블록까지 거슬러 연결됩니다. 이전 블록 해시값은 앞에 많은 0 자릿
수가 있으며 그 이유는 뒤에서 자세히 설명합니다.

9.2.3 머클루트

머클루트^Merkle root는 블록 내 순서에 따라 나열된 모든 트랜잭션을 32바이트 해시값으로 변환한
값입니다. 11장에서 머클루트가 단순 지급 검증(SPV)에서 어떻게 쓰이는지 살펴보겠습니다.
그리고 어떤 블록에 특정 트랜잭션이 포함되었는지를 알아내기 위해 풀 노드의 블록체인 데이
터와 함께 머클루트가 어떻게 사용되는지도 알아보겠습니다.

9.2.4 타임스탬프

타임스탬프^{Timestamp}는 유닉스 형식으로 표현된 4바이트 값입니다. 유닉스 형식 타임스탬프는 1970년 1월 1일 이후 시간을 초 단위로 표현한 값으로 이 타임스탬프는 두 군데에서 사용합니다. 블록에 포함된 트랜잭션의 록타임이 유닉스 형식 시간으로 표현되었을 때 그 트랜잭션이 활성화되는 시점을 알아내기 위한 비교 기준으로 사용되거나, 2016개의 블록마다 비트값/목푯값/난이도를 재계산하는 과정에서도 사용됩니다. 과거 트랜잭션의 록타임은 소속된 블록 헤더에 있는 타임스탬프와 직접 비교됐지만 BIP0113 제안에 따라 이제는 록타임이 지난 11블록의 타임스탬프 중 중앙값과$^{median\ time\ past}$ 비교되고 있습니다.[3]

NOTE_ 타임스탬프 필드의 길이는 충분한가?

블록 헤더의 타임스탬프는 4바이트(32비트) 값입니다. 따라서 유닉스 형식 타임스탬프가 $2^{32} - 1$ 값을 초과하면 더 이상 시각을 표현할 수 없게 됩니다. 2^{32}초는 대략 136년이므로 현 타임스탬프 필드는 2106년(1970년 + 136년)까지만 시각을 표현할 수 있습니다.

많은 사람이 1970년 이후 68년 동안, 즉 2038년까지만 현 타임스탬프가 작동할 수 있다고 잘못 알고 있습니다. 그러나 그것은 타임스탬프 필드가 부호 있는 정수(2^{31}초는 68년)일 때 그런 것이고 부호 없는 정수로 간주하여 2106년까지 사용할 수 있습니다.

어쨌거나 2106년 이후에도 계속해서 타임스탬프를 사용하려면 블록 헤더의 업그레이드는 필요합니다.

9.2.5 비트값

비트값^{Bits}은 블록에서 필요한 작업증명과 관련된 필드입니다. 이에 대해서는 9.3절에서 자세히 살펴보겠습니다.

9.2.6 논스값

논스값^{Nonce}은 'Number used only ONCE'의 줄임말로 작업증명을 위해 채굴자가 변경하는 값입니다.

---

3 지난 11개 블록의 타임스탬프를 크기 순으로 정렬했을 때 가운데 위치한 6번째 값이 중앙값이다. 중앙값과 비교하는 이유는 다음과 같다. 트랜잭션의 록타임보다 타임스탬프가 크지 않으면 그 트랜잭션은 블록에 포함되지 않는다. 그런데 채굴자는 (많은 수수료를 얻으려고) 보다 많은 트랜잭션을 블록에 포함시키기 위해 자신이 생성하는 블록의 타임스탬프를 실제보다 증가시키게 된다. 이러한 동기를 꺾기 위해 BIP0113에서는 과거 11개의 타임스탬프 중앙값과 록타임을 비교하도록 한 것이다.

9.3 작업증명

작업증명proof-of-work으로 탈중앙화 방식의 비트코인 채굴이 가능해지고 전체 네트워크 수준에서 비트코인 보안이 유지됩니다. 작업증명을 찾은 채굴자는 자신이 만든 블록을 블록체인에 넣을 수 있는 권리를 얻게 됩니다. 작업증명을 찾는 것은 쉬운 일이 아닙니다. 그러나 작업증명은 단순 반복 작업이고 그 검증이 쉽기 때문에 원하면 누구든지 채굴자가 될 수 있습니다.

그럴 듯한 이유로 작업증명을 '채굴'이라고합니다. 실제 채굴장과 마찬가지로 채굴자들이 찾고 있는 것이 있습니다. 바로 비트코인입니다. 일반적으로 금광에서 1온스의 금을 축적하기 위해 45톤의 흙과 암석을 처리합니다. 왜냐하면 금은 흙과 암석에서 매우 드물게 존재하기 때문입니다. 그러나 금을 보면 금이 진짜인지 쉽게 확인이 가능합니다. 왜냐하면 발견된 것이 금인지를 확인하는 저비용의 화학 테스트, 시금석과의 비교 등 여러 방법이 있기 때문입니다.

마찬가지로 작업증명을 찾는다는 것은 특정한 조건을 만족하는 매우 희소한 숫자를 찾는 것입니다. 비트코인 네트워크에서 작업증명을 찾으려면 흙과 암석을 파내듯이 채굴자는 많은 숫자를 발생시켜서 특정한 조건을 만족하는지 조사해봐야 합니다. 금과 마찬가지로 실제 작업증명을 찾는 것보다 작업증명이 맞는지 검증하는 것이 훨씬 쉽습니다.

도대체 작업증명은 무엇일까요? 작업증명을 알기 위해 이전에 본 블록 헤더의 hash256 해시값을 살펴보겠습니다.

```
020000208ec39428b17323fa0ddec8e887b4a7c53b8c0a0a220cfd000000000000000000
5b0750fce0a889502d40508d39576821155e9c9e3f5c3157f961db38fd8b25be1e77a759
e93c0118a4ffd71d
>>> from helper import hash256
>>> block_id = hash256(bytes.fromhex('020000208ec39428b17323fa0ddec8e887b4a7c5\
3b8c0a0a220cfd000000000000000000005b0750fce0a889502d40508d39576821155e9c9e3f5c31\
57f961db38fd8b25be1e77a759e93c0118a4ffd71d'))[::-1]
>>> print('{}'.format(block_id.hex()).zfill(64)) ❶
0000000000000000007e9e4c586439b0cdbe13b1370bdd9435d76a644d047523
```

❶ 이 256비트 값이 작은 값이라는 것을 보이기 위해 64개의 자릿수를 모두 출력했습니다.

sha256 해시값은 균일하게 분산된 값을 생성하는 것으로 알려져 있습니다. 그렇다면 hash256 함수 호출은 (또는 2번 연속 sha256 함수 호출은) 256비트의 랜덤값을 출력하는 것으로 가정할 수 있습니다. 무작위로 출력되는 256비트 숫자가 이렇게 작은 값으로 될 확률은 매우 낮습니다. 256비트 숫자에서 첫 번째 비트가 0일 확률은 0.5이며 처음 두 비트가 00일 확률은 0.25이며 처음 세 비트가 000일 확률은 0.125입니다. 이 결과에서 앞자리에 있는 16진수의 각 0은 4개의 0비트를 나타냅니다. 이 경우처럼 처음 73비트가 0일 확률은 0.573, 이는 약 10^{22} 분의 1입니다. 극히 작은 확률입니다. 무작위로 256비트 숫자를 10^{22}(100해)번 출력해야 평균적으로 이런 작은 값이 나올 수 있습니다. 즉, 이 작은 해시값을 찾기 위해 해시값을 평균 10^{22}번 계산해야 합니다. 비유하면, 작업증명 과정 중 금덩어리에 해당하는 숫자를 찾기 위해 약 10^{22}번 흙과 암석을 처리해야 합니다.

9.3.1 채굴자의 해시값 생성 방법

채굴자는 작업증명을 만족하는지 확인하기 위해 채굴의 재료가 되는 숫자를 어디에서 얻을까요? 바로 블록 헤더 필드 중 하나인 논스값에서 얻습니다. 채굴자는 원하는 대로 논스값을 변경하여 블록 헤더의 해시값을 변경할 수 있습니다.

그런데 애석하게도 4바이트(=32비트) 논스값 필드(채굴자는 2^{32}개의 서로 다른 논스값으로 변경 가능)는 작업증명을 찾기에 충분한 크기가 아닙니다. 최신 ASIC 장비는 초당 2^{32}개 이상의 서로 다른 해시값을 계산할 수 있습니다. 예를 들어 AntMiner S9는 초당 12테라해시(Th/s)를 계산합니다. 이는 초당 약 2^{43}개의 해시이므로 모든 4바이트 논스값을 0.0003초만에 확인할 수 있습니다.

채굴자는 작업증명을 위해 논스값 외에 코인베이스 트랜잭션을 변경할 수 있습니다. 그러면 머클루트가 변경되어 채굴자는 다시 새로운 논스값을 시도할 수 있습니다. 다른 옵션으로 버전 필드를 변경하는 방법이 있습니다. 그리고 넓어진 탐색 공간에서 작업증명을 하기 위해 ASIC 장비를 사용할 수 있습니다. 트랜잭션이 변경될 때 머클루트가 어떻게 변경되는지는 11장에서 살펴보겠습니다.

9.3.2 목푯값

작업증명의 요구사항에 따라 비트코인의 모든 블록 헤더의 해시값이 특정 값보다 작아야 합니다. 목푯값^{Target}은 블록 헤더의 비트값(Bits, 위의 예는 e93c0118)으로 계산된 256비트 숫자입니다. 목푯값은 무작위로 꺼낸 256비트 숫자와 비교하여 매우 작습니다.

4바이트 비트값은 실제로는 지수^{exponent}와 계수^{coefficient}로 이루어진 숫자입니다. 마지막 바이트가 지수이고 처음 세 바이트는 계수입니다. 계수를 이루는 세 바이트는 리틀엔디언으로 읽습니다. 지수와 계수로부터 목푯값을 계산하는 공식은 다음과 같습니다.

$$\text{target} = \text{coefficient} \times 256^{exponent-3}$$

아래는 파이썬에서 비트값이 주어졌을 때 목푯값을 계산하는 방법입니다.

```
>>> from helper import little_endian_to_int
>>> bits = bytes.fromhex('e93c0118')
>>> exponent = bits[-1]
>>> coefficient = little_endian_to_int(bits[:-1])
>>> target = coefficient * 256**(exponent - 3)
>>> print('{:x}'.format(target).zfill(64))   ❶
0000000000000000013ce9000000000000000000000000000000000000000000
```

❶ 목푯값이 작은 값이라는 것을 보이기 위해 64개의 자릿수를 모두 출력했습니다.

블록 헤더의 해시값이 목푯값보다 작을 때 작업증명은 유효하게 됩니다. 이때 해시값은 리틀엔디언 정수로 표현합니다. 유효한 작업증명 해시값은 매우 드물게 나타나며 채굴은 이러한 해시값 중 하나를 찾는 과정입니다. 위의 목푯값을 만족하는 하나의 작업증명을 찾으려면 네트워크 전체가 3.8×10^{21} 해시값을 계산해야 합니다. 이 목푯값을 가진 블록이 채굴되었을 때 이 정도 계산을 약 10분 정도에 수행했을 것입니다. 이 값은 최상의 GPU 채굴 카드로 작업증명 하나를 찾는 데 평균 5만 년이 걸리는 계산 양입니다.

이 블록 헤더의 해시값이 작업증명을 만족하는지 다음과 같이 확인할 수 있습니다.

```
>>> from helper import little_endian_to_int
>>> proof = little_endian_to_int(hash256(bytes.fromhex('020000208ec39428b17323\
fa0ddec8e887b4a7c53b8c0a0a220cfd000000000000000000005b0750fce0a889502d40508d3957\
6821155e9c9e3f5c3157f961db38fd8b25be1e77a759e93c0118a4ffd71d')))
>>> print(proof < target)   ❶
True
```

❶ 목푯값(target) 이전 예에서 계산된 것을 사용합니다.

작업증명으로 얻은 해시값(ID)과 목표치(TG)를 자릿수에 맞게 나열했을 때 앞의 0의 개수로부터 해시값이 더 작은 값임을 알 수 있습니다.

```
TG: 000000000000000013ce9000000000000000000000000000000000000000000
```

```
ID: 0000000000000000007e9e4c586439b0cdbe13b1370bdd9435d76a644d047523
```

연습문제 **9.9**

helper.py 파일의 `bits_to_target` 함수를 작성하시오.

9.3.3 난이도

목푯값의 수치만으로는 이 값보다 작은 해시값을 얻는 것이 얼마나 어려운지 가늠하기가 쉽지 않습니다. 목푯값은 숫자이고 사람은 숫자의 자릿수가 길면 수의 크고 작음을 간파하는 것이 쉽지 않기 때문입니다. 180비트 수는 190비트 수보다 수천 배 더 작지만 이들이 목푯값이라고 할 때 많은 자릿수 때문에 해시값을 구하기 어려운 정도를 가늠하기 쉽지 않습니다.

서로 다른 목푯값을 쉽게 비교할 수 있도록 난이도^{difficulty}라는 개념이 탄생했습니다. 난이도 목 푯값이 작다는 것은 해시값을 구하기 어려울 것이기에 난이도를 목푯값에 반비례하도록 정의하면 서로 다른 난이도 사이의 비교가 쉬울 것입니다. 계산 수식은 다음과 같습니다.[4]

$$\text{difficulty} = 0\text{xffff} \times 256^{0\text{x1d}-3} / \text{target}$$

난이도를 계산하는 코드는 아래와 같습니다.

```
>>> from helper import little_endian_to_int
>>> bits = bytes.fromhex('e93c0118')
```

---

[4] 난이도 계산 수식을 목푯값 계산 수식과 비교하면 계수는 `0xffff` 지수는 `0x1d`임을 알 수 있다. 이 수치는 최초 블록의 목푯값을 계산할 때 사용한 계수와 지수다. 따라서 최초 블록 난이도는 1이 된다.

```
>>> exponent = bits[-1]
>>> coefficient = little_endian_to_int(bits[:-1])
>>> target = coefficient*256**(exponent-3)
>>> difficulty = 0xffff * 256**(0x1d-3) / target
>>> print(difficulty)
888171856257.3206
```

비트코인 최초 블록의 난이도는 1이었습니다. 이것은 현재 메인넷이 얼마나 어려워졌는지를 수치화할 수 있게 합니다. 난이도는 처음 채굴을 시작할 당시와 비교해서 현재 채굴이 얼마나 어려워졌는지를 보여주는 지표입니다. 위에서 예를 든 채굴 난이도는 비트코인 시초보다 약 8880억 배에 해당합니다.

난이도는 비트코인 블록 탐색기와 가격 차트 서비스에서 종종 볼 수 있습니다. 이는 난이도가 새로운 블록을 생성하는 데 필요한 노력을 훨씬 직관적으로 보여주기 때문입니다.

연습문제 9.10

Block 클래스의 difficulty 메서드를 작성하시오.

9.3.4 작업증명 유효성 확인

지금까지 블록 헤더의 hash256 해시값을 계산하고 이것을 리틀엔디언 정수로 읽어서 작업증명을 계산하는 것을 배웠습니다. 이 숫자가 목푯값보다 낮으면 유효한 작업증명이 되고, 그렇지 않으면 유효하지 않은 작업증명이 되며 이를 포함하는 블록 역시 유효하지 않게 됩니다.

연습문제 9.11

Block 클래스의 check_pow 메서드를 작성하시오.

9.3.5 난이도 조정

비트코인에서 2016블록의 각 그룹을 난이도 조정 기간difficulty adjustment period이라고 합니다. 매 난이도 조정 기간이 끝나면 목푯값은 다음 식에 따라 조정됩니다.

```
time_differential = (난이도 조정 기간의 마지막 블록 타임스탬프) − (난이도 조정 기간
의 첫 번째 블록 타임스탬프)
```

```
new_target = previous_target * time_differential / (2주간의 초 단위 시간⁵)
```

위 공식에 덧붙여 `time_differential`는 이 8주보다 크면 8주로 설정되며, 3.5일보다 작으면 3.5일로 설정됩니다. 이렇게 하면 새로운 목푯값은 4번까지 연속해서 증가하거나 감소할 수 없습니다. 즉, 목푯값은 최소 1/4배까지 감소하거나 최대 4배까지 증가합니다.[6]

각 블록의 평균 생성 시간이 10분인 경우 2016블록의 생성에는 20,160분이 필요합니다. 하루는 1,440분이므로 2016블록은 20160 / 1440 = 14일 걸립니다. 매 난이도 조정으로 블록 생성 시간이 블록당 평균 10분으로 돌아가게 됩니다. 즉, 많은 해시 파워가 네트워크에 들어오거나 떠나더라도 장기적으로 블록은 항상 10분마다 생성되는 방향으로 맞추어집니다.

현재와 바로 이전 난이도 조정 기간의 마지막 블록의 타임스탬프를 사용해서 비트값을 다시 계산합니다. 사토시는 여기에 또 다른 off-by-one 버그를 심어놓았습니다. 타임스탬프의 차등 계산에 바로 이전 난이도 조정 기간 사이의 마지막 블록이 아닌 현재 기간의 첫 번째와 마지막 블록의 타임스탬프를 사용했던 것입니다. 따라서 실제는 2016개의 블록 사이가 아닌 2015개의 블록 사이의 시간 차이입니다.

이 공식을 다음과 같이 코딩할 수 있습니다.

```
>>> from block import Block
>>> from helper import TWO_WEEKS     ❶
>>> last_block = Block.parse(BytesIO(bytes.fromhex('00000020fdf740b0e49cf75bb3\
d5168fb3586f7613dcc5cd89675b0100000000000000002e37b144c0baced07eb7e7b64da916cd\
3121f2427005551aeb0ec6a6402ac7d7f0e4235954d801187f5da9f5')))
>>> first_block = Block.parse(BytesIO(bytes.fromhex('000000201ecd89664fd205a37\
566e694269ed76e425803003628ab01000000000000000000bfcade29d080d9aae8fd461254b0418\
05ae442749f2a40100440fc0e3d5868e55019345954d80118a1721b2e')))
>>> time_differential = last_block.timestamp - first_block.timestamp
>>> if time_differential > TWO_WEEKS * 4:     ❷
...     time_differential = TWO_WEEKS * 4
>>> if time_differential < TWO_WEEKS // 4:     ❸
...     time_differential = TWO_WEEKS // 4
```

---

5 $60^{초} \cdot 60^{분} \cdot 24^{시간} \cdot 7^{일} \cdot 2^{주}$ = 1209600
6 8주는 2주의 4배이고 3.5일은 2주의 1/4배이기 때문이다.

```
>>> new_target = last_block.target() * time_differential // TWO_WEEKS
>>> print('{:x}'.format(new_target).zfill(64))
0000000000000000007615000000000000000000000000000000000000000000
```

❶ 여기서 TWO_WEEKS = 60*60*24*14는 2주간의 초 단위 시간입니다. 즉 14일×24시간× 60분×60초입니다.

❷ 마지막 2,015블록을 찾는 데 8주 이상 걸렸던 경우에는 8주에 해당하는 시간이 걸린 것으로 합니다.

❸ 마지막 2,015블록을 찾는 데 3.5일 이하로 걸렸던 경우에는 3.5일에 해당하는 시간이 걸린 것으로 합니다.

다음 블록의 목푯값을 계산하는 데 블록 헤더들만 필요합니다. 일단 목푯값이 있으면 목푯값을 비트값으로 변환할 수 있습니다. 반대로 비트값을 목푯값으로 변환하는 연산은 다음과 같습니다.

```
def target_to_bits(target):
    '''Turns a target integer back into bits'''
    raw_bytes = target.to_bytes(32, 'big')
    raw_bytes = raw_bytes.lstrip(b'\x00')    ❶
    if raw_bytes[0] > 0x7f:    ❷
        exponent = len(raw_bytes) + 1
        coefficient = b'\x00' + raw_bytes[:2]
    else:
        exponent = len(raw_bytes)    ❸
        coefficient = raw_bytes[:3]    ❹
    new_bits = coefficient[::-1] + bytes([exponent])    ❺
    return new_bits
```

❶ 앞에 있는 모든 0을 제거합니다. 단 제거하고 남은 raw_bytes 변수의 가장 왼쪽에 있는 비트값은 0이어야 합니다. 즉, 가장 왼쪽에 있는 바이트 값은 0x7f와 같거나 작아야 합니다. 그렇지 않으면 raw_bytes 값이 음수로 간주됩니다.[7] 목푯값은 항상 양수이기에 만약 음수로 간주된다면 값을 잘못 해석한 것입니다.

---

7 이는 2진수의 음수 표현 때문이다.

❷ raw_bytes[0]가 0x7f보다 커서 음수로 간주되면 안 되기 때문에 그런 경우에는 앞서 제 거한 1바이트의 0을 다시 추가합니다. 그에 따라 exponent 값도 보정합니다.

❸ 지수는 raw_bytes의 0이 아닌 수의 자릿수를 의미하고 raw_bytes 변수의 길이와 같습니다.

❹ 계수는 raw_bytes 변수의 처음 세 바이트 값입니다.

❺ 비트값의 형식에 따라 계수는 리틀엔디언으로 처음 세바이트를 지수는 마지막 바이트를 차지합니다.

난이도 조정 공식에 따라 계산된 올바른 비트값이 아닌 경우 해당 블록을 거부할 수 있습니다.

연습문제 9.12

아래와 같이 2016블록의 난이도 조정 기간의 첫 번째와 마지막 블록이 주어졌을 때 비트값을 계산하시오.

- Block 471744 :

```
000000203471101bbda3fe307664b3283a9ef0e97d9a38a7eacd88000000000000000000
10c8aba8479bbaa5e0848152fd3c2289ca50e1c3e58c9a4faaafbdf5803c5448ddb84559
7e8b0118e43a81d3
```

- Block 473759 :

```
02000020f1472d9db4b563c35f97c428ac903f23b7fc055d1cfc26000000000000000000
b3f449fcbe1bc4cfbcb8283a0d2c037f961a3fdf2b8bedc144973735eea707e126425859
7e8b0118e5f00474
```

연습문제 9.13

helper.py 파일의 calculate_new_bits 함수를 작성하시오.

9.4 마치며

이 장에서는 작업증명을 계산하는 방법, 난이도 조정 기간 후 블록의 비트값을 다시 계산하는 방법과 코인베이스 트랜잭션을 파싱하는 방법을 살펴봤습니다. 10장에서 살펴볼 부분은 네트워크입니다. 블록 헤더 필드 중 아직 다루지 않았던 머클루트는 11장에서 살펴보겠습니다.

네트워킹

비트코인이 실행되는 P2P 네트워크는 탈중앙화 특성상 매우 견고합니다. 이 글을 쓰는 현재 65,000개 이상의 노드가 네트워크에서 끊임없이 통신하고 있습니다.

비트코인 네트워크는 브로드캐스트^{broadcast} 네트워크 혹은 가십^{gossip} 네트워크라고 합니다. 모든 노드는 자신이 알고 있는 트랜잭션, 블록, 인접 노드 리스트를 전파합니다. 오랜 기간 많은 기능이 추가되어 프로토콜은 풍부하고 많은 기능을 갖고 있습니다.

노드 사이 통신에 있어서 특정 네트워크 프로토콜을 사용해야 하는 것은 아닙니다. 동일한 데이터를 서로 다른 프로토콜로 전송할 수 있으며 블록체인 입장에서는 차이가 없습니다.

이 장에서는 이를 염두에 두고 비트코인 네트워크 프로토콜에 따라 블록 헤더를 요청, 수신, 검증하는 과정을 살펴보겠습니다.

10.1 네트워크 메시지

모든 네트워크 메시지는 [그림 10-1]과 같은 형식입니다.[1]

처음 4바이트는 항상 동일하며 네트워크 매직^{network magic} 바이트라고합니다. 간헐적으로 끊어질

---

1   네트워크 메시지는 노드와 노드가 서로 교환하는 통신 패킷이다. 이 안에는 실제 보내고자 하는 정보 즉 페이로드가 있다. 페이로드가 편지 내용이라고 하면 네트워크 메시지는 이를 담고 있는 봉투(envelope)라고 할 수 있다.

수 있는 비동기 네트워크 통신 프로그래밍에서 일반적으로 이러한 **매직 바이트**를 사용합니다. 매직 바이트는 (통신 신호가 갑자기 약해지는 경우 등으로) 통신 연결이 끊어졌을 때 재접속을 위해 신호의 시작점을 알아내는 데 유용합니다. 또한 매직 바이트는 네트워크 식별에도 좋습니다. 예를 들면 비트코인 노드는 라이트코인Litecoin 네트워크를 식별할 수 있습니다. 따라서 비트코인 노드는 라이트코인 노드와는 연결되지 않습니다. 구별이 가능한 이유는 비트코인 노드와 라이트코인 노드의 매직 바이트가 다르기 때문입니다. 비트코인 테스트넷도 메인넷 매직 (f9beb4d9) 바이트와는 다른 매직(0b110907) 바이트가 있습니다.

```
f9beb4d976657273696f6e00000000000650000005f1a69d272110100010000000000000000bc8f5e540
00000000100000000000000000000000000000ffffc61b6409208d01000000000000000000000
0000000000000ffffcb0071c0208d128035cbc97953f80f2f5361746f7368693a302e392e332fcf0
5050001


 - f9beb4d9 - network magic (always 0xf9beb4d9 for mainnet)
 - 76657273696f6e0000000000 - command, 12 bytes, human-readable
 - 65000000 - payload length, 4 bytes, little-endian
 - 5f1a69d2 - payload checksum, first 4 bytes of hash256 of the
             payload
 - 7211...01 - payload
```

그림 10-1 네트워크 메시지

다음 12바이트는 커맨드를 적는 필드로 페이로드가 어떤 정보인지를 알려줍니다. 다양한 커맨드가 있고 관련 문서에서 모든 커맨드 목록을 볼 수 있습니다.[2] 커맨드는 알아보기 쉽게 영어로 되어 있고 [그림 10-1]에 있는 메시지의 커맨드는 'version'입니다(12바이트 공간을 version의 ASCII 문자열로 적고 남는 공간은 0x00로 채웁니다).

다음 4바이트는 리틀엔디언으로 읽는 페이로드의 길이입니다. 5장과 9장에서 보았듯이 페이로드 길이는 가변이므로 길이 정보가 필요합니다. 길이 정보를 적는 필드가 4바이트이므로 페이로드는 4GB까지 표현할 수 있지만 실제 페이로드의 길이는 32MB 이하로 제한됩니다. [그림 10-1]의 메시지에서 페이로드의 길이는 101바이트입니다.

다음 4바이트는 체크섬 필드입니다. 체크섬은 페이로드의 hash256 해시값의 처음 4바이트로 구합니다. 네트워크 프로토콜에서 체크섬은 일반적으로 오류 정정 기능을 포함해서 설계되지

---

2 모든 커맨드는 *https://en.bitcoin.it/wiki/Protocol_documentation*에서 볼 수 있다.

만 hash256 알고리즘에는 그러한 기능이 없습니다.[3] 아마도 hash256이 비트코인 프로토콜에서 흔히 사용되어 여기서도 사용된 것 같습니다.

네트워크 메시지를 처리하는 새로운 클래스를 다음과 같이 생성합니다.

```python
NETWORK_MAGIC = b'\xf9\xbe\xb4\xd9'
TESTNET_NETWORK_MAGIC = b'\x0b\x11\x09\x07'


class NetworkEnvelope:

    def __init__(self, command, payload, testnet=False):
        self.command = command
        self.payload = payload
        if testnet:
            self.magic = TESTNET_NETWORK_MAGIC
        else:
            self.magic = NETWORK_MAGIC

    def __repr__(self):
        return '{}: {}'.format(
            self.command.decode('ascii'),
            self.payload.hex(),
        )
```

연습문제 10.1

NetworkEnvelope 클래스의 parse 클래스 메서드를 작성하시오.

연습문제 10.2

아래는 어떤 네트워크 메시지인가?

```
f9beb4d976657261636b00000000000000000000005df6e0e2
```

---

3   오류 정정 기능은 네트워크 메시지의 내용에 전송 중 오류가 발생해도 이를 복구할 수 있는 기능이다. 네트워크 프로토콜에서 많이 쓰이는 오류 정정 알고리즘으로는 리드–솔로몬(Reed–Solomon) 부호, 랩터(Raptor) 부호 등이 있다. 여기서 hash256 알고리즘은 에러 탐지 기능으로만 사용된다.

연습문제 **10.3**

NetworkEnvelope 클래스의 serialize 메서드를 작성하시오.

10.2 페이로드 파싱

각 커맨드마다 서로 다른 페이로드를 구성합니다. 따라서 페이로드 내용을 구성에 따라 파싱할 수 있습니다. [그림 10-2]은 version 커맨드의 페이로드를 파싱한 예입니다.

```
7f11010000000000000000000ad17835b000000000000000000000000000000000000000000000000000000ffff0
0000000208d0000000000000000000000000000000000000ffff00000000208df6a8d7a440ec27a11b
2f70726f6772616d6d696e67626c6f636b636861696e3a302e312f0000000001

7f110100 - Protocol version, 4 bytes, little-endian, 70015
0000000000000000 - Network services of sender, 8 bytes, little-endian
ad17835b00000000 - Timestamp, 8 bytes, little-endian
0000000000000000 - Network services of receiver, 8 bytes, little-endian
00000000000000000000ffff00000000 - Network address of receiver, 16 bytes, IPv4
        0.0.0.0
208d - Network port of receiver, 2 bytes, 8333
0000000000000000 - Network services of sender, 8 bytes, little-endian
00000000000000000000ffff00000000 - Network address of sender, 16 bytes, IPv4
        0.0.0.0
208d - Network port of sender, 2 bytes, 8333
f6a8d7a440ec27a1 - Nonce, 8 bytes, used for communicating responses
1b2f70726f6772616d6d696e67626c6f636b636861696e3a302e312f - User agent
        /programmingblockchain:0.1/
00000000 - Height, 0
01 - Optional flag for relay, based on BIP37
```

그림 10-2 version 커맨드의 페이로드 파싱

위 필드에는 두 노드가 본격적으로 통신하는 데 필요한 정보를 담고 있습니다.

첫 번째 필드(Protocol version)는 네트워크 프로토콜 버전 정보를 갖고 있습니다. 프로토콜에 따라서 통신 가능한 메시지가 제한됩니다. 서비스 필드(Network services)는 연결된 노드 사이에 사용 가능한 서비스 정보를 담고 있습니다. 8바이트의 유닉스 타임스탬프 필드(timestamp)는 리틀엔디언 정수로 읽습니다(참고로 블록 헤더에 있는 타임스탬프는 4바이트입니다).

다음 필드(Network address)는 IP 주소로 IPv6, IPv4 또는 OnionCat(TOR의 .onion 주소를 IPv6 주소 형식으로 표현)으로 표현합니다. 만약 IP 주소가 IPv4 형식이라면 첫 12바이트(00000000000000000000ffff)는 IPv6 형식에 맞추기 위한 무의미한 값이고 마지막 4바이트가 IP 주소입니다. 다음 포트 정보(Network port)는 2바이트의 빅엔디언 정수로 읽습니다. 메인넷의 디폴트 포트번호는 8333이며 빅엔디언으로 쓰여 0x208d이 됩니다.

논스(Nonce)는 노드가 어떤 노드와 연결되었을 때 의미 없는 자신과의 연결을 식별하기 위해 사용합니다.[4] 사용자 에이전트(User agent)는 실행 중인 소프트웨어에 관한 정보입니다. 높이(Height) 필드는 이 메시지를 보내는 노드가 가장 최근에 동기화한 블록을 알려줍니다.

릴레이(Optional flag for relay) 필드는 블룸 필터와 관계 있습니다. 블룸 필터는 12장에서 다루겠습니다.

적당한 디폴트값으로 VersionMessage 클래스를 다음과 같이 작성할 수 있습니다.

```python
class VersionMessage:
    command = b'version'

    def __init__(self, version=70015, services=0, timestamp=None,
                 receiver_services=0,
                 receiver_ip=b'\x00\x00\x00\x00', receiver_port=8333,
                 sender_services=0,
                 sender_ip=b'\x00\x00\x00\x00', sender_port=8333,
                 nonce=None, user_agent=b'/programmingbitcoin:0.1/',
                 latest_block=0, relay=False):
        self.version = version
        self.services = services
        if timestamp is None:
            self.timestamp = int(time.time())
        else:
            self.timestamp = timestamp
        self.receiver_services = receiver_services
        self.receiver_ip = receiver_ip
        self.receiver_port = receiver_port
        self.sender_services = sender_services
        self.sender_ip = sender_ip
        self.sender_port = sender_port
        if nonce is None:
```

----

4 블록 헤더의 논스값과 이름이 같아서 혼동할 수 있지만 엄연히 다른 용도의 값이다.

```
        self.nonce = int_to_little_endian(randint(0, 2**64), 8)
    else:
        self.nonce = nonce
    self.user_agent = user_agent
    self.latest_block = latest_block
    self.relay = relay
```

이 메시지를 직렬화하는 방법은 연습문제로 남겨두겠습니다.

연습문제 **10.4**

VersionMessage 클래스의 serialize 메서드를 작성하시오.

10.3 네트워크 핸드셰이크

네트워크 핸드셰이크는 노드 사이에 통신 링크를 처음 수립하는 과정을 말합니다. 그 방법은
다음과 같습니다.

- A는 B와 연결하기 위해 version 메시지를 보낸다.
- B는 version 메시지를 받고 verack 메시지로 응답한다. 그리고 바로 자신의 version 메시지를 보낸다.
- A는 B가 보낸 verack와 version 메시지를 받고 verack 메시지로 응답한다.
- B는 verack 메시지를 받고 이제 통신 링크가 형성되었다.

핸드셰이크가 끝나면 A와 B는 원하는 대로 통신할 수 있습니다. 핸드셰이크에는 서로의 노드
를 인증하는 과정이 없으며 모든 수신 데이터의 이상 유무를 확인하는 것은 전적으로 각 노드
의 책임입니다. 만약 노드가 잘못된 트랜잭션이나 블록을 보내면 상대 노드는 그 노드를 차단
하거나 연결을 끊을 수도 있습니다.

10.4 네트워크 접속

네트워크 통신은 비동기 특성으로 인해 다루기가 어렵습니다. 간단하게 실험할 때는 네트워크 노드에 동기식으로 접속할 수 있습니다.[5]

```
>>> import socket
>>> from network import NetworkEnvelope, VersionMessage
>>> host = 'testnet.programmingbitcoin.com'  ❶
>>> port = 18333
>>> socket = socket.socket(socket.AF_INET, socket.SOCK_STREAM)
>>> socket.connect((host, port))
>>> stream = socket.makefile('rb', None)  ❷
>>> version = VersionMessage()  ❸
>>> envelope = NetworkEnvelope(version.command, version.serialize())
>>> socket.sendall(envelope.serialize())  ❹
>>> while True:
...     new_message = NetworkEnvelope.parse(stream)  ❺
...     print(new_message)
```

❶ host는 저자가 설치한 테스트넷 노드입니다. 테스트넷 디폴트 포트는 18333입니다.

❷ 소켓으로부터 읽을 수 있는 스트림(stream)을 생성합니다. 이런 식으로 만들어진 스트림은 모든 parse 메서드 호출 시 넘겨줄 수 있습니다.

❸ 핸드셰이크의 첫 번째 과정으로 version 메시지를 보내는 것입니다. 이를 위해 버전 메시지를 생성합니다.

❹ 버전 메시지를 네트워크 프로토콜에 따라 직렬화하여 보냅니다.

❺ 연결된 소켓을 통해 들어오는 메시지를 읽고 출력합니다.

위와 같이 동기 방식으로 통신하면 응답을 받을 때까지 추가로 보낼 수도 없고 동시에 2개 이상의 메시지에 대해 쉽게 대응할 수 없습니다. 비동기 라이브러리(파이썬 3의 asyncio 등)를 사용하면 보내고 받는 과정에서 프로그램의 실행이 멈추지 않고도 계속 다른 일을 할 수 있어 보다 효율적으로 네트워크에 접속할 수 있습니다.

----

5 통신을 위해 상대 노드에게 어떤 요청을 했을 때 답변이 언제 올지 알 수 없다. 심지어 네트워크 상황에 따라 답변이 오지 않을 수도 있다. 요청을 보내고 답변을 기다려서 받은 다음 프로그램 코드를 진행하는 것을 동기식 프로그래밍이라고 하며, 그렇지 않고 요청을 보내고 바로 다음 코드를 진행하는 것을 비동기식 프로그래밍이라고 한다.

verack 메시지를 보내기 위해 필요한 **VerAckMessage** 클래스는 여기서 작성하겠습니다.

```python
class VerAckMessage:
    command = b'verack'

    def __init__(self):
        pass

    @classmethod
    def parse(cls, s):
        return cls()

    def serialize(self):
        return b''
```

VerAckMessage는 아주 작은 네트워크 메시지입니다.

이제 간단한 노드 클래스를 생성해서 핸드셰이크에 필요한 메서드를 작성합니다.

```python
class SimpleNode:

    def __init__(self, host, port=None, testnet=False, logging=False):
        if port is None:
            if testnet:
                port = 18333
            else:
                port = 8333
        self.testnet = testnet
        self.logging = logging
        self.socket = socket.socket(socket.AF_INET, socket.SOCK_STREAM)
        self.socket.connect((host, port))
        self.stream = self.socket.makefile('rb', None)

    def send(self, message):  ❶
        '''Send a message to the connected node'''
        envelope = NetworkEnvelope(
            message.command, message.serialize(), testnet=self.testnet)
        if self.logging:
            print('sending: {}'.format(envelope))
        self.socket.sendall(envelope.serialize())

    def read(self):  ❷
```

```
        '''Read a message from the socket'''
        envelope = NetworkEnvelope.parse(self.stream, testnet=self.testnet)
        if self.logging:
            print('receiving: {}'.format(envelope))
        return envelope

    def wait_for(self, *message_classes):  ❸
        '''Wait for one of the messages in the list'''
        command = None
        command_to_class = {m.command: m for m in message_classes}
        while command not in command_to_class.keys():
            envelope = self.read()
            command = envelope.command
            if command == VersionMessage.command:
                self.send(VerAckMessage())
            elif command == PingMessage.command:
                self.send(PongMessage(envelope.payload))
        return command_to_class[command].parse(envelope.stream())
```

❶ send 메서드는 소켓을 통해 메시지를 보냅니다. 인수로 받은 message 객체는 command와 serialize 메서드를 갖고 있어야 합니다.

❷ read 메서드는 소켓으로부터 읽은 메시지를 반환합니다.

❸ wait_for 메서드는 message_classes에 포함된 메시지 중 하나를 기다리고 이를 수신하면 파싱한 결과를 반환합니다. 만약 수신한 메시지가 version이나 ping 메시지이면 그에 따라 응답 메시지까지 보냅니다. 이와 같이 동기적으로 메서드를 구현하면 코딩하기는 쉽지만 상용 개발에서는 다른 방법으로 구현할 것입니다.

이제 노드를 작성했고 다른 노드와 핸드셰이크를 할 수 있습니다.

```
>>> from network import SimpleNode, VersionMessage
>>> node = SimpleNode('testnet.programmingbitcoin.com', testnet=True)
>>> version = VersionMessage()  ❶
>>> node.send(version)  ❷
>>> verack_received = False
>>> version_received = False
>>> while not verack_received or not version_received:  ❸
...     message = node.wait_for(VersionMessage, VerAckMessage)  ❹
...     if message.command == VerAckMessage.command:
...         verack_received = True
```

```
...        else:
...            version_received = True
```

❶ version 메시지를 생성하면서 IP 주소 등 여러 필드를 설정하지 않았지만 대부분 노드는
   이런 필드를 생략하고 디폴트값으로 메시지를 보낼 수 있습니다.

❷ version 메시지를 보내면서 핸드셰이크를 시작합니다.

❸ verack 혹은 version 메시지를 받아야만 while 루프를 빠져나올 수 있습니다.

❹ 현재 노드가 보낸 version 메시지의 응답인 verack 메시지나 상대 노드의 version 메시
   지를 기다립니다. 다만 어느 것이 먼저 수신될지는 알 수 없습니다.

연습문제 **10.5**

SimpleNode 클래스의 handshake 메서드를 작성하시오.

10.5 블록 헤더 요청

이제 노드와의 통신 링크가 생겼으니 무엇을 해야 할까요? 어떤 노드가 처음 네트워크에 연결
되고 입수해야 하는 가장 중요한 데이터는 블록 헤더입니다. 풀 노드[full node]의 경우 일단 모든
블록 헤더를 내려받으면 이후 여러 노드에게 비동기적으로 병렬 요청하여 전체 블록을 빠르게
내려받을 수 있습니다. 라이트 노드[light node]의 경우 블록 헤더를 내려받으면 각 블록의 작업증명
이 올바른지 검증할 수 있습니다. 11장에서 볼 수 있듯이 라이트 노드는 네트워크를 통해 특정
트랜잭션의 블록 포함 여부를 알 수 있고 이를 위해 반드시 블록 헤더를 지니고 있어야 합니다.

요청받은 노드는 많은 대역폭을 사용하지 않고 블록 헤더를 보내줄 수 있습니다.[6] 블록 헤더를
요청하는 커맨드가 getheaders이며 메시지의 페이로드는 [그림 10-3]의 내용과 같습니다.

---

6 그 이유는 블록 헤더의 크기가 전체 블록체인의 0.023%로 매우 작기 때문이다.

```
7f11010001a35bd0ca2f4a88c4eda6d213e2378a5758dfcd6af437120000000000000000000000000000000
0000000000000000000000000000000000000000000000000000000000000

        - 7f110100 - Protocol version, 4 bytes, little-endian, 70015
        - 01 - Number of hashes, varint
        - a35b...00 - Starting block, little-endian
        - 0000...00 - Ending block, little-endian
```

그림 10-3 getheaders 메시지의 페이로드 파싱

version 메시지의 페이로드와 마찬가지로 네트워크 프로토콜 버전 정보(Protocol version)
로 시작하여 블록 헤더 그룹의 개수(시작 블록 헤더의 개수, Number of hashes, 블록체인
내 분기가 있을 경우 그룹은 1보다 클 수 있음[7]), 시작 블록 헤더(Starting block), 마침 블록
헤더(Ending block)로 구성되어 있습니다. 블록 헤더를 000...000으로 지정하면 상대 노드
에게 블록 헤더를 최대한 많이 보내달라는 의미입니다. 프로토콜상 한 번에 받을 수 있는 최대
개수는 2,000개입니다. 이는 난이도 조정 기간(2016블록)에 해당하는 양입니다.

GetHeadersMessage 클래스의 모습은 아래와 같습니다.

```python
class GetHeadersMessage:
    command = b'getheaders'

    def __init__(self, version=70015, num_hashes=1,
        start_block=None, end_block=None):
        self.version = version
        self.num_hashes = num_hashes      ❶
        if start_block is None:           ❷
            raise RuntimeError('a start block is required')
        self.start_block = start_block
        if end_block is None:
            self.end_block = b'\x00' * 32 ❸
        else:
            self.end_block = end_block
```

---

7   블록체인 종단에서 분기가 있어 A체인과 B체인이 존재한다고 하자. A체인에 있는 블록 헤더를 시작 블록 헤더로 B체인을 보관하고 있
    는 풀 노드에게 블록 헤더를 요청하면 풀 노드는 자신이 모르는 시작 블록 헤더이기에 응답할 수 없다. 따라서 1개의 시작 블록 헤더를
    주기보다는 복수의 시작 헤더를 줄 수 있다. 이때 B체인을 보관하고 있는 풀 노드는 자신이 아는 시작 블록에서부터 블록 헤더를 전송할
    수 있게 된다.

❶ 여기서는 블록 헤더 그룹이 1개라고 가정하겠습니다. 보다 실전에 가까운 구현으로 2개 이상의 블록 그룹을 다룰 수 있지만 여기서는 1개 그룹을 사용해서 블록 헤더를 가져오겠습니다.

❷ 시작 블록이 주어지지 않으면 적절한 메시지를 생성할 수 없습니다.

❸ 마지막 블록이 주어지지 않으면 0x00 바이트로 채우며 상대 노드는 최대한 많이 보내게 됩니다.

연습문제 **10.6**

GetHeadersMessage 클래스의 serialize 메서드를 작성하시오.

10.6 블록 헤더 응답

지금까지 논의한 내용으로부터 노드를 생성하고 핸드셰이크로 다른 노드와 연결하여 원하는 블록 헤더까지 요청할 수 있게 되었습니다.

```
>>> from io import BytesIO
>>> from block import Block, GENESIS_BLOCK
>>> from network import SimpleNode, GetHeadersMessage
>>> node = SimpleNode('mainnet.programmingbitcoin.com', testnet=False)
>>> node.handshake()
>>> genesis = Block.parse(BytesIO(GENESIS_BLOCK))
>>> getheaders = GetHeadersMessage(start_block=genesis.hash())
>>> node.send(getheaders)
```

이제 연결된 상대 노드로부터 블록 헤더를 받는 방법이 필요합니다. 상대 노드는 headers 커맨드를 가진 메시지를 보낼 것입니다. 이 메시지의 페이로드는 블록 헤더 리스트입니다(그림 10-4). 블록 헤더의 파싱 방법은 이미 9장에서 살펴봤습니다. HeadersMessage 클래스를 파싱할 때 앞서 만든 메서드를 활용할 수 있습니다.

```
0200000020df3b053dc46f162a9b00c7f0d5124e2676d47bbe7c5d0793a500000000000000ef445fef
2ed495c275892206ca533e7411907971013ab83e3b47bd0d692d14d4dc7c835b67d8001ac157e6700
00000002030eb2540c41025690160a1014c577061596e32e426b712c7ca00000000000000768b89f07
044e6130ead292a3f51951adbd2202df447d98789339937fd006bd44880835b67d8001ade09204600

                    - 02 - Number of block headers
                    - 00...67 - Block header
                    - 00 - Number of transactions (always 0)
```

그림 10-4 headers 커맨드의 페이로드 파싱

헤더 메시지는 1~2000 범위의 가변 정수^{varint} 형식의 블록 헤더 수로 시작합니다. 각 블록 헤더 크기는 80바이트입니다. 다음은 페이로드에 있는 트랜잭션 수입니다. headers 메시지에서는 블록 헤더만 들어 있기에 트랜잭션 수는 항상 0입니다. 즉 블록 헤더만 요청했기에 트랜잭션은 없습니다. 굳이 0인 트랜잭션 수를 보내는 이유는 headers 메시지를 block 메시지의 포맷과 호환되게 할 수 있기 때문입니다. 블록 메시지는 블록 헤더, 트랜잭션 수 및 트랜잭션 리스트로 되어 있습니다. 트랜잭션 수를 0으로 지정하면 블록 전체(헤더 + 트랜잭션)를 파싱할 때와 동일한 파싱 함수를 사용하는 장점도 있습니다.

```python
class HeadersMessage:
    command = b'headers'

    def __init__(self, blocks):
        self.blocks = blocks

    @classmethod
    def parse(cls, stream):
        num_headers = read_varint(stream)
        blocks = []
        for _ in range(num_headers):
            blocks.append(Block.parse(stream))      ❶
            num_txs = read_varint(stream)           ❷
            if num_txs != 0:                        ❸
                raise RuntimeError('number of txs not 0')
        return cls(blocks)
```

❶ 각 블록은 Block 클래스의 parse 메서드로 파싱됩니다.

❷ 트랜잭션 수는 항상 0이며 블록에서 마지막 파싱 부분입니다.

❸ 트랜잭션 수가 0이 아니면 무언가 잘못된 것입니다.

노드 사이에 연결한 네트워크 통신 링크를 통해 블록 헤더를 내려받아 작업증명이 올바른지, 블록 헤더 난이도가 우리가 배운 공식에 따라 조정됐는지 확인할 수 있습니다.

```
>>> from io import BytesIO
>>> from network import SimpleNode, GetHeadersMessage, HeadersMessage
>>> from block import Block, GENESIS_BLOCK, LOWEST_BITS
>>> from helper import calculate_new_bits
>>> previous = Block.parse(BytesIO(GENESIS_BLOCK))
>>> first_epoch_timestamp = previous.timestamp
>>> expected_bits = LOWEST_BITS
>>> count = 1
>>> node = SimpleNode('mainnet.programmingbitcoin.com', testnet=False)
>>> node.handshake()
>>> for _ in range(19):
...     getheaders = GetHeadersMessage(start_block=previous.hash())
...     node.send(getheaders)
...     headers = node.wait_for(HeadersMessage)
...     for header in headers.blocks:
...         if not header.check_pow():            ❶
...             raise RuntimeError('bad PoW at block {}'.format(count))
...         if header.prev_block != previous.hash():    ❷
...             raise RuntimeError('discontinuous block at {}'.format(count))
...         if count % 2016 == 0:
...             time_diff = previous.timestamp - first_epoch_timestamp
...             expected_bits = calculate_new_bits(previous.bits, time_diff)    ❹
...             print(expected_bits.hex())
...             first_epoch_timestamp = header.timestamp    ❺
...         if header.bits != expected_bits:       ❸
...             raise RuntimeError('bad bits at block {}'.format(count))
...         previous = header
...         count += 1
ffff001d
ffff001d
ffff001d
ffff001d
ffff001d
ffff001d
ffff001d
ffff001d
ffff001d
ffff001d
ffff001d
ffff001d
```

```
ffff001d
ffff001d
ffff001d
6ad8001d
28c4001d
71be001d
```

❶ 작업증명이 올바른지 확인합니다.

❷ 현재 블록이 직전 블록의 다음 블록인지 확인합니다.

❸ 공식에 따라 계산한 비트값이 실제 적혀 있는 값과 동일한지 확인합니다.

❹ 매 2016블록마다 조정 기간이 되면 공식에 따라 새로운 비트값을 계산합니다.

❺ 다음 조정 기간이 되었을 때 실제 걸린 시간(time_diff)을 계산하기 위해 필요한 현 블록 헤더의 타임스탬프를 저장합니다.

테스트넷의 난이도 조정 알고리즘은 메인넷과 다릅니다. 따라서 위 코드를 테스트넷에서 실행하면 오류가 발생합니다. 테스트넷에서는 채굴이 어렵지 않도록 난이도 증가로 20분 내에 작업증명을 찾지 못하면 난이도가 다시 1로 떨어집니다. 그러므로 블록 채굴이 쉽습니다. 이렇게 설정한 이유는 개발자가 비싼 채굴 장비 없이도 네트워크에서 블록 생성 테스트와 실험을 할 수 있도록 하기 위해서입니다. 소형 USB 채굴 장비를 통해서도 최소 난이도에서 1분에 두서너 블록을 찾을 수 있습니다.

10.7 마치며

이 장에서 네트워크의 노드에 접속하고 핸드셰이크로 통신 링크를 형성했습니다. 형성된 링크에서 원하는 블록 헤더를 요청하고, 내려받고, 입수한 블록 헤더가 작업증명 등 몇 가지 규칙을 만족하는지 확인했습니다. 11장부터는 상대 노드로부터 우리가 알고 싶은 트랜잭션 정보를 비공개로 가져오는 방법을 알아보겠습니다.

단순 지급 검증

9장에서 블록 헤더 필드를 들여다볼 때 자세히 보지 않은 부분이 머클루트입니다. 머클루트의 유용성을 이해하려면 먼저 머클트리와 그 성질을 알아야 합니다. 여기서는 머클루트가 무엇인지 살펴보겠습니다. 이는 특히 특정 트랜잭션의 **블록 포함 여부**proof of inclusion를 알아내는 데 유용하며 이렇게 알아내는 과정을 단순 지급 검증simplified payment verification이라고 합니다.

11.1 단순 지급 검증의 필요성

저장 공간과 대역폭이 넓지 않고 연산 수행력이 낮은 장치의 경우 전체 블록체인을 저장하고 트랜잭션을 수신하고 검증하는 데 어려움이 있습니다. 이 책을 쓰는 시점에서 전체 비트코인 블록체인 크기는 약 200GB로 대부분의 휴대폰에서는 저장하기 부담스러운 크기입니다. 게다가 이 많은 데이터를 효율적으로 내려받기 어렵고 분명히 CPU에 부담됩니다. 전체 블록체인을 휴대폰에 넣을 수 없다면 무엇을 할 수 있을까요? 전체 데이터가 없어도 비트코인 지갑을 만들 수 있을까요?

지갑으로 할 수 있는 시나리오는 다음과 같이 두 가지 있습니다.

1. 누군가에게 돈을 지불하기
2. 누군가로부터 돈을 받기

지갑에서 누군가에게 비트코인을 보내는 경우 비트코인이 보내졌는지는 수신자가 확인합니다. 일단 트랜잭션이 충분히 깊숙하게 블록체인에 포함되었다면 수신자는 미리 약속된 상품이나 서비스를 제공합니다. 트랜잭션을 상대방에게 보낸 사람은 이후 약속된 상품이나 서비스를 받을 때까지 기다리는 것 외에는 할 일이 없습니다.

그러나 비트코인을 받는 경우에는 딜레마가 있습니다. 네트워크에 연결되어 있고 전체 블록체인을 갖고 있다면 트랜잭션이 깊숙하게 블록체인에 포함되는 시점을 알 수 있습니다. 그 시점에서 상대방에게 약속한 상품이나 서비스를 제공하면 됩니다. 그러나 휴대폰처럼 전체 블록체인이 없는 경우에는 어떻게 해야 할까요?

정답은 9장에서 본 블록 헤더의 머클루트에 있습니다. 10장에서 보았듯이 블록 헤더는 내려받을 수 있고 수신된 블록 헤더가 비트코인 합의 규칙을 만족하는지 확인할 수 있습니다. 여기서는 특정 트랜잭션이 특정 블록에 있다는 증거를 찾고자 합니다. 블록 헤더를 완성하기 위해서는 작업증명을 찾는 에너지가 소모됩니다. 따라서 어떤 트랜잭션이 그 블록 헤더를 가진 블록에 포함됐다면 최소한 그 만큼의 에너지가 트랜잭션의 존재를 위해 소모됐다고 볼 수 있습니다. 즉, 특정 트랜잭션의 블록 포함증명을 속이는 비용은 적어도 블록의 작업증명 비용만큼은 되어야 함을 의미합니다. 이 장의 나머지 부분은 **포함증명**the proof of inclusion이 무엇이고 이를 어떻게 검증하는지 설명합니다.[1]

11.2 머클트리

머클트리는 포함증명을 효율적으로 탐색할 수 있도록 고안된 자료구조입니다. 미리 준비할 것은 순서 리스트ordered list와 해시함수입니다. 여기에서 순서 리스트의 항목이 블록의 트랜잭션이 되고 해시함수로는 hash256 함수를 사용합니다. 머클트리를 생성하기 위한 알고리즘은 다음과 같습니다.

1. 선정한 해시함수로 순서 리스트에 있는 모든 항목의 해시값을 구합니다.
2. 만약 해시값이 정확히 1개면 작업을 완료합니다.

------

[1] 간단히 설명하면 특정 트랜잭션의 블록 포함 여부를 라이트 노드가 알 수 있도록 풀 노드가 보내주는 일련의 데이터를 포함증명(proof of inclusion) 또는 머클증명(Merkle proof)이라고 한다. 그리고 이러한 증빙 데이터를 전송하기 위해 블록으로 구성한 것을 머클블록이라 부른다.

3. 그렇지 않은 경우 만약 해시값 개수가 홀수라면 마지막 해시값을 리스트에 추가하여 해시값의 개수를 짝수로 만듭니다.

4. 순서대로 인접한 해시값을 2개씩 쌍으로 묶고 그의 해시값을 구해서 부모 자리에 위치시킵니다. 그러면 부모 레벨에서는 해시값의 개수가 절반이 됩니다.

5. 2번 순서로 돌아갑니다.

아이디어는 전체 순서 리스트를 대표할 수 있는 단일 해시를 만드는 것입니다. 머클트리를 그림으로 표현하면 [그림 11-1]과 같습니다.

맨 아래의 노드를 트리의 단말 노드terminal node 혹은 잎사귀 노드leaf node라고 합니다. 단말 노드 외에 다른 모든 노드를 내부 노드internal nodes라고 합니다. 단말 노드는 부모 레벨(H_{AB}와 H_{CD})을 형성하기 위해 결합되며, 부모 레벨을 결합하여 머클루트를 얻습니다.

다음 절에서 이 과정의 각 부분을 살펴보겠습니다.

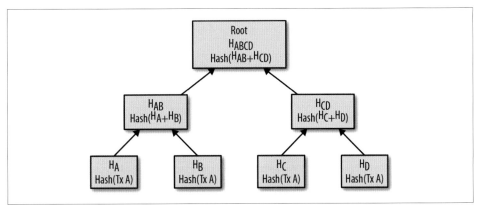

그림 11-1 머클트리

CAUTION_ 머클트리의 보안 취약점

비트코인 0.4–0.6에 머클루트 관련 보안 취약점이 발견되었으며 CVE–2012–2459에 자세히 설명되어 있습니다. 머클트리 각 레벨의 노드가 홀수 개이면 마지막 노드를 하나 추가해 노드의 개수를 짝수 개로 만듭니다. 이를 악용하여 각 노드가 유효한 블록을 무효한 블록으로 오판하도록 하는 보안 취약점입니다.

11.3 머클부모

2개의 해시값이 주어지면 이 값을 대표하는 또 다른 해시값을 구합니다. 순서에 따라 두 해시 값을 왼쪽 해시값과 오른쪽 해시값이라고 하겠습니다. 왼쪽과 오른쪽 해시값을 연결하여 붙인 값의 해시값을 부모 해시값이라 하고 혹은 머클부모라고도 합니다. 다음은 부모 해시값을 구하는 수식입니다.

- H = 해시함수
- P = 부모 해시값
- L = 왼쪽 해시값
- R = 오른쪽 해시값

$$P = H(L \| R)$$

여기서 ∥ 기호는 L과 R을 연결하여 붙임concatenation을 의미합니다.

파이썬으로 이 과정을 다음과 같이 코딩할 수 있습니다.

```
>>> from helper import hash256
>>> hash0 = bytes.fromhex('c117ea8ec828342f4dfb0ad6bd140e03a50720ece40169ee38b\
dc15d9eb64cf5')
>>> hash1 = bytes.fromhex('c131474164b412e3406696da1ee20ab0fc9bf41c8f05fa8ceea\
7a08d672d7cc5')
>>> parent = hash256(hash0 + hash1)
>>> print(parent.hex())
8b30c5ba100f6f2e5ad1e2a742e5020491240f8eb514fe97c713c31718ad7ecd
```

이런 식으로 부모 해시값을 구하는 이유는 효율적으로 '포함증명'를 제공할 수 있기 때문입니다. 자세히 설명하면 어떤 사람이 부모 P와 L을 알고 있을 때 R을 안다면 P를 만들 때 L이 사용됐는지 알 수 있습니다. 즉, 만약 부모 P와 L을 알고 있는 사람이 L이 P를 만들 때 사용한 자식 노드였는지 알고자 한다면, P를 만든 사람에게 요청하여 오른쪽 자식 노드 R을 알아냅니다. 다음 L과 R을 결합하여 해시값을 계산하고 만약 이 값이 P와 같다면 L이 P를 생성할 때 사용한 자식 노드였다는 증거가 됩니다. 혹시 L이 P 생성에 사용되지 않았는 데도 해시값이 P와 같도록 하는 R이 있을까요? 그렇게 된다는 것은 원래 R이 아닌 다른 값과 L이 결합하여 P와 동일한 해시값이 계산된다는 뜻이고, 그것은 해시충돌을 의미합니다. 해시충돌은 발생하기가 어렵습니다. 행여나 R을 건네주는 P를 만든 쪽에서 그런 값을 알려줄 수 있다면 그것은 해시함수의 출력값을 알고 입력값을 찾을 수 있다는 뜻입니다. 그것은 아주아주 어려운 일입니다. 따라서 해시값과 P가 동일하다는 것은 L이 P에 포함됐다는 증거입니다.

연습문제 11.1

merkle_parent 함수를 작성하시오.

11.4 머클부모 레벨

둘 이상의 해시값이 있는 순서 리스트에서 2개씩 짝을 지어 부모 해시값을 계산할 수 있습니다. 리스트의 모든 해시값에 대해 부모 해시값을 구하면 이를 머클부모 레벨^{Merkle Parent Level}이라고 합니다. 리스트에 짝수 개의 해시값이 있다면 머클부모 레벨을 구하는 것은 간단합니다. 그런데 해시값이 홀수 개 있다면 마지막에 해시값이 하나가 남습니다. 이렇게 해시값이 홀수 개라면 마지막 항목을 한 번 복사하여 해결합니다.

즉, [A, B, C]와 같은 리스트의 항목을 짝수 개로 만들기 위해 마지막 C를 한 번 복사하여 [A, B, C, C]와 같은 리스트를 만듭니다. 이제 A와 B의 머클부모를 계산하고 C와 C의 머클부모를 계산하여 다음을 얻을 수 있습니다.

$$[H(A\|B),\ H(C\|C)]$$

머클부모는 항상 2개의 해시값으로 구성되므로 머클부모 레벨의 항목 수는 항상 해시값 수의 절반을 반올림한 수가 됩니다. 머클부모 레벨을 계산하는 방법은 다음과 같습니다.

```
>>> from helper import merkle_parent
>>> hex_hashes = [
...     'c117ea8ec828342f4dfb0ad6bd140e03a50720ece40169ee38bdc15d9eb64cf5',
...     'c131474164b412e3406696da1ee20ab0fc9bf41c8f05fa8ceea7a08d672d7cc5',
...     'f391da6ecfeed1814efae39e7fcb3838ae0b02c02ae7d0a5848a66947c0727b0',
...     '3d238a92a94532b946c90e19c49351c763696cff3db400485b813aecb8a13181',
...     '10092f2633be5f3ce349bf9ddbde36caa3dd10dfa0ec8106bce23acbff637dae',
... ]
```

```
>>> hashes = [bytes.fromhex(x) for x in hex_hashes]
>>> if len(hashes) % 2 == 1:
...     hashes.append(hashes[-1])  ❶
>>> parent_level = []
>>> for i in range(0, len(hashes), 2):  ❷
...     parent = merkle_parent(hashes[i], hashes[i+1])
...     parent_level.append(parent)
>>> for item in parent_level:
...     print(item.hex())
8b30c5ba100f6f2e5ad1e2a742e5020491240f8eb514fe97c713c31718ad7ecd
7f4e6f9e224e20fda0ae4c44114237f97cd35aca38d83081c9bfd41feb907800
3ecf6115380c77e8aae56660f5634982ee897351ba906a6837d15ebc3a225df0
```

❶ hashes의 항목 수를 짝수로 만들기 위해 리스트의 마지막 해시값 hashes[-1]을 hashes 리스트의 끝에 추가합니다.

❷ i는 2의 배수로 루프를 만듭니다. 즉, 처음에는 0이고 두 번째 루프에서는 2, 세 번째 루프에서는 4가 됩니다.

코드 실행 후 머클부모 레벨 해시값으로 구성된 새로운 리스트가 생성됩니다.

연습문제 **11.2**

merkle_parent_level 함수를 작성하시오.

11.5 머클루트

머클루트를 얻으려면 하나의 부모 해시값을 얻을 때까지 머클부모 레벨을 계산합니다. 예를 들어 A에서 G까지의 항목(7개 항목)이 있는 리스트의 경우 먼저 머클부모 레벨을 다음과 같이 계산합니다.

$$[H(A\|B), H(C\|D), H(E\|F), H(G\|G)]$$

다음 머클부모 레벨을 다시 계산합니다.

$$[H(H(A\|B)\|H(C\|D)), H(H(E\|F)\|H(G\|G))]$$

해시값이 2개만 남았으니 머클부모 레벨을 한 번 더 계산합니다.

$$H(H(H(A\|B)\|H(C\|D))\|H(H(E\|F)\|H(G\|G)))$$

정확하게 해시값이 하나만 남았고 이 값이 머클루트입니다. 각 레벨을 계산하면서 해시값 수가 반으로 줄어들고 이 과정을 반복하면 결국 하나의 해시값인 머클루트가 생성됩니다.

```
>>> from helper import merkle_parent_level
>>> hex_hashes = [
...      'c117ea8ec828342f4dfb0ad6bd140e03a50720ece40169ee38bdc15d9eb64cf5',
...      'c131474164b412e3406696da1ee20ab0fc9bf41c8f05fa8ceea7a08d672d7cc5',
...      'f391da6ecfeed1814efae39e7fcb3838ae0b02c02ae7d0a5848a66947c0727b0',
...      '3d238a92a94532b946c90e19c49351c763696cff3db400485b813aecb8a13181',
...      '10092f2633be5f3ce349bf9ddbde36caa3dd10dfa0ec8106bce23acbff637dae',
...      '7d37b3d54fa6a64869084bfd2e831309118b9e833610e6228adacdbd1b4ba161',
...      '8118a77e542892fe15ae3fc771a4abfd2f5d5d5997544c3487ac36b5c85170fc',
...      'dff6879848c2c9b62fe652720b8df5272093acfaa45a43cdb3696fe2466a3877',
...      'b825c0745f46ac58f7d3759e6dc535a1fec7820377f24d4c2c6ad22cc55c0cb59',
...      '95513952a04bd8992721e9b7e2937f1c04ba31e0469fbe615a78197f68f52b7c',
...      '2e6d722e5e4dbdf2447ddecc9f7dabb8e299bae921c99ad5b0184cd9eb8e5908',
...      'b13a750047bc0bdceb2473e5fe488c2596d7a7124b4e716fdd29b046ef99bbf0',
... ]
>>> hashes = [bytes.fromhex(x) for x in hex_hashes]
>>> current_hashes = hashes
>>> while len(current_hashes) > 1:     ❶
...      current_hashes = merkle_parent_level(current_hashes)
>>> print(current_hashes[0].hex())     ❷
acbcab8bcc1af95d8d563b77d24c3d19b18f1486383d75a5085c4e86c86beed6
```

❶ 해시값이 1개가 될 때까지 반복합니다.

❷ 루프를 빠져나왔으므로 리스트에 항목은 1개만 있습니다.

연습문제 11.3

merkle_root 함수를 작성하시오.

11.6 블록에서 머클루트 계산하기

블록 안의 트랜잭션으로 해시값을 구하고 이로부터 머클루트를 구하는 것은 지금까지 설명한 것과 다를 바 없지만 실제 계산 시 엔디언 문제를 조심해야 합니다. 자세히 설명하면 먼저 머클 트리의 각 단말 노드를 리틀엔디언으로 읽습니다. 이후 머클루트를 계산하고 최종 결과는 다시 리틀엔디언으로 표현합니다.

결국 이는 단말 노드의 해시값 바이트 열을 뒤에서 읽어 머클루트를 계산하고 얻은 값을 다시 뒤에서 읽어 기록하게 됩니다.

```
>>> from helper import merkle_root
>>> tx_hex_hashes = [
...     '42f6f52f17620653dcc909e58bb352e0bd4bd1381e2955d19c00959a22122b2e',
...     '94c3af34b9667bf787e1c6a0a009201589755d01d02fe2877cc69b929d2418d4',
...     '959428d7c48113cb9149d0566bde3d46e98cf028053c522b8fa8f735241aa953',
...     'a9f27b99d5d108dede755710d4a1ffa2c74af70b4ca71726fa57d68454e609a2',
...     '62af110031e29de1efcad103b3ad4bec7bdcf6cb9c9f4afdd586981795516577',
...     '766900590ece194667e9da2984018057512887110bf54fe0aa800157aec796ba',
...     'e8270fb475763bc8d855cfe45ed98060988c1bdcad2ffc8364f783c98999a208',
... ]
>>> tx_hashes = [bytes.fromhex(x) for x in tx_hex_hashes]
>>> hashes = [h[::-1] for h in tx_hashes]   ❶
>>> print(merkle_root(hashes)[::-1].hex())   ❷
654d6181e18e4ac4368383fdc5eead11bf138f9b7ac1e15334e4411b3c4797d9
```

❶ 머클루트를 구하기 전 모든 해시값의 바이트 열을 거꾸로 배열합니다.

❷ 머클루트를 구한 다음 구한 해시값의 바이트 열을 다시 거꾸로 돌려놓습니다.

이제 Block 클래스에서 머클루트를 계산할 수 있도록 트랜잭션의 해시값으로 만든 리스트인 tx_hashes 파라미터를 추가합니다.

```
class Block:

    def __init__(self, version, prev_block, merkle_root,
                timestamp, bits, nonce, tx_hashes=None):   ❶
        self.version = version
        self.prev_block = prev_block
        self.merkle_root = merkle_root
```

```
self.timestamp = timestamp
self.bits = bits
self.nonce = nonce
self.tx_hashes = tx_hashes
```

❶ 블록을 초기화할 때 트랜잭션 해시값 리스트를 파라미터로 넘겨줄 수 있게 합니다. 트랜잭션 해시값은 순서 리스트입니다.

풀 노드는 모든 트랜잭션이 주어지면 그 해시값으로부터 머클루트를 계산할 수 있고, 계산된 머클루트와 헤더의 머클루트 정보가 동일한지 확인할 수 있습니다.

연습문제 11.4

Block 클래스에서 `validate_merkle_root` 메서드를 작성하시오.

11.7 머클트리 활용하기

이제 머클트리가 어떻게 구성되는지 이해했으므로 이를 토대로 포함증명을 만들거나 확인할 수 있습니다. 라이트 노드는 특정 트랜잭션이 블록에 포함됐는지 확인하기 위해 모든 트랜잭션을 알 필요가 없습니다(그림 11-2).

라이트 노드가 어떤 블록에서 2개의 트랜잭션에 관심이 있을 때, 즉 이 두 트랜잭션이 블록에 실제로 존재하는지 알고자 합니다. [그림 11-2]에서 녹색 상자에 H_K와 H_N으로 표시된 해시값이 바로 이 두 트랜잭션 해시값입니다. 풀 노드는 파란 상자에 $H_{ABCDEFGH}$, H_{IJ}, H_L, H_M, H_{OP}로 표시된 모든 해시값으로 포함증명을 생성하여 라이트 노드에게 전송할 수 있습니다. 라이트 노드는 전송받은 포함증명으로 다음을 계산합니다.

- $H_{KL} = merkle\_parent(H_K, H_L)$
- $H_{MN} = merkle\_parent(H_M, H_N)$
- $H_{IJKL} = merkle\_parent(H_{IJ}, H_{KL})$
- $H_{MNOP} = merkle\_parent(H_{MN}, H_{OP})$
- $H_{IJKLMNOP} = merkle\_parent(H_{IJKL}, H_{MNOP})$

- $H_{ABCDEFGHIJKLMNOP} = merkle\_parent(H_{ABCDEFGH}, H_{IJKLMNOP})$

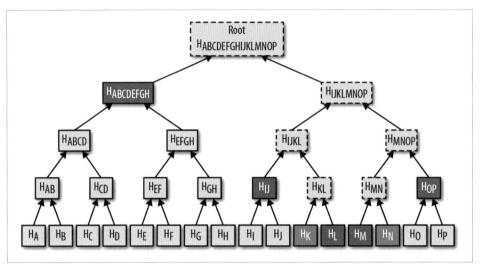

그림 11-2 머클증명(혹은 포함증명)

[그림 11-2]에서 점선으로 표시된 상자는 라이트 노드가 계산하는 해시값에 해당합니다. 여기서 머클루트는 $H_{ABCDEFGHIJKLMNOP}$이며, 작업증명된 블록 헤더의 머클루트 필드 값과 이 값이 같은지 확인할 수 있습니다.

단순 지급 검증은 안전한가?

풀 노드는 블록에 대한 제한된 정보를 보낼 수 있으며, 라이트 노드는 이로부터 머클루트를 계산할 수 있습니다. 그런 다음 블록 헤더의 머클루트와 계산된 머클루트가 같은지 확인할 수 있습니다. 이것은 트랜잭션이 가장 긴 블록체인에 들어 있다는 것을 보장하지는 않지만,[2] 적어도 풀 노드가 유효한 작업증명을 만들어내기 위해 많은 해싱 파워나 에너지를 소비했다는 것은 보장합니다. 만약 라이트 노드의 관심 대상 트랜잭션이 가진 비트코인 금액보다 풀 노드가 투입한 작업증명 비용이 크다면 풀 노드가 라이트 노드에게 거짓 정보를 알려줄 경제적 인센티브는 없다고 생각할 수 있습니다.

라이트 노드는 블록 헤더를 여러 풀 노드에게 요청해서 서로 비교할 수 있으므로 비록 몇몇 풀 노드가 가장 긴 블록체인의 블록 헤더를 보내지 않더라도 이를 알 수 있습니다.[3] 작업증명은 객관적인 지표이기 때문에 오직 하나의 정직한 풀 노드만으로도 100개의 불손한 의도를 가진 풀 노드를 골라낼 수 있습니다. 그러나 라이트 노드와 연결된 모든 노드가 불손한 의도를 가진 노드라면 라이트 노드를 완전히 속일 수도 있습니다. 결국, 단순 지급 검증의 보안을 위해서는 네트워크에 정직한 노드가 많아야 합니다.

다시 말해 라이트 노드의 보안은 네트워크에서 정직한 노드의 비율과 작업증명 생성 비용이 높을수록 증가합니다. 블록 보상금(현재 12.5비트코인)에 비해 작은 금액의 트랜잭션의 경우 걱정할 필요는 거의 없습니다. 100비트코인 이상의 큰 금액을 움직이는 트랜잭션의 경우 풀 노드가 라이트 노드를 속이고자 하는 경제적 인센티브를 가질 수 있습니다. 따라서 그러한 트랜잭션은 안전하게 풀 노드에서 검증돼야 합니다.[4]

---

2 가장 긴 블록체인에 들어 있다는 것은 트랜잭션이 시간이 지나도 계속해서 블록체인에 남아 있을 가능성이 높다는 것을 의미한다. 사실 블록체인의 종단 블록들은 풀 노드마다 조금씩 다를 수 있다. 이는 거의 동시에 찾은 작업증명들로 인한 일시적 포크 때문이다. 시간이 지나면서 가장 긴 블록체인이 앞으로 계속 뻗어나갈 블록체인으로 정해지고 짧은 블록체인들은 도태되면서 노드 사이에 블록체인 동기가 이루어진다. 따라서 트랜잭션이 가장 긴 블록체인에 들어 있으면 계속해서 유효한 트랜잭션으로 남게 된다.

3 블록체인의 매 블록에 투입된 해싱 파워나 에너지는 블록마다 다를 수 있으며, 그 양은 작업증명에서 찾은 블록 헤더의 해시값에 반비례한다. 이러한 성질을 활용하여 여러 풀 노드의 블록체인마다 투입된 해시파워를 효율적으로 비교하여 가장 긴 블록체인을 찾아내는 알고리즘(Non Interactive Proof of Proof-of-Work)도 있다.

4 풀 노드의 지급 검증과 라이트 노드의 단순 지급 검증의 가장 큰 차이는 이중 지불 검증 여부다. 라이트 노드는 UTXO 데이터베이스가 없고 블록체인의 헤더만 갖고 있어서 UTXO 확인을 통한 이중 지불 검증이 불가능하다. 물론 getutxos 커맨드로 UTXO를 풀 노드에게 물어볼 수는 있지만 그 응답을 일반적으로 신뢰할 수 없다(BIP-0064). 하지만 본문에서 언급한 대로 트랜잭션이 블록 안에 있고 블록이 체인상에 충분히 깊숙이 들어가 있다면 라이트 노드는 이런 상황이 되기 위해 풀 노드가 검증에 들인 에너지가 크다고 판단하여 이중 지불 없이 확정된 트랜잭션이라고 간주하는 것이다. 즉 풀 노드의 검증 노력을 믿는 것이다.

11.8 머클블록

풀 노드가 포함증명을 보낼 때 함께 보내는 두 가지 정보가 있습니다. 첫째는 머클트리의 구조에 대한 정보이고, 둘째는 머클트리에서 어떤 해시값이 어느 위치에 있는지에 대한 정보입니다. 두 정보를 바탕으로 라이트 노드는 머클트리를 부분적으로 재구성하여 머클루트를 계산하고 포함증명을 확인할 수 있습니다. 풀 노드는 이 두 정보를 포함증명과 함께 라이트 노드에 전달할 때 구성하는 블록을 머클블록 Merkle Block 이라고 합니다.

머클블록이 무엇이고 블록 안에 무엇이 있는지 설명하기 위해 먼저 머클트리와 같은 이진트리 자료구조의 노드를 어떻게 순회하는지 알아야 합니다.[5] 이진트리의 노드를 순회하는 알고리즘에는 너비 우선 탐색법이나 깊이 우선 탐색법이 있습니다. 너비 우선 탐색은 [그림 11-3]에서와 같이 한 레벨의 모든 노드를 방문하고 그다음 레벨의 노드를 방문하는 방법입니다.

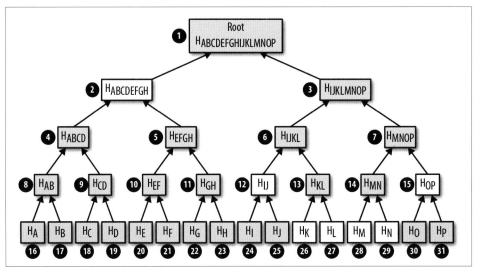

그림 11-3 너비 우선 순회

너비 우선 탐색에서 최상단 루트 노드에서 시작하여 다음 레벨을 방문하고 한 레벨에서는 왼쪽에서 오른쪽으로 방문합니다.

---

5 순회한다는 뜻은 트리의 모든 노드를 딱 한 번씩 방문한다는 의미다.

깊이 우선 탐색은 [그림 11-4]에서와 같이 순회하는 순서가 앞서 본 방법과 약간 다릅니다.

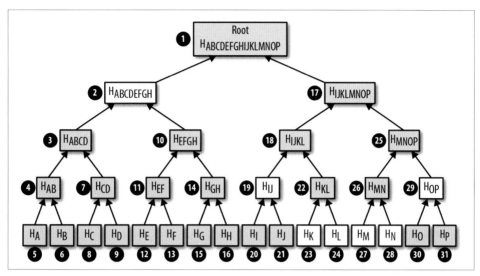

그림 11-4 깊이 우선 순회

깊이 우선 탐색에서는 최상단 루트 노드에서 시작하여 각 노드의 왼쪽 자식 노드를 오른쪽 자식 노드보다 항상 먼저 방문합니다.

'포함증명'으로(그림 11-5) 풀 노드는 녹색 노드 H_K, H_N과 파란 노드 $H_{ABCDEFGH}$, H_{IJ}, H_L, H_M, H_{OP}를 라이트 노드에 보냅니다. 트리에서 각 해시값의 위치는 (포함증명과 함께 보낸) 플래그 정보의 도움을 받아 결정됩니다. [그림 11-5]의 점선으로 된 노드는 트리 구조를 재구성하는 과정에서 계산합니다. 이에 대해서는 다음 절에서 설명합니다.

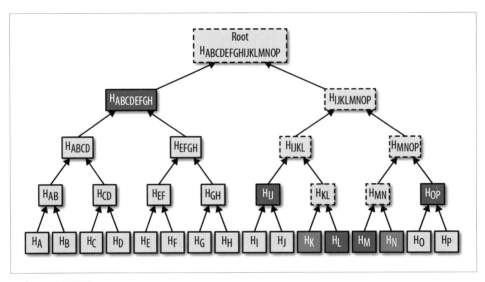

그림 11-5 머클증명

11.8.1 머클트리 구조

라이트 노드는 먼저 머클트리의 일반적인 구조를 만듭니다. 머클트리는 단말 노드에서 루트 노드 방향으로 생성되기 때문에 라이트 노드는 단말 노드의 개수만 알면 머클트리의 구조를 알 수 있습니다. [그림 11-5]에서 머클트리는 16개의 단말 노드를 가지고 있습니다. 라이트 노드에서는 일단 다음과 같이 None 값으로 채워진 머클트리를 생성할 수 있습니다.

```
>>> import math
>>> total = 16
>>> max_depth = math.ceil(math.log(total, 2))   ❶
>>> merkle_tree = []   ❷
>>> for depth in range(max_depth + 1):   ❸
...     num_items = math.ceil(total / 2**(max_depth - depth))   ❹
...     level_hashes = [None] * num_items   ❺
...     merkle_tree.append(level_hashes)   ❻
>>> for level in merkle_tree:
...     print(level)
[None]
[None, None]
[None, None, None, None]
[None, None, None, None, None, None, None, None]
[None, None, None, None, None, None, None, None, None, None, None, None, None,\
```

```
None, None, None]
```

❶ 매 레벨마다 노드의 수가 절반씩 줄어들기 때문에 단말 노드 수에 $\log_2$를 한 값이 가장 큰 머클트리 레벨 번호가 됩니다. 각 레벨에서 노드 수가 2의 거듭제곱이 아닌 경우를 위해 `math.ceil` 함수로 반올림하여 정확한 레벨의 개수를 구합니다. `len(bin(total))-2`로 구할 수도 있습니다.

❷ 머클트리는 루트 레벨을 0번 인덱스에 갖고 있고, 그 아래 레벨의 노드는 1번 인덱스에, 그다음은 2번 인덱스에 순차적으로 가지게 됩니다. 다시 말하면 인덱스는 위로부터 아래로의 깊이입니다.

❸ 총 레벨의 수는 0번 레벨부터 시작하기 때문에 `max_depth`에 1을 더해야 합니다.

❹ 현재 레벨에서의 노드 개수는 가장 높은 레벨에서 한 레벨씩 올라올 때마다 절반씩 줄어들기 때문에 전체 노드의 수를 총 레벨의 수와 현재 레벨의 수의 차이(`max_depth-depth`)만큼 2로 계속 나눈 값입니다. 레벨에서 노드의 개수가 홀수가 되는 경우에도 정확한 값을 구하기 위해 `math.ceil`을 호출합니다.

❺ 현재로서는 해시값을 모르므로 None 값으로 초기화합니다.

❻ 여기서 `merkle_tree` 변수는 해시값 리스트의 리스트입니다. 즉 2차원 배열로 머클트리를 표현했습니다.

연습문제 11.5

27개의 단말 노드가 달린 머클트리를 구성하고 모든 노드를 None 값으로 초기화하시오. 그리고 머클트리의 각 레벨을 출력하시오.

11.8.2 머클트리 코딩하기

이제는 `MerkleTree` 클래스를 생성할 수 있습니다.

```
class MerkleTree:

    def __init__(self, total):
        self.total = total
        self.max_depth = math.ceil(math.log(self.total, 2))
```

```
        self.nodes = []
        for depth in range(self.max_depth + 1):
            num_items = math.ceil(self.total / 2**(self.max_depth - depth))
            level_hashes = [None] * num_items
            self.nodes.append(level_hashes)
        self.current_depth = 0  ❶
        self.current_index = 0

    def __repr__(self):  ❷
        result = []
        for depth, level in enumerate(self.nodes):
            items = []
            for index, h in enumerate(level):
                if h is None:
                    short = 'None'
                else:
                    short = '{}...'.format(h.hex()[:8])
                if depth == self.current_depth and index == self.current_index:
                    items.append('*{}*'.format(short[:-2]))
                else:
                    items.append('{}'.format(short))
            result.append(', '.join(items))
        return '\n'.join(result)
```

❶ current_depth와 current_index는 머클트리에서 특정 노드를 가리키기 위해 사용됩니
다. 나중에 그 용도가 명확해집니다.

❷ 머클트리를 출력하는 문자열을 반환합니다.

머클트리를 초기화했고 이제 머클루트 계산을 위해 필요한 노드들을 해시값으로 채울 수 있습
니다. 모든 단말 노드의 해시값이 있다면 머클루트를 계산하는 방법은 다음과 같습니다.

```
>>> from merkleblock import MerkleTree
>>> from helper import merkle_parent_level
>>> hex_hashes = [
...     "9745f7173ef14ee4155722d1cbf13304339fd00d900b759c6f9d58579b5765fb",
...     "5573c8ede34936c29cdfdfe743f7f5fdfbd4f54ba0705259e62f39917065cb9b",
...     "82a02ecbb6623b4274dfcab82b336dc017a27136e08521091e443e62582e8f05",
...     "507ccae5ed9b340363a0e6d765af148be9cb1c8766ccc922f83e4ae681658308",
...     "a7a4aec28e7162e1e9ef33dfa30f0bc0526e6cf4b11a576f6c5de58593898330",
...     "bb6267664bd833fd9fc82582853ab144fece26b7a8a5bf328f8a059445b59add",
```

```
...        "ea6d7ac1ee77fbacee58fc717b990c4fcccf1b19af43103c090f601677fd8836",
...        "457743861de496c429912558a106b810b0507975a49773228aa788df40730d41",
...        "7688029288efc9e9a0011c960a6ed9e5466581abf3e3a6c26ee317461add619a",
...        "b1ae7f15836cb2286cdd4e2c37bf9bb7da0a2846d06867a429f654b2e7f383c9",
...        "9b74f89fa3f93e71ff2c241f32945d877281a6a50a6bf94adac002980aafe5ab",
...        "b3a92b5b255019bdaf754875633c2de9fec2ab03e6b8ce669d07cb5b18804638",
...        "b5c0b915312b9bdaedd2b86aa2d0f8feffc73a2d37668fd9010179261e25e263",
...        "c9d52c5cb1e557b92c84c52e7c4bfbce859408bedffc8a5560fd6e35e10b8800",
...        "c555bc5fc3bc096df0a0c9532f07640bfb76bfe4fc1ace214b8b228a1297a4c2",
...        "f9dbfafc3af3400954975da24eb325e326960a25b87fffe23eef3e7ed2fb610e",
... ]
>>> tree = MerkleTree(len(hex_hashes))
>>> tree.nodes[4] = [bytes.fromhex(h) for h in hex_hashes]
>>> tree.nodes[3] = merkle_parent_level(tree.nodes[4])
>>> tree.nodes[2] = merkle_parent_level(tree.nodes[3])
>>> tree.nodes[1] = merkle_parent_level(tree.nodes[2])
>>> tree.nodes[0] = merkle_parent_level(tree.nodes[1])
>>> print(tree)
*597c4baf.*
6382df3f..., 87cf8fa3...
3ba6c080..., 8e894862..., 7ab01bb6..., 3df760ac...
272945ec..., 9a38d037..., 4a64abd9..., ec7c95e1..., 3b67006c..., 850683df..., \
d40d268b..., 8636b7a3...
9745f717..., 5573c8ed..., 82a02ecb..., 507ccae5..., a7a4aec2..., bb626766..., \
ea6d7ac1..., 45774386..., 76880292..., b1ae7f15..., 9b74f89f..., b3a92b5b..., \
b5c0b915..., c9d52c5c..., c555bc5f..., f9dbfafc...
```

위 코드는 모든 머클트리의 노드를 해시값으로 채우고 머클루트를 구합니다. 그러나 네트워크에서 전달받은 포함증명은 모든 단말 노드의 해시값을 가지고 있지 않을 수 있습니다. 포함증명은 단말 노드가 아닌 내부 노드의 해시값도 지니고 있을 수 있습니다. 머클루트를 구하기 위해 필요한 노드의 해시값 수를 최소화하는 방법이 필요합니다.

그 방법은 바로 트리를 순회하는 순서로 노드를 채우는 것입니다. 깊이 우선 탐색으로 방문하는 노드에서 해시값을 계산할 수 있으면 그 값으로 노드를 채웁니다. 순회하면서 트리에서 정확히 어느 노드를 방문하고 있는지 추적해야 합니다. 클래스의 self.current_depth와 self.current_index 속성이 이런 역할을 합니다.

머클트리를 순회하는 이동 메서드가 필요하고 그밖에 현재 노드를 계산된 해시값으로 채우고, 현재 노드의 왼쪽, 오른쪽 자식 노드의 해시값을 반환하는 메서드도 필요합니다.

```
class MerkleTree:
...
    def up(self):
        self.current_depth -= 1
        self.current_index //= 2

    def left(self):
        self.current_depth += 1
        self.current_index *= 2

    def right(self):
        self.current_depth += 1
        self.current_index = self.current_index * 2 + 1

    def root(self):
        return self.nodes[0][0]

    def set_current_node(self, value):    ❶
        self.nodes[self.current_depth][self.current_index] = value

    def get_current_node(self):
        return self.nodes[self.current_depth][self.current_index]

    def get_left_node(self):
        return self.nodes[self.current_depth + 1][self.current_index * 2]

    def get_right_node(self):
        return self.nodes[self.current_depth + 1][self.current_index * 2 + 1]

    def is_leaf(self):    ❷
        return self.current_depth == self.max_depth

    def right_exists(self):    ❸
        return len(self.nodes[self.current_depth + 1]) > \
            self.current_index * 2 + 1
```

❶ 머클트리의 현재 노드를 어떤 값으로 채우는 메서드입니다.

❷ 현재 노드가 단말 노드인지의 여부를 True 또는 False로 반환합니다.

❸ 현재 노드가 어떤 레벨의 가장 우측에 있는 노드이고 그 자식 레벨의 노드 개수가 홀수인
경우에는 현재 레벨의 오른쪽 자식 노드는 존재하지 않습니다. 본 메서드는 그러한 상황인
지의 여부를 True 또는 False로 돌려줍니다.

이제 트리를 순회하는 left, right, up 메서드를 사용하여 깊이 우선 방식으로 순회하면서 노드를 채웁니다.

```
>>> from merkleblock import MerkleTree
>>> from helper import merkle_parent
>>> hex_hashes = [
...     "9745f7173ef14ee4155722d1cbf13304339fd00d900b759c6f9d58579b5765fb",
...     "5573c8ede34936c29cdfdfe743f7f5fdfbd4f54ba0705259e62f39917065cb9b",
...     "82a02ecbb6623b4274dfcab82b336dc017a27136e08521091e443e62582e8f05",
...     "507ccae5ed9b340363a0e6d765af148be9cb1c8766ccc922f83e4ae681658308",
...     "a7a4aec28e7162e1e9ef33dfa30f0bc0526e6cf4b11a576f6c5de58593898330",
...     "bb6267664bd833fd9fc82582853ab144fece26b7a8a5bf328f8a059445b59add",
...     "ea6d7ac1ee77fbacee58fc717b990c4fcccf1b19af43103c090f601677fd8836",
...     "457743861de496c429912558a106b810b0507975a49773228aa788df40730d41",
...     "7688029288efc9e9a0011c960a6ed9e5466581abf3e3a6c26ee317461add619a",
...     "b1ae7f15836cb2286cdd4e2c37bf9bb7da0a2846d06867a429f654b2e7f383c9",
...     "9b74f89fa3f93e71ff2c241f32945d877281a6a50a6bf94adac002980aafe5ab",
...     "b3a92b5b255019bdaf754875633c2de9fec2ab03e6b8ce669d07cb5b18804638",
...     "b5c0b915312b9bdaedd2b86aa2d0f8feffc73a2d37668fd9010179261e25e263",
...     "c9d52c5cb1e557b92c84c52e7c4bfbce859408bedffc8a5560fd6e35e10b8800",
...     "c555bc5fc3bc096df0a0c9532f07640bfb76bfe4fc1ace214b8b228a1297a4c2",
...     "f9dbfafc3af3400954975da24eb325e326960a25b87fffe23eef3e7ed2fb610e",
... ]
>>> tree = MerkleTree(len(hex_hashes))
>>> tree.nodes[4] = [bytes.fromhex(h) for h in hex_hashes]
>>> while tree.root() is None:           ❶
...     if tree.is_leaf():               ❷
...         tree.up()
...     else:
...         left_hash = tree.get_left_node()
...         right_hash = tree.get_right_node()
...         if left_hash is None:        ❸
...             tree.left()
...         elif right_hash is None:     ❹
...             tree.right()
...         else:                        ❺
...             tree.set_current_node(merkle_parent(left_hash, right_hash))
...             tree.up()
>>> print(tree)
597c4baf...
6382df3f..., 87cf8fa3...
3ba6c080..., 8e894862..., 7ab01bb6..., 3df760ac...
272945ec..., 9a38d037..., 4a64abd9..., ec7c95e1..., 3b67006c..., 850683df..., \
```

```
d40d268b..., 8636b7a3...
9745f717..., 5573c8ed..., 82a02ecb..., 507ccae5..., a7a4aec2..., bb626766..., \
ea6d7ac1..., 45774386..., 76880292..., b1ae7f15..., 9b74f89f..., b3a92b5b..., \
b5c0b915..., c9d52c5c..., c555bc5f..., f9dbfafc...
```

❶ 머클루트에 값이 채워질 때까지 루프를 통해 각 노드를 순회합니다. 루프를 한 번 마칠 때마다 매번 특정 노드를 방문합니다.

❷ 만약 현재 노드가 단말 노드라면 이미 해시값을 갖고 있는 경우입니다. 그래서 바로 부모 레벨로 올라갑니다.

❸ 만약 왼쪽 자식 노드가 해시값으로 채워지지 않은 경우라면 현재 노드의 해시값을 계산할 수 없습니다. 따라서 먼저 왼쪽 자식 노드의 해시값을 계산하기 위해 그 노드로 이동합니다.

❹ 만약 오른쪽 자식 노드가 해시값으로 채워지지 않은 경우라면 먼저 오른쪽 자식 노드의 해시값을 계산하기 위해 해당 노드로 이동합니다. 이때 깊이 우선 탐색의 방문 순서상 왼쪽 노드는 이미 방문하여 해시값으로 채워진 상황입니다.

❺ 이제 왼쪽과 오른쪽 자식 노드가 모두 해시값을 갖고 있으니 현재 노드의 해시값을 계산합니다. 이렇게 현재 노드가 채워지면 루트를 향해 올라갑니다.

위의 코드는 단말 노드의 개수가 2의 거듭제곱일 때만 동작합니다. 왜냐하면 어떤 레벨의 노드의 수가 홀수인 경우에 대한 처리가 없기 때문입니다.

다음 코드는 노드의 수가 홀수인 레벨의 가장 오른쪽 노드의 부모 노드가 현재 노드인 상황에서도 동작합니다.

```
>>> from merkleblock import MerkleTree
>>> from helper import merkle_parent
>>> hex_hashes = [
...     "9745f7173ef14ee4155722d1cbf13304339fd00d900b759c6f9d58579b5765fb",
...     "5573c8ede34936c29cdfdfe743f7f5fdfbd4f54ba0705259e62f39917065cb9b",
...     "82a02ecbb6623b4274dfcab82b336dc017a27136e08521091e443e62582e8f05",
...     "507ccae5ed9b340363a0e6d765af148be9cb1c8766ccc922f83e4ae681658308",
...     "a7a4aec28e7162e1e9ef33dfa30f0bc0526e6cf4b11a576f6c5de58593898330",
...     "bb6267664bd833fd9fc82582853ab144fece26b7a8a5bf328f8a059445b59add",
...     "ea6d7ac1ee77fbacee58fc717b990c4fcccf1b19af43103c090f601677fd8836",
...     "457743861de496c429912558a106b810b0507975a49773228aa788df40730d41",
...     "7688029288efc9e9a0011c960a6ed9e5466581abf3e3a6c26ee317461add619a",
...     "b1ae7f15836cb2286cdd4e2c37bf9bb7da0a2846d06867a429f654b2e7f383c9",
```

```
...      "9b74f89fa3f93e71ff2c241f32945d877281a6a50a6bf94adac002980aafe5ab",
...      "b3a92b5b255019bdaf754875633c2de9fec2ab03e6b8ce669d07cb5b18804638",
...      "b5c0b915312b9bdaedd2b86aa2d0f8feffc73a2d37668fd9010179261e25e263",
...      "c9d52c5cb1e557b92c84c52e7c4bfbce859408bedffc8a5560fd6e35e10b8800",
...      "c555bc5fc3bc096df0a0c9532f07640bfb76bfe4fc1ace214b8b228a1297a4c2",
...      "f9dbfafc3af3400954975da24eb325e326960a25b87fffe23eef3e7ed2fb610e",
...      "38faf8c811988dff0a7e6080b1771c97bcc0801c64d9068cffb85e6e7aacaf51",
... ]
>>> tree = MerkleTree(len(hex_hashes))
>>> tree.nodes[5] = [bytes.fromhex(h) for h in hex_hashes]
>>> while tree.root() is None:
...      if tree.is_leaf():
...          tree.up()
...      else:
...          left_hash = tree.get_left_node()
...          if left_hash is None:      ❶
...              tree.left()
...          elif tree.right_exists():      ❷
...              right_hash = tree.get_right_node()
...              if right_hash is None:      ❸
...                  tree.right()
...              else:      ❹
...                  tree.set_current_node(merkle_parent(left_hash, right_hash))
...                  tree.up()
...          else:      ❺
...              tree.set_current_node(merkle_parent(left_hash, left_hash))
...              tree.up()
>>> print(tree)
0a313864...
597c4baf..., 6f8a8190...
6382df3f..., 87cf8fa3..., 5647f416...
3ba6c080..., 8e894862..., 7ab01bb6..., 3df760ac..., 28e93b98...
272945ec..., 9a38d037..., 4a64abd9..., ec7c95e1..., 3b67006c..., 850683df..., \
d40d268b..., 8636b7a3..., ce26d40b...
9745f717..., 5573c8ed..., 82a02ecb..., 507ccae5..., a7a4aec2..., bb626766..., \
ea6d7ac1..., 45774386..., 76880292..., b1ae7f15..., 9b74f89f..., b3a92b5b..., \
b5c0b915..., c9d52c5c..., c555bc5f..., f9dbfafc..., 38faf8c8...
```

❶ 만약 왼쪽 자식 노드가 해시값으로 채워지지 않은 경우라면 먼저 왼쪽 자식 노드의 해시값을 계산하기 위해 그 노드로 이동합니다.

❷ 이 노드가 오른쪽 자식 노드를 갖고 있는지 먼저 확인합니다. 현재 노드가 가장 오른쪽에 있는 노드이면서 그 자식 레벨의 노드 수가 홀수일 때만 False가 됩니다.

❸ 만약 오른쪽 자식 노드가 해시값으로 채워지지 않은 경우라면 먼저 오른쪽 자식 노드로 이동합니다.

❹ 왼쪽과 오른쪽 자식 노드 모두 해시값이 있으면 `merkle_parent` 함수를 호출하여 현재 노드의 해시값을 계산합니다.

❺ 왼쪽 자식 노드는 값이 있지만 오른쪽 자식 노드가 없는 경우입니다. 자식 레벨의 노드 수가 홀수인 경우이므로 왼쪽 노드 값으로 오른쪽 노드 값을 대체하여 현재 노드의 해시값을 계산합니다.

이제 단말 노드의 수가 2의 거듭제곱이 아닌 머클트리의 경우에도 머클루트를 계산할 수 있습니다.

11.8.3 머클블록 커맨드

풀 노드는 머클블록을 보내주고 머클블록에는 관심 트랜잭션이 머클트리에 있는지 확인해주는 모든 정보가 들어 있습니다. 이러한 머클블록을 보내는 네트워크 커맨드가 `merkleblock`이며 [그림 11-6]과 같은 모양입니다.

```
00000020df3b053dc46f162a9b00c7f0d5124e2676d47bbe7c5d0793a500000000000000ef445fef2
ed495c275892206ca533e7411907971013ab83e3b47bd0d692d14d4dc7c835b67d8001ac157e670bf
0d0000aba412a0d1480e370173072c9562becffe87aa661c1e4a6dbc305d38ec5dc088a7cf92e645
8aca7b32edae818f9c2c98c37e06bf72ae0ce80649a38655ee1e27d34d9421d940b16732f24b94023
e9d572a7f9ab8023434a4feb532d2adfc8c2c2158785d1bd04eb99df2e86c54bc13e1398628972174
00def5d72c280222c4cbaee7261831e1550dbb8fa82853e9fe506fc5fda3f7b919d8fe74b6282f927
63cef8e625f977af7c8619c32a369b832bc2d051ecd9c73c51e76370ceabd4f25097c256597fa898d
404ed53425de608ac6bfe426f6e2bb457f1c554866eb69dcb8d6bf6f880e9a59b3cd053e6c7060eea
caacf4dac6697dac20e4bd3f38a2ea2543d1ab7953e3430790a9f81e1c67f5b58c825acf46bd02848
384eebe9af917274cdfbb1a28a5d58a23a17977def0de10d644258d9c54f886d47d293a411cb62261
03b55635

        - 00000020 - version, 4 bytes, LE
        - df3b...00 - previous block, 32 bytes, LE
        - ef44...d4 - Merkle root, 32 bytes, LE
        - dc7c835b - timestamp, 4 bytes, LE
        - 67d8001a - bits, 4 bytes
        - c157e670 - nonce, 4 bytes
        - bf0d0000 - number of total transactions, 4 bytes, LE
        - 0a - number of hashes, varint
        - ba41...61 - hashes, 32 bytes * number of hashes
        - 03b55635 - flag bits
```

그림 11-6 파싱된 머클블록

처음 6개 필드는 9장에서 배운 블록 헤더 정보를 담고 있습니다. 마지막 4개 필드는 '포함증명'입니다.

number of total transactions 필드는 이 머클트리가 가진 단말 노드 개수를 의미합니다. 이 정보를 통해 라이트 노드는 초기 머클트리를 구성합니다. hashes 필드는 [그림 11-5]에서의 파란 노드와 녹색 노드의 해시값입니다. 이 필드에서 해시값의 개수는 상황에 따라 변하는 값이기에 그 개수를 hashes 필드 앞에 놓습니다(number of hashes 필드). 마지막으로 flag bits 필드는 머클트리에서 해시값의 위치 정보를 갖고 있습니다. 플래그는 아래의 bytes_to_bits_field 함수로 파싱되어 비트(1 또는 0) 리스트로 변환됩니다.[6]

```python
def bytes_to_bit_field(some_bytes):
    flag_bits = []
    for byte in some_bytes:
        for _ in range(8):
            flag_bits.append(byte & 1)
            byte >>= 1
    return flag_bits
```

리스트에는 각 바이트의 오른쪽 비트부터 순서대로 들어가며 머클루트 재구성에 편리하도록 플래그를 변환합니다.

연습문제 11.6

MerkleBlock 클래스의 parse 메서드를 작성하시오.

11.8.4 플래그 비트와 해시값 사용

플래그 비트는 깊이 우선 순회에서 방문하는 노드와 머클블록에 들어 있는 해시값을 대응시켜 줍니다.

---

6 플래그는 8비트씩 묶어 바이트로 인코딩되어 있다. bytes_to_bits_field 함수는 비트별로 조작하기 편리하도록 각 비트를 리스트에 넣는 함수다.

플래그 비트 작성 규칙은 다음과 같습니다.

1. 노드의 해시값이 hashes 필드에 들어 있으면 플래그 비트는 0입니다(그림 11-7에서 파란 노드).
2. 라이트 노드가 계산해야 하는 내부 노드인 경우 플래그 비트는 1입니다(그림 11-7에서 점선으로 된 노드).
3. 블록 포함 여부가 궁금한 관심 트랜잭션에 해당하는 단말 노드이면 플래그 비트는 1입니다. 노드의 해시값도 hashes 필드에 들어 있습니다(그림 11-7에서 녹색 노드). 이 노드들이 머클트리에 들어 있는지 확인하고자 하는 관심 트랜잭션입니다.[7]

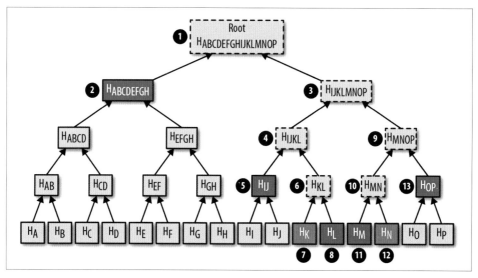

그림 11-7 머클블록의 처리

[그림 11-7]의 머클트리에 대해 위에서 설명한 플래그 비트 규칙을 적용해보겠습니다.

- 루트 노드 ❶의 해시값은 라이트 노드가 계산하고자 하는 값이므로 플래그 비트는 1입니다.
- 왼쪽 자식 노드, H_{ABCDEFGH} ❷는 hashes 필드에 있는 값이므로 플래그 비트는 0입니다.
- 여기에서 H_{ABCD} 혹은 HEFGH로 이동하지 않고 H_{IJKLMNOP} ❸로 이동합니다. 왜냐하면 H_{ABCDEFGH}의 해시값을 알면 그 아래의 자식 노드는 알 필요가 없기 때문입니다.
- 오른쪽 자식 노드, H_{IJKLMNOP}는 계산돼야 합니다. 따라서 플래그 비트는 1입니다.

---

7   정리하면, 플래그 비트가 0이면 해시값이 hashes 필드에 들어 있는 노드이고, 1이면 해시값을 계산해야 하는 노드이거나 관심 노드다.

- $H_{IJKLMNOP}$를 계산하려면 H_{IJKL} ❹과 H_{MNOP} ❾의 해시값이 필요합니다. 깊이 우선 탐색에 의한 다음 방문 노드는 왼쪽 자식 노드, H_{IJKL} ❹이고 이 노드로 이동합니다.
- H_{IJKL}은 계산이 필요한 내부 노드입니다. 따라서 플래그 비트는 1입니다. 여기서 왼쪽 자식 노드인 H_{IJ} ❺로 이동합니다. 다시 이 노드로 돌아오면 H_{KL}로 이동할 것입니다.
- H_{IJ}의 해시값은 hashes 필드에 포함되어 있습니다. 따라서 플래그 비트는 0입니다.
- H_{KL}은 계산이 필요한 내부 노드이므로 플래그 비트는 1입니다.
- H_K ❼은 단말 노드이며 이에 해당하는 트랜잭션이 블록에 포함되었는지 확인하고자 합니다. 따라서 플래그 비트는 1입니다.
- H_L ❽의 해시값은 hashes 필드에 포함되었기에 플래그 비트는 0입니다.
- H_{KL}로 이동합니다. 이제 두 자식 노드의 값으로 이 노드의 해시값을 계산할 수 있습니다.
- H_{IJKL}로 이동합니다. 이제 두 자식 노드의 값으로 이 노드의 해시값을 계산할 수 있습니다.
- $H_{IJKLMNOP}$로 이동합니다. 아직 H_{MNOP}의 해시값을 모르기 때문에 이 노드의 해시값을 계산할 수 없습니다.
- H_{MNOP}로 이동합니다. 이 내부 노드의 해시값은 계산돼야 하므로 플래그 비트는 1입니다.
- H_{MN} ❿ 또한 내부 노드로 해시값 계산이 필요하므로 플래그 비트는 1입니다.
- H_M ⓫의 해시값은 hashes 필드에 있으므로 플래그 비트는 0입니다.
- H_N ⓬은 블록에 포함 여부를 확인하고자 하는 단말 노드이므로 플래그 비트는 1이며 그 값은 hashes 필드에 있습니다.
- H_{MN}으로 이동합니다. 이제 이 노드의 해시값을 계산할 수 있습니다.
- 다시 H_{MNOP}로 이동합니다. 이 노드의 해시값은 아직 H_{OP}를 방문하지 않았기 때문에 계산할 수 없습니다.
- H_{OP} ⓭는 hashes 필드에 주어져 있으므로 플래그 비트는 0입니다. 이 해시값은 hashes 필드의 마지막 값이기도 합니다.
- H_{MNOP}로 이동하고 해시값을 계산합니다. $H_{IJKLMNOP}$로 이동하고 해시값을 계산합니다.
- 마침내 머클루트인 $H_{ABCDEFGHIJKLMNOP}$로 이동하고 그의 해시값을 계산합니다.

노드 ❶에서 ⓭까지의 플래그 비트는 다음과 같습니다.

```
1, 0, 1, 1, 0, 1, 1, 0, 1, 1, 0, 1, 0
```

hashes 필드에서 7개의 해시값이 있고 그 순서는 다음과 같습니다.

- $H_{ABCDEFGH}$
- H_{IJ}
- H_K

- H_L

- H_M

- H_N

- H_{OP}

위 노드의 아래첨자를 모두 붙이면 A에서 P까지 모두 연결되는 것을 알 수 있습니다. 위 정보 (플래그 비트와 해시값 리스트)는 H_K와 H_N(그림 11-7 녹색 노드)의 블록 포함 여부를 확인 하는 데 충분한 정보입니다.

[그림 11-7]에서 볼 수 있듯이 플래그 비트는 깊이 우선 순회 순서로 주어집니다. $H_{ABCDEFGH}$ 처럼 해시값이 주어지면 그 자식 노드를 건너뛰고 순회를 계속합니다. 즉, $H_{ABCDEFGH}$의 경우 H_{ABCD} 대신 $H_{IJKLMNOP}$로 이동합니다. 플래그 비트는 어느 노드가 어느 해시값을 갖고 있는지 알려주는 길잡이 역할을 합니다.

이제 플래그 비트와 해시값 리스트로부터 머클트리를 해시값으로 채우고 루트의 해시값을 구할 수 있습니다.

```
class MerkleTree:
...
    def populate_tree(self, flag_bits, hashes):
        while self.root() is None:  ❶
            if self.is_leaf():  ❷
                flag_bits.pop(0)  ❸
                self.set_current_node(hashes.pop(0))  ❹
                self.up()
            else:
                left_hash = self.get_left_node()
                if left_hash is None:  ❺
                    if flag_bits.pop(0) == 0:  ❻
                        self.set_current_node(hashes.pop(0))
                        self.up()
                    else:
                        self.left()  ❼
                elif self.right_exists():  ❽
                    right_hash = self.get_right_node()
                    if right_hash is None:  ❾
                        self.right()
                    else:  ❿
```

```
                    self.set_current_node(merkle_parent(left_hash,
                    right_hash))
                    self.up()
            else:  ⓫
                self.set_current_node(merkle_parent(left_hash, left_hash))
                self.up()
    if len(hashes) != 0:  ⓬
        raise RuntimeError('hashes not all consumed {}'.format(len(hashes)))
    for flag_bit in flag_bits:  ⓭
        if flag_bit != 0:
            raise RuntimeError('flag bits not all consumed')
```

❶ 이 머클트리를 해시값으로 다 채우면 루트가 계산됩니다. 루프마다 노드 하나씩 탐색하고 루트를 계산할 수 있을 때까지 반복합니다.

❷ 단말 노드라면 항상 해시값이 주어집니다.

❸ `flag_bits.pop(0)`은 큐에 저장된 플래그 비트 하나를 제거합니다. 플래그 비트를 보고 관심 트랜잭션에 대응하는 단말 노드인지 아닌지를 기록할 수 있지만 여기서는 그렇게 하지 않았습니다.

❹ `hashes.pop(0)`은 hashes 필드에서 맨 앞의 해시값을 꺼내어 반환합니다. 꺼낸 해시값으로 현재 노드를 채웁니다.

❺ 만약 왼쪽 자식 노드의 해시값이 없으면 해시값이 hashes 필드에 들어 있거나 이 값을 계산해야 합니다.

❻ 플래그 비트가 이 두 가지 경우 중 어느 경우인지를 알려줍니다. 플래그 비트가 0이면 이 노드의 해시값이 hashes 필드에 있는 경우입니다. 따라서 필드에서 꺼낸 해시값으로 현재 노드를 채우고 위로 이동합니다. 플래그 비트가 1이면 왼쪽 자식 노드의 값을 계산해야 하는 경우입니다(경우에 따라서는 오른쪽 자식 노드까지도 계산이 필요함).

❼ 내부 노드의 경우 왼쪽 자식 노드는 항상 존재합니다. 따라서 그 노드로 이동하여 해시값을 구합니다.

❽ 오른쪽 자식 노드가 있는지 조사합니다.

❾ 왼쪽 자식 노드는 있는데 오른쪽 자식 노드가 없습니다. 따라서 오른쪽 자식 노드의 해시값을 구하러 그쪽으로 이동합니다.

❿ 왼쪽과 오른쪽 자식 노드의 해시값이 있는 경우입니다. 따라서 구한 해시값으로 현재 노드를 채웁니다.

⓫ 왼쪽 자식 노드의 해시값은 있지만 오른쪽이 없는 경우입니다. 이 경우에는 머클트리의 규칙에 따라 왼쪽 노드 값을 오른쪽 값으로 대치하여 해시값을 구합니다.

⓬ hashes 필드의 모든 해시값을 모두 사용했는지 조사합니다. 그렇지 않았다면 데이터에 오류가 있다는 뜻입니다.

⓭ 모든 플래그 비트들이 사용되지 않았다면 역시 데이터에 오류가 있다는 뜻입니다.

연습문제 11.7

MerkleBlock 클래스의 is_valid 메서드를 작성하시오.

11.9 마치며

단순 지급 검증은 유용하지만 몇 가지 중요한 단점이 있습니다. 실제 대부분의 라이트 노드 지갑은 구현이 간단함에도 불구하고 단순 지급 검증을 사용하지 않습니다. 대신 지갑 업체 자체 서버의 데이터를 활용합니다. 단순 지급 검증의 가장 큰 단점은 라이트 노드에게 포함증거를 보내주는 풀 노드가 라이트 노드의 관심 트랜잭션을 알게 된다는 것입니다. 즉, 트랜잭션에 들어 있는 사용자의 계정 정보가 알려지게 됩니다. 라이트 노드는 자신이 관심 있는 트랜잭션을 풀 노드에 알려줄 때 블룸 필터를 사용하여 이러한 트랜잭션 공개 문제를 완화시킬 수 있습니다. 자세한 내용은 12장에서 다루겠습니다.

블룸 필터

11장에서 머클블록을 검증하는 방법을 배웠습니다.[1] 풀 노드는 `merkleblock` 메시지를 통해 라이트 노드의 관심 트랜잭션에 대한 포함증명을 제공할 수 있습니다. 그런데 풀 노드는 라이트 노드의 관심 트랜잭션을 어떻게 알 수 있을까요?

라이트 노드는 풀 노드에게 그 주소(또는 잠금 스크립트)를 알려줄 수 있습니다. 그리고 풀 노드는 해당 주소로 관심 트랜잭션을 알아낼 수 있습니다. 그러나 라이트 노드의 입장에서는 자신과 관련된 주소를 공개해야 하는 문제가 발생합니다. 예를 들어, 1000비트코인이 있는 라이트 노드는 이 사실을 풀 노드에게 알려주고 싶지 않을 것입니다. 이것은 개인정보 유출 관련 보안 문제로 볼 수 있습니다. 가능하다면 개인정보를 보호하는 것이 좋을 것입니다.

한 가지 방법은 라이트 노드가 풀 노드에게 관심 트랜잭션 집합만 알려주는 것이 아니라 이를 포함한 더 많은 트랜잭션이 있는 상위집합superset을 알려주는 것입니다. 이런 상위집합을 알려주기 위해서 블룸 필터Bloom filter를 사용합니다.

12.1 블룸 필터의 정의

블룸 필터는 상위집합에 포함되는 트랜잭션을 선정하는 필터입니다. 풀 노드는 블룸 필터를 통

---

1   머클블록 검증은 받은 머클블록으로 머클트리를 구성하고 머클루트의 해시값을 구해 이미 가지고 있는 블록 헤더의 해시값과 같은지 확인하는 절차다.

해 트랜잭션을 선별하고 선별된 트랜잭션을 merkleblock 메시지의 페이로드로 보냅니다.

예를 들어 50개의 트랜잭션이 있다고 합시다. 그중 라이트 노드의 관심 대상인 트랜잭션은 1개입니다. 라이트 노드는 50개 트랜잭션을 각각 5개씩 10개의 그룹으로 나눕니다. 그러면 10개 그룹 중 한 그룹에 관심 트랜잭션이 있을 것이고 풀 노드에게 이 그룹만을 알려줍니다. 그러면 풀 노드는 라이트 노드의 관심 대상인 트랜잭션은 알 수 없습니다.[2] 이를 위해서는 50개의 트랜잭션을 10개의 서로 다른 그룹으로 나누는 필터 함수가 필요하며 풀 노드는 그중에서 관심 트랜잭션이 포함된 한 그룹을 보낸다고 할 수 있습니다. 이러한 트랜잭션의 그루핑은 동일한 입력에 대해서 그 결과는 매번 동일해야 합니다. 그래야 라이트 노드가 의도한 그룹을 풀 노드에서 찾을 수 있습니다. 어떻게 하면 될까요?

해결책은 트랜잭션을 그룹으로 나누기 위해 해시함수와 나머지연산을 활용하는 것입니다.

블룸 필터는 어떤 집합의 원소를 정해진 개수의 그룹 중 1개의 그룹으로 대응시키는 함수입니다. 예를 들어 hello world라고 하는 문자열 집합의 원소가 있다고 합시다. 이를 위한 블룸 필터를 만들고자 한다면 먼저 해시함수가 필요합니다. 이미 학습 과정에서 친근한 hash256 해시함수를 사용하겠습니다. 이 원소가 어떤 그룹에 속하는지 정하는 과정은 다음과 같습니다.

```
>>> from helper import hash256
>>> bit_field_size = 10    ❶
>>> bit_field = [0] * bit_field_size
>>> h = hash256(b'hello world')    ❷
>>> bit = int.from_bytes(h, 'big') % bit_field_size    ❸
>>> bit_field[bit] = 1    ❹
>>> print(bit_field)
[0, 0, 0, 0, 0, 0, 0, 0, 0, 1]
```

❶ 여기서 bit_field_size는 그룹의 개수를 의미합니다. 여기서는 10개의 그룹으로 분류하겠다는 의미입니다. 블룸 필터는 bit_field로 표현되는 자료구조를 갖고 있습니다.

❷ hash256 함수로 원소의 해시값을 계산합니다.

❸ 해시값을 빅엔디언 정수로 읽고 10(=bit_field_size)으로 나눈 나머지를 구하면 이 값이 이 원소가 속하는 그룹 번호입니다.

❹ 블룸 필터에 구해진 그룹을 표시합니다.

⋯⋯⋯⋯⋯⋯⋯⋯⋯⋯

2 물론 5개의 트랜잭션 중 하나라는 것은 알 수 있다.

개념적으로 위 실행 코드는 [그림 12-1]처럼 그릴 수 있습니다.

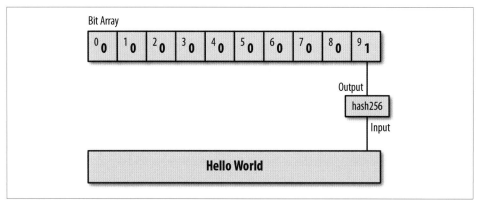

그림 12-1 1개의 원소가 있는 10비트 블룸 필터

블룸 필터는 다음과 같이 구성되어 있습니다.

1. 비트 필드의 길이
2. 사용하는 해시함수(및 해시값을 정수로 변환하는 방법)
3. 관심 대상 그룹을 표시하는 비트 필드

이와 같은 구성은 원소 1개에 대해서는 잘 동작합니다. 따라서 라이트 노드의 관심 주소/잠금 스크립트/트랜잭션 ID 1개에 대해서는 무리 없을 것입니다. 그런데 하나 이상의 주소 등 여러 원소에 관심 있다면 어떻게 해야 할까요?

두 번째 원소에 대해서도 첫 번째와 똑같은 연산을 하고 구한 그룹 번호에 해당하는 비트를 1로 설정할 수 있습니다. 풀 노드는 하나의 그룹이 아닌 여러 그룹에 해당하는 트랜잭션을 라이트 노드에 보낼 수 있습니다. 아래 코드는 hello world와 goodbye 두 문자열을 위한 블룸 필터를 생성합니다.

```
>>> from helper import hash256
>>> bit_field_size = 10
>>> bit_field = [0] * bit_field_size
>>> for item in (b'hello world', b'goodbye'):  ❶
...     h = hash256(item)
...     bit = int.from_bytes(h, 'big') % bit_field_size
...     bit_field[bit] = 1
```

```
>>> print(bit_field)
[0, 0, 1, 0, 0, 0, 0, 0, 0, 1]
```

❶ 두 원소를 위한 필터를 생성하지만 원하면 얼마든지 적용 원소의 개수를 늘릴 수 있습니다.

개념적으로 위 코드는 [그림 12-2]처럼 그릴 수 있습니다.

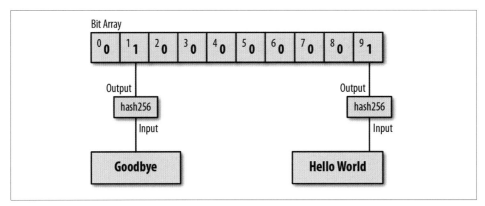

그림 12-2 2개의 원소가 있는 10비트 블룸 필터

전체 집합의 원소가 50개라면 평균적으로 원소 10개가 이 필터를 통과할 것입니다. 왜냐하면 10개 그룹 중 두 그룹이 1로 설정되어 있어서 평균적으로 전체의 20%에 해당하는 원소가 필터를 통과한다고 보기 때문입니다. 전체 원소 개수가 50개이므로 이의 20%는 10개입니다. 만약 한 그룹만이 1로 설정되어 있다면 평균적으로 5개의 원소가 선정될 것으로 기대할 수 있습니다.

연습문제 12.1

hash160 해시함수를 사용해서 두 원소 hello world와 goodbye를 위한 10비트 블룸 필터를 생성하시오.

12.1.1 다중 해시함수 사용

전체 집합의 원소 개수가 1백만 개라고 합시다. 한 그룹의 원소 개수가 여전히 5개인 블룸 필터를 만들고자 한다면 비트 필드의 길이는 1,000,000 / 5 = 200,000비트여야 합니다. 각 그룹은 평균 5개의 원소로 이루어지고 관심 원소가 1개라면 그룹에서 관심 원소의 비율은 20%가 됩니다. 200,000비트는 25,000바이트이고 블룸 필터 설정값으로 전송하기에는 많은 데이터양입니다. 더 좋은 방안이 없을까요?

해시함수를 여러 개 사용해서 블룸 필터를 구성하면 비트 필드의 길이를 상당히 줄일 수 있습니다. 32비트의 비트 필드에서 5개의 해시함수를 사용하면 $32! / (27! 5!) \sim 200{,}000$개의 그룹을 만들 수 있습니다.[3] 1백만 개의 원소 중에서 평균 5개의 원소가 동일한 5비트 조합을 갖게 됩니다. 이런 식으로 25K바이트를 전송하는 대신 4바이트(32비트)만 전송할 수 있습니다.

이를 구현하는 코드는 다음과 같습니다. 간단히 하기 위해 이전 예와 동일한 10비트 필드를 사용하지만 관심 원소는 두 가지로 가정했습니다.

```
>>> from helper import hash256, hash160
>>> bit_field_size = 10
>>> bit_field = [0] * bit_field_size
>>> for item in (b'hello world', b'goodbye'):
...     for hash_function in (hash256, hash160):  ❶
...         h = hash_function(item)
...         bit = int.from_bytes(h, 'big') % bit_field_size
...         bit_field[bit] = 1
>>> print(bit_field)
[1, 1, 1, 0, 0, 0, 0, 0, 0, 1]
```

❶ 두 해시함수(hash256, hash160)에 대해 각 원소의 해당 그룹을 구합니다. 필요하면 더 많은 해시함수를 사용하는 코드로 쉽게 변경할 수 있습니다.

개념적으로 위 실행 코드는 [그림 12-3]처럼 그릴 수 있습니다.

----

3 해시함수마다 1개 비트가 결정되므로 이것은 32비트 필드에서 5개의 비트를 순서 상관없이 배치하는 문제가 된다. 따라서 배치하는 조합의 수는 32!/(27!5!)=201,376이 된다.

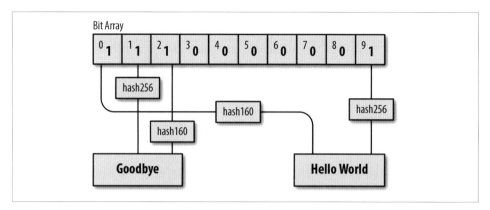

그림 12-3 2개의 원소와 2개의 해시함수가 있는 10비트 블룸 필터

블룸 필터는 원하는 오탐지율을 얻도록 해시함수의 수와 비트 필드 크기를 최적화할 수 있습니다.[4]

12.2 BIP0037 블룸 필터

핸드셰이크를 마친 노드사이에 트랜잭션을 전송하기에 앞서 블룸 필터를 설정하는 방법은 BIP0037에서 제안됐습니다. 블룸 필터를 정의하는 정보는 다음과 같습니다.

1. 비트 필드의 길이, 혹은 분류되는 그룹의 개수(여기서 길이는 바이트 단위로 설정되며 필요 시 반올림됩니다.)
2. 해시함수의 개수
3. 오탐지율에 영향을 주는 tweak 파라미터
4. 설계된 블룸 필터의 비트 필드 값

....

4   블룸 필터를 통해 동일한 그룹에 속하는 원소(본문에서는 Hello World와 Goodbye) 외 다른 원소가 이 그룹에 속할 때 다른 원소가 오탐지(false positive detection)되었다고 한다. 즉, 같은 그룹에 속하도록 의도하지 않은 원소가 같은 그룹으로 판단될 때를 말한다. 비트코인에서는 이러한 블룸 필터의 오탐지 특성을 역으로 활용하여 관심 트랜잭션을 오탐지되는 트랜잭션 안에 숨기는 데 사용한다. 오탐지율(false-positive rate)이 높아지면 그룹 안의 트랜잭션 수가 많아지면서 관심 트랜잭션 비율이 낮아지고, 오탐지율이 낮아지면 그룹 안의 트랜잭션 수가 적어지면서 관심 트랜잭션의 비율이 높아진다. BIP0037에 따르면 오탐지확률(P)과 전체 후보 트랜잭션 수(N)가 주어지면 비트 필드 크기는 (-1 / pow(log(2),2) * N * log(P)) / 8로 주어지고 해시함수의 수는 S * 8 / N * log(2)로 주어진다.

해시함수로 여러 종류(sha512, keccak384, ripemd160, blake256 등)를 정의할 수 있지만 BIP0037에서는 간단한 구현을 위해 시드만 다른 동일한 해시함수를 사용합니다.

사용하는 해시함수는 murmur3이라고 합니다. sha256과 달리 murmur3은 암호학적으로 안전하지는 않지만 출력을 매우 빨리 계산할 수 있습니다. 여기에서 요구되는 필터 함수는 출력값이 입력에 의해서만 결정되고 출력값이 범위 안에서 균등하게 나오는 특성입니다. 암호학적 안전 특성은 그리 요구되지 않습니다. 그보다는 빠른 계산 속도에서 오는 이점이 많습니다. 그래서 murmur3 함수는 이 용도에 적합합니다. 시드를 구하는 수식은 다음과 같이 정의됩니다.

```
i*0xfba4c795 + tweak
```

fba4c795는 비트코인 블룸 필터에서 정의한 상수입니다. i는 첫 번째 해시함수에서는 0으로, 두 번째 함수에서는 1로, 세 번째에서는 2로 하는 식으로 설정합니다. tweak 파라미터는 결과를 조정하기 위해서 더해질 수 있는 일종의 엔트로피 값입니다. 해시함수와 비트 필드의 길이는 전송할 비트 필드 값을 구하는 데 사용됩니다.

```
>>> from helper import murmur3   ❶
>>> from bloomfilter import BIP37_CONSTANT   ❷
>>> field_size = 2
>>> num_functions = 2
>>> tweak = 42
>>> bit_field_size = field_size * 8
>>> bit_field = [0] * bit_field_size
>>> for phrase in (b'hello world', b'goodbye'):   ❸
...     for i in range(num_functions):   ❹
...         seed = i * BIP37_CONSTANT + tweak   ❺
...         h = murmur3(phrase, seed=seed)   ❻
...         bit = h % bit_field_size
...         bit_field[bit] = 1
>>> print(bit_field)
[0, 0, 0, 0, 0, 1, 1, 0, 0, 1, 1, 0, 0, 0, 0, 0]
```

❶ murmur3은 helper.py 파일에서 순수 파이썬 코드로 구현되어 있습니다.

❷ BIP37_CONSTANT는 BIP0037에서 정의된 숫자 fba4c795입니다.

❸ 같은 그룹에 속하길 원하는 두 바이트 열에 대해 for 루프를 실행합니다.

❹ 여기서 num_functions의 값은 2이므로 2개의 해시함수를 사용합니다.

❺ 앞서 배운 시드 생성 공식입니다.

❻ `murmur3` 함수는 정수를 반환합니다.

이 2바이트 블룸 필터는 16비트 중에서 4비트가 1로 설정되어 있기 때문에 임의의 트랜잭션이 필터를 통과할 확률은 1/4 × 1/4 = 1/16입니다.[5] 전체 후보 트랜잭션이 모두 160개인 경우 라이트 노드는 평균적으로 10개의 트랜잭션을 수신하며 그중 2개는 라이트 노드의 관심 트랜잭션입니다.[6]

이제 `BloomFilter` 클래스를 작성할 수 있습니다.

```python
class BloomFilter:

    def __init__(self, size, function_count, tweak):
        self.size = size
        self.bit_field = [0] * (size * 8)
        self.function_count = function_count
        self.tweak = tweak
```

연습문제 12.2

size=10, function_count=5, tweak=99인 블룸 필터에 아래의 두 바이트 열을 통과시켰을 때 비트 필드의 값을 바이트 열로 출력하시오(비트 필드를 바이트 열로 변환할 때 `bit_field_to_bytes` 함수를 사용하라).

- `b'Hello World'`
- `b'Goodbye!'`

연습문제 12.3

`BloomFilter` 클래스의 add 메서드를 작성하시오.

---

5 한 필터를 통과한 출력값이 비트 필드 값의 1에 해당하는 비트와 일치할 확률은 4/16이고, 하나의 입력에 대해 2개의 필터를 모두 통과해야 하므로 개별 확률의 곱이 된다.

6 BIP0037에서 필터를 생성할 때 사용하는 입력값은 다양하다. 트랜잭션 자체의 해시값, 입력의 일부분(txid+index), 해제/잠금 스크립트 안의 데이터를 사용한다. 따라서 비트코인 주소, 그의 해시값, 공개키, 서명, 리딤 스크립트 해시값 등이 입력값으로 사용된다. 본문에서 어떤 트랜잭션이 필터를 통과했다는 말은 그 트랜잭션의 해시값, 입력의 일부분, 해제/잠금 스크립트의 각 데이터를 필터의 입력으로 넣어보고 적어도 그중에 하나는 설정된 비트 필드의 패턴과 일치함을 확인했다는 의미다.

12.3 블룸 필터 설정

일단 라이트 노드가 블룸 필터를 생성하면 이를 풀 노드에게 알려줘야 합니다. 그러면 풀 노드는 포함증명을 보낼 때 이를 활용합니다. 라이트 노드가 해야 하는 첫 번째 일은 version 메시지의 릴레이(Optional flag for relay) 필드 값을 0으로 설정하는 일입니다(10장 참고).[7] 이는 풀 노드가 블룸 필터의 비트 필드와 일치하지 않는 트랜잭션 메시지는 보내지 않도록 합니다. 단, 특별히 요청하는 경우는 예외입니다. 릴레이 필드 값이 전달된 후, 라이트 노드는 이제 풀 노드에게 생성된 블룸 필터를 전달합니다. 블룸 필터를 설정하는 커맨드가 `filterload`입니다. 이 `filterload` 메시지의 페이로드는 [그림 12-4]와 같이 파싱됩니다.

```
0a4000600a08000001094005000000630000000000

- 0a4000600a080000010940 - Bit field, variable field
- 05000000 - Hash count, 4 bytes, little-endian
- 63000000 - Tweak, 4 bytes, little-endian
- 00 - Matched item flag
```

그림 12-4 filterload 메시지의 페이로드 파싱

블룸 필터의 각 구성 요소인 비트 필드, 해시함수 개수 및 tweak 파라미터는 바이트로 인코딩되어 메시지에 들어 있습니다. 마지막 필드인 Matched item flag는 풀 노드에게 블룸 필터의 비트 필드와 일치하는 트랜잭션을 추가하여 비트 필드 값이 변할 수 있도록 합니다.[8]

---

7   릴레이 필드 값은 BIP0037에서 기존 version 메시지에 추가된 필드다. 이 필드를 0으로 설정하면 풀 노드는 필터가 전송되기 전에는 어떠한 트랜잭션도 전송하지 않는다. 필터가 전송된 후에는 필터를 통과한 것만 보낸다. 이 필드가 없다면 링크가 연결되고 필터를 설정하기 전까지 짧은 시간 동안 풀 노드는 많은 트래픽을 발생시킬 수 있다.

8   이 필드 값은 0, 1, 2 세 가지 값을 가질 수 있다. 0인 경우 풀 노드는 동작 중 비트 필드를 업데이트하지 않는다. 1이나 2인 경우 어떤 조건하에서 새로운 입력을 필터에 더해 비트 필드 값을 업데이트한다.

연습문제 12.4

BloomFilter 클래스의 `filterload` 메서드를 작성하시오.

12.4 머클블록의 입수

라이트 노드가 필요로 하는 커맨드가 또 하나 있습니다. 풀 노드에게 관심 트랜잭션이 포함된 머클블록을 요청하는 커맨드입니다. 이는 getdata 메시지를 통해서 이루어집니다. getdata는 블록이나 트랜잭션을 전송하게 하는 커맨드인데, 요청하는 데이터의 유형data type 정보를 함께 보냅니다. 이때 라이트 노드가 풀 노드에게 요청하는 getdata 안의 데이터의 유형은 filtered block입니다. filtered block 유형은 풀 노드에게 블룸 필터를 통과한 트랜잭션을 머클블록의 형태로 전송할 것을 요청합니다. 즉, 라이트 노드는 풀 노드에게 블룸 필터를 통과한 트랜잭션으로 머클블록을 구성하도록 요청합니다. getdata 메시지의 페이로드는 [그림 12-5]처럼 파싱됩니다.

```
020300000030eb2540c41025690160a1014c577061596e32e426b712c7ca000
00000000000300000010498479339585b0652fba793661c361223446b6fc410
89b8be00000000000000

        - 02 - Number of data items
        - 03000000 - Type of data item (tx, block, filtered
                block, compact block), little-endian
        - 30...00 - Hash identifier
```

그림 12-5 getdata 메시지의 페이로드 파싱

첫 번째 필드(Number of data items)는 varint 형식으로 요청하는 항목의 개수를 지정합니다. 이후 각 항목은 유형(Type of data item)과 항목을 특정하도록 하는 해시 식별자(Hash identifier)으로 구성됩니다. 유형 1은 요청하는 정보가 트랜잭션(tx, 5장 참고)이고, 유형 2는 일반 블록(block, 9장 참고), 유형 3은 머클블록(filtered block, 11장 참고), 유형 4는 압축 블록(compact block, 이 책에서는 다루지 않음)을 요청한다는 의미입니다. 이후 항목을 특정하도록, 유형 1은 트랜잭션 해시값(txid)을, 유형 2와 유형 3은 블록 헤더의 해시값을 해시 식별자로 제시합니다.

network.py 파일에 getdata 메시지를 위한 클래스를 작성합니다.

```python
class GetDataMessage:
    command = b'getdata'

    def __init__(self):
        self.data = []  ❶

    def add_data(self, data_type, identifier):
        self.data.append((data_type, identifier))  ❷
```

❶ 항목을 저장할 빈 리스트를 만듭니다.

❷ add_data 메서드를 사용하여 메시지의 페이로드에 들어갈 항목을 추가합니다.

연습문제 12.5

GetDataMessage 클래스의 serialize 메서드를 작성하시오.

12.5 관심 트랜잭션 입수

블룸 필터를 풀 노드로 전송한 라이트 노드는 특정 블록에 자신의 관심 트랜잭션의 포함증명을
받을 수 있습니다.

```python
>>> from bloomfilter import BloomFilter
>>> from helper import decode_base58
>>> from merkleblock import MerkleBlock
>>> from network import FILTERED_BLOCK_DATA_TYPE, GetHeadersMessage, GetDataMe\
ssage, HeadersMessage, SimpleNode
>>> from tx import Tx
>>> last_block_hex = '00000000000538d5c2246336644f9a4956551afb44ba47278759ec55\
ea912e19'
>>> address = 'mwJn1YPMq7y5F8J3LkC5Hxg9PHyZ5K4cFv'
>>> h160 = decode_base58(address)
>>> node = SimpleNode('testnet.programmingbitcoin.com', testnet=True, logging=\
False)
>>> bf = BloomFilter(size=30, function_count=5, tweak=90210)  ❶
>>> bf.add(h160)  ❷
```

```
>>> node.handshake()
>>> node.send(bf.filterload())    ❸
>>> start_block = bytes.fromhex(last_block_hex)
>>> getheaders = GetHeadersMessage(start_block=start_block)
>>> node.send(getheaders)    ❹
>>> headers = node.wait_for(HeadersMessage)
>>> getdata = GetDataMessage()    ❺
>>> for b in headers.blocks:
...     if not b.check_pow():
...         raise RuntimeError('proof of work is invalid')
...     getdata.add_data(FILTERED_BLOCK_DATA_TYPE, b.hash())    ❻
>>> node.send(getdata)    ❼
>>> found = False
>>> while not found:
...     message = node.wait_for(MerkleBlock, Tx)    ❽
...     if message.command == b'merkleblock':
...         if not message.is_valid():    ❾
...             raise RuntimeError('invalid merkle proof')
...     else:
...         for i, tx_out in enumerate(message.tx_outs):
...             if tx_out.script_pubkey.address(testnet=True) == address:    ❿
...                 print('found: {}:{}'.format(message.id(), i))
...                 found = True
...                 break
found: e3930e1e566ca9b75d53b0eb9acb7607f547e1182d1d22bd4b661cfe18dcddf1:0
```

❶ 5개의 해시함수를 사용하고 tweak 파라미터가 90210이며 비트 필드의 길이가 30바이트 인 블룸 필터를 생성합니다.

❷ 비트코인 주소(address)를 가진 모든 트랜잭션이 통과하는 블룸 필터를 생성합니다.

❸ 생성한 블룸 필터를 filterload 메시지로 연결된 노드에 전달합니다.[9]

❹ last_block_hex 이후의 2000개의 블록 헤더를 요청합니다.

❺ 관심 트랜잭션을 담고 있는 머클블록을 요청하기 위한 getdata 메시지를 생성합니다.

❻ getdata 메시지에 요청 정보를 의미하는 페이로드를 추가합니다. 요청 데이터의 유형은 모두 머클블록의 형태로 전송하도록 FILTERED_BLOCK_DATA_TYPE으로 하여 앞서 수신한 2000개의 블록 헤더를 해시 식별자(Hash identifier)로 넣어줍니다. 대부분의 블록은 풀 노드에서 필터를 통과하지 못할 것입니다.

---

9 여기서 연결된 노드는 *testnet.programmingbitcoin.com*이다. 알려진 다른 풀 노드에 접속해도 된다.

❼ last_block_hex로 특정되는 블록 이후 2000개의 머클블록을 요청합니다.

❽ merkleblock 메시지와 tx 메시지를 기다립니다. merkleblock 메시지는 포함증명을 갖고 있고 tx 메시지는 필터를 통과한 트랜잭션을 갖고 있는데, 이 중에는 라이트 노드의 관심 트랜잭션도 있을 것입니다.[10]

❾ 받은 메시지가 merkleblock인 경우입니다. 머클블록이 올바른지, 즉 트랜잭션이 포함돼 있는지 검사합니다.

❿ 받은 메시지가 tx인 경우입니다. 각 트랜잭션 출력(UTXO)의 잠금 스크립트를 조사해서 비트코인 주소를 추출합니다. 추출한 비트코인 주소가 찾고자 하는 address와 같으면 이를 화면에 출력합니다.

위 코드는 특정 비트코인 주소(address)에 해당하는 UTXO를 찾기 위해 어떤 블록(last_block_hex) 이후 2000블록을 살펴본 것입니다. 이는 블록 탐색기를 사용하지 않고 찾은 것이며 이 과정에서 블룸 필터를 통해 어느 정도 개인정보를 보호했습니다.

연습문제 12.6

8장의 마지막 연습문제를 풀었다면 테스트넷 비트코인이 들어 있는 본인 주소가 있을 것이다. 본문의 코드를 참고해서 본인 주소의 UTXO를 블룸 필터를 이용하여 찾고(UTXO 탐색을 시작하는 블록은 미리 적당한 블록 ID로 정해야 한다), 찾은 UTXO 안의 비트코인을 자신의 다른 주소로 보내는 트랜잭션을 작성하여 이를 테스트 네트워크에서 보내시오(node.send(tx_obj) 실행. 여기에서 tx_obj는 작성한 트랜잭션). 그리고 보낸 트랜잭션이 블록에 추가됐는지 확인하시오(node.send(getdata) 실행. 여기에서 getdata 메시지의 페이로드는 getdata.add_data(TX_DATA_TYPE, tx_obj.hash())로 추가. 이를 수신한 풀 노드는 요청한 트랜잭션을 tx 메시지로 전송할 것이다).

---

10 BIP0037에 의하면 merkleblock 메시지를 보낸 풀 노드는 tx 메시지를 통해 필터를 통과한 트랜잭션도 함께 보낸다. 이는 라이트 노드가 이러한 트랜잭션을 요청하기 전 미리 알아서 보내는 것으로 제어 트래픽 발생과 전송 지연을 줄여준다.

12.6 마치며

라이트 노드에서 트랜잭션 작성에 필요한 모든 과정을 살펴봤습니다. 여기에는 블룸 필터로 프라이버시를 유지하면서 UTXO를 요청하고 수신하는 과정도 포함됩니다.

이제 세그윗을 살펴보겠습니다. 세그윗은 2017년 활성화된 새로운 유형의 트랜잭션입니다.

## CHAPTER 13

세그윗

세그윗^{Segwit}은 'segregated witness'의 약자로 비트코인 네트워크에서 2017년 8월부터 활성화된 소프트포크(하위 호환 업그레이드)입니다.[1] 이 장에서는 활성화를 두고 엄청난 논란이 있었던 세그윗 기술에 대해 살펴보겠습니다. 특히 세그윗의 작동 방식, 이전 버전과의 호환성 및 지원 기능에 대해 알아보겠습니다.

간단한 개요로 세그윗이 가져온 변화를 정리하면 다음과 같습니다.

- 증가된 블록 크기[2]
- 트랜잭션 가변성^{malleability} 문제 해결
- 체계적인 업그레이드가 가능한 세그윗 버전 식별 방식
- 이차 해싱^{Quadratic hashing} 문제 해결
- 오프라인 지갑 수수료 계산의 보안 강화

세그윗이 어떻게 구현되는지 모른다면 이러한 변화가 무엇을 의미하는지 이해하기 어렵습니다. 세그윗의 가장 기본적인 트랜잭션 형식인 p2wpkh부터 살펴보겠습니다.

---

1 수학에서 witness는 어떤 조건을 만족하는 수의 존재를 증명할 때 그러한 수의 예로 들수 있는 특정 값들을 말한다. 암호학의 맥락에서 보면 서명이나, 공개키 등을 witness라고 할 수 있다. 왜냐하면, 각각 서명 검증 조건식과 공개키 암호 조건식을 만족하는 특정값이기 때문이다. segregated witness는 이러한 witness에 해당하는 서명이나 공개키를 스크립트에서 분리하여 떼어놓는다(segregation)는 의미다.

2 물리적인 블록 크기는 변화 없으나 날씬해진 트랜잭션 덕분에 실질적으로 저장할 수 있는 트랜잭션의 개수가 늘었다.

13.1 p2wpkh 스크립트

p2wpkh(Pay-to-witness-pubkey-hash) 스크립트는 BIP0141과 BIP0143에서 정의한 네 가지 유형의 스크립트 중 하나입니다. 이는 p2pkh(pay-to-pubkey-hash)처럼 동작하는 스마트 계약이며 그래서 이름도 이와 비슷하게 지어졌습니다. p2pkh와 가장 큰 차이점은 해제 스크립트의 데이터가 **증인**(witness)필드에 분리되어 있다는 점입니다. 이러한 변화는 트랜잭션 가변성 문제를 해결합니다.

13.1.1 트랜잭션 가변성

트랜잭션 가변성(Transaction malleability)은 트랜잭션 의미는 유지하면서 트랜잭션 ID가 변경될 수 있는 성질을 말합니다. 마운틴곡스 거래소의 CEO 마크 카펠르(Mark Karpeles)는 2013년 그의 거래소가 인출을 허용하지 않은 이유가 바로 트랜잭션 가변성 때문이라고 했습니다.

라이트닝 네트워크(Lightning Network)에서 가장 작은 단위인 결제 채널(payment channels)을 만들 때 트랜잭션 ID가 변할 수 있다는 사실은 중요한 고려 사항입니다. 트랜잭션 ID가 변할 수 있으면 결제 채널을 안전하게 만드는 것이 상당히 어려워집니다.

트랜잭션 가변성이 문제인 이유는 트랜잭션 ID가 전체 트랜잭션을 기반으로 계산되기 때문입니다. 트랜잭션 ID는 전체 트랜잭션의 hash256 해시값입니다. 트랜잭션의 대부분 필드는 트랜잭션 서명을 다시 생성하지 않고 변경되지 않습니다. 즉 대부분의 필드는 변경되면 트랜잭션이 더 이상 유효하지 않게 됩니다. 따라서 이러한 필드는 가변성 문제가 없습니다.

서명을 다시 생성하지 않고 조작이 가능한 유일한 필드는 각 입력에 있는 해제 스크립트입니다. 해제 스크립트는 서명 확인을 위해 필요한 서명해시를 구하는 1단계에서 삭제됩니다(7장 참고). 그래서 서명을 무효화하지 않으면서 해제 스크립트의 변경이 가능합니다. 또한 3장에서 배웠듯이 서명은 유일하지 않습니다. 그 의미는 2개의 서로 다른 값을 갖는 해제 스크립트가 모두 유효할 수 있다는 뜻입니다.[3]

---

3 예를 들어, 서명 생성 시 얻은 (r,s)와 $(r,-s)$는 모두 유효한 서명이기에 가변성 문제가 발생한다. 각 노드에서는 일단 s와 $-s$ 중 $N/2$보다 작은 것을 취해서 문제를 해결한다. 또한, OP_CHECKMULTISIG의 off-by-one 버그도 가변성 문제를 야기한다.

이런 이유로 해제 스크립트가 가변성을 띄게 됩니다. 즉 의미 변경 없이 (유효성을 유지하면서) 해제 스크립트를 변경할 수 있고, 전체 스크립트를 변경할 수 있고, 따라서 트랜잭션 ID를 변경할 수 있습니다. 그러면 이러한 트랜잭션을 참조하는 다른 트랜잭션들(즉, ID가 변할 수 있는 트랜잭션의 UTXO를 소비하는 트랜잭션)의 유효성을 보장할 수 없습니다. 이전 트랜잭션의 해시값이 변경될 수 있으므로 이를 특정해야 하는 트랜잭션의 입력은 작성되지 못합니다.

하지만 일단 트랜잭션이 블록체인에 들어가면 이것은 (적어도 채굴자가 아니어서 작업증명을 할 필요가 없다면[4]) 문제가 안 됩니다. 왜냐하면 블록체인 안에서는 트랜잭션 ID가 고정되므로 바뀔 수 없기 때문입니다. 그러나 결제 채널에서는 블록체인에 포함되기 전의 트랜잭션을 참조하는 트랜잭션이 있기 때문에 문제가 됩니다.

13.1.2 가변성 문제 해결

트랜잭션 가변성을 해결하기 위해 해제 스크립트 필드를 비우고 그 안에 있어야 할 데이터를 별도의 필드로 옮깁니다. 당연히 별도의 필드는 ID 계산을 위한 해시함수 입력으로 넣지 않습니다. p2wpkh의 경우 서명과 공개키는 해제 스크립트의 원소입니다. 그래서 이들을 증인필드로 옮깁니다. 증인필드는 트랜잭션의 해시값을 계산할 때 사용되지 않습니다. 이런 식으로 트랜잭션 ID는 해제 스크립트가 유효하게 변경되더라도 더 이상 변하지 않습니다. 증인필드와 직렬화된 전체 세그윗 트랜잭션은 요청하는 노드에게만 보냅니다. 즉, 세그윗을 지원하지 않는 예전 노드는 증인필드를 받지 않고 공개키로 서명을 검증하지도 않습니다.

8장에서 본 p2sh 스크립트도 비슷하게 동작합니다. 최신 노드는 추가 검증을 하고 예전 노드는 할 수 없습니다. 그래서 세그윗이 하드포크가 아닌 소프트포크인 것입니다.

---

4 동시 채굴이 발생하여 블록체인 종단에서 A체인과 B체인으로 분기가 발생한 경우를 생각해보자. A체인과 B체인의 서로 다른 마지막 블록은 실제로는 같은 트랜잭션으로 구성되어 있지만 단지 트랜잭션 가변성으로 인해 TxID만 다른 경우다. 이러한 상황에서 채굴자가 A,B 중 어느 체인에 더 많은 블록을 생성하는가에 따라 긴 체인은 살아남고 짧은 체인은 도태된다. 도태되는 체인에 생성된 블록들은 무효화되므로 채굴자 입장에서는 트랜잭션이 블록체인에 들어갔다 하더라도 트랜잭션 가변성이 중요한 문제가 된다.

13.2 p2wpkh 트랜잭션

세그윗을 이해하려면 세그윗 노드가 세그윗 노드(그림 13-2)와 예전 노드(그림 13-1)에 보내는 트랜잭션 모습을 살펴보는 것이 도움됩니다.

```
010000000115e180dc28a2327e687facc33f10f2a20da717e5548406f7ae8b4c811072f8560100000
000ffffffff0100b4f505000000001976a9141d7cd6c75c2e86f4cbf98eaed221b30bd9a0b92888ac
00000000

         - 01000000 - version
         - 01 - # of inputs
         - 15e1...56 - previous tx hash
         - 01000000 - previous tx index
         - 00 - ScriptSig
         - ffffffff - sequence
         - 01 - # of outputs
         - 00b4...00 - output amounts
         - 1976...ac - ScriptPubKey
         - 00000000 - locktime
```

그림 13-1 BIP0141을 지원하지 않는 노드에 보내는 p2wpkh 트랜잭션

```
0100000000010115e180dc28a2327e687facc33f10f2a20da717e5548406f7ae8b4c811072f856010
0000000ffffffff0100b4f505000000001976a9141d7cd6c75c2e86f4cbf98eaed221b30bd9a0b928
88ac02483045022100df7b7e5cda14ddf91290e02ea10786e03eb11ee36ec02dd862fe9a326bbcb7f
d02203f5b4496b667e6e281cc654a2da9e4f08660c620a1051337fa8965f727eb19190121038262a6
c6cec93c2d3ecd6c6072efea86d02ff8e3328bbd0242b20af3425990ac00000000

         - 01000000 - version
         - 00 - Segwit marker
         - 01 - Segwit flag
         - 01 - # of inputs
         - 15e1...56 - previous tx hash
         - 01000000 - previous tx index
         - 00 - ScriptSig
         - ffffffff - sequence
         - 01 - # of outputs
         - 00b4...00 - output amounts
         - 1976...ac - ScriptPubKey
         - 0248...ac - witness
         - 00000000 - locktime
```

그림 13-2 BIP0141을 지원하는 노드에 보내는 p2wpkh 트랜잭션

이 둘의 차이를 보면 세그윗 노드가 받는 트랜잭션에는 마커(Segwit marker), 플래그 (Segwit flag), 증인(witness) 필드가 있습니다. 그렇지 않으면 이 둘은 비슷해 보입니다. 트랜잭션 ID가 변하지 않는 이유는 트랜잭션 ID를 계산할 때는 [그림 13-1]의 직렬화된 트랜잭션을 사용하기 때문입니다.

p2wpkh 트랜잭션에서 증인필드는 2개의 원소(서명, 공개키)를 갖고 있습니다. 이들은 업그레이드된 세그윗 노드에 의해서만 검증에 사용됩니다.

p2wpkh에서 잠금 스크립트는 OP_0 〈20-byte hash〉입니다. 해제 스크립트는 위 두 경우 모두 비워져 있습니다. 결합스크립트는 [그림 13-3]과 같습니다.

그림 13-3 p2wpkh 스크립트

[그림 13-4]는 결합스크립트 실행이 준비된 모습입니다.

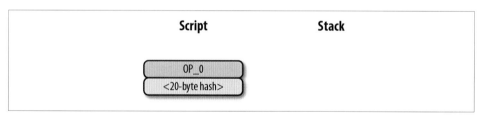

그림 13-4 p2wpkh 실행 준비

OP_0 명령어는 0을 스택 위로 올립니다(그림 13-5).

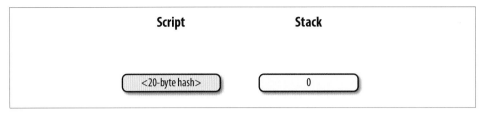

그림 13-5 p2wpkh 진행 단계 1

20바이트 해시값은 원소입니다. 따라서 그냥 스택 위로 올립니다(그림 13-6).

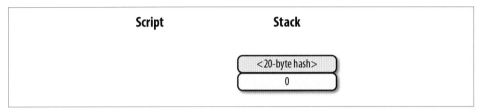

그림 13-6 p2wpkh 진행 단계 2

예전 노드라면 더 이상 처리할 스크립트 명령어가 없기 때문에 여기까지 실행하고 끝납니다. 가장 맨 위의 원소가 0이 아닌 값이기에 스크립트로 유효하다는 판단을 합니다. 예전 노드는 더 이상 검증할 수 없다는 점에서 p2sh 스크립트와 매우 유사합니다(8장). 그러나 세그윗 노드는 p2sh 특별 규칙(8장)과 같은 규칙이 있습니다.

p2sh에서는 스크립트 명령집합에서 일정한 명령어 실행 패턴(〈RedeemScript〉 OP_HASH160 〈hash〉 OP_EQUAL)을 만나면 특별 규칙이 실행됩니다.

p2wpkh의 경우 이러한 패턴은 OP_0 〈20-byte hash〉입니다. 스크립트 명령집합에서 이런 패턴을 만나면 증인필드에 있는 공개키와 서명 그리고 20바이트 해시값을 이용해서 p2pkh 결합 스크립트를 구성하여 스크립트 명령집합에 추가합니다. 즉 추가되는 스크립트는 <signature> <pubkey> OP_DUP OP_HASH160 <20-byte hash> OP_EQUALVERIFY OP_CHECKSIG입니다. [그림 13-7]은 이러한 스크립트가 추가된 상태를 보여줍니다.

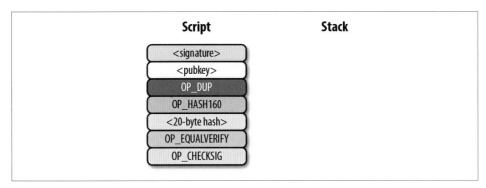

그림 13-7 p2wpkh 진행 단계 3

p2wpkh의 나머지 실행은 6장에서 본 p2pkh와 동일합니다. 20바이트 해시값이 공개키의 hash160 해시값이고 서명이 유효하다면 모든 명령어를 실행한 후 스택에는 1이 남습니다(그림 13-8).

그림 13-8 p2wpkh 진행 단계 4

예전 노드는 세그윗 특별 규칙을 모르기 때문에 스크립트 명령집합에 〈20-byte hash〉 0이 남은 상태로 명령어 실행이 끝납니다. 오로지 세그윗 노드만 p2sh처럼 추가로 검증할 수 있습니다. 네트워크를 통해 예전 노드로 보내는 데이터는 그 양이 적습니다. 또한 세그윗 노드라도 원하지 않으면 블록체인에 x블록 이상 깊게 들어간 트랜잭션은 내려받지 않을(따라서 검증하지 않을) 수 있습니다. 어떤 의미에서 서명은 다른 많은 노드에 의해 검증되어 왔으므로 노드는 자신이 직접 검증하지 않고 서명이 유효하다고 믿을 수 있습니다.

지금까지 설명한 것은 세그윗 버전 0에 대한 특별 규칙입니다. 세그윗 버전 1은 아직 명확히 정의되어 있지 않지 않고 기술적으로 실행 형태가 완전히 다를 수 있습니다. 따라서 세그윗 버전 1을 의미하는 〈20-byte hash〉 1은 미래에 세그윗 버전 0과는 다른 특별 규칙을 스크립트 예외 패턴으로 정의할 수 있습니다.[5] 세그윗 버전 방식으로 다른 최신 기술을 비트코인에 도

---

5 〈20-byte hash〉 이후의 원소가 버전을 의미한다. 0이면 세그윗 버전 0, 1이면 세그윗 버전 1인 식이다. 이런 방식으로 세그윗에서는 미래의 기능 추가에 대한 버전 증가를 대비했고 이것이 세그윗 버전 방식이다.

입할 수 있습니다. 그 예로 Simplicity와 같은 완전히 다른 스크립트 시스템이나 슈노어 서명, Graftroot 등이 있습니다. 세그윗은 업그레이드 방식을 명확하게 규정합니다. 세그윗 버전 X를 지원하는 소프트웨어는 버전 X 트랜잭션의 유효성까지 확인하지만 버전 X를 모르는 예전 소프트웨어는 버전 X의 특별 규칙 실행 전까지만 검증합니다.

13.3 p2sh-p2wpkh 스크립트

p2wpkh는 훌륭한 스크립트 형식이지만 새로운 형식이기 때문에 예전 지갑은 p2wpkh 잠금 스크립트로 송금할 수 없습니다. p2wpkh는 Bech32라고 하는 새로운 주소 형식을 사용합니다. 이는 BIP0173에 정의되어 있는데 예전 지갑은 이 형식의 주소를 지원하지 못합니다.

세그윗 제안자들은 p2sh 형식으로 p2wpkh를 구현해서 예전 지갑들도 지원할 수 있도록 하는 독창적인 방법을 고안해 내었습니다. 세그윗 스크립트가 p2sh 리딤 스크립트 안에 들어 있기 때문에 이를 네스티드nested 세그윗이라고 합니다.

p2sh-p2wpkh 주소는 일반적인 p2sh 주소이지만 리딤 스크립트는 OP_0 〈20-byte hash〉(p2wpkh의 잠금 스크립트)입니다. p2wpkh와 마찬가지로 p2sh-p2wpkh에서도 예전 노드(그림 13-9)와 세그윗 노드(그림 13-10)에게 각기 다른 트랜잭션을 보냅니다.

```
0100000001712e5b4e97ab549d50ca60a4f5968b2225215e9fab82dae4720078711406972f0000000
017160014848202fc47fb475289652fbd1912cc853ecb0096feffffff0232360000000000001976a9
14121ae7a2d55d2f0102ccc117cbcb70041b0e037f88ac10270000000000001976a914ec0be509516
51261765cfa71d7bd41c7b9245bb388ac075a0700

        - 01000000 - version
        - 01 - # of inputs
        - 712e...2f - previous tx hash
        - 00000000 - previous tx index
        - 1716...96 - ScriptSig
        - feffffff - sequence
        - 02 - # of outputs
        - 3236...00 - output amounts
        - 1976...ac - ScriptPubKey
        - 075a0700 - locktime
```

그림 13-9 BIP0141을 지원하지 않는 노드에 보내는 p2sh-p2wpkh 트랜잭션

01000000000101712e5b4e97ab549d50ca60a4f5968b2225215e9fab82dae4720078711406972f000
0000017160014848202fc47fb475289652fbd1912cc853ecb0096feffffff02323600000000000019
76a914121ae7a2d55d2f0102ccc117cbcb70041b0e037f88ac10270000000000001976a914ec0be50
951651261765cfa71d7bd41c7b9245bb388ac024830450221009263c7de80c297d5b21aba846cf6f0
a970e1d339568167d1e4c1355c7711bc1602202c9312b8d32fd9c7acc54c46cab50eb7255ce3c0122
14c41fe1ad91bccb16a13012102ebdf6fc448431a2bd6380f912a0fa6ca291ca3340e79b6f0c1fdaf
f73cf54061075a0700

- 01000000 - version
- **00 - Segwit marker**
- 01 - Segwit flag
- 01 - # of inputs
- 712e...2f - previous tx hash
- 00000000 - previous tx index
- 1716...96 - ScriptSig
- feffffff - sequence
- 02 - # of outputs
- 3236...00 - output amounts
- 1976...ac - ScriptPubKey
- 0248...61 - witness
- 075a0700 - locktime

그림 13-10 BIP0141을 지원하는 노드에 보내는 p2sh–p2wpkh 트랜잭션

p2wpkh와 달리 해제 스크립트가 더 이상 빈 공간이 아닙니다. 해제 스크립트에는 p2wpkh 의 잠금 스크립트와 동일한 리딤 스크립트가 있습니다. 이는 p2sh 스크립트이므로 잠금 스크 립트는 다른 p2sh 스크립트와 동일합니다. 결합스크립트는 [그림 13–11]과 같습니다.

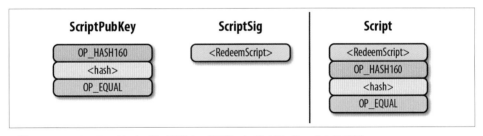

그림 13-11 p2sh–p2wpkh 스크립트(잠금 스크립트(ScriptPubKey)는 p2sh와 동일)

[그림 13-12]와 같은 상태에서 스크립트를 실행합니다.

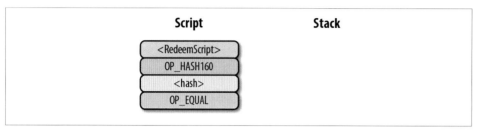

그림 13-12 p2sh-p2wpkh 실행 준비

스크립트 명령집합의 명령어 실행 순서가 p2sh 특별 규칙을 발생시키는 패턴임을 알 수 있습니다. 리딤 스크립트를 스택 위에 올립니다(그림 13-13).

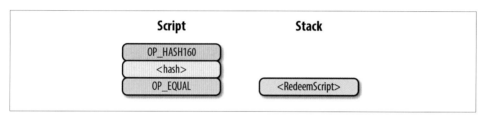

그림 13-13 p2sh-p2wpkh 진행 단계 1

OP_HASH160 명령어는 스택 위의 리딤 스크립트를 가져와서 그의 해시값을 구해 스택 위로 올립니다(그림 13-14).

그림 13-14 p2sh-p2wpkh 진행 단계 2

스크립트 명령집합의 해시값은 스택 위로 올라가고 OP_EQUAL 명령어를 실행합니다(그림 13-15).

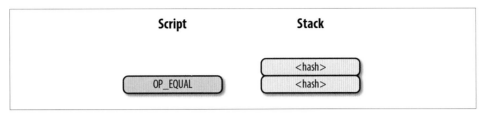

그림 13-15 p2sh–p2wpkh 진행 단계 3

여기에서 스택 위의 두 해시값이 같다면, BIP0016를 미지원하는 노드는 p2sh 특별 규칙을 모르므로 스크립트가 유효하다고 판단할 것입니다. 그러나 BIP0016을 지원하는 노드는 p2sh의 특별 규칙을 실행하여 리딤 스크립트를 파싱하여 얻은 명령어를 스크립트 명령집합에 추가합니다. 여기서 리딤 스크립트는 p2wpkh 잠금 스크립트와 동일한 OP_0 〈20-byte hash〉입니다. 그 결과 스크립트 명령집합과 스택의 상태는 [그림 13-16]과 같습니다.

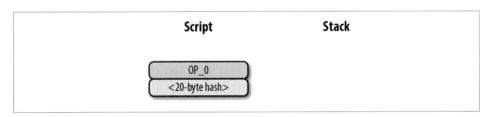

그림 13-16 p2sh–p2wpkh 진행 단계 4

이는 p2wpkh 스크립트가 시작하는 상태로 낯익은 그림입니다. 명령어를 실행한 결과는 [그림 13-17]과 같습니다.

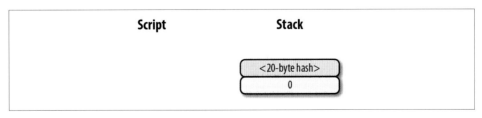

그림 13-17 p2sh–p2wpkh 진행 단계 5

이 시점에 세그윗을 지원하지 않는 노드는 세그윗 특별 규칙을 모르므로 스크립트가 그냥 유효하다고 판단할 것입니다. 그러나 세그윗을 지원하는 노드는 세그윗 특별 규칙을 실행합니다. 20바이트 해시값과 함께 증인필드의 서명과 공개키로 p2pkh 결합스크립트를 구성하여 스크립트 명령집합에 추가합니다(그림 13-18).

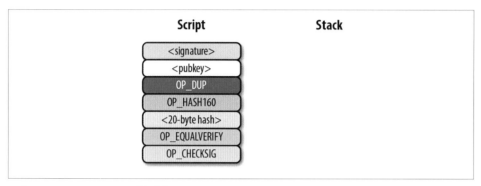

그림 13-18 p2sh-p2wpkh 진행 단계 6

이후 나머지 실행은 6장의 p2pkh와 같습니다. 공개키의 서명이 유효하다면 [그림 13-19]와 같은 상태로 실행이 완료됩니다.

그림 13-19 p2sh-p2wpkh 실행 완료

보다시피 p2sh-p2wpkh 트랜잭션은 BIP0016 이전의 모든 방법과 호환됩니다. BIP0016 이전 노드는 리딤 스크립트가 같으면 유효한 스크립트로 판단하고, BIP0016 이후이면서 세그윗을 지원하지 않는 노드는 20바이트 해시값에서 스크립트가 유효하다고 판단합니다. 그러나 두 노드 모두 모든 검증을 다하고 트랜잭션을 받아들인 것이 아닙니다. 반면에 세그윗을 지원하는 노드는 공개키로 서명까지 확인하여 모든 검증을 하게 됩니다.

세그윗 비판자들은 세그윗 출력은 아무나 소비할 수 있다고 우려했습니다.[6] 비트코인 네트워크가 세그윗 업그레이드 노드와 업그레이드하지 않은 노드로 분리되었다면 이러한 우려는 현실이 되었을 것입니다. 즉, 경제적으로 상당한 양을 처리하는 비트코인 채굴자들이 세그윗 검증을 거부하여 유효하지 않은 세그 윗 트랜잭션도 맹목적으로 유효한 트랜잭션으로 처리했다면 이러한 비판은 가능합니다. 그러나 세그윗의 장점에서 비롯된 다양한 경제적 인센티브 때문에 세그윗은 네트워크에서 활성화됐고 많은 노드들이 빠르 게 세그윗을 지원하게 됐습니다. 우려했던 세그윗 노드와 예전 노드 사이의 네트워크 분리는 발생하지 않 았습니다. 이제는 많은 비트코인이 세그윗 출력에 존재하고, 대부분의 노드가 세그윗 트랜잭션을 소프트포 크 규칙에 따라 검증하고 있습니다. 이제는 자신 있게 세그윗 비판자들의 우려는 기우였다고 말할 수 있습 니다.

13.4 p2wpkh와 p2sh-p2wpkh 코딩하기

가장 먼저 수정할 부분은 Tx 클래스입니다. 여기에서 트랜잭션이 세그윗 트랜잭션인지 아닌지 를 표시하도록 합니다.

```python
class Tx:
    command = b'tx'

    def __init__(self, version, tx_ins, tx_outs,
        locktime, testnet=False, segwit=False):
        self.version = version
        self.tx_ins = tx_ins
        self.tx_outs = tx_outs
        self.locktime = locktime
        self.testnet = testnet
        self.segwit = segwit
        self._hash_prevouts = None
        self._hash_sequence = None
        self._hash_outputs = None
```

다음으로 전송받은 트랜잭션이 세그윗 트랜잭션인지 아닌지에 따라 파싱을 달리하기 위해 parse 메서드를 수정합니다.

---

6   세그윗을 미지원하는 예전 노드들은 검증을 끝까지 안 하기 때문에 사실상 모든 세그윗 트랜잭션을 유효한 트랜잭션으로 간주하게 된다. 따라서 세그윗 UTXO는 예전 노드에 의해서는 그에 맞는 비밀키가 없어도 소비 가능하다.

```
class Tx:
...
    @classmethod
    def parse(cls, s, testnet=False):
        s.read(4)  ❶
        if s.read(1) == b'\x00':  ❷
            parse_method = cls.parse_segwit
        else:
            parse_method = cls.parse_legacy
        s.seek(-5, 1)  ❸
        return parse_method(s, testnet=testnet)

    @classmethod
    def parse_legacy(cls, s, testnet=False):
        version = little_endian_to_int(s.read(4))  ❹
        num_inputs = read_varint(s)
        inputs = []
        for _ in range(num_inputs):
            inputs.append(TxIn.parse(s))
        num_outputs = read_varint(s)
        outputs = []
        for _ in range(num_outputs):
            outputs.append(TxOut.parse(s))
        locktime = little_endian_to_int(s.read(4))
        return cls(version, inputs, outputs, locktime,
                   testnet=testnet, segwit=False)
```

❶ 세그윗 트랜잭션인지 확인하기 위해 다섯 번째 바이트를 조사합니다. 첫 4바이트는 버전 정보이고 다섯 번째 바이트가 세그윗 마커(marker)입니다.

❷ 다섯 번째 바이트가 0이면 세그윗 트랜잭션입니다(절대적인 세그윗 판별법은 아니지만 여기서는 이 방법을 사용합니다).[7] 세그윗 여부에 따라 다른 파서를 사용합니다.

❸ 스트림 포인터를 처음 5바이트를 조사하기 전으로 돌려놓습니다.

❹ 예전 parse 메서드의 이름을 parse_legacy로 변경합니다.

----

7 다섯 번째 바이트는 정확히는 세그윗 미지원 파서의 작동을 금지시키는 용도다. 세그윗 미지원 파서 입장에서 다섯 번째 바이트는 입력의 개수로 이 값이 0이면 입력이 없다고 판단하기 때문이다. 세그윗 트랜잭션의 판별을 위해서는 여섯 번째 바이트인 세그윗 플래그(Segwit flag)까지도 확인해야 한다. 세그윗 플래그는 트랜잭션에 추가되는 데이터의 유무를 비트벡터로 표시한다. 현재는 추가 데이터가 witness밖에 정의되어 있지 않고, 따라서 플래그는 0x01만 정의되어 있다. 플래그는 1바이트 값이기 때문에 아직도 7개의 추가 데이터가 트랜잭션 직렬화에 포함될 수 있다.

다음은 세그윗 트랜잭션을 파싱하는 메서드입니다. 여기서 파라미터 s는 직렬화된 세그윗 트랜잭션의 바이트 스트림입니다.

```python
class Tx:
...
    @classmethod
    def parse_segwit(cls, s, testnet=False):
        version = little_endian_to_int(s.read(4))
        marker = s.read(2)
        if marker != b'\x00\x01':  ❶
            raise RuntimeError('Not a segwit transaction {}'.format(marker))
        num_inputs = read_varint(s)
        inputs = []
        for _ in range(num_inputs):
            inputs.append(TxIn.parse(s))
        num_outputs = read_varint(s)
        outputs = []
        for _ in range(num_outputs):
            outputs.append(TxOut.parse(s))
        for tx_in in inputs:  ❷
            num_items = read_varint(s)
            items = []
            for _ in range(num_items):
                item_len = read_varint(s)
                if item_len == 0:
                    items.append(0)
                else:
                    items.append(s.read(item_len))
            tx_in.witness = items
        locktime = little_endian_to_int(s.read(4))
        return cls(version, inputs, outputs, locktime,
                   testnet=testnet, segwit=True)
```

❶ 2개의 새로운 필드가 있습니다. 그중 하나는 세그윗 마커입니다.

❷ 나머지 새로운 필드는 각 입력마다 있는 증인^witness 필드입니다.

다음은 지금까지의 파싱 메서드에 대응하는 직렬화 메서드입니다.

```python
class Tx:
...
    def serialize(self):
```

```
            if self.segwit:
                return self.serialize_segwit()
            else:
                return self.serialize_legacy()

        def serialize_legacy(self):    ❶
            result = int_to_little_endian(self.version, 4)
            result += encode_varint(len(self.tx_ins))
            for tx_in in self.tx_ins:
                result += tx_in.serialize()
            result += encode_varint(len(self.tx_outs))
            for tx_out in self.tx_outs:
                result += tx_out.serialize()
            result += int_to_little_endian(self.locktime, 4)
            return result

        def serialize_segwit(self):
            result = int_to_little_endian(self.version, 4)
            result += b'\x00\x01'    ❷
            result += encode_varint(len(self.tx_ins))
            for tx_in in self.tx_ins:
                result += tx_in.serialize()
            result += encode_varint(len(self.tx_outs))
            for tx_out in self.tx_outs:
                result += tx_out.serialize()
            for tx_in in self.tx_ins:    ❸
                result += int_to_little_endian(len(tx_in.witness), 1)
                for item in tx_in.witness:
                    if type(item) == int:
                        result += int_to_little_endian(item, 1)
                    else:
                        result += encode_varint(len(item)) + item
            result += int_to_little_endian(self.locktime, 4)
            return result
```

❶ 예전 serialize 메서드의 이름을 serialize_legacy로 변경합니다.

❷ 세그윗 직렬화에서는 마커를 추가합니다.

❸ 증인필드는 마지막에 직렬화됩니다.

serialize 메서드 이름이 변경되었기 때문에 이를 호출하는 hash 메서드도 수정해야 합니다.
트랜잭션 ID는 세그윗 트랜잭션이든 아니든 모두 hash 메서드를 호출하여 계산합니다.

```
class Tx:
...
    def hash(self):
        '''Binary hash of the legacy serialization'''
        return hash256(self.serialize_legacy())[::-1]
```

verify_input 메서드에서는 서명해시 z 값이 필요하며 세그윗 트랜잭션인지 아닌지에 따라 z 값의 계산 방법이 다릅니다. 세그윗에서의 서명해시 값 계산 방법은 BIP0143에 기술되어 있습니다. 또한 증인필드를 스크립트 실행 엔진인 evaluate 메서드에 인수로 넘겨줍니다.

```
class Tx:
...
    def verify_input(self, input_index):
        tx_in = self.tx_ins[input_index]
        script_pubkey = tx_in.script_pubkey(testnet=self.testnet)
        if script_pubkey.is_p2sh_script_pubkey():
            command = tx_in.script_sig.commands[-1]
            raw_redeem = int_to_little_endian(len(command), 1) + command
            redeem_script = Script.parse(BytesIO(raw_redeem))
            if redeem_script.is_p2wpkh_script_pubkey():     ❶
                z = self.sig_hash_bip143(input_index, redeem_script)   ❷
                witness = tx_in.witness
            else:
                z = self.sig_hash(input_index, redeem_script)
                witness = None
        else:
            if script_pubkey.is_p2wpkh_script_pubkey():      ❸
                z = self.sig_hash_bip143(input_index)    ❷
                witness = tx_in.witness
            else:
                z = self.sig_hash(input_index)
                witness = None
        combined_script = tx_in.script_sig + tx_in.script_pubkey(self.testnet)
        return combined_script.evaluate(z, witness)     ❹
```

❶ 만약 if문의 조건이 참이면 p2sh-p2wpkh 스크립트인 경우입니다.

❷ BIP0143에 따른 서명해시 값 계산 함수(sig_hash_bip143)는 tx.py 파일에 정의되어 있습니다.

❸ 만약 if문의 조건이 참이면 p2wpkh 스크립트의 경우입니다.

❹ witness를 스크립트 실행 메서드(evaluate)에 인수로 넘겨줍니다.

또한 script.py 파일에서 p2wpkh_script 함수를 정의합니다.

```python
def p2wpkh_script(h160):
    '''Takes a hash160 and returns the p2wpkh ScriptPubKey'''
    return Script([0x00, h160])  ❶
...
    def is_p2wpkh_script_pubkey(self):  ❷
        return len(self.cmds) == 2 and self.cmds[0] == 0x00 \
            and type(self.cmds[1]) == bytes and len(self.cmds[1]) == 20
```

❶ [0x00, h160]은 OP_0 〈20-byte-hash〉 스크립트입니다.

❷ Script 클래스의 메서드로 객체가 p2wpkh 형식 잠금 스크립트인지 판단합니다.

마지막으로 evaluate 메서드 안에 특별 규칙을 구현할 필요가 있습니다.

```python
class Script:
...
    def evaluate(self, z, witness):
    ...
        while len(cmds) > 0:
        ...
            else:
                stack.append(cmds)
        ...
                if len(stack) == 2 and stack[0] == b'' and len(stack[1]) == 20:  ❶
                    h160 = stack.pop()
                    stack.pop()
                    cmds.extend(witness)
                    cmds.extend(p2pkh_script(h160).cmds)
```

❶ if문의 조건은 특별 규칙의 적용 조건이며, 참이면 p2wpkh의 세그윗 버전 0를 실행합니다. 20바이트 해시값, 서명 그리고 공개키로 p2pkh 결합스크립트를 생성하고 실행합니다.

13.5 p2wsh 스크립트

p2wpkh가 가장 흔히 사용되는 트랜잭션을 처리하는 반면 (다중서명과 같은) 복잡한 기능

을 위해서는 더 유연한 스크립트가 필요합니다. 이러한 스크립트가 바로 p2wsh(pay-to-witness-script-hash) 스크립트입니다. p2wsh가 p2sh와 다른 점은 모든 해제 스크립트의 데이터가 증인필드에 위치한다는 점이고 그 외는 동일합니다.

p2wpkh에서처럼 p2wsh를 이해하기 위해서 세그윗 노드(그림 13-21)와 예전 노드(그림 13-20)에 보내는 트랜잭션을 비교해보는 것이 도움됩니다.

```
0100000001593a2db37b841b2a46f4e9bb63fe9c1012da3ab7fe30b9f9c974242778b5af898000000
0000ffffffff01806fb307000000001976a914bbef244bcad13cffb68b5cef3017c7423675552288a
c00000000

        - 01000000 - version
        - 01 - # of inputs
        - 593a...98 - previous tx hash
        - 00000000 - previous tx index
        - 00 - ScriptSig
        - ffffffff - sequence
        - 01 - # of outputs
        - 806f...00 - output amounts
        - 1976...ac - ScriptPubKey
        - 00000000 - locktime
```

그림 13-20 BIP0141을 지원하지 않는 노드에 보내는 p2wsh 트랜잭션

```
01000000000101593a2db37b841b2a46f4e9bb63fe9c1012da3ab7fe30b9f9c974242778b5af89800
00000000ffffffff01806fb307000000001976a914bbef244bcad13cffb68b5cef3017c7423675552
288ac040047304402203cdcaf02a44e37e409646e8a506724e9e1394b890cb52429ea65bac4cc2403
f1022024b934297bcd0c21f22cee0e48751c8b184cc3a0d704cae2684e14858550af7d01483045022
100feb4e1530c13e72226dc912dcd257df90d81ae22dbddb5a3c2f6d86f81d47c8e022069889ddb76
388fa7948aaa018b2480ac36132009bb9cfade82b651e88b4b137a01695221026ccfb8061f235cc11
0697c0bfb3afb99d82c886672f6b9b5393b25a434c0cbf32103befa190c0c22e2f53720b1be9476dc
f11917da4665c44c9c71c3a2d28a933c352102be46dc245f58085743b1cc37c82f0d63a960efa43b5
336534275fc469b49f4ac53ae00000000

        - 01000000 - version
        - 00 - Segwit marker
        - 01 - Segwit flag
        - 01 - # of inputs
        - 593a...98 - previous tx hash
        - 00000000 - previous tx index
        - 00 - ScriptSig
        - ffffffff - sequence
        - 01 - # of outputs
        - 806f...00 - output amounts
        - 1976...ac - ScriptPubKey
        - 0400...ae - witness
        - 00000000 - locktime
```

그림 13-21 BIP0141을 지원하는 노드에 보내는 p2wsh 트랜잭션

p2wsh 잠금 스크립트는 OP_0 〈32−byte hash〉입니다. 이러한 실행 패턴으로 또 다른 특별 규칙이 실행됩니다.[8]

p2wpkh에서처럼 해제 스크립트는 비워져 있습니다. p2wsh 형식의 UTXO가 소비될 때 결합스크립트는 [그림 13-22]와 같습니다.

그림 13-22 p2wsh 스크립트

이 스크립트는 p2wpkh와 비슷하게 시작합니다(그림 13-23, 그림 13-24).

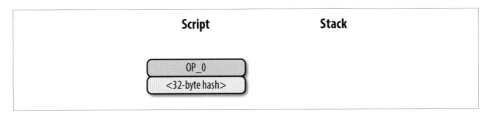

그림 13-23 p2wsh 실행 준비

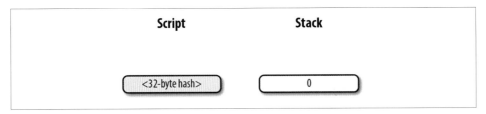

그림 13-24 p2wsh 진행 단계 1

---

8 참고로 p2wpkh의 경우 특별 규칙 패턴은 OP_0 〈20−byte hash〉다.

32바이트 해시값은 원소이므로 그대로 스택 위로 올립니다(그림 13-25).

그림 13-25 p2wsh 진행 단계 2

p2wpkh에서와 같이 예전 노드는 더 이상 실행할 스크립트 명령어가 없기 때문에 여기에서 실행이 끝납니다. 특별 규칙을 인식하는 세그윗 노드는 증인필드를 통해 추가 검증합니다.

여기서 p2wsh 증인필드는 2-of-3 다중서명입니다(그림 13-26).

```
040047304402203cdcaf02a44e37e409646e8a506724e9e1394b890cb52429ea65bac4cc2403f1022
024b934297bcd0c21f22cee0e48751c8b184cc3a0d704cae2684e14858550af7d01483045022100fe
b4e1530c13e72226dc912dcd257df90d81ae22dbddb5a3c2f6d86f81d47c8e022069889ddb76388fa
7948aaa018b2480ac36132009bb9cfade82b651e88b4b137a01695221026ccfb8061f235cc110697c
0bfb3afb99d82c886672f6b9b5393b25a434c0cbf32103befa190c0c22e2f53720b1be9476dcf1191
7da4665c44c9c71c3a2d28a933c352102be46dc245f58085743b1cc37c82f0d63a960efa43b533653
4275fc469b49f4ac53ae

              - 04 - Number of witness elements
              - 00 - OP_0
              - 47 - Length of <signaturex>
              - 3044...01 - <signaturex>
              - 48 - Length of <signaturey>
              - 3045...01 - <signaturey>
              - 69 - Length of WitnessScript
              - 5221...ae - <WitnessScript>
```

그림 13-26 파싱된 p2wsh 증인필드

증인필드의 마지막 항목을 증인 스크립트(WitnessScript)라고 합니다.[9] 이 증인 스크립트의 sha256 해시값이 잠금 스크립트에 있는 ⟨32-byte hash⟩와 같아야 올바른 증인 스크립트로 확인됩니다. 간과하기 쉬운 점은 이 해시값을 구하는 함수가 hash256이 아닌 sha256이라는

---

9 증인필드와 증인 스크립트를 혼동할 수 있다. 증인 스크립트는 증인필드에 들어 있는 원소 중 하나다.

점입니다.

일단 증인 스크립트가 잠금 스크립트의 해시값에 의해 검증되면 스크립트 명령어로 파싱되어
스크립트 명령집합에 추가됩니다. 증인 스크립트는 [그림 13-27]과 같습니다.

```
5221026ccfb8061f235cc110697c0bfb3afb99d82c886672f6b9b5393b25a434c0cbf32103befa190
c0c22e2f53720b1be9476dcf11917da4665c44c9c71c3a2d28a933c352102be46dc245f58085743b1
cc37c82f0d63a960efa43b5336534275fc469b49f4ac53ae

        - 52 - OP_2
        - 21 - Length of <pubkeyx>
        - 026c...f3 - <pubkeyx>
        - 21 - Length of <pubkeyy>
        - 03be...35 - <pubkeyy>
        - 21 - Length of <pubkeyz>
        - 02be...ac - <pubkeyz>
        - 53 - OP_3
        - ae - OP_CHECKMULTISIG
```

그림 13-27 파싱된 p2wsh 증인 스크립트

증인필드의 나머지는 위로 올라가고 스크립트 명령집합은 [그림 13-28]과 같이 됩니다.

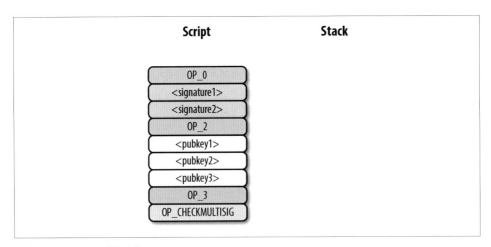

그림 13-28 p2wsh 진행 단계 3

이는 8장에서 본 것과 유사한 2-of-3 다중서명입니다(그림 13-29).

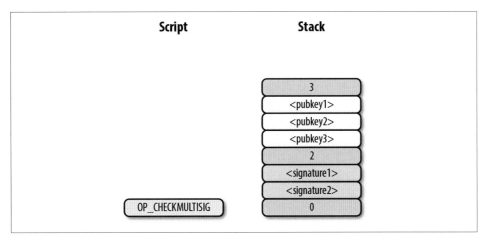

그림 13-29 p2wsh 진행 단계 4

만약 서명이 유효하다면 실행은 [그림 13-30]처럼 끝납니다.

그림 13-30 p2wsh 진행 단계 5

증인 스크립트는 리딤 스크립트와 아주 유사합니다. 둘 다 sha256 해시값이 잠금 스크립트에 포함되어 있고 UTXO를 사용할 때 그 내용이 드러납니다. 일단 증인 스크립트의 sha256 해시 값이 32바이트 해시값과 같으면 증인 스크립트는 파싱되어 스크립트 명령집합에 추가됩니다. 증인필드의 남은 부분이 이후 스크립트 명령집합에 추가되어 실행할 최종 스크립트가 완성됩니다. p2wsh는 라이트닝 네트워크를 위한 양방향 결제 채널에서 특히 중요합니다. 왜냐하면 이 경우에 가변성 문제가 없는 다중서명 트랜잭션이 요구되기 때문입니다.

13.6 p2sh-p2wsh 스크립트

p2sh-p2wpkh처럼 p2sh-p2wsh는 예전 지갑들로 p2wsh를 지원할 수 있도록 하는 독창

적인 방법입니다. 이번에도 역시 세그윗 노드(그림 13-31)와 예전 노드(그림 13-32)로 보내는 트랜잭션의 모습이 다릅니다.

```
0100000001708256c5896fb3f00ef37601f8e30c5b460dbcd1fca1cd7199f9b56fc4ecd5400
00000023220020615ae01ed1bc1ffaad54da31d7805d0bb55b52dfd3941114330368c1bbf69
b4cffffffff01603edb0300000000160014bbef244bcad13cffb68b5cef3017c74236755522
00000000
```

- 01000000 - version
- 01 - # of inputs
- 7082...54 - previous tx hash
- 00000000 - previous tx index
- 2322...4c - ScriptSig
- ffffffff - sequence
- 01 - # of outputs
- 603e...00 - output amounts
- 1600...22 - ScriptPubKey
- 00000000 - locktime

그림 13-31 BIP0141을 지원하지 않는 노드에 보내는 p2sh-p2wsh 트랜잭션

```
01000000000101708256c5896fb3f00ef37601f8e30c5b460dbcd1fca1cd7199f9b56fc4ecd540000
000023220020615ae01ed1bc1ffaad54da31d7805d0bb55b52dfd3941114330368c1bbf69b4cfffff
fff01603edb0300000000160014bbef244bcad13cffb68b5cef3017c7423675552204004730440220
010d2854b86b90b7c33661ca25f9d9f15c24b88c5c4992630f77ff004b998fb802204106fc3ec8481
fa98e07b7e78809ac91b6ccaf60bf4d3f729c5a75899bb664a501473044022046d66321c6766abcb1
366a793f9bfd0e11e0b080354f18188588961ea76c5ad002207262381a0661d66f5c39825202524c4
5f29d500c6476176cd910b1691176858701695221026ccfb8061f235cc110697c0bfb3afb99d82c88
6672f6b9b5393b25a434c0cbf32103befa190c0c22e2f53720b1be9476dcf11917da4665c44c9c71c
3a2d28a933c352102be46dc245f58085743b1cc37c82f0d63a960efa43b5336534275fc469b49f4ac
53ae00000000
```

- 01000000 - version
- 00 - Segwit marker
- 01 - Segwit flag
- 01 - # of inputs
- 7082...54 - previous tx hash
- 00000000 - previous tx index
- 2322...4c - ScriptSig
- ffffffff - sequence
- 01 - # of outputs
- 603e...00 - output amounts
- 1600...22 - ScriptPubKey
- 0400...ae - witness
- 00000000 - locktime

그림 13-32 BIP0141을 지원하는 노드에 보내는 p2sh-p2wsh 트랜잭션

p2sh-p2wpkh처럼 잠금 스크립트는 여느 p2sh의 것과 같은 형태이고 해제 스크립트는 그냥 리딤 스크립트입니다(그림 13-33).

그림 13-33 p2sh-p2wsh 스크립트

p2sh-p2wsh 스크립트 실행을 p2sh-p2wpkh 스크립트와 동일한 방식으로 시작합니다(그림 13-34).

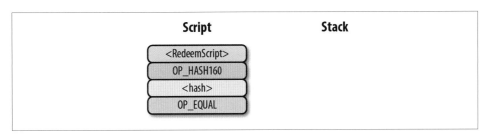

그림 13-34 p2sh-p2wsh 실행 준비

리딤 스크립트가 스택 위로 올라갑니다(그림 13-35).

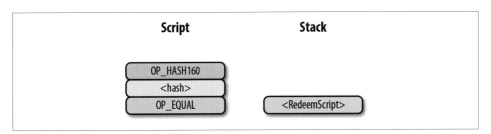

그림 13-35 p2sh-p2wsh 진행 단계 1

OP_HASH160은 리딤 스크립트의 해시값을 반환합니다(그림 13-36).

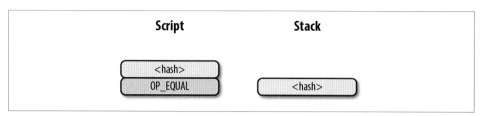

그림 13-36 p2sh-p2wsh 진행 단계 2

해시값이 스택 위로 올라가고 OP_EQUAL을 실행할 차례가 됩니다(그림 13-37).

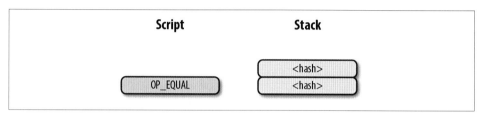

그림 13-37 p2sh-p2wsh 진행 단계 3

p2sh-p2wpkh의 경우처럼 만약 해시값이 일치한다면 BIP0016을 미지원하는 노드는 p2sh 특별 규칙을 모르므로 스크립트가 유효하다고 판단할 것입니다. 그러나 BIP0016을 지원하는 노드는 p2sh의 특별 규칙을 실행하여 리딤 스크립트를 파싱하여 얻은 명령어를 스크립트 명령 집합에 추가합니다. 여기서 리딤 스크립트는 p2wsh 잠금 스크립트와 동일한 OP_0 32-byte hash입니다(그림 13-38).

```
220020615ae01ed1bc1ffaad54da31d7805d0bb55b52dfd3941114330368c1bbf69b4c

    - 22 - Length of <RedeemScript>
    - 0020...4c - <RedeemScript>
```

그림 13-38 p2sh-p2wsh 리딤 스크립트

그 결과 스크립트 명령집합과 스택의 상태는 [그림 13-39]와 같습니다.

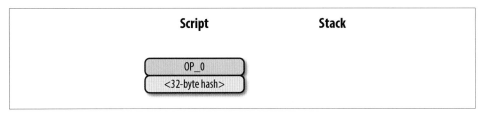

그림 13-39 p2sh-p2wsh 진행 단계 4

물론 이는 p2wsh의 처음 시작 상태와 정확히 동일합니다(그림 13-40).

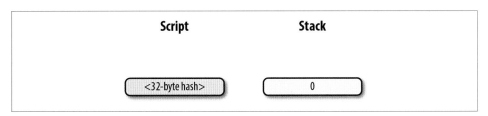

그림 13-40 p2sh-p2wsh 진행 단계 5

32바이트 해시값은 원소이므로 그냥 스택 위로 올라갑니다(그림 13-41).

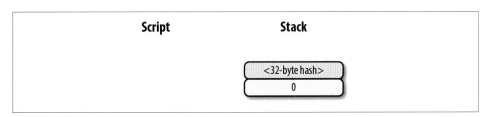

그림 13-41 p2sh-p2wsh 진행 단계 6

이 시점에 세그윗을 지원하지 않는 노드는 세그윗 특별 규칙을 모르므로 스크립트가 유효하다고 판단할 것입니다. 그러나 세그윗을 지원하는 노드는 세그윗 특별 규칙을 실행합니다. 증인 필드(그림 13-42)는 증인 스크립트(그림 13-43)를 포함하고 있습니다. 증인 스크립트의 sha256 해시값은 32바이트 해시값(〈32-byte script〉)과 같은지 비교하여, 같다면 증인 스크립트는 파싱되어 스크립트 명령집합에 추가됩니다(그림 13-44).

```
04004730440220010d2854b86b90b7c33661ca25f9d9f15c24b88c5c4992630f77ff004
b998fb802204106fc3ec8481fa98e07b7e78809ac91b6ccaf60bf4d3f729c5a75899bb6
64a501473044022046d66321c6766abcb1366a793f9bfd0e11e0b080354f18188588961
ea76c5ad002207262381a0661d66f5c39825202524c45f29d500c6476176cd910b16911
76858701695221026ccfb8061f235cc110697c0bfb3afb99d82c886672f6b9b5393b25a
434c0cbf32103befa190c0c22e2f53720b1be9476dcf11917da4665c44c9c71c3a2d28a
933c352102be46dc245f58085743b1cc37c82f0d63a960efa43b5336534275fc469b49f
4ac53ae


                - 04 - Number of witness elements
                - 00 - OP_0
                - 47 - Length of <signaturex>
                - 3044...01 - <signaturex>
                - 47 - Length of <signaturey>
                - 3044...01 - <signaturey>
                - 69 - Length of WitnessScript
                - 5221...ae - <WitnessScript>
```

그림 13-42 파싱된 p2sh-p2wsh 증인필드

```
5221026ccfb8061f235cc110697c0bfb3afb99d82c886672f6b9b5393b25a434c0cbf32103befa190
c0c22e2f53720b1be9476dcf11917da4665c44c9c71c3a2d228a933c352102be46dc245f58085743b
1cc37c82f0d63a960efa43b5336534275fc469b49f4ac53ae


                - 52 - OP_2
                - 21 - Length of <pubkeyx>
                - 026c...f3 - <pubkeyx>
                - 21 - Length of <pubkeyy>
                - 03be...35 - <pubkeyy>
                - 21 - Length of <pubkeyz>
                - 02be...ac - <pubkeyz>
                - 53 - OP_3
                - ae - OP_CHECKMULTISIG
```

그림 13-43 파싱된 p2sh-p2wsh 증인 스크립트

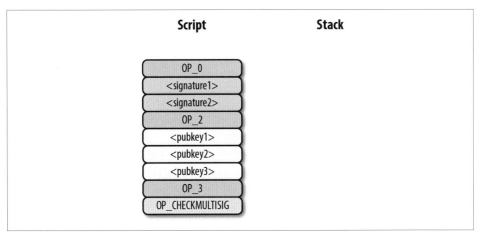

그림 13-44 p2sh-p2wsh 진행 단계 7

보는 바와 같이 이는 8장에서 살펴본 2-of-3 다중서명입니다. 서명이 유효하면 [그림 13-45]와 같이 실행이 끝납니다.

그림 13-45 p2sh-p2wsh 실행 완료

이런 식으로 p2sh 잠금 스크립트를 지원하는 예전 지갑으로 p2wsh 형식의 UTXO를 소비할 수 있습니다.

13.7 p2wsh와 p2sh-p2wsh 코딩하기

파싱과 직렬화는 이전과 정확히 같습니다. 주요 수정 사항은 tx.py 파일의 `verify_input` 메서드와 script.py 파일의 `evaluate` 메서드입니다.

```
class Tx:
...
```

```python
def verify_input(self, input_index):
    tx_in = self.tx_ins[input_index]
    script_pubkey = tx_in.script_pubkey(testnet=self.testnet)
    if script_pubkey.is_p2sh_script_pubkey():
        command = tx_in.script_sig.commands[-1]
        raw_redeem = int_to_little_endian(len(command), 1) + command
        redeem_script = Script.parse(BytesIO(raw_redeem))
        if redeem_script.is_p2wpkh_script_pubkey():
            z = self.sig_hash_bip143(input_index, redeem_script)
            witness = tx_in.witness
        elif redeem_script.is_p2wsh_script_pubkey():  ❶
            command = tx_in.witness[-1]
            raw_witness = encode_varint(len(command)) + command
            witness_script = Script.parse(BytesIO(raw_witness))
            z = self.sig_hash_bip143(input_index,
                                     witness_script=witness_script)
            witness = tx_in.witness
        else:
            z = self.sig_hash(input_index, redeem_script)
            witness = None
    else:
        if script_pubkey.is_p2wpkh_script_pubkey():
            z = self.sig_hash_bip143(input_index)
            witness = tx_in.witness
        elif script_pubkey.is_p2wsh_script_pubkey():  ❷
            command = tx_in.witness[-1]
            raw_witness = encode_varint(len(command)) + command
            witness_script = Script.parse(BytesIO(raw_witness))
            z = self.sig_hash_bip143(input_index,
                                     witness_script=witness_script)
            witness = tx_in.witness
        else:
            z = self.sig_hash(input_index)
            witness = None
    combined_script = tx_in.script_sig + tx_in.script_pubkey(self.testnet)
    return combined_script.evaluate(z, witness)
```

❶ p2sh-p2wsh의 경우인지 판단합니다.

❷ p2wsh의 경우인지 판단합니다.

다음 script.py 파일의 Script 클래스 안에 p2wsh 스크립트인지 확인하는 메서드를 정의합니다.

```
def p2wsh_script(h256):
    '''Takes a hash256 (of the witnessScript) and returns the p2wsh ScriptPubKey'''
    return Script([0x00, h256])    ❶
...
class Script:
...
    def is_p2wsh_script_pubkey(self):
        return len(self.cmds) == 2 and self.cmds[0] == 0x00 \
            and type(self.cmds[1]) == bytes and len(self.cmds[1]) == 32
```

❶ OP_0 〈32−byte script〉로 구성된 스크립트를 반환합니다.

마지막으로 p2wsh의 특별 규칙을 처리하는 부분입니다.

```
class Script:
...
    def evaluate(self, z, witness):
...
        while len(commands) > 0:
        ...
        else:
                stack.append(command)
                ...
                if len(stack) == 2 and stack[0] == b'' and len(stack[1]) == 32:
                    s256 = stack.pop()    ❶
                    stack.pop()    ❷
                    cmds.extend(witness[:-1])    ❸
                    witness_script = witness[-1]    ❹
                    if s256 != sha256(witness_script):    ❺
                        print('bad sha256 {} vs {}'.format
                            (s256.hex(), sha256(witness_script).hex()))
                        return False
                    stream = BytesIO(encode_varint(len(witness_script))
                        + witness_script)
                    witness_script_cmds = Script.parse(stream).cmds    ❻
                    cmds.extend(witness_script_cmds)
```

❶ 스택 가장 위의 원소는 증인 스크립트의 sha256 해시값입니다.

❷ 두 번째 원소는 세그윗 버전 0입니다.

❸ 증인 스크립트를 제외한 나머지는 모두 스크립트 명령집합에 추가됩니다.

❹ 증인 스크립트는 증인필드의 가장 마지막 항목입니다.

❺ 증인 스크립트의 sha256 해시값과 스택에서 꺼낸 해시값과 비교합니다. 만약 두 값이 같다면 유효한 증인 스크립트라는 의미입니다.

❻ 증인 스크립트의 파싱 결과를 스크립트 명령집합에 추가합니다.

13.8 기타 개선 사항

세그윗은 또한 서명해시를 다르게 계산하여 이차 해싱 문제를 해결합니다. 각 입력의 서명을 생성할 때마다 서명해시 z를 처음부터 계산하지 않고 이전의 많은 계산 결과를 재사용하여 계산할 수 있습니다.[10] 서명해시 계산 방법은 BIP0143에 자세히 있으며 라이브러리에서는 code-ch13/tx.py에서 볼 수 있습니다.[11]

또 다른 개선점으로 비압축 SEC 공개키 사용을 정책으로 금지한다는 것입니다. 압축 SEC 공개키만 세그윗에서 사용하여 저장 공간을 절약합니다.[12]

13.9 마치며

이 장에서는 현재 활성화된 기능 위주로 세그윗의 세부 사항을 살펴봤습니다. 14장은 비트코인 개발자로서 역량을 높일 수 있는 여러 주제에 대해 살펴봅니다.

---

10 세그윗에서는 각 입력 서명해시를 계산하는 해시함수의 입력값 길이가 120바이트로 일정하다. 세그윗 이전에는 이 입력값 길이가 입력의 개수에 따라 증가했다. 따라서 서명해시의 계산 시간이 개수의 제곱으로 증가했지만 세그윗에서는 선형으로 증가한다.

11 tx.py 파일의 sig_hash_bip143 메서드.

12 앞서 언급한 세그윗 개선 사항 중 설명되지 않은 부분이 있는데 오프라인 지갑 수수료 계산의 보안 강화 부분이다. 세그윗 이전에는 트랜잭션의 서명을 생성하는 과정에서 입력의 참조 비트코인 양이 포함되지 않았다. 네트워크와 연결된 컴퓨터와 아주 적은 양의 데이터만 교환할 수 있는 오프라인 지갑(Trezor, Nono Ledgder 등)에서는 서명을 생성하기 직전에 사용자 확인 버튼을 받는다. 이때 참조하는 비트코인의 양을 모르기 때문에 수수료를 계산할 수 없고 이로 인해 사용자는 수수료를 제대로 확인할 수 없다. 지갑에 연결된 컴퓨터에 침입한 해커가 출력의 비트코인을 0으로 설정하여 지갑에 요청해도 알 방법이 없다. 이를 해결하기 위해 입력이 가리키는 이전 트랜잭션을 오프라인 지갑에 넘기는 방법이 있지만 적은 컴퓨팅 자원을 가진 지갑에서는 버겁고 복잡한 작업이다. 세그윗에서는 서명을 생성할 때 참조 비트코인의 양을 포함시킨다. 이로부터 오프라인 지갑은 자신이 서명하는 트랜잭션의 수수료를 계산할 수 있고 사용자는 확인 버튼을 누르기 전에 이를 확인할 수 있다. 설사 해커가 참조 비트코인을 다르게 알려주는 상황에서도 안전하다. 잘못된 값으로 서명된 트랜잭션이 풀 노드에 전파되어 검증되면서 서명이 (그리고 트랜잭션이) 무효화되기 때문이고, 따라서 비트코인은 소비되지 않는다.

## CHAPTER 14

고급 주제 및 다음 단계

1장부터 여기까지 오셨다면 여러분은 비트코인의 내부 동작 원리를 꽤 많이 배운 것입니다. 앞으로도 배우고자 하는 열의를 이어가기 바랍니다. 이 책에서 다룬 내용은 여러분이 배워야 할 기술에 있어 일부에 지나지 않습니다. 이 장에서는 여러분이 관심 가질 만한 다른 주제나 비트코인 개발자로서 커리어를 시작하는 방법, 오픈소스 커뮤니티에 기여하는 방법에 대해 알아보겠습니다.

14.1 주제 제안

14.1.1 비트코인 지갑

비밀키를 안전하게 관리하는 것은 쉽지 않기 때문에 안전한 지갑을 설계하는 것은 생각보다 어려운 일입니다. 그래서 지갑 설계에 도움이 되는 일련의 표준이 있습니다.

HD 지갑

한 번 사용한 주소를 다시 사용하는 것은 개인정보 보호 차원에서 그리 좋은 방법이 아닙니다 (7장). 그러므로 많은 주소를 생성할 필요가 있습니다. 그렇다고 많은 주소를 서로 다른 비밀키로 생성하는 것 역시 관리의 복잡성으로 인해 보안의 위험이 있습니다. 어떻게 하면 많은 비밀키를 안전하게 관리할 수 있을까요?

비밀키를 많이 만들어서 백업하고 있나요? 비밀키를 만드는 아이디어가 고갈되지는 않았나요? 새로운 비밀키를 만들면 이를 다시 백업하나요? 최신 백업인지 확인하기 위해 어떻게 하나요?

이러한 문제를 해결하기 위해 초기 비트코인 지갑인 아머리 월릿Armory Wallet은 가장 먼저 결정적 deterministic 지갑을 구현했습니다. 결정적 지갑의 개념은 먼저 시드 하나를 생성하고 그 시드로부터 많은 주소를 파생시키는 것입니다. 아머리 월릿의 결정적 지갑은 꽤 훌륭했습니다. 그런데 주소가 많다 보니 사람들은 주소를 그루핑할 수 있다면 편리하다고 생각했고 그래서 탄생한 것이 BIP0032에 의한 HD 지갑Hierarchical Deterministic wallets 표준입니다. BIP0032 지갑은 다중 키를 가진 계층구조로 되어 있습니다. 각각은 고유한 파생 경로를 가집니다. BIP0032 문서에 그 사양과 테스트 벡터가 잘 정의되어 있어서 자신만의 HD 지갑을 구현한 후 테스트하기 좋습니다. 이러한 과정을 거치면서 많은 것을 배울 수도 있습니다.

또한 BIP0044에서 BIP0032 계층구조의 각 계층이 의미하는 바를 정의하고 있고 HD 지갑용 시드 1개로 여러 암호화폐를 저장하는 최상의 방법도 정의하고 있습니다. BIP0044를 구현해보면 HD 지갑의 이론적 토대를 보다 잘 이해할 수 있습니다. 많은 지갑(Trezor, Coinomi 등)은 BIP0032와 BIP0044를 모두 구현했지만 일부 지갑(Electrum, Edge 등)은 BIP0044는 구현하지 않고 BIP0032 계층구조만 사용합니다.

연상 단어 시드Mnemonic Seeds

256비트 시드를 베껴 쓰거나 옮겨 적는 것은 엄청난 인내심을 요구하며 하다 보면 실수하기 마련입니다. 이를 극복하기 위해 BIP0039를 통해 시드를 영어 단어 리스트로 대체하는 방법이 제안됐습니다. 총 211개에 해당하는 2,048개의 영어 단어는 각 단어당 11비트의 시드를 대표하게 됩니다.[1] BIP0039는 백업한 단어 리스트에서 BIP0032 시드로의 변환 방법을 정의합니다. BIP0032, BIP0044와 함께 BIP0039는 대부분 지갑이 키를 백업하고 복원하는 데 사용하는 알고리즘입니다. BIP0039를 지원하는 테스트넷 지갑을 구현해보는 것도 비트코인 개발 감각을 익히는 좋은 방법입니다.

---

1   2,048개의 한글 단어 리스트도 있다. *https://github.com/bitcoin/bips/tree/master/bip-0039*

14.1.2 결제 채널과 라이트닝 네트워크

결제 채널payment channels은 라이트닝 네트워크lightning network를 이루는 가장 작은 단위입니다. 이들이 어떻게 동작하는지 살펴보는 것도 다음 단계에서 다룰 만한 좋은 내용입니다. 결제 채널을 구현하는 방법은 여러 가지가 있지만 BOLT 표준이 라이트닝 노드가 사용하는 사양입니다. 사양은 이 책의 집필 시점에도 계속 논의 중이었으며 최신 정보는 *https://github.com/lightningnetwork/lightning-rfc/*에서 확인할 수 있습니다.

14.2 오픈소스 기여

비트코인 정신 중 중요한 하나는 공동체 기여입니다. 이러한 주요 방법은 오픈소스 프로젝트에 기여하는 것입니다. 모두 나열하기에는 너무 많은 비트코인 프로젝트가 있지만 몇 가지를 소개합니다.

Bitcoin Core[2]

    비트코인 노드 소프트웨어의 레퍼런스 프로젝트입니다.

Libbitcoin[3]

    크로스 플랫폼 C++ 라이브러리로 비트코인 관련 앱 개발에 활용할 수 있습니다.

btcd[4]

    Go 언어로 구현하는 비트코인 풀 노드 소프트웨어입니다.

Bcoin[5]

    자바스크립트로 구현하는 비트코인 노드 소프트웨어로 purse.io의 지갑 시스템에서 사용하고 있습니다.

pycoin[6]

    비트코인 파이썬 라이브러리입니다.

---

2   *https://github.com/bitcoin/bitcoin*

3   *https://github.com/libbitcoin/libbitcoin*

4   *https://github.com/btcsuite/btcd*

5   *https://github.com/bcoin-org/bcoin*

6   *https://github.com/richardkiss/pycoin*

BitcoinJ[7]

비트코인 자바 라이브러리입니다.

BitcoinJS[8]

비트코인 자바스크립트 라이브러리입니다.

BTCPay[9]

C#으로 구현한 비트코인 결제 처리 엔진입니다.

오픈소스에 기여하는 것은 여러 가지 이유로 매우 유용합니다. 관련 기술을 배울 수 있고, 취직이나 전직의 기회가 되며, 좋은 비즈니스 아이디어를 얻는 데도 도움이 됩니다.

14.3 프로젝트 제안

이 시점에서 어떤 프로젝트를 시작할까 고민한다면 다음 몇 가지를 제안합니다.

14.3.1 테스트넷 지갑

비트코인에서 보안은 가장 중요한 요소입니다. 테스트넷에서 사용하는 지갑 하나를 만들더라도 여러 가지 고려해야 할 사항이 무척 많습니다. 유저 인터페이스, 백업, 주소록, 트랜잭션 내역 등 지갑을 만들면서 다뤄야 할 요소는 다양합니다. 지갑은 가장 널리 사용되는 비트코인 앱이므로 지갑을 만들면서 사용자 요구사항에 대한 많은 정보를 얻을 수 있습니다.

14.3.2 블록 탐색기

더 야심찬 프로젝트를 원한다면 여러분만의 블록 탐색기를 만들어보길 권합니다. 성공적인 블록 탐색기는 원하는 블록체인 데이터를 쉽고 빠르게 읽고 저장할 수 있습니다. Postgres나

---

7 *https://github.com/bitcoinj/bitcoinj*
8 *https://github.com/bitcoinjs/bitcoinjs-lib*
9 *https://github.com/btcpayserver/btcpayserver*

MySQL 같은 전통적인 데이터베이스를 사용하면 유용할 수 있습니다. 비트코인 코어에는 주소 색인이 없습니다. 주소 색인이 있으면 주소로 UTXO와 지난 트랜잭션을 쉽게 조회할 수 있으며 이는 대부분의 사용자가 원하는 기능입니다.

14.3.3 온라인 쇼핑몰

비트코인 기반 온라인 쇼핑몰을 만들어보면 많은 것을 배울 수 있습니다. 온라인 쇼핑몰은 웹 애플리케이션을 만들 줄 아는 웹 개발자에게 적합합니다. 웹 애플리케이션에서 백엔드로 비트코인 결제 기능을 사용하는 것은 관련 모듈의 타사 종속성을 피할 수 있는 강력한 방법입니다. 다시 한 번 언급하면, 결제 시스템 구축에는 암호학적으로 안전한 라이브러리를 사용하고 테스트넷에서 시작하는 것이 좋습니다.

14.3.4 유틸리티 라이브러리

이 책에서 작성한 것과 같은 유틸리티 라이브러리를 구축하는 것은 배운 내용을 제대로 이해하고 더 심화된 기술을 익힐 수 있는 방법입니다. 그 예로 세그윗 서명해시의 BIP0143 직렬화를 코딩하면서 프로토콜 프로그래밍에 익숙해질 수 있습니다. 이 책의 코드를 다른 언어로 다시 작성하는 것도 훌륭한 학습 방법입니다.

14.3.5 관련 기업 입사

개발자로 이 업계에서 일하고 싶다면 주변에 기회는 많습니다. 프로젝트 포트폴리오가 있다면 여러분 능력을 보이는 데 좋습니다. 오픈소스 프로젝트에 기여하거나 자신만의 프로젝트를 만드는 것도 관련 업체 눈에 띄는 데 도움이 됩니다. 또한 특정 회사의 API 프로그래밍 경험은 해당 회사 구직에 있어 면접에 대비하는 좋은 방법입니다.

일반적으로 기업은 몇몇 리스크 때문에 출퇴근하지 않는 재택근무를 선호하지 않습니다. 그러므로 살고 있는 곳과 가까운 직장을 구하는 것이 더 쉬울 수 있습니다. 지역 모임 등 관련 행사에 자주 참가하고 거기서 만나는 사람들과 네트워크를 형성하면 비트코인 관련 일자리를 얻는 데 많은 도움이 됩니다.

원거리 재택근무 일자리를 얻고자 한다면 개발자 사이에 인지도가 있으면 유리합니다. 이를 위해 오픈소스 기여 외에도 학술 컨퍼런스 활동이나 다른 사람에게 도움이 되는 기술 콘텐츠(유튜브나 기술 블로그 등)를 인터넷에 올리는 활동도 좋습니다. 이런 활동이 여러분 인지도를 높이고 원하는 일자리를 얻는 데 매우 귀중한 자산이 될 것입니다.

14.4 마치며

이제 다음 단계로 나갈 준비가 됐습니다. 이후 여러분의 행보를 알려주세요. 여러분 이야기를 듣고 싶습니다.

jimmy@programmingbitcoin.com

연습문제 해답

1장 유한체

연습문제 1.1

FieldElement의 두 객체가 서로 다른지 검사하는 != 연산자를 재정의하도록 FieldElement 클래스의 __ne__ 메서드를 작성하시오.

```
class FieldElement:
...
    def __ne__(self, other):
        # this should be the inverse of the == operator
        return not (self == other)
```

연습문제 1.2

유한체 F_{57}에서 다음 연산의 결과를 구하시오.

- $44 +_f 33$
- $9 -_f 29$
- $17 +_f 42 +_f 49$
- $52 -_f 30 -_f 38$

```
>>> prime = 57
>>> print((44+33)%prime)
20
>>> print((9-29)%prime)
37
>>> print((17+42+49)%prime)
51
>>> print((52-30-38)%prime)
41
```

연습문제 **1.3**

2개의 FieldElement 객체의 뺄셈을 정의하는 __sub__ 메서드를 작성하시오.

```
class FieldElement:
...
    def __sub__(self, other):
        if self.prime != other.prime:
            raise TypeError('Cannot subtract two numbers in different Fields')
        # self.num and other.num are the actual values
        # self.prime is what we need to mod against
        num = (self.num - other.num) % self.prime
        # we return an element of the same class
        return self.__class__(num, self.prime)
```

연습문제 **1.4**

유한체 F_{97}에서 다음 곱셈과 거듭제곱을 구하시오.

- $95 \cdot_f 45 \cdot_f 31$
- $17 \cdot_f 13 \cdot_f 19 \cdot_f 44$
- $127 \cdot_f 77^{49}$

```
>>> prime = 97
>>> print(95*45*31 % prime)
23
>>> print(17*13*19*44 % prime)
68
```

```
>>> print(12**7*77**49 % prime)
63
```

연습문제 1.5

k가 각각 1, 3, 7, 13, 18인 경우 F_{19}에서 다음 집합을 구하고, 구한 집합에서 어떤 규칙성이
있는지 찾으시오.

$$\{k \cdot_f 0, \ k \cdot_f 1, \ k \cdot_f 2, \ k \cdot_f 3, \ \dots \ k \cdot_f 18\}$$

```
>>> prime = 19
>>> for k in (1,3,7,13,18):
...     print([k*i % prime for i in range(prime)])
[0, 1, 2, 3, 4, 5, 6, 7, 8, 9, 10, 11, 12, 13, 14, 15, 16, 17, 18]
[0, 3, 6, 9, 12, 15, 18, 2, 5, 8, 11, 14, 17, 1, 4, 7, 10, 13, 16]
[0, 7, 14, 2, 9, 16, 4, 11, 18, 6, 13, 1, 8, 15, 3, 10, 17, 5, 12]
[0, 13, 7, 1, 14, 8, 2, 15, 9, 3, 16, 10, 4, 17, 11, 5, 18, 12, 6]
[0, 18, 17, 16, 15, 14, 13, 12, 11, 10, 9, 8, 7, 6, 5, 4, 3, 2, 1]
>>> for k in (1,3,7,13,18):
...     print(sorted([k*i % prime for i in range(prime)]))
[0, 1, 2, 3, 4, 5, 6, 7, 8, 9, 10, 11, 12, 13, 14, 15, 16, 17, 18]
[0, 1, 2, 3, 4, 5, 6, 7, 8, 9, 10, 11, 12, 13, 14, 15, 16, 17, 18]
[0, 1, 2, 3, 4, 5, 6, 7, 8, 9, 10, 11, 12, 13, 14, 15, 16, 17, 18]
[0, 1, 2, 3, 4, 5, 6, 7, 8, 9, 10, 11, 12, 13, 14, 15, 16, 17, 18]
[0, 1, 2, 3, 4, 5, 6, 7, 8, 9, 10, 11, 12, 13, 14, 15, 16, 17, 18]
```

결과를 정렬하면, 모두 같은 집합임을 알 수 있습니다.

연습문제 1.6

2개의 유한체 원소 곱셈을 정의하는 __mul__ 메서드를 작성하시오.

```
class FieldElement:
...
    def __mul__(self, other):
        if self.prime != other.prime:
            raise TypeError('Cannot multiply two numbers in different Fields')
```

```
# self.num and other.num are the actual values
# self.prime is what we need to mod against
num = (self.num * other.num) % self.prime
# we return an element of the same class
return self.__class__(num, self.prime)
```

연습문제 1.7

7, 11, 17, 31인 p 값에 대해 유한체 F_p에서 다음 집합을 구하시오.

$$\{1^{(p-1)}, 2^{(p-1)}, 3^{(p-1)}, 4^{(p-1)}, \dots (p-1)^{(p-1)}\}$$

```
>>> for prime in (7, 11, 17, 31):
...     print([pow(i, prime-1, prime) for i in range(1, prime)])
[1, 1, 1, 1, 1, 1]
[1, 1, 1, 1, 1, 1, 1, 1, 1, 1]
[1, 1, 1, 1, 1, 1, 1, 1, 1, 1, 1, 1, 1, 1, 1, 1]
[1, 1, 1, 1, 1, 1, 1, 1, 1, 1, 1, 1, 1, 1, 1, 1, 1, 1, 1, 1, 1, 1, 1, 1, \
1, 1, 1, 1, 1, 1]
```

연습문제 1.8

F_{31}에서 다음 연산식을 계산하시오.

- $3 /_f 24$
- 17^{-3}
- $4^{-4} \cdot_f 11$

```
>>> prime = 31
>>> print(3*pow(24, prime-2, prime) % prime)
4
>>> print(pow(17, prime-4, prime))
29
>>> print(pow(4, prime-5, prime)*11 % prime)
13
```

연습문제 **1.9**

두 유한체 원소 간의 나눗셈을 정의하는 __truediv__ 메서드를 작성하시오. 참고로 파이썬 3 에서 나눗셈 연산을 정의하는 메서드는 __truediv__와 __floordiv__ 2개가 있다. 첫 번째는 실수 나눗셈 연산(/), 두 번째는 정수 나눗셈(//) 연산을 정의하는 메서드다.

```python
class FieldElement:
...
    def __truediv__(self, other):
        if self.prime != other.prime:
            raise TypeError('Cannot divide two numbers in different Fields')
        # use Fermat's little theorem:
        # self.num**(p-1) % p == 1
        # this means:
        # 1/n == pow(n, p-2, p)
        # we return an element of the same class
        num = self.num * pow(other.num, self.prime - 2, self.prime) % self.prime
        return self.__class__(num, self.prime)
```

2장 타원곡선

연습문제 **2.1**

다음 중 어느 점이 곡선 $y^2 = x^3 + 5x + 7$ 위에 있는가?

$(2,4)$, $(-1,-1)$, $(18,77)$, $(5,7)$

```python
>>> def on_curve(x, y):
...     return y**2 == x**3 + 5*x + 7
>>> print(on_curve(2,4))
False
>>> print(on_curve(-1,-1))
True
>>> print(on_curve(18,77))
True
>>> print(on_curve(5,7))
```

```
False
```

연습문제 2.2

Point 클래스의 __ne__ 메서드를 작성하시오.

```
class Point:
...
    def __ne__(self, other):
        return not (self == other)
```

연습문제 2.3

한 점에 그의 역원을 더하는 경우를 코딩하시오(두 점은 x가 같고 y는 다른 경우이며 두 점을 이은 직선은 x축에 수직). 반환된 결과는 무한원점이어야 한다.

```
class Point:
...
    if self.x == other.x and self.y != other.y:
        return self.__class__(None, None, self.a, self.b)
```

연습문제 2.4

타원곡선 $y^2 = x^3 + 5x + 7$ 위의 두 점 $(2,5)$, $(-1,-1)$을 더하면 어떤 점이 되는가?

```
>>> x1, y1 = 2, 5
>>> x2, y2 = -1, -1
>>> s = (y2 - y1) / (x2 - x1)
>>> x3 = s**2 - x1 - x2
>>> y3 = s * (x1 - x3) - y1
>>> print(x3, y3)
3.0 -7.0
```

연습문제 2.5

$x_1 \neq x_2$인 경우에 __add__ 메서드를 작성하시오.

```
class Point:
...
    def __add__(self, other):
        ...
    if self.x != other.x:
        s = (other.y - self.y) / (other.x - self.x)
        x = s**2 - self.x - other.x
        y = s * (self.x - x) - self.y
        return self.__class__(x, y, self.a, self.b)
```

연습문제 2.6

타원곡선 $y^2 = x^3 + 5x + 7$ 위의 점 $(-1,-1)$을 두 번 더하는 $(-1,-1) + (-1,-1)$의 연산 결과을 구하시오.

```
>>> a, x1, y1 = 5, -1, -1
>>> s = (3 * x1**2 + a) / (2 * y1)
>>> x3 = s**2 - 2*x1
>>> y3 = s*(x1-x3)-y1
>>> print(x3,y3)
10.0 77.0
```

연습문제 2.7

$x_1 = x_2$인 경우에 __add__ 메서드를 작성하시오.

```
class Point:
...
    def __add__(self, other):
        ...
    if self == other:
        s = (3 * self.x**2 + self.a) / (2 * self.y)
        x = s**2 - 2 * self.x
        y = s * (self.x - x) - self.y
```

```
        return self.__class__(x, y, self.a, self.b)
```

3장 타원곡선 암호

연습문제 **3.1**

다음의 점들이 F_{223}에서 정의된 곡선 $y^2 = x^3 + 7$ 위에 있는지 확인하시오.

$(192,105)$, $(17,56)$, $(200,119)$, $(1,193)$, $(42,99)$

```
>>> from ecc import FieldElement
>>> prime = 223
>>> a = FieldElement(0, prime)
>>> b = FieldElement(7, prime)
>>> def on_curve(x,y):
...     return y**2 == x**3 + a*x + b
>>> print(on_curve(FieldElement(192, prime), FieldElement(105, prime)))
True
>>> print(on_curve(FieldElement(17, prime), FieldElement(56, prime)))
True
>>> print(on_curve(FieldElement(200, prime), FieldElement(119, prime)))
False
>>> print(on_curve(FieldElement(1, prime), FieldElement(193, prime)))
True
>>> print(on_curve(FieldElement(42, prime), FieldElement(99, prime)))
False
```

연습문제 **3.2**

F_{223}에서 정의된 곡선 $y^2 = x^3 + 7$ 위의 점들에 대해 다음을 구하시오.

- $(170,142) + (60,139)$
- $(47,71) + (17,56)$
- $(143,98) + (76,66)$

```
>>> from ecc import FieldElement, Point
>>> prime = 223
>>> a = FieldElement(0, prime)
>>> b = FieldElement(7, prime)
>>> p1 = Point(FieldElement(170, prime), FieldElement(142, prime), a, b)
>>> p2 = Point(FieldElement(60, prime), FieldElement(139, prime), a, b)
>>> print(p1+p2)
Point(220,181)_0_7 FieldElement(223)
>>> p1 = Point(FieldElement(47, prime), FieldElement(71, prime), a, b)
>>> p2 = Point(FieldElement(17, prime), FieldElement(56, prime), a, b)
>>> print(p1+p2)
Point(215,68)_0_7 FieldElement(223)
>>> p1 = Point(FieldElement(143, prime), FieldElement(98, prime), a, b)
>>> p2 = Point(FieldElement(76, prime), FieldElement(66, prime), a, b)
>>> print(p1+p2)
Point(47,71)_0_7 FieldElement(223)
```

연습문제 3.3

[연습문제 3.2]의 덧셈 문제를 테스트하는 test_add 메서드를 작성하고 ECCTest 클래스에 추가하시오.

```python
def test_add(self):
    prime = 223
    a = FieldElement(0, prime)
    b = FieldElement(7, prime)
    additions = (
        (192, 105, 17, 56, 170, 142),
        (47, 71, 117, 141, 60, 139),
        (143, 98, 76, 66, 47, 71),
    )
    for x1_raw, y1_raw, x2_raw, y2_raw, x3_raw, y3_raw in additions:
        x1 = FieldElement(x1_raw, prime)
        y1 = FieldElement(y1_raw, prime)
        p1 = Point(x1, y1, a, b)
        x2 = FieldElement(x2_raw, prime)
        y2 = FieldElement(y2_raw, prime)
        p2 = Point(x2, y2, a, b)
        x3 = FieldElement(x3_raw, prime)
        y3 = FieldElement(y3_raw, prime)
```

```
        p3 = Point(x3, y3, a, b)
        self.assertEqual(p1 + p2, p3)
```

연습문제 3.4

F_{223}에서 정의된 곡선 $y^2 = x^3 + 7$에서 다음의 스칼라 곱셈을 구하시오.

- $2 \cdot (192,105)$

- $2 \cdot (143,98)$

- $2 \cdot (47,71)$

- $4 \cdot (47,71)$

- $8 \cdot (47,71)$

- $21 \cdot (47,71)$

```
>>> from ecc import FieldElement, Point
>>> prime = 223
>>> a = FieldElement(0, prime)
>>> b = FieldElement(7, prime)
>>> x1 = FieldElement(num=192, prime=prime)
>>> y1 = FieldElement(num=105, prime=prime)
>>> p = Point(x1,y1,a,b)
>>> print(p+p)
Point(49,71)_0_7 FieldElement(223)
>>> x1 = FieldElement(num=143, prime=prime)
> >> y1 = FieldElement(num=98, prime=prime)
>>> p = Point(x1,y1,a,b)
>>> print(p+p)
Point(64,168)_0_7 FieldElement(223)
>>> x1 = FieldElement(num=47, prime=prime)
>>> y1 = FieldElement(num=71, prime=prime)
>>> p = Point(x1,y1,a,b)
>>> print(p+p)
Point(36,111)_0_7 FieldElement(223)
>>> print(p+p+p+p)
Point(194,51)_0_7 FieldElement(223)
>>> print(p+p+p+p+p+p+p+p)
Point(116,55)_0_7 FieldElement(223)
>>> print(p+p+p+p+p+p+p+p+p+p+p+p+p+p+p+p+p+p+p+p+p)
Point(infinity)
```

연습문제 3.5

F_{223}에서 정의된 곡선 $y^2 = x^3 + 7$ 위의 점 $(15, 86)$으로 생성된 군의 위수를 구하시오.

```
>>> prime = 223
>>> a = FieldElement(0, prime)
>>> b = FieldElement(7, prime)
>>> x = FieldElement(15, prime)
>>> y = FieldElement(86, prime)
>>> p = Point(x, y, a, b)
>>> inf = Point(None, None, a, b)
>>> product = p
>>> count = 1
>>> while product != inf:
...     product += p
...     count += 1
>>> print(count)
7
```

연습문제 3.6

다음 2개의 서명이 유효한지 검증하시오.

```
P = (0x887387e452b8eacc4acfde10d9aaf7f6d9a0f975aabb10d006e4da568744d06c,
     0x61de6d95231cd89026e286df3b6ae4a894a3378e393e93a0f45b666329a0ae34)

# signature 1
z = 0xec208baa0fc1c19f708a9ca96fdeff3ac3f230bb4a7ba4aede4942ad003c0f60
r = 0xac8d1c87e51d0d441be8b3dd5b05c8795b48875dffe00b7ffcfac23010d3a395
s = 0x68342ceff8935ededd102dd876ffd6ba72d6a427a3edb13d26eb0781cb423c4

# signature 2
z = 0x7c076ff316692a3d7eb3c3bb0f8b1488cf72e1afcd929e29307032997a838a3d
r = 0xeff69ef2b1bd93a66ed5219add4fb51e11a840f404876325a1e8ffe0529a2c
s = 0xc7207fee197d27c618aea621406f6bf5ef6fca38681d82b2f06fddbdce6feab6
```

```
>>> from ecc import S256Point, N, G
>>> point = S256Point(
...     0x887387e452b8eacc4acfde10d9aaf7f6d9a0f975aabb10d006e4da568744d06c,
...     0x61de6d95231cd89026e286df3b6ae4a894a3378e393e93a0f45b666329a0ae34)
```

```
>>> z = 0xec208baa0fc1c19f708a9ca96fdeff3ac3f230bb4a7ba4aede4942ad003c0f60
>>> r = 0xac8d1c87e51d0d441be8b3dd5b05c8795b48875dffe00b7ffcfac23010d3a395
>>> s = 0x68342ceff8935ededd102dd876ffd6ba72d6a427a3edb13d26eb0781cb423c4
>>> u = z * pow(s, N-2, N) % N
>>> v = r * pow(s, N-2, N) % N
>>> print((u*G + v*point).x.num == r)
True
>>> z = 0x7c076ff316692a3d7eb3c3bb0f8b1488cf72e1afcd929e29307032997a838a3d
>>> r = 0xeff69ef2b1bd93a66ed5219add4fb51e11a840f404876325a1e8ffe0529a2c
>>> s = 0xc7207fee197d27c618aea621406f6bf5ef6fca38681d82b2f06fddbdce6feab6
>>> u = z * pow(s, N-2, N) % N
>>> v = r * pow(s, N-2, N) % N
>>> print((u*G + v*point).x.num == r)
True
```

연습문제 3.7

비밀키 e로 메시지 z의 서명을 구하시오.

```
e = 12345
z = int.from_bytes(hash256('Programming Bitcoin!'), 'big')
```

```
>>> from ecc import S256Point, G, N
>>> from helper import hash256
>>> e = 12345
>>> z = int.from_bytes(hash256(b'Programming Bitcoin!'), 'big')
>>> k = 1234567890
>>> r = (k*G).x.num
>>> k_inv = pow(k, N-2, N)
>>> s = (z+r*e) * k_inv % N
>>> print(e*G)
S256Point(f01d6b9018ab421dd410404cb869072065522bf85734008f105cf385a023a80f, \
0eba29d0f0c5408ed681984dc525982abefccd9f7ff01dd26da4999cf3f6a295)
>>> print(hex(z))
0x969f6056aa26f7d2795fd013fe88868d09c9f6aed96965016e1936ae47060d48
>>> print(hex(r))
0x2b698a0f0a4041b77e63488ad48c23e8e8838dd1fb7520408b121697b782ef22
>>> print(hex(s))
0x1dbc63bfef4416705e602a7b564161167076d8b20990a0f26f316cff2cb0bc1a
```

4장 직렬화

연습문제 **4.1**

아래의 비밀키에 대응하는 공개키를 비압축 SEC 형식으로 구하시오.

- 5,000
- $2,018^5$
- 0xdeadbeef12345

```
>>> from ecc import PrivateKey
>>> priv = PrivateKey(5000)
>>> print(priv.point.sec(compressed=False).hex())
04ffe558e388852f0120e46af2d1b370f85854a8eb0841811ece0e3e03d282d57c315dc72890a4\
f10a1481c031b03b351b0dc79901ca18a00cf009dbdb157a1d10
>>> priv = PrivateKey(2018**5)
>>> print(priv.point.sec(compressed=False).hex())
04027f3da1918455e03c46f659266a1bb5204e959db7364d2f473bdf8f0a13cc9dff87647fd023\
c13b4a4994f17691895806e1b40b57f4fd22581a4f46851f3b06
>>> priv = PrivateKey(0xdeadbeef12345)
>>> print(priv.point.sec(compressed=False).hex())
04d90cd625ee87dd38656dd95cf79f65f60f7273b67d3096e68bd81e4f5342691f842efa762fd5\
9961d0e99803c61edba8b3e3f7dc3a341836f97733aebf987121
```

연습문제 **4.2**

아래의 비밀키에 대응하는 공개키를 압축 SEC 형식으로 구하시오.

- 5,001
- $2,019^5$
- 0xdeadbeef54321

```
>>> from ecc import PrivateKey
>>> priv = PrivateKey(5001)
>>> print(priv.point.sec(compressed=True).hex())
0357a4f368868a8a6d572991e484e664810ff14c05c0fa023275251151fe0e53d1
>>> priv = PrivateKey(2019**5)
>>> print(priv.point.sec(compressed=True).hex())
02933ec2d2b111b92737ec12f1c5d20f3233a0ad21cd8b36d0bca7a0cfa5cb8701
```

```
>>> priv = PrivateKey(0xdeadbeef54321)
>>> print(priv.point.sec(compressed=True).hex())
0296be5b1292f6c856b3c5654e886fc13511462059089cdf9c479623bfcbe77690
```

연습문제 4.3

아래의 r과 s 값의 서명을 DER 형식으로 구하시오.

r = 0x37206a0610995c58074999cb9767b87af4c4978db68c06e8e6e81d282047a7c6

s = 0x8ca63759c1157ebeaec0d03cecca119fc9a75bf8e6d0fa65c841c8e2738cdaec

```
>>> from ecc import Signature
>>> r = 0x37206a0610995c58074999cb9767b87af4c4978db68c06e8e6e81d282047a7c6
>>> s = 0x8ca63759c1157ebeaec0d03cecca119fc9a75bf8e6d0fa65c841c8e2738cdaec
>>> sig = Signature(r,s)
>>> print(sig.der().hex())
3045022037206a0610995c58074999cb9767b87af4c4978db68c06e8e6e81d282047a7c6022100\
8ca63759c1157ebeaec0d03cecca119fc9a75bf8e6d0fa65c841c8e2738cdaec
```

연습문제 4.4

다음의 16진수 값을 bytes형 값으로 변환하고 이를 다시 Base58로 인코딩하시오.

- 7c076ff316692a3d7eb3c3bb0f8b1488cf72e1afcd929e29307032997a838a3d

- eff69ef2b1bd93a66ed5219add4fb51e11a840f404876325a1e8ffe0529a2c

- c7207fee197d27c618aea621406f6bf5ef6fca38681d82b2f06fddbdce6feab6

```
>>> from helper import encode_base58
>>> h = '7c076ff316692a3d7eb3c3bb0f8b1488cf72e1afcd929e29307032997a838a3d'
>>> print(encode_base58(bytes.fromhex(h)))
9MA8fRQrT4u8Zj8ZRd6MAiiyaxb2Y1CMpvVkHQu5hVM6
>>> h = 'eff69ef2b1bd93a66ed5219add4fb51e11a840f404876325a1e8ffe0529a2c'
>>> print(encode_base58(bytes.fromhex(h)))
4fE3H2E6XMp4SsxtwinF7w9a34ooUrwWe4WsW1458Pd
>>> h = 'c7207fee197d27c618aea621406f6bf5ef6fca38681d82b2f06fddbdce6feab6'
```

```
>>> print(encode_base58(bytes.fromhex(h)))
EQJsjkd6JaGwxrjEhfeqPenqHwrBmPQZjJGNSCHBkcF7
```

연습문제 4.5

아래의 비밀키에 대응하는 공개키를 구하고 이로부터 비트코인 주소를 구하시오.

- 5002 (테스트넷에서 비압축 SEC 형식 사용)
- 2020^5 (테스트넷에서 압축 SEC 형식 사용)
- 0x12345deadbeef (메인넷에서 압축 SEC 형식 사용)

```
>>> from ecc import PrivateKey
>>> priv = PrivateKey(5002)
>>> print(priv.point.address(compressed=False, testnet=True))
mmTPbXQFxboEtNRkwfh6K51jvdtHLxGeMA
>>> priv = PrivateKey(2020**5)
>>> print(priv.point.address(compressed=True, testnet=True))
mopVkxp8UhXqRYbCYJsbeE1h1fiF64jcoH
>>> priv = PrivateKey(0x12345deadbeef)
>>> print(priv.point.address(compressed=True, testnet=False))
1F1Pn2y6pDb68E5nYJJeba4TLg2U7B6KF1
```

연습문제 4.6

아래의 비밀키를 WIF 형식으로 구하시오.

- 5003 (공개키는 압축 SEC 형식으로 테스트넷에서 사용)
- 2021^5 (공개키는 비압축 SEC 형식으로 테스트넷에서 사용)
- 0x54321deadbeef (공개키는 압축 SEC 형식으로 메인넷에서 사용)

```
>>> from ecc import PrivateKey
>>> priv = PrivateKey(5003)
>>> print(priv.wif(compressed=True, testnet=True))
cMahea7zqjxrtgAbB7LSGbcQUr1uX1ojuat9jZodMN8rFTv2sfUK
>>> priv = PrivateKey(2021**5)
>>> print(priv.wif(compressed=False, testnet=True))
91avARGdfge8E4tZfYLoxeJ5sGBdNJQH4kvjpWAxgzczjbCwxic
>>> priv = PrivateKey(0x54321deadbeef)
```

```
>>> print(priv.wif(compressed=True, testnet=False))
KwDiBf89QgGbjEhKnhXJuH7LrciVrZi3qYjgiuQJv1h8Ytr2S53a
```

연습문제 4.7

bytes형 매개변수를 받아 리틀엔디언으로 읽어서 정수를 반환하는 `little_endian_to_int` 함수를 작성하시오.

```
def little_endian_to_int(b):
    '''little_endian_to_int takes byte sequence as a little-endian number.
    Returns an integer'''
    return int.from_bytes(b, 'little')
```

연습문제 4.8

[연습문제 4.7]의 역과정으로 정수를 매개변수로 받아 리틀엔디언으로 bytes형 값을 반환하는 `int_to_little_endian` 함수를 작성하시오.

```
def int_to_little_endian(n, length):
    '''int_to_little_endian takes an integer and returns the little-endian
    byte sequence of length'''
    return n.to_bytes(length, 'little')
```

연습문제 4.9

여러분만이 아는 긴 비밀키로 테스트넷 주소를 만드시오. 쉬운 비밀키로 만든 주소는 테스트넷을 떠도는 봇ᵇᵒᵗ이 이 주소 안의 코인을 가로챌 수 있으므로 주의하라(나중에 트랜잭션 서명에 사용할 것이니 비밀키는 잃어버리지 않도록 어딘가 반드시 적어둘 것).

```
>>> from ecc import PrivateKey
>>> from helper import hash256, little_endian_to_int
>>> passphrase = b'jimmy@programmingblockchain.com my secret'
>>> secret = little_endian_to_int(hash256(passphrase))
>>> priv = PrivateKey(secret)
```

```
>>> print(priv.point.address(testnet=True))
mft9LRNtaBNtpkknB8xgm17UvPedZ4ecYL
```

5장 트랜잭션

연습문제 5.1

앞서 정의한 parse 메서드에서 버전을 파싱하는 코드를 작성하시오(핵심은 4바이트 값을 리틀엔디언 정수로 읽는 부분).

```python
class Tx:
...
@classmethod
def parse(cls, s, testnet=False):
    version = little_endian_to_int(s.read(4))
    return cls(version, None, None, None, testnet=testnet)
```

연습문제 5.2

Tx 클래스의 parse 메서드에서 입력을 파싱하는 코드를 작성하시오. TxIn 클래스의 parse 메서드도 작성하시오.

```python
class Tx:
...
    @classmethod
    def parse(cls, s, testnet=False):
        version = little_endian_to_int(s.read(4))
        num_inputs = read_varint(s)
        inputs = []
        for _ in range(num_inputs):
            inputs.append(TxIn.parse(s))
        return cls(version, inputs, None, None, testnet=testnet)
...

class TxIn:
```

```
...
    @classmethod
    def parse(cls, s):
        '''Takes a byte stream and parses the tx_input at the start.
        Returns a TxIn object.
        '''
        prev_tx = s.read(32)[::-1]
        prev_index = little_endian_to_int(s.read(4))
        script_sig = Script.parse(s)
        sequence = little_endian_to_int(s.read(4))
        return cls(prev_tx, prev_index, script_sig, sequence)
```

연습문제 5.3

Tx 클래스의 parse 메서드에서 출력을 파싱하는 코드를 작성하시오. TxOut 클래스의 parse
메서드도 작성하시오.

```
class Tx:
...
class Tx:
...
    @classmethod
    def parse(cls, s, testnet=False):
        version = little_endian_to_int(s.read(4))
        num_inputs = read_varint(s)
        inputs = []
        for _ in range(num_inputs):
            inputs.append(TxIn.parse(s))
        num_outputs = read_varint(s)
        outputs = []
        for _ in range(num_outputs):
            outputs.append(TxOut.parse(s))
        return cls(version, inputs, outputs, None, testnet=testnet)
...

class TxOut:
...
    @classmethod
    def parse(cls, s):
        '''Takes a byte stream and parses the tx_output at the start.
```

```
        Returns a TxOut object.
        '''
        amount = little_endian_to_int(s.read(8))
        script_pubkey = Script.parse(s)
        return cls(amount, script_pubkey)
```

연습문제 5.4

Tx 클래스의 parse 메서드에서 록타임을 파싱하는 코드를 작성하시오.

```
class Tx:
...
    @classmethod
    def parse(cls, s, testnet=False):
        version = little_endian_to_int(s.read(4))
        num_inputs = read_varint(s)
        inputs = []
        for _ in range(num_inputs):
            inputs.append(TxIn.parse(s))
        num_outputs = read_varint(s)
        outputs = []
        for _ in range(num_outputs):
            outputs.append(TxOut.parse(s))
        locktime = little_endian_to_int(s.read(4))
        return cls(version, inputs, outputs, locktime, testnet=testnet)
```

연습문제 5.5

아래 직렬화된 트랜잭션에서 다음의 필드 값을 찾으시오.

- 두 번째 입력의 해제 스크립트
- 첫 번째 출력의 잠금 스크립트
- 두 번째 출력의 비트코인 금액

010000000456919960ac691763688d3d3bcea9ad6ecaf875df5339e148a1fc61c6ed7a069e0100
00006a47304402204585bcdef85e6b1c6af5c2669d4830ff86e42dd205c0e089bc2a821657e951
c002201024a10366077f87d6bce1f7100ad8cfa8a064b39d4e8fe4ea13a7b71aa8180f012102f0
da57e85eec2934a82a585ea337ce2f4998b50ae699dd79f5880e253dafafb7fefffffffeb8f51f4

038dc17e6313cf831d4f02281c2a468bde0fafd37f1bf882729e7fd3000000006a473044022078
99531a52d59a6de200179928ca900254a36b8dff8bb75f5f5d71b1cdc26125022008b422690b84
61cb52c3cc30330b23d574351872b7c361e9aae3649071c1a7160121035d5c93d9ac96881f19ba
1f686f15f009ded7c62efe85a872e6a19b43c15a2937fefffffff567bf40595119d1bb8a3037c35
6efd56170b64cbcc160fb028fa10704b45d775000000006a47304402204c7c7818424c7f7911da
6cddc59655a70af1cb5eaf17c69dadbfc74ffa0b662f02207599e08bc8023693ad4e9527dc42c3
4210f7a7d1d1ddfc8492b654a11e7620a0012102158b46fbdff65d0172b7989aec8850aa0dae49
abfb84c81ae6e5b251a58ace5cfefffffffd63a5e6c16e620f86f375925b21cabaf736c779f88fd
04dcad51d26690f7f345010000006a47304402200633ea0d3314bea0d95b3cd8dadb2ef79ea833
1ffe1e61f762c0f6daea0fabde022029f23b3e9c30f080446150b23852028751635dcee2be669c
2a1686a4b5edf304012103ffd6f4a67e94aba353a00882e563ff2722eb4cff0ad6006e86ee20df
e7520d55feffffff0251430f00000000001976a914ab0c0b2e98b1ab6dbf67d4750b0a56244948
a87988ac005a6202000000001976a9143c82d7df364eb6c75be8c80df2b3eda8db57397088ac46
430600

```
>>> from io import BytesIO
>>> from tx import Tx
>>> hex_transaction = '010000000456919960ac691763688d3d3bcea9ad6ecaf875df5339e\
148a1fc61c6ed7a069e010000006a47304402204585bcdef85e6b1c6af5c2669d4830ff86e42dd\
205c0e089bc2a821657e951c002201024a10366077f87d6bce1f7100ad8cfa8a064b39d4e8fe4e\
a13a7b71aa8180f012102f0da57e85eec2934a82a585ea337ce2f4998b50ae699dd79f5880e253\
dafafb7fefffffffeb8f51f4038dc17e6313cf831d4f02281c2a468bde0fafd37f1bf882729e7fd\
3000000006a47304402207899531a52d59a6de200179928ca900254a36b8dff8bb75f5f5d71b1c\
dc26125022008b422690b8461cb52c3cc30330b23d574351872b7c361e9aae3649071c1a716012\
1035d5c93d9ac96881f19ba1f686f15f009ded7c62efe85a872e6a19b43c15a2937fefffffff567\
bf40595119d1bb8a3037c356efd56170b64cbcc160fb028fa10704b45d775000000006a4730440\
2204c7c7818424c7f7911da6cddc59655a70af1cb5eaf17c69dadbfc74ffa0b662f02207599e08\
bc8023693ad4e9527dc42c34210f7a7d1d1ddfc8492b654a11e7620a0012102158b46fbdff65d0\
172b7989aec8850aa0dae49abfb84c81ae6e5b251a58ace5cfefffffffd63a5e6c16e620f86f375\
925b21cabaf736c779f88fd04dcad51d26690f7f345010000006a47304402200633ea0d3314bea\
0d95b3cd8dadb2ef79ea8331ffe1e61f762c0f6daea0fabde022029f23b3e9c30f080446150b23\
852028751635dcee2be669c2a1686a4b5edf304012103ffd6f4a67e94aba353a00882e563ff272\
2eb4cff0ad6006e86ee20dfe7520d55feffffff0251430f00000000001976a914ab0c0b2e98b1a\
b6dbf67d4750b0a56244948a87988ac005a6202000000001976a9143c82d7df364eb6c75be8c80\
df2b3eda8db57397088ac46430600'
>>> stream = BytesIO(bytes.fromhex(hex_transaction))
>>> tx_obj = Tx.parse(stream)
>>> print(tx_obj.tx_ins[1].script_sig)
304402207899531a52d59a6de200179928ca900254a36b8dff8bb75f5f5d71b1cdc26125022008\
b422690b8461cb52c3cc30330b23d574351872b7c361e9aae3649071c1a71601 035d5c93d9ac9\
6881f19ba1f686f15f009ded7c62efe85a872e6a19b43c15a2937
>>> print(tx_obj.tx_outs[0].script_pubkey)
```

```
OP_DUP OP_HASH160 ab0c0b2e98b1ab6dbf67d4750b0a56244948a879 \
OP_EQUALVERIFY OP_CHECKSIG
>>> print(tx_obj.tx_outs[1].amount)
40000000
```

연습문제 5.6

Tx 클래스의 fee 메서드를 작성하시오.

```
class Tx:
...
    def fee(self, testnet=False):
        input_sum, output_sum = 0, 0
        for tx_in in self.tx_ins:
            input_sum += tx_in.value(testnet=testnet)
        for tx_out in self.tx_outs:
            output_sum += tx_out.amount
        return input_sum - output_sum
```

6장 스크립트

연습문제 6.1

op_hash160 연산함수를 작성하시오.

```
def op_hash160(stack):
    if len(stack) < 1:
        return False
    element = stack.pop()
    h160 = hash160(element)
    stack.append(h160)
    return True
```

연습문제 6.2

op.py 파일에서 연산함수 op_checksig를 작성하시오.

```python
def op_checksig(stack, z):
    if len(stack) < 2:
        return False
    sec_pubkey = stack.pop()
    der_signature = stack.pop()[:-1]
    try:
        point = S256Point.parse(sec_pubkey)
        sig = Signature.parse(der_signature)
    except (ValueError, SyntaxError) as e:
        return False
    if point.verify(z, sig):
        stack.append(encode_num(1))
    else:
        stack.append(encode_num(0))
    return True
```

연습문제 6.3

다음 잠금 스크립트를 해제하는 해제 스크립트를 작성하시오(참고로 OP_MUL은 스택 위 2개의 원소를 가져와서 곱한 결과를 스택 위로 올림).

767695935687

- 56 = OP_6
- 76 = OP_DUP
- 87 = OP_EQUAL
- 93 = OP_ADD
- 95 = OP_MUL

```python
>>> from script import Script
>>> script_pubkey = Script([0x76, 0x76, 0x95, 0x93, 0x56, 0x87])
>>> script_sig = Script([0x52])
>>> combined_script = script_sig + script_pubkey
>>> print(combined_script.evaluate(0))
```

True

OP_2(=52)는 방정식 $x^2 + x - 6 = 0$을 만족합니다.

연습문제 6.4

다음 스크립트가 어떤 일을 하는지 확인하시오(Script.parse 메서드를 활용하고 *https://en.bitcoin.it/wiki/Script*에서 다양한 오피코드를 확인하시오).

```
6e879169a77ca787
```

- 69 = OP_VERIFY
- 6e = OP_2DUP
- 7c = OP_SWAP
- 87 = OP_EQUAL
- 91 = OP_NOT
- a7 = OP_SHA1

```
>>> from script import Script
>>> script_pubkey = Script([0x6e, 0x87, 0x91, 0x69, 0xa7, 0x7c, 0xa7, 0x87])
>>> c1 = '255044462d312e330a25e2e3cfd30a0a0a312030206f626a0a3c3c2f576964746820\
32203020522f4865696768742033203020522f54797065652034203020522f537562747970652035\
203020522f46696c746572203620203020522f436f6c6f7253706163652037203020522f4c656e67\
74682038203020522f42697473506572436f6d706f6e656e7420383e3e0a73747265616d0affd8\
fffe00245348412d31206973206465616421212121212121852fec092339759c39b1a1c63c4c97e1ff\
fe017f46dc93a6b67e013b029aaa1db2560b45ca67d688c7f84b8c4c791fe02b3df614f86db169\
0901c56b45c1530afedfb76038e972722fe7ad728f0e4904e046c230570fe9d41398abe12ef5bc\
942be33542a4802d98b5d70f2a332ec37fac3514e74ddc0f2cc1a874cd0c78305a215664613097\
89606bd0bf3f98cda8044629a1'
>>> c2 = '255044462d312e330a25e2e3cfd30a0a0a312030206f626a0a3c3c2f576964746820\
32203020522f4865696768742033203020522f54797065652034203020522f537562747970652035\
203020522f46696c746572203620203020522f436f6c6f7253706163652037203020522f4c656e67\
74682038203020522f42697473506572436f6d706f6e656e7420383e3e0a73747265616d0affd8\
fffe00245348412d31206973206465616421212121212121852fec092339759c39b1a1c63c4c97e1ff\
fe017346dc9166b67e118f029ab621b2560ff9ca67cca8c7f85ba84c79030c2b3de218f86db3a9\
0901d5df45c14f26fedfb3dc38e96ac22fe7bd728f0e45bce046d23c570feb141398bb552ef5a0\
a82be331fea48037b8b5d71f0e332edf93ac3500eb4ddc0decc1a864790c782c76215660dd3097\
```

```
91d06bd0af3f98cda4bc4629b1'
>>> collision1 = bytes.fromhex(c1)    ❶
>>> collision2 = bytes.fromhex(c2)
>>> script_sig = Script([collision1, collision2])
>>> combined_script = script_sig + script_pubkey
>>> print(combined_script.evaluate(0))
True
```

❶ collision1과 collision2의 SHA-1 해시값은 동일합니다. 구글에서 발표한 SHA-1 해시충돌 예입니다(*http://bit.ly/2HZF3om* 참고).

x≠y이면서 sha1(x)=sha1(y)인 [x, y]가 이 스크립트를 해제시키는 스크립트입니다. 즉, SHA-1 해시충돌을 찾는 것입니다.

7장 트랜잭션 검증과 생성

연습문제 7.1

Tx 클래스의 sig_hash 메서드를 작성하시오.

```
class Tx:
...
    def sig_hash(self, input_index):
        s = int_to_little_endian(self.version, 4)
        s += encode_varint(len(self.tx_ins))
        for i, tx_in in enumerate(self.tx_ins):
            if i == input_index:
                s += TxIn(
                    prev_tx=tx_in.prev_tx,
                    prev_index=tx_in.prev_index,
                    script_sig=tx_in.script_pubkey(self.testnet),
                    sequence=tx_in.sequence,
                ).serialize()
            else:
                s += TxIn(
                    prev_tx=tx_in.prev_tx,
                    prev_index=tx_in.prev_index,
```

```
                    sequence=tx_in.sequence,
                ).serialize()
        s += encode_varint(len(self.tx_outs))
        for tx_out in self.tx_outs:
            s += tx_out.serialize()
        s += int_to_little_endian(self.locktime, 4)
        s += int_to_little_endian(SIGHASH_ALL, 4)
        h256 = hash256(s)
        return int.from_bytes(h256, 'big')
```

연습문제 7.2

Tx 클래스의 verify_input 메서드를 작성하시오(작성 시 TxIn.script_pubkey, Tx.sig_hash, Script.evaluate 메서드 호출이 필요할 수 있음).

```
class Tx:
...
    def verify_input(self, input_index):
        tx_in = self.tx_ins[input_index]
        script_pubkey = tx_in.script_pubkey(testnet=self.testnet)
        z = self.sig_hash(input_index)
        combined = tx_in.script_sig + script_pubkey
        return combined.evaluate(z)
```

연습문제 7.3

Tx 클래스의 sign_input 메서드를 작성하시오.

```
class Tx:
...
    def sign_input(self, input_index, private_key, compressed=True):
        z = self.sig_hash(input_index)
        der = private_key.sign(z).der()
        sig = der + SIGHASH_ALL.to_bytes(1, 'big')
        sec = private_key.point.sec(compressed)
        self.tx_ins[input_index].script_sig = Script([sig, sec])
        return self.verify_input(input_index)
```

연습문제 7.4

사용할 UTXO 1개를 사용해서 그 액면가 60%를 주소 mwJn1YPMq7y5F8J3LkC5Hxg9PHyZ5K4c Fv로 보내는 테스트넷 트랜잭션을 생성하시오. 수수료를 뺀 나머지 금액은 다시 여러분의 주소로 보내야 한다(즉 1개의 입력과 2개의 출력을 가진 트랜잭션).

*https://live.blockcypher.com/btc/pushtx*에서 직렬화하고 16진수로 출력한 트랜잭션을 실제 테스트넷으로 보낼 수 있다.[1] 사이트에서 'Network' 항목을 'Bitcoin Testnet'으로 설정하는 것에 주의하라.

```
>>> from ecc import PrivateKey
>>> from helper import decode_base58, SIGHASH_ALL
>>> from script import p2pkh_script, Script
>>> from tx import TxIn, TxOut, Tx
>>> prev_tx = bytes.fromhex('75a1c4bc671f55f626dda1074c7725991e6f68b8fcefcfca7\
b64405ca3b45f1c')
>>> prev_index = 1
>>> target_address = 'miKegze5FQNCnGw6PKyqUbYUeBa4x2hFeM'
>>> target_amount = 0.01
>>> change_address = 'mzx5YhAH9kNHtcN481u6WkjeHjYtVeKVh2'
>>> change_amount = 0.009
>>> secret = 8675309
>>> priv = PrivateKey(secret=secret)
>>> tx_ins = []
>>> tx_ins.append(TxIn(prev_tx, prev_index))
>>> tx_outs = []
>>> h160 = decode_base58(target_address)
>>> script_pubkey = p2pkh_script(h160)
>>> target_satoshis = int(target_amount*100000000)
>>> tx_outs.append(TxOut(target_satoshis, script_pubkey))
>>> h160 = decode_base58(change_address)
>>> script_pubkey = p2pkh_script(h160)
>>> change_satoshis = int(change_amount*100000000)
>>> tx_outs.append(TxOut(change_satoshis, script_pubkey))
>>> tx_obj = Tx(1, tx_ins, tx_outs, 0, testnet=True)
>>> print(tx_obj.sign_input(0, priv))
True
>>> print(tx_obj.serialize().hex())
01000000011c5fb4a35c40647bcacfeffcb8686f1e9925774c07a1dd26f6551f67bcc4a1750100\
```

---

[1] blockcypher 사이트는 트래픽 제약이 있다. 대체할 수 있는 사이트로는 *https://blockstream.info/testnet/tx/push*를 사용할 수 있다.

```
00006b483045022100a08ebb92422b3599a2d2fcdaa11f8f807a66ccf33e7f4a9ff0a3c51f1b1e\
c5dd02205ed21dfede5925362b8d9833e908646c54be7ac6664e31650159e8f69b6ca539012103\
935581e52c354cd2f484fe8ed83af7a3097005b2f9c60bff71d35bd795f54b67ffffffff024042\
0f00000000001976a9141ec51b3654c1f1d0f4929d11a1f702937eaf50c888ac9fbb0d00000000\
001976a914d52ad7ca9b3d096a38e752c2018e6fbc40cdf26f88ac00000000
```

연습문제 7.5

새 주소에 테스트넷 비트코인을 더 구하고 입력 2개, 출력 1개의 트랜잭션을 생성하시오(첫 번째 입력은 새로 구한 코인을 사용하고 나머지 두 번째 입력은 이전 실습에서 남은 코인을 사용하라. 출력은 또 다른 자기 자신의 주소로 설정하라). 마찬가지로 *https://live.block cypher.com/btc/pushtx*에서 생성한 트랜잭션을 테스트넷으로 보낼 수 있다.

```
>>> from ecc import PrivateKey
>>> from helper import decode_base58, SIGHASH_ALL
>>> from script import p2pkh_script, Script
>>> from tx import TxIn, TxOut, Tx
>>> prev_tx_1 = bytes.fromhex('11d05ce707c1120248370d1cbf5561d22c4f83aeba04367\
92c82e0bd57fe2a2f')
>>> prev_index_1 = 1
>>> prev_tx_2 = bytes.fromhex('51f61f77bd061b9a0da60d4bedaaf1b1fad0c11e65fdc74\
4797ee22d20b03d15')
>>> prev_index_2 = 1
>>> target_address = 'mwJn1YPMq7y5F8J3LkC5Hxg9PHyZ5K4cFv'
>>> target_amount = 0.0429
>>> secret = 8675309
>>> priv = PrivateKey(secret=secret)
>>> tx_ins = []
>>> tx_ins.append(TxIn(prev_tx_1, prev_index_1))
>>> tx_ins.append(TxIn(prev_tx_2, prev_index_2))
>>> tx_outs = []
>>> h160 = decode_base58(target_address)
>>> script_pubkey = p2pkh_script(h160)
>>> target_satoshis = int(target_amount*100000000)
>>> tx_outs.append(TxOut(target_satoshis, script_pubkey))
>>> tx_obj = Tx(1, tx_ins, tx_outs, 0, testnet=True)
>>> print(tx_obj.sign_input(0, priv))
True
>>> print(tx_obj.sign_input(1, priv))
```

```
True
>>> print(tx_obj.serialize().hex())
```

01000000022f2afe57bde0822c793604baae834f2cd26155bf1c0d37480212c107e75cd0110100\
00006a47304402204cc5fe11b2b025f8fc9f6073b5e3942883bbba266b71751068badeb8f11f03\
64022070178363f5dea4149581a4b9b9dbad91ec1fd990e3fa14f9de3ccb421fa5b26901210393\
5581e52c354cd2f484fe8ed83af7a3097005b2f9c60bff71d35bd795f54b67ffffffff153db020\
2de27e7944c7fd651ec1d0fab1f1aaed4b0da60d9a1b06bd771ff651010000006b483045022100\
b7a938d4679aa7271f0d32d83b61a85eb0180cf1261d44feaad23dfd9799dafb02205ff2f366dd\
d9555f7146861a8298b7636be8b292090a224c5dc84268480d8be1012103935581e52c354cd2f4\
84fe8ed83af7a3097005b2f9c60bff71d35bd795f54b67ffffffff01d07541000000000001976a9\
14ad346f8eb57dee9a37981716e498120ae80e44f788ac00000000

8장 p2sh 스크립트

연습문제 8.1

op.py 파일의 op_checkmultisig 함수를 작성하시오.

```python
def op_checkmultisig(stack, z):
    if len(stack) < 1:
        return False
    n = decode_num(stack.pop())
    if len(stack) < n + 1:
        return False
    sec_pubkeys = []
    for _ in range(n):
        sec_pubkeys.append(stack.pop())
    m = decode_num(stack.pop())
    if len(stack) < m + 1:
        return False
    der_signatures = []
    for _ in range(m):
        der_signatures.append(stack.pop()[:-1])
    stack.pop()
    try:
        points = [S256Point.parse(sec) for sec in sec_pubkeys]
        sigs = [Signature.parse(der) for der in der_signatures]
        for sig in sigs:
```

```
        if len(points) == 0:
            return False
        while points:
            point = points.pop(0)
            if point.verify(z, sig):
                break
    stack.append(encode_num(1))
except (ValueError, SyntaxError):
    return False
return True
```

연습문제 8.2

20바이트의 hash160 값을 p2pkh 주소로 변환하는 h160_to_p2pkh_address 함수를 작성하시오.

```
def h160_to_p2pkh_address(h160, testnet=False):
    if testnet:
        prefix = b'\x6f'
    else:
        prefix = b'\x00'
    return encode_base58_checksum(prefix + h160)
```

연습문제 8.3

20바이트의 hash160 값을 p2sh 주소로 변환하는 h160_to_p2sh_address 함수를 작성하시오.

```
def h160_to_p2sh_address(h160, testnet=False):
    if testnet:
        prefix = b'\xc4'
    else:
        prefix = b'\x05'
    return encode_base58_checksum(prefix + h160)
```

연습문제 8.4

앞에 트랜잭션에서 두 번째 서명을 검증하시오.

```
>>> from io import BytesIO
>>> from ecc import S256Point, Signature
>>> from helper import hash256, int_to_little_endian
>>> from script import Script
>>> from tx import Tx, SIGHASH_ALL
>>> hex_tx = '0100000001868278ed6ddfb6c1ed3ad5f8181eb0c7a385aa0836f01d5e4789e6\
bd304d87221a000000db00483045022100dc92655fe37036f47756db8102e0d7d5e28b3beb83a8\
fef4f5dc0559bddfb94e02205a36d4e4e6c7fcd16658c50783e00c341609977aed3ad00937bf4e\
e942a8993701483045022100da6bee3c93766232079a01639d07fa869598749729ae323eab8eef\
53577d611b02207bef15429dcadce2121ea07f233115c6f09034c0be68db99980b9a6c5e754022\
01475221022626e955ea6ea6d98850c994f9107b036b1334f18ca8830bfff1295d21cfdb702103\
b287eaf122eea69030a0e9feed096bed8045c8b98bec453e1ffac7fbdbd4bb7152aeffffffff04\
d3b11400000000001976a914904a49878c0adfc3aa05de7afad2cc15f483a56a88ac7f40090000\
0000001976a914418327e3f3dda4cf5b9089325a4b95abdfa0334088ac722c0c00000000001976\
a914ba35042cfe9fc66fd35ac2224eebdafd1028ad2788acdc4ace020000000017a91474d691da\
1574e6b3c192ecfb52cc8984ee7b6c568700000000'
>>> hex_sec = '03b287eaf122eea69030a0e9feed096bed8045c8b98bec453e1ffac7fbdbd4b\
b71'
>>> hex_der = '3045022100da6bee3c93766232079a01639d07fa869598749729ae323eab8ee\
f53577d611b02207bef15429dcadce2121ea07f233115c6f09034c0be68db99980b9a6c5e75402\
2'
>>> hex_redeem_script = '475221022626e955ea6ea6d98850c994f9107b036b1334f18ca88\
30bfff1295d21cfdb702103b287eaf122eea69030a0e9feed096bed8045c8b98bec453e1ffac7f\
bdbd4bb7152ae'
>>> sec = bytes.fromhex(hex_sec)
>>> der = bytes.fromhex(hex_der)
>>> redeem_script = Script.parse(BytesIO(bytes.fromhex(hex_redeem_script)))
>>> stream = BytesIO(bytes.fromhex(hex_tx))
>>> tx_obj = Tx.parse(stream)
>>> s = int_to_little_endian(tx_obj.version, 4)
>>> s += encode_varint(len(tx_obj.tx_ins))
>>> i = tx_obj.tx_ins[0]
>>> s += TxIn(i.prev_tx, i.prev_index, redeem_script, i.sequence).serialize()
>>> s += encode_varint(len(tx_obj.tx_outs))
>>> for tx_out in tx_obj.tx_outs:
...     s += tx_out.serialize()
>>> s += int_to_little_endian(tx_obj.locktime, 4)
>>> s += int_to_little_endian(SIGHASH_ALL, 4)
>>> z = int.from_bytes(hash256(s), 'big')
>>> point = S256Point.parse(sec)
```

```
>>> sig = Signature.parse(der)
>>> print(point.verify(z, sig))
True
```

연습문제 8.5

p2sh 트랜잭션을 검증할 수 있도록 sig_hash와 verify_input 메서드를 수정하시오.

```python
class Tx:
...
    def sig_hash(self, input_index, redeem_script=None):
        '''Returns the integer representation of the hash that needs to get
        signed for index input_index'''
        s = int_to_little_endian(self.version, 4)
        s += encode_varint(len(self.tx_ins))
        for i, tx_in in enumerate(self.tx_ins):
            if i == input_index:
                if redeem_script:
                    script_sig = redeem_script
                else:
                    script_sig = tx_in.script_pubkey(self.testnet)
            else:
                script_sig = None
            s += TxIn(
                prev_tx=tx_in.prev_tx,
                prev_index=tx_in.prev_index,
                script_sig=script_sig,
                sequence=tx_in.sequence,
            ).serialize()
        s += encode_varint(len(self.tx_outs))
        for tx_out in self.tx_outs:
            s += tx_out.serialize()
        s += int_to_little_endian(self.locktime, 4)
        s += int_to_little_endian(SIGHASH_ALL, 4)
        h256 = hash256(s)
        return int.from_bytes(h256, 'big')


    def verify_input(self, input_index):
        tx_in = self.tx_ins[input_index]
        script_pubkey = tx_in.script_pubkey(testnet=self.testnet)
```

```
        if script_pubkey.is_p2sh_script_pubkey():
            cmd = tx_in.script_sig.cmds[-1]
            raw_redeem = encode_varint(len(cmd)) + cmd
            redeem_script = Script.parse(BytesIO(raw_redeem))
        else:
            redeem_script = None
        z = self.sig_hash(input_index, redeem_script)
        combined = tx_in.script_sig + script_pubkey
        return combined.evaluate(z)
```

9장 블록

연습문제 9.1

Tx 클래스의 is_coinbase 메서드를 작성하시오.

```
class Tx:
...
    def is_coinbase(self):
        if len(self.tx_ins) != 1:
            return False
        first_input = self.tx_ins[0]
        if first_input.prev_tx != b'\x00' * 32:
            return False
        if first_input.prev_index != 0xffffffff:
            return False
        return True
```

연습문제 9.2

Tx 클래스의 coinbase_height 메서드를 작성하시오.

```
class Tx:
...
    def coinbase_height(self):
        if not self.is_coinbase():
```

```
            return None
        element = self.tx_ins[0].script_sig.cmds[0]
        return little_endian_to_int(element)
```

연습문제 9.3

Block 클래스의 parse 메서드를 작성하시오.

```
class Block:
...
    @classmethod
    def parse(cls, s):
        version = little_endian_to_int(s.read(4))
        prev_block = s.read(32)[::-1]
        merkle_root = s.read(32)[::-1]
        timestamp = little_endian_to_int(s.read(4))
        bits = s.read(4)
        nonce = s.read(4)
        return cls(version, prev_block, merkle_root, timestamp, bits, nonce)
```

연습문제 9.4

Block 클래스의 serialize 메서드를 작성하시오.

```
class Block:
...
    def serialize(self):
        result = int_to_little_endian(self.version, 4)
        result += self.prev_block[::-1]
        result += self.merkle_root[::-1]
        result += int_to_little_endian(self.timestamp, 4)
        result += self.bits
        result += self.nonce
        return result
```

연습문제 **9.5**

Block 클래스의 hash 메서드를 작성하시오.

```
class Block:
...
    def hash(self):
        s = self.serialize()
        sha = hash256(s)
        return sha[::-1]
```

연습문제 **9.6**

Block 클래스의 bip9 메서드를 작성하시오.

```
class Block:
...
    def bip9(self):
        return self.version >> 29 == 0b001
```

연습문제 **9.7**

Block 클래스의 bip91 메서드를 작성하시오.

```
class Block:
...
    def bip91(self):
        return self.version >> 4 & 1 == 1
```

연습문제 **9.8**

Block 클래스의 bip141 메서드를 작성하시오.

```
class Block:
...
    def bip141(self):
```

```
    return self.version >> 1 & 1 == 1
```

연습문제 9.9

helper.py 파일의 bits_to_target 함수를 작성하시오.

```
def bits_to_target(bits):
    exponent = bits[-1]
    coefficient = little_endian_to_int(bits[:-1])
    return coefficient * 256**(exponent - 3)
```

연습문제 9.10

Block 클래스의 difficulty 메서드를 작성하시오.

```
class Block:
...
    def difficulty(self):
        lowest = 0xffff * 256**(0x1d - 3)
        return lowest / self.target()
```

연습문제 9.11

Block 클래스의 check_pow 메서드를 작성하시오.

```
class Block:
...
    def check_pow(self):
        sha = hash256(self.serialize())
        proof = little_endian_to_int(sha)
        return proof < self.target()
```

연습문제 9.12

아래와 같이 2016블록의 난이도 조정 기간의 첫 번째와 마지막 블록이 주어졌을 때 비트값을
계산하시오.

- Block 471744:

  ```
  000000203471101bbda3fe307664b3283a9ef0e97d9a38a7eacd88000000000000000000
  10c8aba8479bbaa5e0848152fd3c2289ca50e1c3e58c9a4faaafbdf5803c5448ddb84559
  7e8b0118e43a81d3
  ```

- Block 473759:

  ```
  02000020f1472d9db4b563c35f97c428ac903f23b7fc055d1cfc26000000000000000000
  b3f449fcbe1bc4cfbcb8283a0d2c037f961a3fdf2b8bedc144973735eea707e126425859
  7e8b0118e5f00474
  ```

```
>>> from io import BytesIO
>>> from block import Block
>>> from helper import TWO_WEEKS
>>> from helper import target_to_bits
>>> block1_hex = '000000203471101bbda3fe307664b3283a9ef0e97d9a38a7eacd88000000\
00000000000010c8aba8479bbaa5e0848152fd3c2289ca50e1c3e58c9a4faaafbdf5803c5448dd\
b845597e8b0118e43a81d3'
>>> block2_hex = '02000020f1472d9db4b563c35f97c428ac903f23b7fc055d1cfc26000000\
000000000000b3f449fcbe1bc4cfbcb8283a0d2c037f961a3fdf2b8bedc144973735eea707e126\
4258597e8b0118e5f00474'
>>> last_block = Block.parse(BytesIO(bytes.fromhex(block1_hex)))
>>> first_block = Block.parse(BytesIO(bytes.fromhex(block2_hex)))
>>> time_differential = last_block.timestamp - first_block.timestamp
>>> if time_differential > TWO_WEEKS * 4:
...     time_differential = TWO_WEEKS * 4
>>> if time_differential < TWO_WEEKS // 4:
...     time_differential = TWO_WEEKS // 4
>>> new_target = last_block.target() * time_differential // TWO_WEEKS
>>> new_bits = target_to_bits(new_target)
>>> print(new_bits.hex())
80df6217
```

연습문제 **9.13**

helper.py 파일의 **calculate_new_bits** 함수를 작성하시오.[2]

```python
def calculate_new_bits(previous_bits, time_differential):
    if time_differential > TWO_WEEKS * 4:
        time_differential = TWO_WEEKS * 4
    if time_differential < TWO_WEEKS // 4:
        time_differential = TWO_WEEKS // 4
    new_target = bits_to_target(previous_bits) * time_differential // TWO_WEEKS
    return target_to_bits(new_target)
```

10장 네트워킹

연습문제 **10.1**

NetworkEnvelope 클래스의 **parse** 클래스 메서드를 작성하시오.

```python
@classmethod
def parse(cls, s, testnet=False):
    magic = s.read(4)
    if magic == b'':
        raise IOError('Connection reset!')
    if testnet:
        expected_magic = TESTNET_NETWORK_MAGIC
    else:
        expected_magic = NETWORK_MAGIC
    if magic != expected_magic:
        raise SyntaxError('magic is not right {} vs {}'.format(magic.hex(),
            expected_magic.hex()))
    command = s.read(12)
    command = command.strip(b'\x00')
    payload_length = little_endian_to_int(s.read(4))
    checksum = s.read(4)
    payload = s.read(payload_length)
```

---

2   아래 답안 코드에서 new_target 값이 MAX_TARGET보다 크면 new_target은 MAX_TARGET으로 설정돼야 한다(주피터 노트북 내 주석 참고). MAX_TARGET은 상수로 맥락상 0xffff * 256**(0x1d-3)이다.

```
        calculated_checksum = hash256(payload)[:4]
        if calculated_checksum != checksum:
            raise IOError('checksum does not match')
        return cls(command, payload, testnet=testnet)
```

연습문제 **10.2**

아래는 어떤 네트워크 메시지인가?

f9beb4d976657261636b00000000000000000000005df6e0e2

```
class NetworkEnvelope:
...
    >>> from network import NetworkEnvelope
    >>> from io import BytesIO
    >>> message_hex = `f9beb4d976657261636b00000000000000000000005df6e0e2`
    >>> stream = BytesIO(bytes.fromhex(message_hex))
    >>> envelope = NetworkEnvelope.parse(stream)
    >>> print(envelope.command)
    b'verack'
    >>> print(envelope.payload)
    b''
```

연습문제 **10.3**

NetworkEnvelope 클래스의 serialize 메서드를 작성하시오.

```
class NetworkEnvelope:
...
    def serialize(self):
        result = self.magic
        result += self.command + b'\x00' * (12 - len(self.command))
        result += int_to_little_endian(len(self.payload), 4)
        result += hash256(self.payload)[:4]
        result += self.payload
        return result
```

연습문제 **10.4**

VersionMessage 클래스의 serialize 메서드를 작성하시오.

```python
class VersionMessage:
...
    def serialize(self):
        result = int_to_little_endian(self.version, 4)
        result += int_to_little_endian(self.services, 8)
        result += int_to_little_endian(self.timestamp, 8)
        result += int_to_little_endian(self.receiver_services, 8)
        result += b'\x00' * 10 + b'\xff\xff' + self.receiver_ip
        result += int_to_little_endian(self.receiver_port, 2)
        result += int_to_little_endian(self.sender_services, 8)
        result += b'\x00' * 10 + b'\xff\xff' + self.sender_ip
        result += int_to_little_endian(self.sender_port, 2)
        result += self.nonce
        result += encode_varint(len(self.user_agent))
        result += self.user_agent
        result += int_to_little_endian(self.latest_block, 4)
        if self.relay:
            result += b'\x01'
        else:
            result += b'\x00'
        return result
```

연습문제 **10.5**

SimpleNode 클래스의 handshake 메서드를 작성하시오.

```python
class SimpleNode:
...
def handshake(self):
    version = VersionMessage()
    self.send(version)
    verack_received = True
    version_received = True
    while not (verack_received and version_received):
        message = self.wait_for(VerAckMessage, VersionMessage)
        verack_received = message.command == VerAckMessage.command
        version_received = message.command == VersionMessage.command
```

연습문제 **10.6**

GetHeadersMessage 클래스의 serialize 메서드를 작성하시오.

```python
class GetHeadersMessage:
...
    def serialize(self):
        result = int_to_little_endian(self.version, 4)
        result += encode_varint(self.num_hashes)
        result += self.start_block[::-1]
        result += self.end_block[::-1]
        return result
```

11장 단순 지급 검증

연습문제 **11.1**

merkle_parent 함수를 작성하시오.

```python
def merkle_parent(hash1, hash2):
    '''Takes the binary hashes and calculates the hash256'''
    return hash256(hash1 + hash2)
```

연습문제 **11.2**

merkle_parent_level 함수를 작성하시오.

```python
def merkle_parent_level(hashes):
    '''Takes a list of binary hashes and returns a list that's half
    the length'''
    if len(hashes) == 1:
        raise RuntimeError('Cannot take a parent level with only 1 item')
    if len(hashes) % 2 == 1:
        hashes.append(hashes[-1])
    parent_level = []
    for i in range(0, len(hashes), 2):
```

```
            parent = merkle_parent(hashes[i], hashes[i + 1])
            parent_level.append(parent)
    return parent_level
```

연습문제 11.3

merkle_root 함수를 작성하시오.

```
def merkle_root(hashes):
    '''Takes a list of binary hashes and returns the merkle root
    '''
    current_level = hashes
    while len(current_level) > 1:
        current_level = merkle_parent_level(current_level)
    return current_level[0]
```

연습문제 11.4

Block 클래스에서 validate_merkle_root 메서드를 작성하시오.

```
class Block:
...
    def validate_merkle_root(self):
        hashes = [h[::-1] for h in self.tx_hashes]
        root = merkle_root(hashes)
        return root[::-1] == self.merkle_root
```

연습문제 11.5

27개의 단말 노드가 달린 머클트리를 구성하고 모든 노드를 None 값으로 초기화하시오. 그리고 머클트리의 각 레벨을 출력하시오.

```
>>> import math
>>> total = 27
>>> max_depth = math.ceil(math.log(total, 2))
>>> merkle_tree = []
```

```
>>> for depth in range(max_depth + 1):
...     num_items = math.ceil(total / 2**(max_depth - depth))
...     level_hashes = [None] * num_items
...     merkle_tree.append(level_hashes)
>>> for level in merkle_tree:
...     print(level)
[None]
[None, None]
[None, None, None, None]
[None, None, None, None, None, None, None]
[None, None, None, None, None, None, None, None, None, None, None, None,\
 None]
[None, None, None, None, None, None, None, None, None, None, None, None,\
 None, None, None, None, None, None, None, None, None, None, None, None,\
 None]
```

연습문제 11.6

MerkleBlock 클래스의 parse 메서드를 작성하시오.

```
class MerkleBlock:
...
    @classmethod
    def parse(cls, s):
        version = little_endian_to_int(s.read(4))
        prev_block = s.read(32)[::-1]
        merkle_root = s.read(32)[::-1]
        timestamp = little_endian_to_int(s.read(4))
        bits = s.read(4)
        nonce = s.read(4)
        total = little_endian_to_int(s.read(4))
        num_hashes = read_varint(s)
        hashes = []
        for _ in range(num_hashes):
            hashes.append(s.read(32)[::-1])
        flags_length = read_varint(s)
        flags = s.read(flags_length)
        return cls(version, prev_block, merkle_root, timestamp, bits,
                   nonce, total, hashes, flags)
```

연습문제 11.7

MerkleBlock 클래스의 is_valid 메서드를 작성하시오.

```
class MerkleBlock:
...
    def is_valid(self):
        flag_bits = bytes_to_bit_field(self.flags)
        hashes = [h[::-1] for h in self.hashes]
        merkle_tree = MerkleTree(self.total)
        merkle_tree.populate_tree(flag_bits, hashes)
        return merkle_tree.root()[::-1] == self.merkle_root
```

12장 블룸 필터

연습문제 12.1

hash160 해시함수를 사용해서 두 원소 hello world와 goodbye를 위한 10비트 블룸 필터를 생성하시오.

```
>>> from helper import hash160
>>> bit_field_size = 10
>>> bit_field = [0] * bit_field_size
>>> for item in (b'hello world', b'goodbye'):
...     h = hash160(item)
...     bit = int.from_bytes(h, 'big') % bit_field_size
...     bit_field[bit] = 1
>>> print(bit_field)
[1, 1, 0, 0, 0, 0, 0, 0, 0, 0]
```

연습문제 12.2

size=10, function_count=5, tweak=99인 블룸 필터에 아래의 두 바이트 열을 통과시켰을 때 비트 필드의 값을 바이트 열로 출력하시오(비트 필드를 바이트 열로 변환할 때 bit_field_to_bytes 함수를 사용하라).

- b'Hello World'
- b'Goodbye!'

```
>>> from bloomfilter import BloomFilter, BIP37_CONSTANT
>>> from helper import bit_field_to_bytes, murmur3
>>> field_size = 10
>>> function_count = 5
>>> tweak = 99
>>> items = (b'Hello World',  b'Goodbye!')
>>> bit_field_size = field_size * 8
>>> bit_field = [0] * bit_field_size
>>> for item in items:
...     for i in range(function_count):
...         seed = i * BIP37_CONSTANT + tweak
...         h = murmur3(item, seed=seed)
...         bit = h % bit_field_size
...         bit_field[bit] = 1
>>> print(bit_field_to_bytes(bit_field).hex())
4000600a080000010940
```

연습문제 12.3

BloomFilter 클래스의 add 메서드를 작성하시오.

```
class BloomFilter:
...
    def add(self, item):
        for i in range(self.function_count):
            seed = i * BIP37_CONSTANT + self.tweak
            h = murmur3(item, seed=seed)
            bit = h % (self.size * 8)
            self.bit_field[bit] = 1
```

연습문제 12.4

BloomFilter 클래스의 filterload 메서드를 작성하시오.

```
class BloomFilter:
```

```
...
    def filterload(self, flag=1):
        payload = encode_varint(self.size)
        payload += self.filter_bytes()
        payload += int_to_little_endian(self.function_count, 4)
        payload += int_to_little_endian(self.tweak, 4)
        payload += int_to_little_endian(flag, 1)
        return GenericMessage(b'filterload', payload)
```

연습문제 12.5

GetDataMessage 클래스의 serialize 메서드를 작성하시오.

```
class GetDataMessage:
...
    def serialize(self):
        result = encode_varint(len(self.data))
        for data_type, identifier in self.data:
            result += int_to_little_endian(data_type, 4)
            result += identifier[::-1]
        return result
```

연습문제 12.6

8장의 마지막 연습문제를 풀었다면 테스트넷 비트코인이 들어 있는 본인 주소가 있을 것이다. 본문의 코드를 참고해서 본인 주소의 UTXO를 블룸 필터를 이용하여 찾고(UTXO 탐색을 시작하는 블록은 미리 적당한 블록 ID로 정해야 한다), 찾은 UTXO 안의 비트코인을 자신의 다른 주소로 보내는 트랜잭션을 작성하여 이를 테스트 네트워크에서 보내시오(node.send(tx_obj) 실행. 여기에서 tx_obj는 작성한 트랜잭션). 그리고 보낸 트랜잭션이 블록에 추가됐는지 확인하시오(node.send(getdata) 실행. 여기에서 getdata 메시지의 페이로드는 getdata.add_data(TX_DATA_TYPE, tx_obj.hash())로 추가. 이를 수신한 풀 노드는 요청한 트랜잭션을 tx 메시지로 전송할 것이다).

```
>>> import time
>>> from block import Block
```

```
>>> from bloomfilter import BloomFilter
>>> from ecc import PrivateKey
>>> from helper import (
...     decode_base58,
...     encode_varint,
...     hash256,
...     little_endian_to_int,
...     read_varint,
... )
>>> from merkleblock import MerkleBlock
>>> from network import (
...     GetDataMessage,
...     GetHeadersMessage,
...     HeadersMessage,
...     NetworkEnvelope,
...     SimpleNode,
...     TX_DATA_TYPE,
...     FILTERED_BLOCK_DATA_TYPE,
... )
>>> from script import p2pkh_script, Script
>>> from tx import Tx, TxIn, TxOut
>>> last_block_hex = '00000000000000a03f9432ac63813c6710bfe41712ac5ef6faab093f\
e2917636'
>>> secret = little_endian_to_int(hash256(b'Jimmy Song'))
>>> private_key = PrivateKey(secret=secret)
>>> addr = private_key.point.address(testnet=True)
>>> h160 = decode_base58(addr)
>>> target_address = 'mwJn1YPMq7y5F8J3LkC5Hxg9PHyZ5K4cFv'
>>> target_h160 = decode_base58(target_address)
>>> target_script = p2pkh_script(target_h160)
>>> fee = 5000  # fee in satoshis
>>> # connect to testnet.programmingbitcoin.com in testnet mode
>>> node = SimpleNode('testnet.programmingbitcoin.com', testnet=True, logging=\
False)
>>> # Create a Bloom Filter of size 30 and 5 functions. Add a tweak.
>>> bf = BloomFilter(30, 5, 90210)
>>> # add the h160 to the Bloom Filter
>>> bf.add(h160)
>>> # complete the handshake
>>> node.handshake()
>>> # load the Bloom Filter with the filterload command
>>> node.send(bf.filterload())
>>> # set start block to last_block from above
```

```
>>> start_block = bytes.fromhex(last_block_hex)
>>> # send a getheaders message with the starting block
>>> getheaders = GetHeadersMessage(start_block=start_block)
>>> node.send(getheaders)
>>> # wait for the headers message
>>> headers = node.wait_for(HeadersMessage)
>>> # store the last block as None
>>> last_block = None
>>> # initialize the GetDataMessage
>>> getdata = GetDataMessage()
>>> # loop through the blocks in the headers
>>> for b in headers.blocks:
...     # check that the proof of work on the block is valid
...     if not b.check_pow():
...         raise RuntimeError('proof of work is invalid')
...     # check that this block's prev_block is the last block
...     if last_block is not None and b.prev_block != last_block:
...         raise RuntimeError('chain broken')
...     # add a new item to the getdata message
...     # should be FILTERED_BLOCK_DATA_TYPE and block hash
...     getdata.add_data(FILTERED_BLOCK_DATA_TYPE, b.hash())
...     # set the last block to the current hash
...     last_block = b.hash()
>>> # send the getdata message
>>> node.send(getdata)
>>> # initialize prev_tx, prev_index, and prev_amount to None
>>> prev_tx, prev_index, prev_amount = None, None, None
>>> # loop while prev_tx is None
>>> while prev_tx is None:
...     # wait for the merkleblock or tx commands
...     message = node.wait_for(MerkleBlock, Tx)
...     # if we have the merkleblock command
...     if message.command == b'merkleblock':
...         # check that the MerkleBlock is valid
...         if not message.is_valid():
...             raise RuntimeError('invalid merkle proof')
...     # else we have the tx command
...     else:
...         # set the tx's testnet to be True
...         message.testnet = True
...         # loop through the tx outs
...         for i, tx_out in enumerate(message.tx_outs):
...             # if our output has the same address as our address we found it
```

```
...                 if tx_out.script_pubkey.address(testnet=True) == addr:
...                     # we found our utxo; set prev_tx, prev_index, and tx
...                     prev_tx = message.hash()
...                     prev_index = i
...                     prev_amount = tx_out.amount
...                     print('found: {}:{}'.format(prev_tx.hex(), prev_index))
found: b2cddd41d18d00910f88c31aa58c6816a190b8fc30fe7c665e1cd2ec60efdf3f:7
>>> # create the TxIn
>>> tx_in = TxIn(prev_tx, prev_index)
>>> # calculate the output amount (previous amount minus the fee)
>>> output_amount = prev_amount - fee
>>> # create a new TxOut to the target script with the output amount
>>> tx_out = TxOut(output_amount, target_script)
>>> # create a new transaction with the one input and one output
>>> tx_obj = Tx(1, [tx_in], [tx_out], 0, testnet=True)
>>> # sign the only input of the transaction
>>> print(tx_obj.sign_input(0, private_key))
True
>>> # serialize and hex to see what it looks like
>>> print(tx_obj.serialize().hex())
01000000013fdfef60ecd21c5e667cfe30fcb890a116688ca51ac3880f91008dd141ddcdb20700\
00006b483045022100ff77d2559261df5490ed00d231099c4b8ea867e6ccfe8e3e6d077313ed4f\
1428022033a1db8d69eb0dc376f89684d1ed1be75719888090388a16f1e8eedeb8067768012103\
dc585d46cfca73f3a75ba1ef0c5756a21c1924587480700c6eb64e3f75d22083ffffffff019334\
e500000000001976a914ad346f8eb57dee9a37981716e498120ae80e44f788ac00000000
>>> # send this signed transaction on the network
>>> node.send(tx_obj)
>>> # wait a sec so this message goes through with time.sleep(1)
>>> time.sleep(1)
>>> # now ask for this transaction from the other node
>>> # create a GetDataMessage
>>> getdata = GetDataMessage()
>>> # ask for our transaction by adding it to the message
>>> getdata.add_data(TX_DATA_TYPE, tx_obj.hash())
>>> # send the message
>>> node.send(getdata)
>>> # now wait for a Tx response
>>> received_tx = node.wait_for(Tx)
>>> # if the received tx has the same id as our tx, we are done!
>>> if received_tx.id() == tx_obj.id():
...     print('success!')
success!
```

INDEX

INDEX

INDEX

INDEX